Herausgegeben von
Karola Geiß-Netthöfel, Dieter Nellen und Wolfgang Sonne
für den Regionalverband Ruhr (RVR)

VOM RUHRGEBIET ZUR METROPOLE RUHR

SVR KVR RVR 1920—2020

REPRÄSENTANZ UND EDITION

Grußwort
ARMIN LASCHET
10

Das Ruhrgebiet ist mehr als eine Stadt
JOSEF HOVENJÜRGEN
12

Das Ruhrgebiet braucht handlungsfähige Kommunen — und einen handlungsfähigen Regionalverband
FRANK BARANOWSKI
14

Geschichte und Programm Ruhr 20 | 21+
Konstitution einer Industriemetropole
KAROLA GEISS-NETTHÖFEL
DIETER NELLEN
WOLFGANG SONNE
16

Fragen an Karola Geiß-Netthöfel, Direktorin des Regionalverbands Ruhr
22

Im Dienste der Region
Haus des Siedlungsverbands Ruhrkohlenbezirk
RUTH HANISCH
28

GESCHICHTE UND GEGENWART

Der Siedlungsverband Ruhrkohlenbezirk in den Jahren 1920–1945
HEINZ WILHELM HOFFACKER
48

Vom SVR zum RVR: Geschichte des Verbands in den Jahren 1945–2020
HANNAH RUFF
68

Von Robert Schmidt zur IGA Metropole Ruhr 2027
WOLFGANG GAIDA
HELMUT GROTHE
100

Verbands-, Regionaldirektor*innen und Vorsitzende der Verbandsversammlung
105

Direkte Wahl
Der lange parlamentarische Weg zum »Gesetz zur Stärkung des Regionalverbands Ruhr«
REINER BURGER
106

RVR 20 | 21+ LEITSTRATEGIE UND PROGRAMMAGENDA

Grüne Städte-Landschaft der Zukunft
NINA FRENSE
SABINE AUER
120

Landschaftsentwicklung und strategische Großprojekte
NINA FRENSE
SABINE AUER
131

Herausforderung Klimaresilienz
Anpassung an den Klimawandel und Klimaschutz in der Metropole Ruhr
WOLFGANG BECKRÖGE
154

Neue Wege zur Zukunftsgestaltung der Metropole Ruhr
Regionalplanung und Regionalentwicklung unter einem Dach
MARTIN TÖNNES
MARIA T. WAGENER
162

Der neue Regionalplan Ruhr
Blaupause für die Zukunft der Metropole Ruhr
MICHAEL BONGARTZ
166

Mobilität der Zukunft
Die vernetzte Metropole Ruhr
MARTIN TÖNNES
MARIA T. WAGENER
THOMAS POTT
175

Route der Industriekultur
BARRY GAMBLE
ULRICH HECKMANN
184

Für eine starke Kultur-
und Sportmetropole Ruhr
STEFANIE REICHART
192

Wissensmetropole Ruhr —
regional verankert,
international vernetzt
CLAUDIA HORCH
201

Stadt der Städte
Kampagnenkompetenz für
die Metropole Ruhr
THORSTEN KRÖGER
206

Regionale Öffentlichkeitsarbeit
für die Metropole Ruhr:
Marketing und vieles mehr
CHRISTIAN RAILLON
212

RVR-Beteiligungsunternehmen sind in der
Metropole Ruhr breit aufgestellt
MARKUS SCHLÜTER
217

WANDEL DURCH KULTUR — KULTUR DURCH WANDEL

Zur Industriekultur des
Ruhrgebiets
aus globaler Perspektive
MARION STEINER
236

Finden, was nicht gesucht wurde
Urbane Künste Ruhr als
Wahrnehmungsverstärkerin
für die Besonderheiten des
Ruhrgebiets
BRITTA PETERS
240

Johan Simons zu Fragen von Kultur
an der Ruhr: »Wir brauchen Leute,
die viel von Kunst wissen«
DIETER NELLEN
247

ESSAYS

Metropole Ruhr
Doch nur eine
Wunschvorstellung?
CLAUS LEGGEWIE
260

Architektur Städtebau
Ruhr 1920 2020+
WOLFGANG SONNE
266

Transformation in einer
»verspäteten« Region
STEFAN SIEDENTOP
277

Der Einsatz Grüner
Infrastruktur im Ruhrgebiet —
ein wichtiger Beitrag
zur Umsetzung der
EU-Biodiversitätsstrategie
STEFAN LEINER
282

Die IBA und ihre Folgen
DIETER NELLEN
291

Postmontanindustrielle
Kulturlandschaft Ruhr
CHRISTOPH ZÖPEL
300

ANHANG

Herausgeber
314

Ausgewählte Literatur
316

Bildverzeichnis
320

Ruhrorte
Verzeichnis der Fotografien
von Matthias Koch
323

Impressum
324

Grußwort
ARMIN LASCHET
10

**Das Ruhrgebiet
ist mehr als eine Stadt**
JOSEF HOVENJÜRGEN
12

**Das Ruhrgebiet braucht
handlungsfähige Kommunen —
und einen handlungsfähigen
Regionalverband**
FRANK BARANOWSKI
14

**Geschichte und
Programm Ruhr 20 | 21+**

**Konstitution einer
Industriemetropole**
KAROLA GEIß-NETTHÖFEL
DIETER NELLEN
WOLFGANG SONNE
16

**Fragen an
Karola Geiß-Netthöfel,
Direktorin des
Regionalverbands Ruhr**
22

Im Dienste der Region

**Haus des Siedlungsverbands
Ruhrkohlenbezirk**
RUTH HANISCH
28

REPRÄSENTANZ UND EDITION

Grußwort

ARMIN LASCHET

ist Ministerpräsident des
Landes Nordrhein-Westfalen.

Am 5. Mai 2020 wird der Regionalverband Ruhr (RVR) 100 Jahre alt. Das ist ein rundes, stolzes Jubiläum. Damit ist das Ruhrgebiet in Gestalt des RVR-Vorläufers Siedlungsverband Ruhrkohlenbezirk (SVR) sogar älter als unser Land, das 2021 erst sein 75-jähriges Bestehen feiert. Der SVR verband die beiden preußischen Provinzen Rheinland und Westfalen und war aufgrund seiner Bedeutung als einheitliches Energie- und Produktionszentrum nicht zwischen beiden aufteilbar. Auch deshalb spielte das Montanrevier an der Ruhr nach dem Zweiten Weltkrieg eine zentrale Rolle bei der ökonomischen und politischen Neuordnung Westdeutschlands. Nicht zuletzt diese herausragende Bedeutung war ein wichtiges Motiv zur Gründung Nordrhein-Westfalens durch die britische Besatzungsmacht. Das Ruhrgebiet ist also nicht nur der geografische Mittelpunkt und das traditionelle ökonomische Zentrum unseres Landes, sondern sozusagen auch der Grund für seine Existenz: Ohne das Revier gäbe es keine Einheit von Rheinländern und Westfalen und wäre Nordrhein-Westfalen nicht gegründet worden. Und so führt eine direkte Linie vom 100-jährigen Verbandsjubiläum des RVR 2020 zum 75-jährigen Landesjubiläum 2021.

Es gibt also allen Grund, 100 Jahre RVR zu feiern. Mit der Gründung des SVR im Jahr 1920 begann nicht nur die Zeit der Selbstverwaltung an Rhein, Ruhr, Emscher und Lippe. Das immer schneller wachsende Konglomerat aus Groß- und Kleinstädten erhielt erstmals so etwas wie eine innere Struktur und Ordnung, die in Konkurrenz zur traditionellen Fremdbestimmung der Region durch die preußischen Provinzhauptstädte beziehungsweise die Reichshauptstadt Berlin trat. Jener Akt in Richtung Selbstbestimmung des Reviers war eine unabdingbare Voraussetzung für die Funktion des Ruhrgebiets als Nukleus der deutschen Wirtschaft. Nach dem Untergang der NS-Diktatur wandelte sich das rheinisch-westfälische Revier von der Waffenschmiede des Reichs zum Herzen und Motor des deutschen Wirtschaftswunders. Dank dieser Leistung wurde das junge Nordrhein-Westfalen nicht nur im politischen Sinne früh zum »Kernland« der jungen Bonner Republik.

Es wäre jedoch falsch, das vor uns liegende Jubiläum nur aus nostalgisch verklärter Dankbarkeit zu feiern. Der enge Zusammenhang zwischen der Entwicklung des Landes und der Prosperität seiner Kernregion war durchaus ambivalent. Denn mit dem allmählichen Strukturwandel des Montansektors verbanden sich ganz automatisch auch Belastungen für die Wirtschaftskraft Nordrhein-Westfalens und für seinen Staatshaushalt. Dieser Strukturwandel wurde über Jahrzehnte zur großen politischen und sozialen Herausforderung des ganzen Landes, ja, Deutschlands insgesamt. Er gelang ohne große soziale Brüche oder gar Unruhen wie in anderen Montanregionen Europas und brachte neben schmerzhaften Einschnitten auch viele positive Ergebnisse.

In den vergangenen Jahrzehnten ist viel erreicht worden. Das Ruhrgebiet, dieser riesige Schmelztiegel, in dem Zuwanderung immer eine wichtige Rolle gespielt hat, steht wie kaum eine andere Region Deutschlands für Wandel, Veränderung und Erneuerung. Wir haben in Deutschland keine zweite Metropolregion mit mehr als fünf Millionen Einwohnern. Wir haben keine zweite derart dichte Hochschullandschaft, und die Kultur- und Freizeitangebote sind in ihrer Vielfalt kaum zu überbieten. Bei all dem Positiven ist jedoch auch klar: Hochschulen, Urbanität, Ökologie und Breitbandversorgung sind zwar wichtige Standortfaktoren, ersetzen aber keine industrielle Basis. Der Wechsel von Bergbau und Schwerindustrie zu industriellen Mischformen, zu Dienstleistungen, Forschung und mittelständischen Strukturen ist noch immer Gegenwart, und schon erleben wir eine neue industrielle Revolution in Gestalt der Digitalisierung.

Angesichts dieser Herausforderung, die man als Chance begreifen muss, darf nicht wieder versucht werden, die Dinge künstlich aufzuhalten, sich an Überkommenes zu klammern und die vorhandenen finanziellen Ressourcen in die Vergangenheit zu investieren. Es ist keine Zeit zu verlieren. Vor allem müssen die Menschen rechtzeitig auf den vor ihnen liegenden Weg mitgenommen werden. Man darf ihnen keine Angst machen. Man sollte ihnen Mut machen.

Das Ruhrgebiet hat Zukunft, weil es bei allen Problemen ein riesiges Reservoir an Chancen und Potenzialen besitzt: In Bereichen wie Start-ups, Umwelt- und Gesundheitswirtschaft, Logistik und Verkehr oder auch Automatisierung und Informationssicherheit gehört es zu den führenden Regionen Deutschlands. Hier können wir Lösungen für die großen Zukunftsfragen finden. Hier kann ein Ballungsraum entstehen, in dem Arbeiten und Wohnen, Kultur und Bildung, Naherholung und Tourismus, Industrie und Mittelstand sowie eine klimaneutrale Verkehrsinfrastruktur eng miteinander verwoben sind und sich nicht gegenseitig ausschließen.

Das bedeutet nicht, dass wir die Herausforderungen, die all das mit sich bringt, unterschätzen. Die Landesregierung hat den Prozess einer neuen Ruhr-Konferenz eingeleitet. Unser Ansatz ist: Geht es dem Ruhrgebiet und seinen Menschen gut, geht es dem ganzen Land gut. Die Ruhr-Konferenz ist eine lohnende Investition in die Zukunft Nordrhein-Westfalens.

Das Revier auf diesem Weg zu begleiten, Probleme zu erkennen und zu lösen, Ideen und Visionen zu entwickeln und zukunftsorientierte Maßnahmen in die Praxis umzusetzen, all das wird wie in den zurückliegenden 100 Jahren eine zentrale Aufgabe des RVR sein. An seine wechselvolle Geschichte zu erinnern, ist die Intention des vorliegenden Jubiläumsbands, dem ich weite Verbreitung und viele aufmerksame Leser wünsche.

Ich gratuliere dem Regionalverband Ruhr herzlich zu seinem schönen Jubiläum und wünsche ihm, dem gesamten Ruhrgebiet und allen hier lebenden Menschen alles Gute für die Zukunft!

**Glückauf,
Nordrhein-Westfalen!**

Das Ruhrgebiet ist mehr als eine Stadt

JOSEF HOVENJÜRGEN

ist Vorsitzender der Verbandsversammlung
des Regionalverbands Ruhr.

Seit 1920, dem Jahr seiner Gründung, ist der Regionalverband Ruhr (RVR) mit den Geschicken des Ruhrgebiets eng verknüpft. In diesen 100 Jahren entwickelte sich die Region zur Metropole Ruhr.

Mit der »Stadt der Städte«, einer Agglomeration besonderer Art, wird der Verband gern gleichgesetzt, obwohl zahlreiche andere Kräfte, früher die »Schlotbarone« der Ruhrindustrie und heute fast gleichrangig Politik, Wirtschaft, Wissenschaft und Öffentlichkeit, das Schicksal der Region bestimm(t)en. Und ähnlich wie diese selbst, die ihre Existenz allein der Hochindustrialisierung und keiner über Jahrhunderte gewachsenen Historie verdankt, ist der RVR eine Organisation besonderer Art mit engem Bezug zu den wechselnden Zeitläufen und Herausforderungen. Gegründet wurde er, um das rheinisch-westfälische Industrierevier beziehungsweise dessen Kohle- und Stahlproduktion für die Reparationsauflagen des Versailler Vertrags (1919) zu rüsten. Bis heute sind seine Aufgaben gesetzlich gerahmt. Seine Gründungspersönlichkeiten, allen voran sein erster Direktor Robert Schmidt (1920–1932), sowie die besten Ingenieure und Baumeister aus dem damaligen Deutschen Reich sorgten dafür, durch Planung und Schutz des Freiraums der hiesigen Industriebevölkerung einen lebenswerten Rahmen zu sichern. Dazu gehörte die Festschreibung stadtübergreifender Verkehrsachsen, sogenannter Regionaler Grünzüge und lokaler Entwicklungsräume. Mit dieser historischen Mission ist sein Auftrag gerade in Zeiten von Klimawandel, urbaner Verdichtung und Grüner Infrastruktur unverändert aktuell.

Weitere Aufgaben bestimmten in den verschiedenen Phasen die Agenda: Nach dem zeitweisen Verlust der staatlichen Planungshoheit wurden die Handlungsfelder eines weichen und thematischen Strukturwandels bedeutender, sodass sich der Verband besonders stark in den Bereichen Kultur, Tourismus, Industriegeschichte, Ökologie, Wissenschaftsmarketing, Entsorgung und Freizeit engagierte. So ist ein reiches Beteiligungssystem von Tochtergesellschaften und Allianzen entstanden. Revierparks, kulturtouristische Ankerpunkte und eine zusammenwachsende Hochschullandschaft bilden eine attraktive und wissensbasierte Infrastruktur. Noch mehr entwickelte sich der Verband zu einem wichtigen Akteur bei der Konversion und Qualifizierung von Grünzügen, Radwegen und Halden.

Nordrhein-Westfalen wird im nächsten Jahr 75 Jahre alt. Die Metropole Ruhr ist, wie Ministerpräsident Armin Laschet zum aktuellen Jubiläum programmatisch feststellt, im Verbund mit Rheinland und Westfalen eine Kernregion des größten Bundeslandes: »Das Ruhrgebiet ist also nicht nur der geografische Mittelpunkt und das traditionelle ökonomische Zentrum unseres Landes, sondern sozusagen auch der Grund für seine Existenz: Ohne das Revier gäbe es keine Einheit von Rheinländern und Westfalen und wäre Nordrhein-Westfalen nicht gegründet worden«.

In diesem Bewusstsein wurde über Jahrzehnte gehandelt: Dank der Hilfen von NRW und der Europäischen Union konnten der RVR und sein Vorgänger, der Kommunalverband Ruhrgebiet (KVR), über Projektpartnerschaften und gemeinsame Trägerschaften den Strukturwandel der Region befördern. Vor allem hat das Land NRW in zwei bedeutsamen Gesetzesinitiativen die institutionelle Stellung des Verbands und die politische Selbstbestimmung der Region erhöht: Seit 2009 obliegt ihm wieder die staatliche Regionalplanung und damit der regionale Gestaltungsentwurf aus einer Hand. Eine zusätzliche Weichenstellung ist die Novellierung des »Gesetzes über den Regionalverband Ruhr«: Im Jahr des 100-jährigen Bestehens des Verbands formiert sich die Verbandsversammlung erstmalig per direkter Listenwahl und damit eigenem Mandat. Auf die mittelbare Entsendung durch die kommunalen Vertretungsorgane wird verzichtet. Das Wechselspiel zwischen der Verbandsversammlung als parlamentarischer Stimme und dem Kommunalrat als Organ der Mitgliedskörperschaften tritt in eine neue Phase.

Nicht zuletzt ermutigt diese Aufwertung auch zu Leitprojekten und Formaten von besonderer Zukunftsrelevanz. Das sind im Verbund mit NRW und den regionalen Akteuren – insbesondere der Emschergenossenschaft, den Landschaftsverbänden Rheinland und Westfalen-Lippe sowie dem Verkehrsverbund Rhein-Ruhr – die Internationale Gartenausstellung (IGA) 2027, die UNESCO-Bewerbung »Industrielle Kulturlandschaft Ruhrgebiet« und die Entwicklungsstrategie für die im Norden hinterlassene Haldenlandschaft, ein zeitgemäßes Mobilitätskonzept sowie die drängenden Projekte bei Grüner Infrastruktur und Klima. Weitere Vorschläge kommen von der Ruhrkonferenz, der gemeinsamen Plattform von NRW und Region.

Diese Publikation erscheint zeitgleich zum großen Jubiläumsfestakt am 5. Mai 2020 in Essen, in jener Stadt, wo die Arbeit des Verbands vor einem Jahrhundert begann. Ab demselben Monat wird im Ruhr Museum auf Zollverein die Ausstellung *100 Jahre Ruhrgebiet. Die andere Metropole* mit durchaus selbstkritischen Erzählsträngen gezeigt. Der RVR begleitet sie als Leitpartner und Hauptförderer.

Das Ruhrgebiet ist mehr als eine Stadt oder – wie es der Slogan der aktuellen RVR-Kampagne sagt – »Stadt der Städte«. Auch deshalb bleibt das Festprogramm nicht ein einzelnes lokales Ereignis. Es umfasst eine ganzjährige Formatfolge mit Projekten und Veranstaltungen quer durch die Region und schließlich in Berlin, dem politischen Ursprungsort der Verbandsgründung, also dort, wo alles begonnen hat.

Das Ruhrgebiet braucht handlungsfähige Kommunen — und einen handlungsfähigen Regionalverband

FRANK BARANOWSKI

ist Oberbürgermeister der Stadt Gelsenkirchen und
Vorsitzender des Kommunalrats des Regionalverbands Ruhr.

Es ist ein komplexes Gebilde, unser politisch-administratives System, anders kann man es nicht sagen. Da sind die beiden staatlichen Ebenen, Land und Bund; darüber als supranationale Ebene die Europäische Union, darunter unterhält das Land Nordrhein-Westfalen fünf Bezirksregierungen; des Weiteren gibt es zwei Landschaftsverbände. Hinzu kommen die kreisfreien Städte mit den Stadtbezirken sowie die Landkreise mit den Gemeinden. Und damit ist die Aufzählung noch nicht abgeschlossen, denn bei uns im Ruhrgebiet gibt es ja noch jemanden: den Regionalverband Ruhr (RVR).

Wenn man dieses Mehrebenensystem betrachtet, stehen natürlich rasch Fragen im Raum: Ist eine so aufwendige Governance-Struktur vonnöten? Ginge es nicht einfacher? Und wie definiert der RVR darin seine Rolle?

Zunächst: Dass das Ruhrgebiet, diese so besondere – und bei aller Verschiedenheit doch homogene – Stadtlandschaft, auf drei Regierungsbezirke aufgeteilt werden muss, das darf man durchaus infrage stellen. Auch Rolle und Zuschnitt der Landschaftsverbände sind nicht so, dass keine andere Lösung denkbar wäre.

Beim Vergleich mit diesen Instanzen fällt auf: Der RVR hat einen klaren Auftrag und eine Identität. Wir alle wissen, was das Ruhrgebiet ist, wo es beginnt, wo es endet, wer dazugehört. Wann immer wir uns in den 53 Kommunen des RVR befinden, man merkt jederzeit: Hier ist das Ruhrgebiet. Der besondere Tonfall der Menschen, ihre Mentalität, das Erbe des Bergbaus und die besondere Siedlungsstruktur – all das gibt sofort Orientierung. Und erkennbar ist nach wie vor, dass diese Region gemeinsamer Anstrengungen bedarf, um vorwärts zu kommen – und darum braucht es gemeinsame Institutionen.

Schon vor 100 Jahren wurde das so gesehen, kurz nach dem Ersten Weltkrieg, als der Siedlungsverband Ruhrkohlenbezirk (SVR) gegründet wurde, um das rasche Wachstum der Ruhrgebietsstädte zu bewältigen. Und zwar so zu bewältigen, dass kein Moloch entsteht, sondern ein Siedlungsraum, der Wohnraum für Millionen Menschen bietet, aber auch Freiräume, Grünflächen und Luftschneisen. Das war ein anspruchsvolles Vorhaben – aber eines, so viel lässt sich mit dem sicheren Abstand eines Jahrhunderts resümieren, das gelungen ist. Nicht zuletzt dank des Siedlungsverbands und seiner Nachfolger ist eine Region gewachsen, die ihre Vorzüge hat.

Dass diese oft übersehen werden, gehört inzwischen zur Ruhrgebietsfolklore dazu. Doch es lohnt sich, zumindest einige nochmals zu benennen: Im Gegensatz zu vielen anderen Städten ist hier das Wohnen für Familien auch innenstadtnah erschwinglich, gibt es Entfaltungschancen für Kreative – etwas, woran in München, Stuttgart oder anderen Städten nicht mehr zu denken ist. Zugleich gibt es eine Infrastruktur, die zwar punktuell Wünsche offen lässt – denken wir nur an den ÖPNV –, die aber deutlich besser ist als in den ländlichen Regionen.

Das Ruhrgebiet hat etwas, so kann man es zusammenfassen, was andere nicht haben. Dass der Wissenschaftliche Beirat der Bundesregierung Globale Umweltveränderungen (WBGU) darum das Ruhrgebiet mit seiner polyzentrischen Struktur als Blaupause für die Städte der Zukunft ausgemacht hat, kam für manche überraschend. Aber die Wissenschaftler führten überzeugende Gründe an.

Trotzdem steht völlig außer Frage: Diese Region hatte zu kämpfen und wird weiter kämpfen müssen. Der Strukturwandel ist nichts, was man mal so eben bewältigt, auch nicht über ein oder zwei Generationen hinweg. Beschäftigung ist und bleibt ein Schlüsselthema. Und es kommen neue Fragen hinzu, etwa Migration, die Energie- und Verkehrswende. Für die gute Zukunft dieser Region ist darum in meinen Augen ein Faktor ganz entscheidend: handlungsfähige Akteure. Sie braucht handlungsfähige Kommunen; sie bedarf aber auch eines handlungsfähigen Verbands der Kommunen, der Zusammenarbeit organisiert und Kräfte bündelt.

Ja, an erster Stelle ist das Ruhrgebiet auf Städte und Gemeinden angewiesen, die das umsetzen (und umsetzen können), was ihre Bürger wünschen und benötigen, was für das Leben in der eigenen Stadt wichtig ist. Es bedarf Kommunen, die nicht finanziell mit dem Rücken zur Wand stehen, sondern sich selbst Ziele setzen und verfolgen können. Es ist elementar und muss doch immer wieder ausgesprochen werden: Für unsere Demokratie ist es unverzichtbar, dass die Bürger spüren, dass sie selbst – und die von ihnen bestimmten Vertreter – ihr Lebensumfeld gestalten können!

Zugleich braucht das Ruhrgebiet Kooperation, eine Agentur, die gemeinsame Aufgaben erfüllt, ein Forum für Zusammenarbeit. Der RVR hat bei vielen Strukturfragen und auch einzelnen Projekten – bei großen wie der Internationalen Bauausstellung (IBA) Emscher Park oder beim Kulturhauptstadtjahr 2010, aber auch bei vielen kleinen – nachgewiesen, dass er das leisten kann. Auch bei der Internationalen Gartenausstellung (IGA) 2027 wird das so sein.

Dass der RVR dabei in einem grundsätzlichen Spannungsverhältnis steht, lässt sich nicht ganz auflösen: Die meisten Mandatsträger werden in ihren Städten gewählt und sind ihnen verantwortlich, nicht der Region. Doch genauso gilt auch: Die Region kann nur als Gemeinschaft Erfolg haben. Vielleicht mag es Dritte geben, die von einer Konkurrenz zwischen den Städten profitieren, ganz sicher nicht das Ruhrgebiet.

Die Zukunft der Region wird darum eine gemeinsame sein – oder keine! Es ist die Aufgabe des RVR und seiner Organe, die Kräfte der Kooperation zu stärken, und in dieser Rolle wurde er zu Recht noch einmal gestärkt. Die Novellierung des RVR-Gesetzes hat das Mandat der Verbandsversammlung ausgebaut. Noch wichtiger aber wird in Zukunft die Frage der Haltung sein: Sind wir in den Städten bereit, die Zusammenarbeit zu suchen, auch wenn das aufwendig und manchmal umständlich ist? Können wir der Versuchung widerstehen, Vorteile auf Kosten der Nachbarn anzustreben? Können wir gemeinsam die Herausforderungen der Zukunft anpacken? Gemeinsame Themen gibt es ja mehr als genug: Klimawandel; Ausbau der Grünen Infrastruktur; Zukunft der Mobilität; Erhalt und Modernisierung der Industrie; Aufbau zukunftsfähiger Beschäftigungspotenziale. Nicht zuletzt muss man auch die Verbesserung der Rahmenbedingungen des nördlichen Ruhrgebiets endlich angehen. Denn wie gesagt: Mit einem Gegeneinander wird diese Region keinen Erfolg haben. Nur im Miteinander.

Wenn wir das allerdings beherzigen, dann können wir mit einem guten Gefühl in die nächsten 100 Jahre starten. Jetzt aber erst einmal herzlichen Glückwunsch zum 100. Geburtstag – und dem RVR ein herzliches Glückauf!

Geschichte und Programm Ruhr 20 | 21+

Konstitution einer Industriemetropole

KAROLA GEIß–NETTHÖFEL **DIETER NELLEN** **WOLFGANG SONNE**

Der heutige Regionalverband Ruhr (RVR) ist der Rechtsnachfolger des Kommunalverbands Ruhrgebiet (KVR, 1979–2004) und des Siedlungsverbands Ruhrkohlenbezirk (SVR, 1920–1979). Letzterer verdankt seine Gründung einem Gesetzesbeschluss der verfassungsgebenden preußischen Landesversammlung am 5. Mai 1920 mit Inkrafttreten zum 15. Juni desselben Jahres.

Die Verbandsversammlung tagte erstmalig am 3. September 1920 im Essener Saalbau. Sie wählte den dortigen Beigeordneten Dr. Robert Schmidt zum Verbandsdirektor. Dessen 1912 auftragsweise verfasste *Denkschrift betreffend Grundsätze zur Aufstellung eines General-Siedelungsplanes für den Regierungsbezirk Düsseldorf (rechtsrheinisch)* in der damaligen preußischen Rheinprovinz bildete die konzeptionelle Grundlage einer vorrangig funktionalen Raumplanung in der neuen Organisation und für deren ökonomisch bestimmte Gebietskulisse.

Die staatliche Konstituierung des SVR als kommunaler Zweckverband dokumentiert 1920 zweifellos den Gestaltungswillen fortschrittlicher Kräfte in der Frühphase der Weimarer Republik. Noch mehr gab es einen funktionalen Anlass: Die Region sollte, musste für die Reparationsforderungen der Alliierten bei der Kohleproduktion konditioniert werden.

Zeitgleich begann an der Ruhr der Aufstieg der rheinisch-westfälischen Industrieprovinz zu einer national bedeutenden Wirtschaftsregion. Der Begriff Ruhrgebiet verbindet sich dabei schnell mit einem martialischen Sozialnimbus und einer bis heute resistenten Außenwahrnehmung gegenüber der tatsächlichen vielfältigen Lebenswirklichkeit der Region. Im Gegenzug und dank seiner quantitativen Größe und polyzentrischen Urbanität definiert sich das Ruhrgebiet im 21. Jahrhundert als »Metropole Ruhr«, als »Stadt der Städte« in der Mitte Nordrhein-Westfalens und als Teil der Metropolregion Rhein-Ruhr. Zwischen 1985 und 1995 bewarb man sich national als »Starkes Stück Deutschland«.

Erhellend ist hier der Vergleich mit einer anderen deutschen Metropole, die ebenfalls 1920 einen epochalen Verwaltungsschritt vollzog: Berlin. Nachdem 1912 ein dem späteren SVR vergleichbarer Zweckverband Groß-Berlin geschaffen worden war, um die Stadtplanung der wachsenden Großstadt und ihrer Umlandgemeinden zu koordinieren, wurde 1920 die Stadtgemeinde Groß-Berlin gegründet. Während in Berlin entsprechend dem kohärenten flächendeckenden Stadtwachstum der Schritt zur Eingemeindung vollzogen wurde, wurde im Ruhrgebiet entsprechend dem polyzentrischen Stadtwachstum der Weg der Verbandsbildung einzelner Städte gegangen.

Deutsche und europäische Geschichte

An der Ruhr wurde im Zuge der Schwerindustrialisierung fast das gesamte 20. Jahrhundert hindurch deutsche und europäische Geschichte geschrieben. Sie reicht weit über das administrative Erbe Preußens und den eigenen regionalen Horizont hinaus. Sie baut auf einer mit Europa vernetzten mittelalterlichen Kloster- und Stadtkultur auf – so war etwa das Stift Essen mit dem römisch-deutschen sowie dem byzantinischen Kaiserhaus familiär verknüpft und die Kaufleute der Hansestädte Dortmund oder Duisburg trieben Handel von Brügge bis Nischni Nowgorod.

Die kaiserliche Reichsgründung 1871, die national bestimmende Militarisierung mit der »Ruhr als Waffenschmiede des Deutschen Reiches«, zwei für ganz Europa verheerende Weltkriege und schließlich der daraus folgende einhegende Impuls durch die Montanunion als Keim europäischer Friedensarchitektur haben hier – auch nach dem durchgängigen Urteil der internationalen Geschichtsschreibung und publizistischen Öffentlichkeit – ihren industriehistorischen Ausgangspunkt.

An der Schwelle zum 21. Jahrhundert steht das Ruhrgebiet zudem in einer besonderen Dialektik von Traditionswahrung und Modernisierung. Es ist ein international führender Ort postindustrieller Transformation seiner ehedem montan geprägten Vergangenheit sowie ein Modell nachhaltiger Stadt- und Regionalentwicklung. Die angestrebte internationale Profilierung von Raum und postindustrieller Landschaft ist die gedankliche Grundlage der UNESCO-Bewerbung als »Industrielle Kulturlandschaft Ruhrgebiet«.

Der Prozess der baulichen, mentalen, kulturellen und sozialökonomischen Konversion zieht weltweites Interesse auf sich. Die polyzentrale und regionale Urbanität, die die Gebiete der Zwischenstadt mit den verdichteten Zentren der klassischen europäischen Stadt verbindet, repräsentiert immer mehr ein international gängiges Metropolenmuster. Das Ruhrgebiet ist – anders als zeitweise politisch verordnet – nicht ein nur noch mentales oder ökonomisches Ereignis. Seine Geschichte hat zwar einen ökonomischen Ausgangspunkt, geht aber als inzwischen gewachsene Formation auch in kultureller und baulicher Hinsicht weiter. Es gibt durchaus Großstädte mit Geschichte und Profil, aber Metropolenformat erreichen sie nur im regionalen Zusammenhang.

100 Jahre Ruhrgebiet: die andere Metropole

Das Ruhr Museum auf dem UNESCO-Weltkulturerbe Zeche Zollverein gehört heute zu den großen Häusern seiner Klasse in Deutschland. Es zeigt, was die Ruhrgebietsgeschichte dokumentarisch leisten kann, wenn man sie am richtigen Standort professionell und attraktiv präsentiert. Die historiografischen Möglichkeiten des Museums werden im Gefolge der aktuellen Eröffnung eines zentralen Schaudepots in der ehemaligen Salzfabrik von Zollverein noch wachsen.

Diese erste kulturelle Adresse der Region sowie Zollverein in der Doppelfunktion als UNESCO-Welterbe und programmatischer Zukunftsstandort eignen sich wie kaum ein anderer Ort für die in diesem Jahr geplante Ausstellung *100 Jahre Ruhrgebiet. Die andere Metropole*. Ein umfangreiches Begleitprogramm schließt sich an. Thema ist die Gesamtregion in den letzten 100 Jahren sowie ergänzend – und soweit konstitutionell wichtig – die Geschichte des RVR als gesamträumlicher Kernverband über die Jahrzehnte. Der RVR nimmt, gefolgt von der RAG-Stiftung und dem Land Nordrhein-Westfalen, das besondere Themenjahr Ruhr 2020 zum Anlass, eine Jahrhundertausstellung über die Gesamtregion an prominentem Ort und mit bester Dramaturgie zu ermöglichen. Wann und wo sonst sollte sie stattfinden?

Die Schau präsentiert nicht zuletzt sowohl rückblickend auf das vergangene wie perspektivisch für das 21. Jahrhundert die Metropolenleistungen und -kompetenzen bei Infrastruktur, Verwaltung, Verkehr, Städtebau, Architektur, Sport, Veranstaltungen, Bildung und Wissenschaft, mit denen die regionale Konstituierung begonnen hat und künftig weitergeht. Sie fügt damit der Geschichte von Kohle und Stahl, die das Ruhr Museum in Ausstellungen wie *200 Jahre Krupp* (2012) und *Das Zeitalter der Kohle* (2018) dokumentiert hat, eine weitere, viel zu wenig bekannte Dimension bei. Gleichzeitig versteht sie sich als ein Baustein in der Vorbereitung des 75-jährigen NRW-Jubiläums im Jahr 2021 und eines möglichen Landesmuseums, was Quellenrecherche und Material- und Themenauswahl betrifft.

Ebenfalls im Jubiläumsjahr 2020 eröffnet die vom RVR und dem Baukunstarchiv NRW gestaltete Ausstellung zur Baukunst der Industriekultur. Auch hier könnten Ort und Zeit nicht passender sein: Das heutige Baukunstarchiv NRW in Dortmund war ehemals als preußisches Oberbergamt errichtet worden, von wo aus der Bergbau der gesamten Region verwaltet wurde. Es war somit der einzige Zentralort der ansonsten privatwirtschaftlich organisierten Montanindustrie. Gezeigt werden hier die vielfältigen Bauaufgaben der durch die Industrialisierung angetriebenen Städte und der Stadtregion an herausragenden Beispielen, die auch Bestandteil der Route der Industriekultur sind.

Den beiden Landschaftsverbänden Rheinland und Westfalen-Lippe ist zu verdanken, dass das historische Bildmaterial des SVR medial aufgearbeitet und der breiteren Öffentlichkeit aufeinanderfolgend in Oberhausen (Rheinisches Industriemuseum) und Dortmund auf (Industriemuseum Zeche Zollern) gezeigt wird.

Zeitschichten eines Jahrhunderts: SVR — KVR — RVR

Der RVR feiert, wenn man sich am Datum der preußischen Gesetzgebung orientiert, am 5. Mai 2020 seinen 100. Geburtstag. Ein solches Alter erreichen Menschen nur selten und erfahren dafür höchste Wertschätzung. Bei einer Institution reicht demgegenüber ein solches Datum gerade einmal aus, um überhaupt erstmalig und andeutungsweise von Würde und Bestand zu sprechen.

Immerhin hat der Verband allein schon durch die vitale Tatsache seines 100-jährigen Bestehens politische Plausibilität und Kontinuität in einer Region bewiesen, die vor allem durch rapiden Wandel und Bewegung gekennzeichnet ist. Nicht zufällig standen seine Vorgänger, SVR und KVR, mindestens jeweils einmal in ihrer Geschichte zur Disposition. Zum 50-jährigen Bestehen stellte man 1970 fest: »Der SVR ist innerhalb des vor mehr als 150 Jahren geschaffenen Verwaltungsaufbaus oft als Fremdkörper empfunden und gelegentlich bekämpft worden. Der SVR selbst war sich stets seiner besonderen Rolle als Koordinator in diesem dynamischen Wirtschaftsraum bewusst«.

Die schwierigen Zeitschichten des Jahrhunderts haben sich immer auch am jeweiligen Verbandsstatus abgebildet. Zweimal aktualisierte er seinen Namenstitel – vom SVR zum KVR im Jahr 1979 und zum RVR in 2004.

Inzwischen scheint sein Bestehen auf Dauer gesichert, eine konzeptionelle Enteignung beziehungsweise Fremdbestimmung relevanter regionaler Handlungsfelder – wie in den jüngeren Jahrzehnten gelegentlich tendenziell praktiziert – steht nicht mehr auf der Agenda.

Seit 2009 ist der RVR zudem wieder hoheitlicher Träger der staatlichen Regionalplanung und im Jubiläumsjahr werden die Mandatsträger der Verbandsversammlung per Listenwahl direkt gewählt, es wird also ein regionaler Wahlmodus eingeführt. Das Gleichgewicht zwischen Zweckauftrag und politischer Selbstbestimmung scheint hergestellt.

Nach mehr als fünf Jahrzehnten entsteht ein auf die Gebietskulisse des Verbands bezogener Regionalplanentwurf in eigener Handschrift. Er wird nach Abwägung der mannigfach eingereichten Stellungsnahmen von der sich Ende 2020 durch Direktwahl konstituierenden Verbandsversammlung in der ersten Hälfte der neuen Wahlperiode verabschiedet.

Historische Befindlichkeiten und Zukunftsfragen

Im Unterschied zum Ruhrgebiet selbst ist die institutionelle Historie des Verbands eher unterdokumentiert, was sicherlich mit der politischen Fragilität und virulenten Auflösungsdebatte um den KVR in den 1990er Jahren zusammenhängt. Zudem scheuen die jeweils Verantwortlichen den mit einer institutionellen Historisierung schnell einhergehenden Eindruck mangelnder Modernität. Als Zweckverband beruht seine Existenz unverändert weniger auf institutioneller Würde wie die einer eigenen Bezirksregierung, sondern auf funktionaler und staatlich übertragener Aufgabenerfüllung.

Im Jahr 2000 erschien die Verbandsmonografie *80 Jahre im Ruhrgebiet* von Andreas Benedict, die trotz ihres äußerlich bescheidenen Formats ein bis heute hilfreiches Nachschlagewerk ist. Eine quellenmäßig valide Universalgeschichte des Verbands und ihrer in den verschiedenen Epochen handelnden Leitfiguren bleibt demgegenüber ein Desiderat und in Ergänzung zu der exzellenten Masterarbeit von Hannah Ruff über die Auflösung des SVR damit ein Zukunftsauftrag für die wissenschaftlichen Institutionen in der Region. Das Gleiche gilt übrigens für eine bis in die vorindustrielle Zeit reichende Gesamtgeschichte des Ruhrgebiets, deren noch unverzichtbarere Realisierung vielleicht im nächsten Jahrzehnt gelingen könnte.

Erschwert wird jede historische Forschung zur Verbandsgeschichte durch die überaus unzulängliche Quellensituation. Alle Ansätze zu einer professionellen Archivierung blieben bis in das aktuelle Jahrtausend Stückwerk und letztlich erfolglos. Die Auswirkungen des Zweiten Weltkriegs taten ein Übriges, sodass der überwiegende Teil des historischen Schriftguts von SVR und KVR verloren ist. Überreste der Bild- und Schriftgutüberlieferung lagern nun im Rheinischen Industriemuseum (LVR) in Oberhausen und der Stiftung Geschichte des Ruhrgebiets in Bochum. Die staatlichen Überlieferungen im Geheimen Staatsarchiv Preußischer Kulturbesitz in Berlin und im Landesarchiv NRW schließen manche Lücke, können aber über die ganze Breite der Arbeiten, Diskussionen und Entscheidungen bei und in den Verbänden keinen Aufschluss geben.

Der RVR hat in den letzten Jahrzehnten selbst zahlreiche Projekte und Publikationen zur Geschichte des Ruhrgebiets ermöglicht und damit deren Konstituierung als eigenständige Geschichtssäule befördert. Folgerichtig wäre eine stärkere Resortierung der Ruhrgebietsgeschichte und der Ausbau eines professionellen Archivs, das auch über die Kapazität zu einer weiteren Sammlungstätigkeit zur Region verfügen müsste, wünschenswert. Die Kooperation mit dem Archiv im Hause der Geschichte des Ruhrgebiets bietet sich dazu an. Die Organisationsstruktur des in der Ruhrgebietsstadt Duisburg angesiedelten Landesarchivs orientiert sich unverändert an der historisch überlieferten Dreiteilung von Rheinland, Westfalen und Ostwestfalen-Lippe.

Mit umso größerer Plausibilität stellt sich seit Langem die Frage einer Mitträgerschaft des RVR am Ruhr Museum. Es bezeichnet sich selbst – spätestens seit seiner räumlichen Neuetablierung auf Zollverein – als das originäre historische Museum des Ruhrgebiets. Ein entsprechendes regionalhistorisches Statement könnte als Zeichen des politischen Aufbruchs zu den ersten Beschlüssen der neuen direkt gewählten Verbandsversammlung in 2020 gehören.

Vom Ruhrgebiet zur Metropole Ruhr: »Stadt der Städte«

Auch in einem Jubiläumsjahr sollen sich öffentlich alimentierte Institutionen nicht zu sehr selbst feiern, eher ihre Arbeit und Leistungen im Dienst der Region dokumentieren. Das geschah schon 1970 anlässlich des 50-jährigen Bestehens, bei dem der SVR für seine

Jubiläumsschrift bescheiden konstatierte: »Die Autoren waren gebeten worden, die verschiedenen Tätigkeiten des SVR im Rahmen der allgemeinen Entwicklung des Planungswesens darzustellen und kritisch zu werten. Alle Autoren haben abschließend auch einen Ausblick auf die weitere Arbeit des SVR gegeben«.

In gleicher Weise wird der RVR jetzt seine anstehenden Aufgaben, Projekte und Strategien und die Zukunftsthemen der Region der weiteren Öffentlichkeit dokumentieren. Hierfür hat er zusammen mit Partnern in mehrjähriger Vorbereitung ein umfangreiches Programm entwickelt. Die aktuellen Zeitumstände erlauben dem Verband einen unabhängigen und kritischen Blick auf seine wechselvolle und manchmal schwierige Geschichte in den ersten 100 Jahren seines Bestehens.

Dazu gehört als wichtiger Baustein auch die vorliegende Publikation *Vom Ruhrgebiet zur Metropole Ruhr*. Die institutionelle Darstellung beginnt mit einem historiografischen Teil, für den sich mit Heinz-Wilhelm Hoffacker und Hannah Ruff zwei regionalhistorisch ausgewiesene Historiker gewinnen ließen.

Die inhaltliche Strukturierung orientiert sich im Weiteren konzeptionell an jenen format- und programmbezogenen Publikationen, für die die Internationale Bauausstellung (IBA) Emscher Park, RUHR.2010 (Kulturhauptstadt Europas) und andere regionale Akteure in den letzten Jahrzehnten Maßstäbe gesetzt haben. Projekte, Formate, Trägerschaften und Allianzen sollen die Erzählung bestimmen.

Die aktuellen Strategien, Cluster und Leitprojekte des RVR werden deshalb von den verantwortlichen Akteuren und Autoren (meist in Personengleichheit) dokumentiert. Auch im 21. Jahrhundert ist sich der Verband seiner Verantwortung für die Zukunft der Industrieregion bewusst und verfolgt mit dem Regionalplan, dem Radschnellweg, der Grünen Infrastruktur und der Internationalen Gartenausstellung (IGA) Metropole Ruhr 2027 eine gesamträumliche Agenda. Die in den letzten Jahrzehnten geglückte Regionalisierung bei Kultur, Tourismus, Historiografie, Wirtschafts- und Wissenschaftsmarketing eignet sich durchaus für eine »Meistererzählung«.

Neben dieser strategie- und projektbezogenen Berichterstattung werden in essayistischen Beiträgen namhafter Autoren Fragen und Themen von regionaler Relevanz erörtert. Auch diese Autoren zeichnet die Doppeleigenschaft von regionaler Verantwortung sowie bestimmender Rolle im regionalen Diskurs aus.
Für ihre Ausführungen gilt das besondere Recht der freien Rede und kritischen Aussprache.

Wir danken allen Beteiligten, die an dieser Publikation konzeptionell, redaktionell und organisatorisch mitgewirkt haben.

Fragen an Karola Geiß-Netthöfel, Direktorin des Regionalverbands Ruhr

FRAGEN AN KAROLA GEISS-NETTHÖFEL, DIREKTORIN DES REGIONALVERBANDS RUHR

Karola Geiß-Netthöfel ist seit 2011 Leiterin des RVR.

Die Geschichte des Siedlungsverbands Ruhrkohlenbezirk (SVR) beginnt 1920 als Zweckverband mit klar bestimmten Aufgaben. Wofür steht sein heutiger Nachfolger, der Regionalverband Ruhr (RVR) im Jahr des 100-jährigen Bestehens?

Sein historischer Auftrag für eine einheitliche Planung und wichtige Umweltbelange besteht unverändert weiter. Nach dem Gebietsentwicklungsplan des SVR von 1966 ist der RVR erst 2009 wieder gesetzlich ermächtigt worden, einen Regionalplan für das gesamte Ruhrgebiet zu erarbeiten. Themen wie Flächenentwicklung, Mobilitätssicherung, Landschafts- und Umweltschutz und natürlich ganz besonders Klimawandel stellen die Metropole Ruhr als einen der größten europäischen Ballungsräume vor besondere Herausforderungen. Dies erzeugt vielfältigen Planungs- und Handlungsbedarf, um den sich der RVR als Netzwerker, Koordinator, Impulsgeber, Dienstleister oder Projektträger kümmert.

Und dies gilt auch für weitere Handlungsfelder wie Wirtschaft, Bildung und Wissenschaft, Soziales, Kultur, Freizeit und Tourismus. Als Akteur sucht der RVR gezielte Allianzen mit weiteren wichtigen Partnern in der Region und gründete und gründet, wo es sinnvoll ist, passgenaue Tochtergesellschaften wie die Ruhrtourismus GmbH (RTG), die Business Metropole GmbH (BMR), die Abfallentsorgungs-Gesellschaft Ruhrgebiet mbH (AGR) und die Freizeitgesellschaft Metropole Ruhr mbH. Eine ganz wichtige Rolle des Verbands besteht auch darin, die regionalen Interessen gegenüber Land, Bund und der Europäischen Union zu vertreten und zu kommunizieren.

Führt die erstmalige Direktwahl der Verbandsversammlung durch die Bürger im September 2020 zu einer Stärkung des Verbands? Was bedeutet das für das Verhältnis von Verbandsversammlung und Kommunalrat, dem Gremium der elf Oberbürgermeister und vier Landräte?

Das politische Selbstbewusstsein und der Zusammenhalt in der Region werden durch die Direktwahl wachsen. Es ist nach der Rückübertragung der Regionalplanung der zweite relevante Schritt einer verbandspolitischen Aufwertung durch den Landesgesetzgeber. Die künftigen Mandatsträger rekrutieren sich nun nicht mehr durch Entsendung aus den Räten und Kreistagen. Wie bei vergleichbaren großen Regionalverbänden in Stuttgart und Hannover bestimmen die Bürger selbst, wer sie künftig auf der regionalen Ebene vertreten soll. Dies bedeutet eine regionalpolitische Stärkung der Verbandsversammlung. Der Kommunalrat ist weiterhin wichtig, um die Rückkopplung regionalen Handelns mit Politik und Verwaltung in den kommunalen Gebietskörperschaften sicherzustellen.

Sollten dem RVR weitere (gesetzliche) Aufgaben zuwachsen?

Das gegenwärtige Gesetz eröffnet ausdrücklich die Möglichkeit, im Zusammenspiel mit den Städten und Kreisen des Ruhrgebiets kommunale Aufgaben auf den Verband zu übertragen. Was in dieser Hinsicht notwendig und sinnvoll sein könnte, wird derzeit von unabhängiger Stelle geprüft.

Im Übrigen hat der Verband in den letzten Jahrzehnten einen erheblichen Aufgabenzuwachs in wichtigen regionalen Handlungsfeldern wie Kultur, Bildung, Wirtschaftsmarketing und Tourismus bereits realisiert und ein dichtes Kooperationsnetz entstehen lassen. Zunehmend binden wir unsere Kräfte zusammen und treten nach außen als gemeinschaftliche Region auf – bei internationalen Messen oder Bewerbungsverfahren um große Formate wie schon bei der Kulturhauptstadt RUHR.2010 oder nun bei der Internationalen Gartenausstellung (IGA) Metropole Ruhr 2027. Und wir sind damit überaus erfolgreich.

Wo liegen die wichtigsten Herausforderungen und Chancen der Metropole Ruhr im 21. Jahrhundert? Welche Leitprojekte und Aufgaben soll der RVR in diesem Zusammenhang übernehmen?

Das Ruhrgebiet mit seiner besonderen polyzentralen Struktur eignet sich hervorragend, um eine Metropole neuen Typs zu entwickeln, in der hochverdichteter Ballungsraum und Lebensqualität für die Bevölkerung einander nicht ausschließen. Ganz im Gegenteil: Arbeiten, Wohnen, Lernen, Kultur, Freizeit und Erholung räumlich eng zu einem attraktiven Lebens- und Wirtschaftsraum miteinander zu verbinden, das muss unser Ziel sein. So kann das Ruhrgebiet zum Metropolenlabor und für nationale und internationale Regionen zum Vorbild werden. Hierzu trägt der RVR in den nächsten Jahren zum Beispiel mit der IGA Metropole Ruhr 2027 als gesamträumlichem Projekt von Landschaftsentwicklung, Städtebau, Grüner Infrastruktur und Klimaschutz bei.

Ein weiteres Projekt ist der vom RVR konzipierte Radschnellweg Ruhr (RS1) von Duisburg bis Hamm, der im Bereich Verkehrsinfrastruktur neue Wege weist. Mobilität, eine der größten Herausforderungen auf unserem Weg zu einer modernen Metropole, erfordert mehr Kompetenzen und Ressourcen beim RVR. Unter anderem treiben wir das Thema mit dem regionalen Mobilitätsentwicklungskonzept voran.

Es ist dem RVR schon heute gelungen, zahlreiche das Landschaftsbild prägende Bergehalden zu attraktiven Orten zu transformieren. Weitere werden hinzukommen, die in ein gesamtregionales Konzept einzugliedern sind.

Eine wichtige Aufgabe ist es, auch künftig bezahlbare Freizeit- und Erholungsangebote für die Menschen im Ruhrgebiet zu schaffen. Dies bleibt eine wichtige Funktion der Revierparks. Die Freizeitstätten werden zurzeit erheblich modernisiert und so ins 21. Jahrhundert geführt.

Die Planungskompetenz stellt auch künftig wegen des großen regionalen Moderations- und Steuerungsbedarfs ein zentrales Handlungsinstrument des Verbands dar. Der Interessenausgleich und die räumliche Ausgewogenheit bei Wohnen, Arbeiten, Freizeit und Umwelt sind von zentraler Bedeutung für die Metropole Ruhr.

Im globalen Wettbewerb ist entscheidend, dass das Ruhrgebiet mit seinem spezifischen Profil als die »etwas andere« Metropole wahrgenommen wird. Die Standortmarketingkampagne des RVR trägt diese Botschaft seit Sommer 2018 in die Welt. Als »Metropole Ruhr – Stadt der Städte« zeigen wir die Region so, wie sie ist (aber leider noch nicht überall gesehen wird): jung, dynamisch, innovativ, ein urbaner Raum mit vielen Zentren und lebenswerten Quartieren, der Weltoffenheit und unendliche Möglichkeiten bietet.

Sollte der RVR nicht auch unmittelbar operative Aufgaben beim Erwerb von Brachen, bei Konversionen (z. B. frei werdender Kraftwerksstandorte), Flächenqualifizierung und -vermarktung übernehmen — ähnlich wie früher offensiv NRW Urban? Bisher beschränkt man sich hier auf Kommunikation und Marketing. An Ruhr und noch mehr Emscher stehen aber große Transformationsprojekte in der nächsten Dekade an.

Pläne gibt es bereits. Ein Masterplan für Standorte stillgelegter Kraftwerke – nicht zuletzt mit Blick auf die Ergebnisse der Kohlekommission – ist angedacht. Insgesamt besteht ein öffentliches Interesse an einem qualifizierten Flächenmanagement in der Region, das von reinen Renditeinteressen beziehungsweise Marktschwankungen unabhängig und finanziell stabil ist.

Die großen kreisfreien Städte wie Dortmund mit dem Phoenix-See und Duisburg mit dem Innenhafen haben bewiesen, dass sie die Umnutzung ihrer ehemaligen Industrieflächen auch künftig weitgehend aus eigener Kraft schaffen können. Regionale Dienstleistungen sind hier nur unterstützend notwendig.

Mittelfristig ergibt sich nach meiner Einschätzung ein größerer Bedarf eher bei den kleineren kreisangehörigen Städten, die für ihre Entwicklungsareale Kompetenzen und Ressourcen des RVR gerne in Anspruch nähmen. Mit unserer regionalen Wirtschaftsförderungsgesellschaft Business Metropole Ruhr GmbH hätten wir dann eine gute operative Basis für diese neuen Aufgaben.

Wie verteilen sich künftig die Entwicklungschancen in der Gesamtregion? Gibt es — nach dem Vorbild des Emscher Landschaftsparks — regionale Entwicklungsstrategien auch für andere Teilregionen?

Schon per Gesetz ist es das Selbstverständnis des Verbands, bei all seinem Tun das Wohl des gesamten Ruhrgebiets im Blick zu haben. Selbstverständlich ist über das regionale Themenspektrum hinweg der Handlungsbedarf nicht überall gleich. Das gilt nicht nur hinsichtlich ihrer Aktualität, sondern auch in Bezug auf die notwendige Schwerpunktsetzung. Und so wie es für die Metropolenentwicklung in den letzten Jahrzehnten wichtig war, die vom Strukturwandel besonders betroffene Emscherzone aufzuwerten, stehen zu Beginn des 21. Jahrhunderts andere Aufgaben an. Das sind beispielsweise – im Hinblick auf den Klimaschutz ganz wichtig – die IGA Metropole Ruhr 2027 und weitere Projekte im Rahmen der Strategie Grüne Infrastruktur Ruhr, die über das ganze Ruhrgebiet verteilt Impulse setzen werden. Der Mobilitätsverbesserung dienen zahlreiche Projekte zum Ausbau des Regionalen Radwegenetzes. Für die Tourismus- und Freizeitentwicklung sind unter anderem die gezielten Strategien für die Profilierung der Ruhrseen im Süden unserer Metropole Ruhr zu nennen.

Die IGA Metropole Ruhr 2027 wird das große Zukunftsformat der nächsten Dekade. Reichen die institutionellen, strategischen und finanziellen Rahmenbedingungen für eine erfolgreiche Realisierung?

Die Landesregierung Nordrhein-Westfalens unterstützt das IGA-Projekt 2027. Sie hat sich konsequent für die Ausrichtung großer Gartenschauen in unserem Bundesland entschieden. Ich vertraue darauf, dass die zuständigen Ministerien ihre Rolle als Partner und institutionelle Fördergeber ernst nehmen und die erforderlichen Rahmenbedingungen absichern.

Die IGA sehe ich in einer Tradition anderer bedeutsamer Ereignissen wie der IBA Emscher Park von 1989 bis 1999 und der Kulturhauptstadt RUHR.2010. Schon damals haben die gezielte Schaffung neuer Zukunftsareale, die Bespielung des Raums, die regionale Verknüpfung und qualifizierter Städtebau einen starken Entwicklungs- und Imageschub für die ganze Region gebracht. Mit dem Dreiklang von sogenannten Zukunftsgärten, dem zeitgemäßen Upgrade bestehender Parks und der Bürgerbeteiligung durch Einbindung privater Gärten setzt die IGA die Erfolgsstrategie fort.

Sehen Sie inhaltliche Schnittmengen mit anderen Akteuren in der Region wie den Bezirksregierungen, Wasser- (Ruhr / Emscher / Lippe) und Landschaftsverbänden (LVR / LWL)?

Eine so große Region wie die Metropole Ruhr mit über fünf Millionen Einwohnern kann niemand alleine gestalten und entwickeln. Das gilt besonders für das polyzentrisch strukturierte Ruhrgebiet mit 53 Städten und Gemeinden. Hier müssen alle zusammenwirken und es ist eine wichtige Aufgabe des Verbands, dies zu erreichen und im Idealfall zu steuern.

Die Route der Industriekultur zeigt schon heute, wie gut das gelingt. Das enge Zusammenspiel von Land, Kommunen, den Landschaftsverbänden und dem RVR als Projektträger erzeugt eine Strahlkraft, die weit über die Metropole Ruhr hinausreicht.

Das historische Profil der Region hat sich verändert. Was bedeutet das für die beiden Landesteile Rheinland und Westfalen-Lippe und das gesamte Bundesland Nordrhein-Westfalen?

Das Ruhrgebiet hat in den letzten 100 Jahren eine bemerkenswerte Entwicklung genommen, vom reinen Wirtschaftsraum rheinisch-westfälisches Industriegebiet zum urbanen Lebensraum, der sich als Metropole Ruhr mit anderen städtischen Großzentren auf Augenhöhe messen kann. Das gilt national wie international. Es war nur konsequent, dass der Landesgesetzgeber auf den besonderen Handlungsbedarf reagiert und den RVR als die einzige regionale Klammer der Region gezielt weiterentwickelt hat. So ist der gestärkte Verband gut aufgestellt und für die Herausforderungen gerüstet. Ob Rheinland oder Westfalen – das Ruhrgebiet steht in keiner Konkurrenz, ganz im Gegenteil – es gilt unverändert der Grundsatz: Geht es dem Ruhrgebiet gut, geht es NRW gut!

Redaktion: Dieter Nellen

REPRÄSENTANZ UND EDITION

Im Dienste der Region

Haus des Siedlungsverbands Ruhrkohlenbezirk

RUTH HANISCH

studierte Kunstgeschichte an der Universität Wien.
1997 bis 2002 war sie als wissenschaftliche Mitarbeiterin der
Professur für Geschichte des Städtebaus an der ETH Zürich
tätig. 2003 promovierte sie über »Das Bild des Hafens in
der Architektur des 18. Jahrhunderts« an der Universität Wien.
Ihre Habilitationsschrift wurde 2018 unter dem
Titel *Moderne vor Ort. Wiener Architektur 1889—1938*
im Böhlau Verlag veröffentlicht.

Verwaltungsgebäude des Siedlungsverbands Ruhrkohlenbezirk an der Kronprinzenstraße in Essen 1929.

»Das Gebäude durfte nicht einen stadtbeherrschenden Zentralausdruck hervorrufen wie etwa ein Rathaus, es durfte nicht einen repräsentativ-monumentalen Eindruck erwecken wie ein Regierungsgebäude, es durfte nicht die gleichmäßige, zur Beschäftigung von Hunderten ausgewertete Art eines Bürogebäudes tragen. Es galt, hier etwas Eigenes, der neuen Organisation besonders Entsprechendes zu schaffen.« Philipp Rappaport, Erster Beigeordnete des Siedlungsverbands, triangulierte so im Geleitwort der Publikation des Hauses 1930 den Anspruch des Bauherrn an sein Dienstgebäude. Der sollte sich eben nicht auf etablierte Typologien berufen. Nicht Rathaus, nicht Regierungsgebäude, nicht Bürohaus – ein Verbandshaus war gefordert. Das stellte den Architekten vor die Herausforderung, nicht nur eine moderne Formensprache für eine bestehende Typologie zu entwickeln, also ein modernes Rathaus oder ein modernes Bürohaus, sondern einen neuen Typus, der nicht nur den funktionalen Bedürfnissen eines Regionalverbands entsprach, sondern auch die regionale Idee an einem Ort versinnbildlichen sollte. Architektur und Regionalplanung sind auf vielfältige Weise verbunden: Die Planung schafft den Rahmen für die Architektur, das Bauen prägt die Region. Die Maßstäbe sind unterschiedlich, der Einzelbau richtet sich an die dreidimensionale menschliche Wahrnehmung; die Region ist ein abstraktes Modell, das sich der Alltagswahrnehmung des Einzelnen vielfach entzieht.

Das Baugrundstück an der Kronprinzenstraße lag nahe am Hauptbahnhof und garantierte so durch die fußläufige Anbindung die Verbundenheit mit der gesamten Region. Es war ein interessanter Ort für den Neubau des Verbands: An der schräg gegenüberliegenden Ecke stand das Gebäude der Emschergenossenschaft von Wilhelm Kreis, auf dem unmittelbaren Nachbargrundstück hatte Georg Metzendorf soeben das sogenannte Ruhrhaus, den Sitz des Ruhrverbands, fertiggestellt. In gewisser Hinsicht war die Stelle für den Bau dieses weiteren Verbandsgebäudes prädisponiert, denn sowohl die Emschergenossenschaft als auch der Ruhrverband waren regionale Verbände zur Abwasserent- beziehungsweise Wasserversorgung des Reviers, deren Arbeit sich in Vielem mit dem Regionalverband berührte; kurze Amtswege waren bei der Administration der Region sicherlich von Vorteil. Beide Nachbargebäude stellten architektonische Interpretationen eines Baus für einen regionalen Verwaltungsverband dar: Der »Palast« für die 1899 gegründete Emschergenossenschaft war noch vor dem Ersten Weltkrieg 1909/10 errichtet worden. Kreis hatte sich bei seiner Interpretation eines Verbandsgebäudes mit der Rathaustypologie mit Turm und Vorhalle auseinandergesetzt, diese aber aufgrund der Lage an der Kreuzung sozusagen ums Eck gedacht. Die Ornamentik ist sparsam verteilt, aber im Detail kräftig ausgebildet. Kreis verwendete Ziegel für das Mauerwerk und Naturstein für die Dekoration, die auf Elemente der antiken Mythologie mit explizitem Wasserbezug zurückgreift: Poseidons Dreizack, im Wasser spielende Putten und vieles mehr.

Georg Metzendorf, weltweit bekannt für seine Arbeit an der Essener Margarethenhöhe, setzte der Kreis'schen Monumentalarchitektur 1921–1928 einen ruhigen flächigen Ziegelbau entgegen. Er entwickelte eine neuartige Ornamentik, die einerseits auf die Tätigkeit des Ruhrverbands bei der Wasserversorgung des Gebiets hinwies, andererseits sich auf den sogenannten Backsteinexpressionismus bezog, der sich im Revier als typische moderne architektonische Ausdrucksweise etabliert hatte. Die dafür typischen Zickzackmotive, die sich aus dem Ziegelverband ergeben, können eben auch als Wellen gelesen werden. Auch über dem Eingang dieses Baus wacht Poseidon, der Gott des Wassers. Im direkten Vergleich mit dem Emscherhaus ist das Ruhrhaus sehr viel schlichter und in seiner Ornamentik viel zurückhaltender.

Zwischen diesen beiden Bauten sollte nun also das Haus des Siedlungsverbands entstehen und somit eine Art Kapitol der Regionalverwaltungen im »Schreibtisch des Ruhrgebiets« vervollständigen. Man schrieb einen Wettbewerb unter den Essener Architekten aus, den der Entwurf »Der neue Bau« von Alfred Fischer gewann. Ausgeführt wurde dann allerdings der Alternativentwurf Fischers, »Profile Keramik«, der zunächst aus dem Verfahren ausgeschlossen worden war. Der Architekt, der nach seinem Wohn- und Arbeitsort auch Fischer-Essen genannt wurde, hatte sich bereits als Entwerfer von anspruchsvollen modernen Verwaltungsbauten – dem Gebäude der Emschergenossenschaft in Dortmund und dem Hans-Sachs-Haus in Gelsenkirchen – etabliert. Seine zur Ausführung gekommene Wettbewerbsvariante ist ein Musterbeispiel für das harmonisierende Potenzial moderner Architektur: Im Vergleich zu seiner oben beschriebenen unmittelbaren Umgebung ist das Gebäude radikal modern und einfach. Kein Ornament kündet von der Aufgabe des Baus, kein Meeresgott oder Schirmherr der Planer und keine auch noch so abstrahierte Welle sowie kein Stadtplan ist am Äußeren oder im Inneren zu finden. Der Baukörper wirkt nur durch Massenverteilung, Material und Fenstergliederung. Mittels dieser reduzierten Ästhetik gelang es Fischer aber dennoch, Bezüge zur Umgebung und zur Bauaufgabe herzustellen. Der Eingang liegt wie bei Kreis' gegenüberliegendem Bau an der Ecke, ebenfalls sozusagen an der Nahtstelle zwischen dem großen Volumen zur Kronprinzenstraße und einem kleineren an der heutigen Helbingstraße. Das Erdgeschoss wurde mit dunklen Keramikplatten verkleidet, die Fenster wurden durch Lisenen zu Bändern zusammengefasst, die zusammen mit den abgerundeten Ecken einen dynamischen Effekt erzielen, vor allem in der Ecksituation, wo die Baukörper zusammentreffen. Das ist eine Großstadtarchitektur, wie sie Erich Mendelsohn in Berlin baute, Architektur wie sie der Förderer von Fischer, Peter Behrens, forderte, als er bereits 1914 im Werkbundjahrbuch über den »Einfluß von Zeit- und Raumausnutzung auf die moderne Formentwicklung« schrieb: »Eine Eile hat sich unserer bemächtigt, die keine Muße gewährt, sich in Einzelheiten zu vertiefen. Wenn wir im überschnellen Gefährt durch die Straßen unserer Großstädte jagen, können wir nicht mehr die Einzel-

Bauzustand des Flurs auf der zweiten Etage, 2018.

heiten der Gebäude gewahren.« Damit habe die Architektur zu rechnen: »Ein übersichtliches Kontrastieren von hervorragenden Merkmalen, zu breit ausgedehnten Flächen oder ein gleichmäßiges Reihen von notwendigen Einzelheiten, wodurch diese wieder zu gemeinsamer Einheitlichkeit gelangen, ist notwendig.« Fischers Leistung war, diese Elemente in einer Weise umzusetzen, die das Gebäude von seiner Umgebung als etwas Eigenes abhebt – wie von Rappaport gefordert – und gleichzeitig als Teil eines Ensembles einbindet.

Auch im Inneren lässt diese ausgewogene Herangehensweise nicht nach: Von einem niedrigen Entree aus gelangt man in einen glasüberdeckten Lichthof, der den Kern des Neubaus bildet. Wie in einem Forum laufen alle Kommunikationswege und Sichtachsen über diesen Hof, er erschließt den großen Saal und belichtet die Galerien, die zu den Büroräumen im Obergeschoss führen. Dieser Innenhof war ursprünglich mit weißen und blauen opaken Glasplatten bekleidet, die das Licht noch zusätzlich im Raum streuten – wie überhaupt die gesamte Innenausstattung einfach, aber in einer durchgehend starken Farbigkeit gehalten war. Dabei wurde Fischer wie auch beim Bau des Hans-Sachs-Hauses in Gelsenkirchen von seinem Kollegen an der Folkwang-Schule, Max Burchartz, beraten. Verschiedene lasierte Hölzer, eingelassene Lichtstreifen, Spiegel und farbige Wandflächen ergaben eine abstrakte, aber stimmungsvolle und vielfältige Arbeitsumgebung.

Fischers Bau leistete viel. Um das zu beurteilen, muss man sich die Anforderungen an dieses Gebäude nochmals vor Augen halten: Der Bau sollte repräsentativ sein, aber nicht zu monumental; er sollte modern sein, aber auf eine vertrauensbildende Weise; er sollte die Gründungsidee des Siedlungsverbands – eines Verbands gleichwertiger Kommunen – veranschaulichen können; er sollte sich gegen das vis-à-vis gelegene Kreis'sche Emscherhaus visuell durchsetzen, aber nicht durch einfältiges Übertrumpfen der Abmessungen. Und nicht zuletzt musste er natürlich die Grundbedingungen jeder öffentlichen Auftragsvergabe erfüllen: mit den eingesetzten Steuermitteln sorgsam umgehen und das Raumprogramm umsetzen. Die geforderten Funktionen waren vielfältig: Neben den Einzelbüros, den repräsentativen Büros des Direktoriums und den Sitzungszimmern waren immerhin auch noch etwa ein fotografisches Atelier, ein Saal für 250 Personen sowie Archiv- und Ausstellungsräume unterzubringen. Es war demnach ein sorgfältiges Ausbalancieren dieser verschiedenen Ansprüche an den Bau notwendig, dem zudem auch die Aufgabe zufiel, das architektonische Gesicht des Verbands und damit der ganzen Region zu sein. Fischer gelang das, indem er eine architektonische Tonlage fand, die gleichzeitig modern und verbindlich war – ein Balanceakt, der der Tätigkeit der Organisation nicht unähnlich war: radikale Veränderung im Konsens. Verbandsdirektor Robert Schmidt fand bei der Eröffnung dementsprechend lobende Worte für das fristgerecht fertiggestellte Gebäude: »Es charakterisiert nach Lage, Form und Gestaltung das Wesen des Verbands, dessen Leitung es beherbergt.«

Durch die Kontinuität der Nutzung steht das Dienstgebäude nach der beinahe vollständigen Zerstörung im Zweiten Weltkrieg, dem deutlich veränderten Wiederaufbau und zwei Renovierungswellen heute für den vom Regionalverband maßgeblich mitgetragenen Strukturwandel, der das bauliche Erbe der Industrialisierung weiterentwickelt.

Abbrucharbeiten auf der zweiten Etage der Büros an der Kronprinzenstraße, 2018.

REPRÄSENTANZ UND EDITION

IM DIENSTE DER REGION

Das sanierte Verwaltungsgebäude an der Kronprinzenstraße, Herbst 2019.

Blick durch den Flur in den Lichthof nach der Sanierung, Herbst 2019.

Lichthof des Gebäudes mit Blick auf die Flure nach der Sanierung, Herbst 2019.

REPRÄSENTANZ UND EDITION

**Lichthof mit Blick
auf den Plenarsaal,
Herbst 2019.**

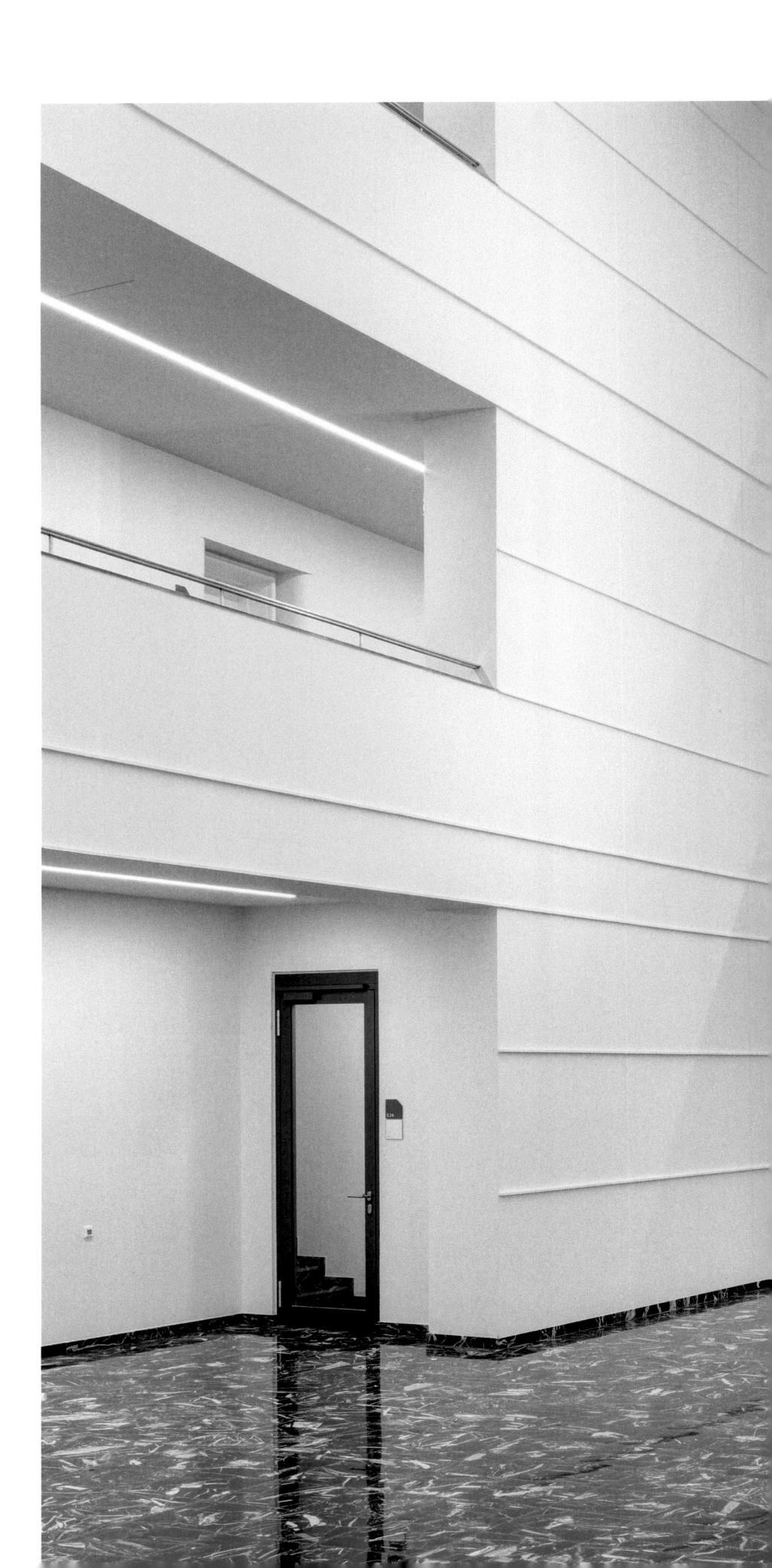

IM DIENSTE DER REGION

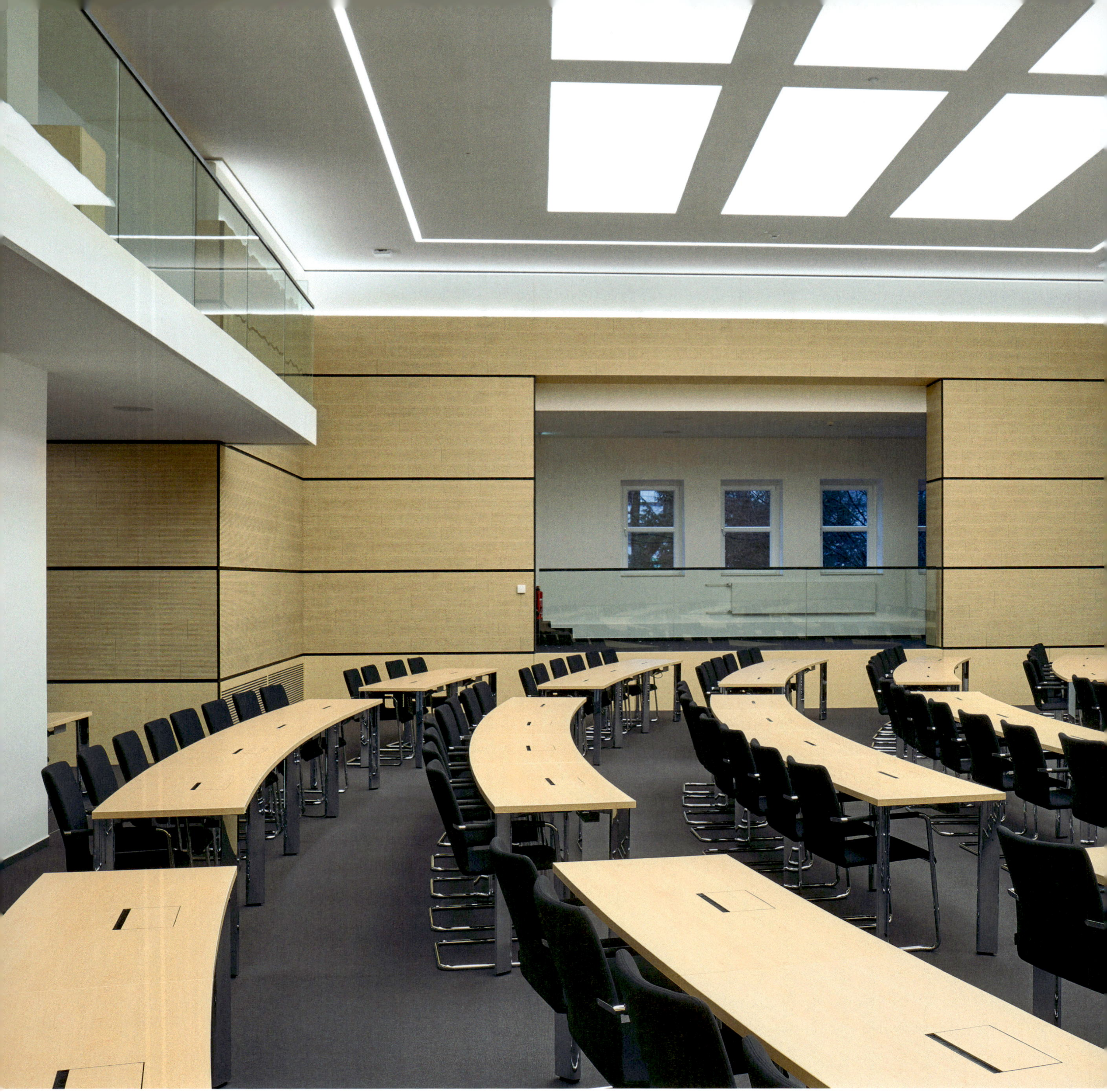

IM DIENSTE DER REGION

Plenarsaal nach
der Sanierung,
November 2019.

REPRÄSENTANZ UND EDITION

IM DIENSTE DER REGION

Haupthaus des RVR an der
Kronprinzenstraße 35 nach
der Sanierung im Herbst 2019.

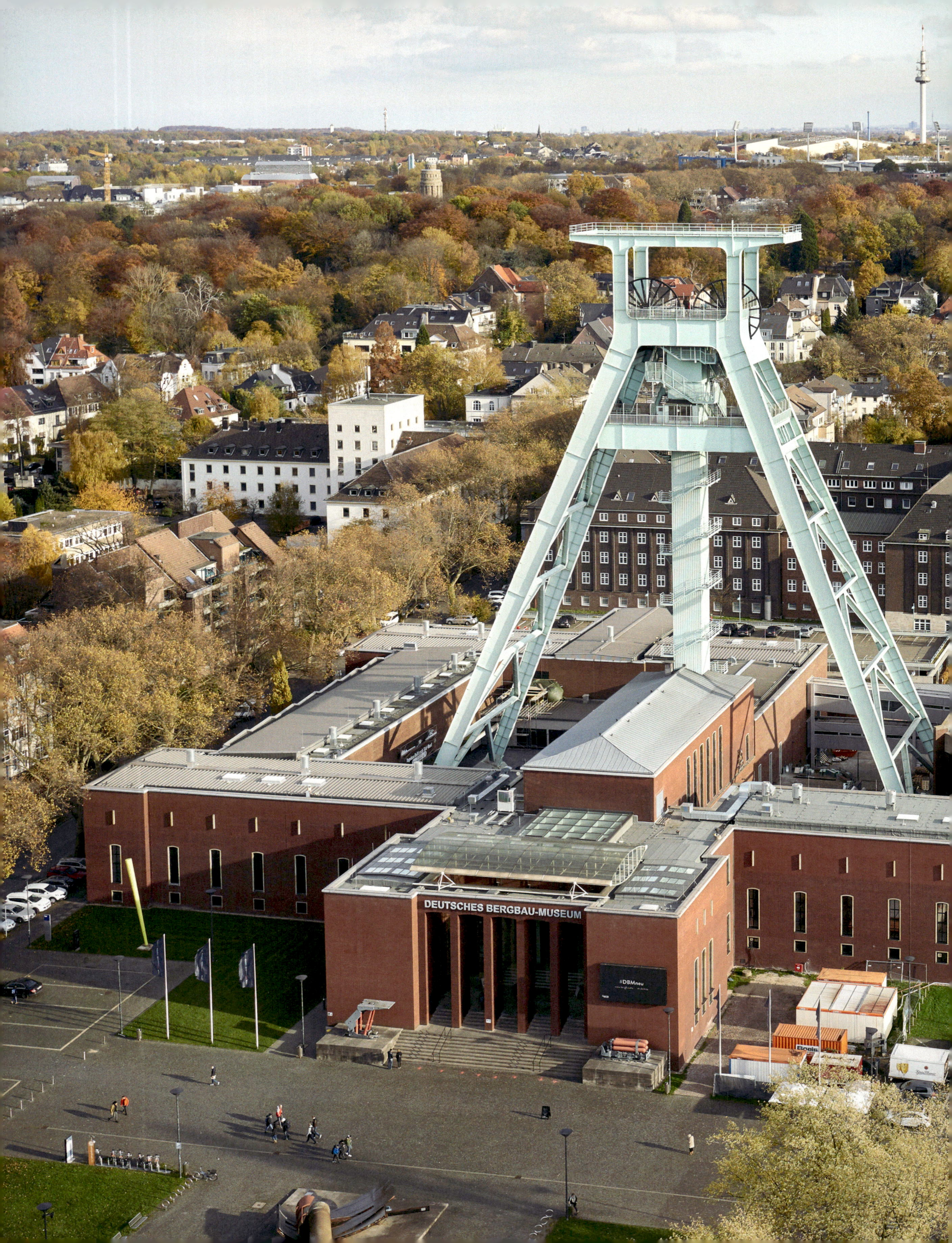
DEUTSCHES BERGBAU-MUSEUM

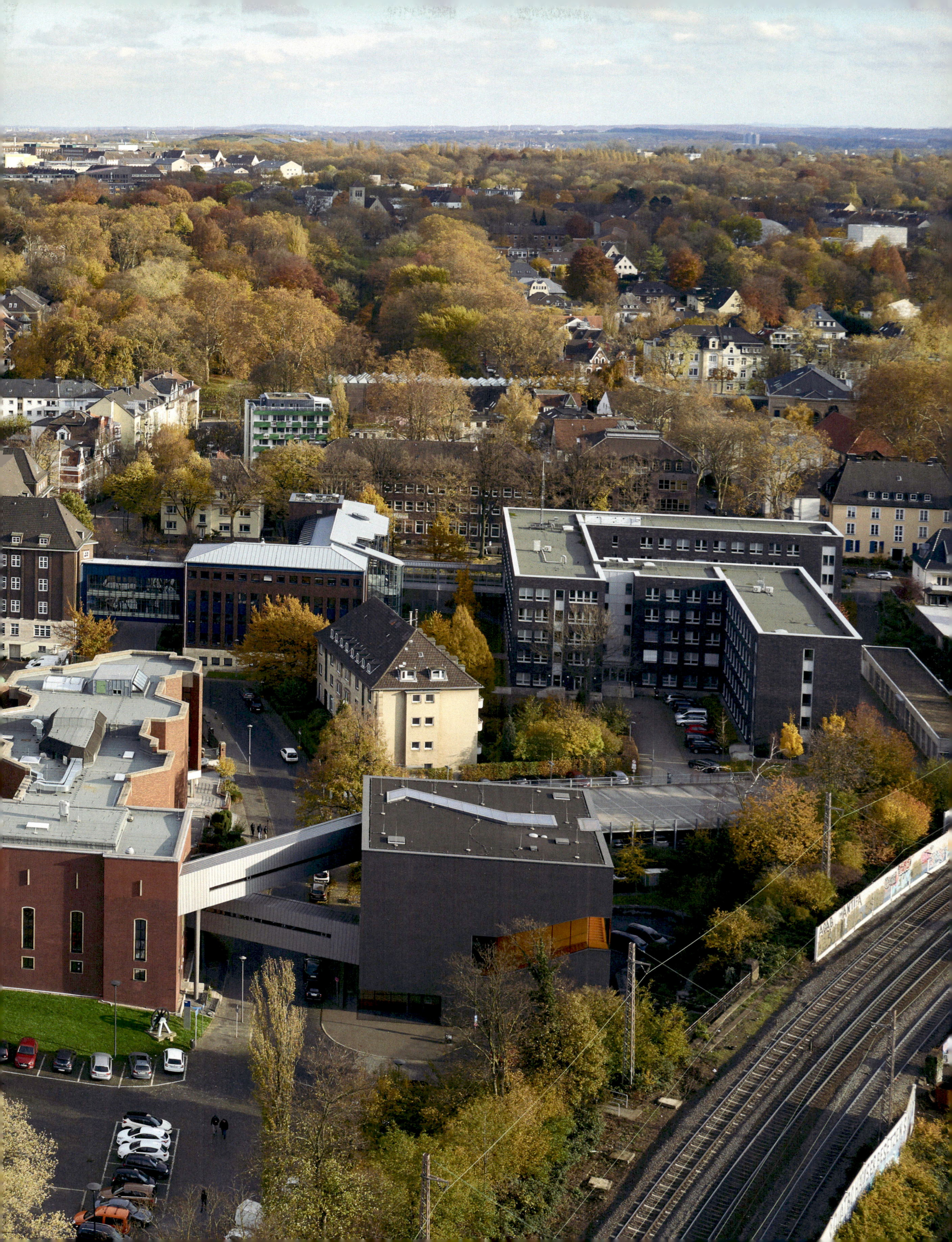

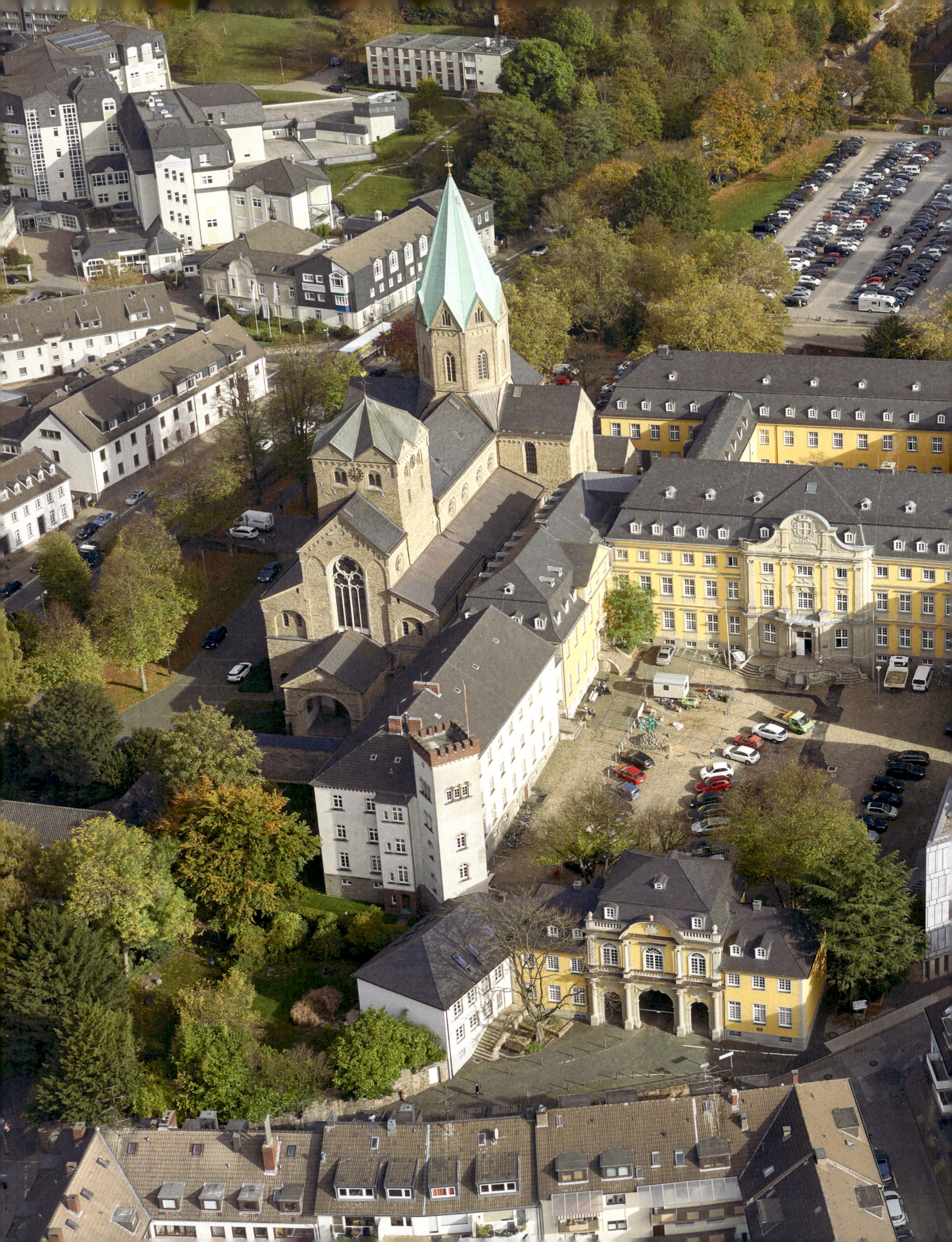

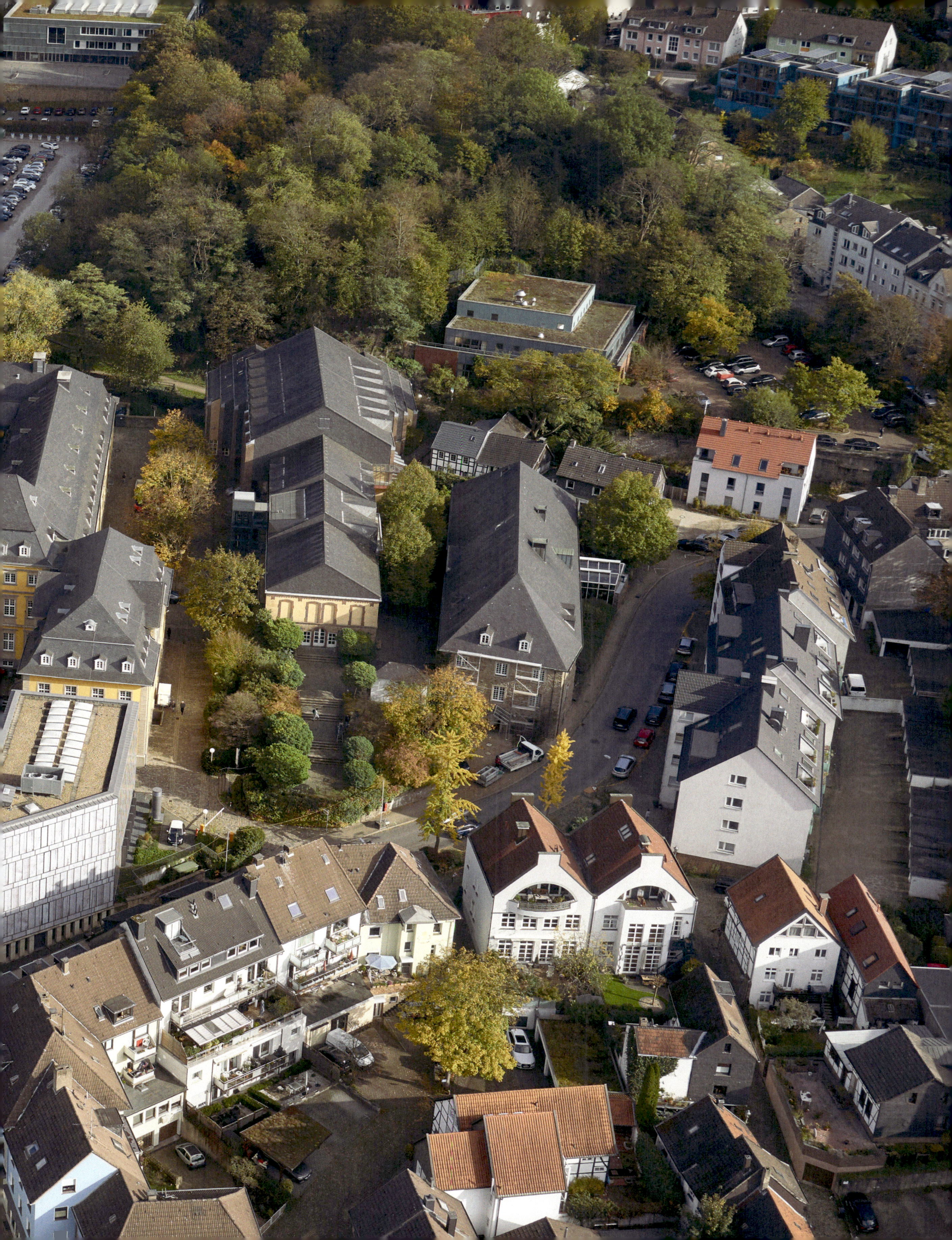

**Der Siedlungsverband
Ruhrkohlenbezirk in den
Jahren 1920—1945**
HEINZ WILHELM HOFFACKER
48

**Vom SVR zum RVR:
Geschichte des Verbands in den
Jahren 1945—2020**
HANNAH RUFF
68

**Von Robert Schmidt zur
IGA Metropole Ruhr 2027**
WOLFGANG GAIDA
HELMUT GROTHE
100

**Verbands-, Regionaldirektor*innen und
Vorsitzende der Verbandsversammlung**
105

Direkte Wahl
**Der lange parlamentarische
Weg zum »Gesetz zur Stärkung
des Regionalverbands Ruhr«**
REINER BURGER
106

GESCHICHTE UND GEGENWART

Der Siedlungsverband Ruhrkohlenbezirk in den Jahren 1920—1945

HEINZ WILHELM HOFFACKER

arbeitet als freiberuflicher Historiker und Berater für Industriekultur in Essen und hat über »Entstehung der Raumplanung, konservative Gesellschaftsreform und das Ruhrgebiet 1918—1933« promoviert.

1907

Das schnelle Städtewachstum in der Phase der Industrialisierung vor 1914 hatte vielfach die Form eines ungesteuerten Wucherns angenommen. Den Zeitgenossen erschien das kontinuierliche Wirtschaftswachstum zwar positiv, die damit verbundenen Konsequenzen in sozialer, hygienischer und gesundheitlicher Hinsicht nahmen sie dagegen in der Regel kritisch zur Kenntnis. Hier hatten die Städteplaner, in der Regel als Technische Beigeordnete bezeichnet, sich seit Längerem bemüht, gestaltend einzugreifen und die Entwicklung in positive Richtungen zu steuern. In Essen war dies Robert Schmidt, seit 1907 Technischer Beigeordneter. Seine Planungen im Essener Westen und seine Beteiligung an der Gartenstadt Margaretenhöhe (Architekt: Georg Metzendorf) hatten ihm überregionale und internationale Anerkennung eingebracht.

1910

Vor diesem Hintergrund hatte die große Städtebauausstellung in Berlin von 1910 (im selben Jahr in Düsseldorf ebenfalls gezeigt) Konsequenzen, die in die Vorgeschichte des Siedungsverbands Ruhrkohlenbezirk (SVR) gehören. Der Düsseldorfer Regierungspräsident Kruse, beeindruckt von den dargestellten negativen Beispielen städtischer Entwicklung, berief eine sogenannte Grünflächenkommission ein. Ergebnis der Beratungen war ein Text, der dann Grundlage weiterer Diskussionen werden sollte. Verfasser dieser 1912 erschienenen *Denkschrift betreffend Grundsätze zur Aufstellung eines General-Siedelungsplanes für den Regierungsbezirk Düsseldorf (rechtsrheinisch)* war Robert Schmidt. Damit war ein erster Ansatz geschaffen für überkommunale Planung im Ruhrgebiet, wenn auch nur für einen Teil. Der Erste Weltkrieg unterbrach diese Diskussion, doch konnte man zu Beginn der Weimarer Republik direkt daran anknüpfen.

Die Entstehungsphase des SVR

1913

Als unmittelbarer Anlass, der zur Gründung des SVR geführt hat, gilt der Plan der Reichsregierung, den Bergbau im Ruhrgebiet auszubauen. Dieser Ausbau schien den Zeitgenossen aus unterschiedlichen Gründen unumgänglich. Zum einen waren Kohlengebiete in der Folge des Versailler Vertrags verloren gegangen beziehungsweise bis auf Weiteres aus dem deutschen Staatsgebiet ausgegliedert worden. Die noch zum Reich gehörenden Reviere hatten 74 Prozent der Erzeugung von 1913 abgedeckt. Gleichzeitig mussten Teile der verbliebenen Kohleproduktion jetzt für Reparationsleistungen verwendet werden. Das waren 1920 ganze 11 Prozent und 1921 sogar 13,2 Prozent. Zugespitzt wurde die Situation noch dadurch, dass die Förderleistung pro Bergmann gegenüber der Vorkriegszeit sich deutlich verringert hatte. Dies alles führte bei den politisch Verantwortlichen in Preußen und im Reich bald zu der Auffassung, dass der Ausbau des Ruhrbergbaus dringend nötig sei, konkret sollten 150.000 Bergleute neu angelegt werden. Da man darüber hinaus vom Zuzug von Familienangehörigen ausgehen musste, stellte sich die Aufgabe, ein detailliertes Ansiedlungsprogramm einschließlich Wohnungsbau aufzustellen und umzusetzen.

Zunächst gab es den Gedanken, diese Aufgabe einem Staatskommissar zu übertragen. Doch davon ging man bald ab und gründete Treuhandstellen für Bergmannswohnstätten in den betroffenen Kohlegebieten, nicht nur im Ruhrgebiet. Mit dem Ausbau des Ruhrbergbaus präsentierte sich also eine gewaltige planerische Aufgabe, doch war dies beim besten Willen nicht der einzige Faktor, der bei der Entstehung des SVR eine Rolle spielte.

1918

Die politischen Diskussionen, die letztlich zur Entstehung des Verbands führten, fanden von Ende 1918 bis in den April 1920 statt. Ganz unterschiedliche zeitgenössische Problemkonstellationen prägten die Handlungen und Auseinandersetzungen der Akteure im Ruhrgebiet und in Berlin, die schließlich das preußische Gesetz vom 5. Mai 1920 zum Ergebnis hatten, das den SVR begründete.

Das Oberpräsidium der Rheinprovinz besucht die Stadt Essen; stehend: 2.v.l.: Robert Schmidt, 3.v.l. Oberbürgermeister Hans Luther; sitzend: 3.v.l. Oberpräsident von Groote, 4.v.l. Gertrud Luther, 1918.

1919

Da ist zum einen die Debatte um die Verfassung der neu entstandenen Republik zu nennen. Der Entwurf stammte vom Staatsrechtler Hugo Preuß, dem es besonders wichtig war, das Reichsgebiet territorial neu zu gliedern. Ziel des Entwurfs war ein dezentralisierter Einheitsstaat, dessen Grundeinheiten den Status von Provinzen gehabt hätten. Diese sehr konkreten Neuordnungspläne wurden nach Widerständen von unterschiedlicher Seite aufgegeben. Die Diskussion um die Vorschläge von Hugo Preuß begannen mit der Veröffentlichung am 3. Januar 1919 und endeten am 20. Oktober desselben Jahres. Vor Ort im Ruhrgebiet fand diese Verfassungsdiskussion ein breites Echo.

Zum anderen war im Ruhrgebiet bereits im Sommer 1918 eine Debatte entstanden, die eine Neugliederung des Reviers im Sinne einer Zusammenfassung zu einer Verwaltungseinheit, einer Ruhrprovinz mit dem Zentrum Essen, zum Thema hatte. Die negativen Erfahrungen, die insbesondere die Wirtschaft seit Jahrzehnten mit der als dysfunktional empfundenen überörtlichen Verwaltungsgliederung gemacht hatte (Rheinprovinz, Provinz Westfalen, Regierungsbezirke Düsseldorf, Münster, Arnsberg), hatten sich im Ersten Weltkrieg anscheinend erheblich verschärft.

Als Drittes wären Vorgänge in Rheinland und Westfalen zu nennen, die auf verschiedene Neugliederungen abzielten bis hin zu einem separatistischen Austreten aus dem Reichsverband. So hatte etwa am 4. Dezember 1918 die Führung

1919

der rheinischen Zentrumspartei die anderen Parteien im Westen Deutschlands aufgefordert, auf die Gründung einer Rheinisch-Westfälischen Republik hinzuarbeiten. Auch Konrad Adenauer schien diesem Gedanken nicht abgeneigt, wollte diese Neubildung aber innerhalb des Reichs verortet sehen. Der radikale rheinische Separatismus, angeführt von Hans Adam Dorten, ging mit seinen Vorstellungen darüber hinaus und proklamierte am 1. Juni 1919 in Wiesbaden die Rheinische Republik. Der Essener Oberbürgermeister Hans Luther hatte als Reaktion auf Adenauers Aktivitäten für den 31. Januar 1919 eine »Gegenversammlung« einberufen, die dem Ruhrgebiet eine vernehmliche Stimme im Gewirr allgemeiner Unklarheiten über politische und regionale Neugliederungen geben sollte. Ein Ausschuss zur Wahrnehmung der Interessen des Rheinisch-Westfälischen Industriegebiets wurde gebildet. In einer Resolution wehrte man sich dagegen, dass »von irgendwelchen amtlichen oder privaten Stellen über den Industriebezirk wie über eine Ware verfügt wird.« Der Ruhrbezirk als »das wirtschaftlich wertvollste Kernstück des Deutschen Reiches und des preußischen Staates« verlange nach seinen eigenen Wünschen und Bedürfnissen behandelt zu werden, denn »er stellt als solches eine in sich geschlossene Einheit dar und ist deshalb berufen, als Teil des Ganzen ein seiner Bedeutung entsprechendes Eigenleben zu führen.«

Als die Schwäche des rheinischen Separatismus im Juni 1919 offenkundig wurde, rückte das Thema einer Ruhrprovinz wieder in den Mittelpunkt, denn die Diskussion über den Verfassungsentwurf von Hugo Preuß war noch nicht beendet. Zwischen den Fraktionen der verfassunggebenden preußischen Landesversammlung fanden in Berlin und Weimar Besprechungen über die Bildung einer Ruhrprovinz statt, doch inzwischen war nur noch das Zentrum bereit, einen solchen Plan mitzutragen.

Als viertes Themenfeld, das die Zeit bis Mai 1920 mitbestimmte, ist der Versailler Vertrag zu nennen. Er wurde am 28. Juni 1919 unterzeichnet und trat am 10. Januar 1920 in Kraft. An den Verhandlungen hatten deutsche Vertreter nicht teilnehmen dürfen, sodass auch von hier eine große Unruhe in die allgemeine deutsche und regional im Ruhrgebiet geführte politische Diskussion gebracht wurde, weil längere Zeit über genauere Bestimmungen und territoriale Regelungen völlige Unklarheit herrschte, die Spekulationen Tür und Tor öffnete.

Aktiv auf allen Ebenen: Essens Oberbürgermeister Hans Luther

Alle vier Diskussionsstränge – Verfassungsdebatte, Ruhrprovinzidee, allgemeine territoriale Änderungswünsche im Westen bis hin zum rheinischen Separatismus sowie Inhalt und Konsequenzen des Versailler Vertrags – hatten zu keinem Ergebnis geführt, das eine Neugliederung im Ruhrgebiet erlaubt hätte. Trotzdem blieb der Essener Oberbürgermeister Hans Luther weiter aktiv. Diesmal argumentierte er in Richtung Zweckverband für das Ruhrgebiet, ließ aber offen, ob doch eine Provinz die Organisationsform des neuen Gebildes sein sollte.

Anknüpfungspunkt war nun der von der Reichs- und auch von der preußischen Staatsregierung geplante Ausbau des Ruhrgebiets beziehungsweise der Kohleförderung. In einem Brief vom 10. Oktober 1919 an das preußische Ministerium für Volkswohlfahrt stellte Luther seine Gedanken vor und mit einem Brief vom 19. Oktober übersandte er den Entwurf einer Verbandsordnung, den er zusammen mit den Essener Beigeordneten Walter Bucerius und Robert Schmidt erarbeitet hatte. Auch der Name des Zweckverbands war bereits genannt: Siedlungsverband Ruhrkohlenbezirk. Er sollte die Gebiete bestimmen, in denen die zu diesem Zeitpunkt noch in Planung befindliche Treuhandstelle für Bergmannswohnstätten die Ansiedlung neuer Bergleute durchführen sollte. Die Reichsregierung hatte zunächst die Vorstellung gehabt, dass dies ein Staatskommissar tun könnte. Der Entwurf der Verbandsordnung sah ein parlamentarisches Gremium vor: die Verbandsversammlung. Hier waren aber nicht nur Vertreter der Kommunen vorgesehen, sondern auch Vertreter der Wirtschaft, je zur Hälfte von Arbeitnehmern und Arbeitgebern gestellt. Im Hintergrund steht hier der Bezug auf Paragraf 165 der neuen Reichsverfassung, der vorsah, dass Unternehmer und Arbeitnehmer gleichberechtigt »an der gesamten wirtschaftlichen Entwicklung der produktiven Kräfte« mitwirken. Als Organ, das diesen Verfassungsauftrag umzusetzen hatte, war der Reichswirtschaftsrat vorgesehen, der sich in Bezirkswirtschaftsräte gliederte. Gleichzeitig gibt es hier aber auch eine deutliche Bezugnahme auf eine von Robert Schmidt wenige Jahre zuvor entwickelte Idee: Er hatte 1912 gefordert, dass alle raumplanerischen Vorhaben auf Wirtschaftsplänen fußen müssten, die einen regionalen Rahmen für die ökonomische Entwicklung zeichnen sollten.

Antichambrieren in Berlin: Luthers Kontakte zur preußischen und zur Reichsregierung

Am 30. Oktober 1919 war Hans Luther zu Beratungen in Berlin und stellte einigen Vertretern der preußischen Regierung und einem Vertreter des Reichswirtschaftsministeriums sein Konzept des Siedlungsverbands im Detail vor. Bis auf eine kritische Stimme aus dem preußischen Finanzministerium und der Ablehnung der Idee, dass der Siedlungsverband Bergarbeiterwohnungen bauen sollte, war Luther erfolgreich. Dem Abgesandten des Reichsfinanzministeriums schien Luthers Plan, eine »glückliche Ergänzung« der Vorhaben seines Ministeriums zu sein. Hans Luther war mit dem Beigeordneten Wilhelm Bucerius nach Berlin gereist, nur diese beiden saßen den Regierungsvertretern als Gesprächspartner gegenüber. Die Ruhrgebietskommunen wussten zu diesem Zeitpunkt weder von dem Entwurf einer Verbandsordnung noch von den Berliner Beratungen. In Essen selbst waren offensichtlich zunächst nur einige Sozialdemokraten eingeweiht, die dann anscheinend auf Luthers Wunsch nachträglich Vertreter des Zentrums informierten. Der Essener SPD-Stadtverordnete Limbertz, der auch Redakteur der sozialdemokratischen Essener *Arbeiter-Zeitung* war, telegrafierte am 28. Oktober 1919 an den preußischen Minister für Volkswohlfahrt Adam Stegerwald (Zentrum), dass Luthers, wie er es nannte, »geheime Vorarbeiten« in Essen zu Irritationen geführt

1919

hätten. Es sei also dringend nötig, die Bürgermeister des Ruhrgebiets zu informieren, damit diese nicht den Eindruck hätten, »sie stünden vor einem fix und fertigen Plan«. Es lässt sich aber nicht abstreiten, dass dem genau so war. Schließlich überstand der Essener Entwurf der Verbandsordnung alle Beratungen der nächsten Monate und wurde nur in wenigen Punkten geringfügig modifiziert.

Dezember 1919: Beratung der Ruhrgebietskommunen im Essener Rathaus

Erste Kontakte Luthers zu kommunalen Vertretern des Ruhrgebiets führten Anfang November 1919 zur Bildung eines Ausschusses, der den Entwurf der Verbandsordnung beraten sollte. Auch auf preußischer Regierungsebene wurde weiter konferiert und am 2. Dezember 1919 kam es im Essener Rathaus zu einer großen Versammlung von Vertretern aller von der Gründung eines Siedlungsverbands betroffenen institutionellen Ebenen: sämtlicher Ruhrgebietsgemeinden, der beiden Provinzen, der drei Regierungsbezirke und der Eisenbahndirektionen.

Aus der Menge der Argumente und Änderungswünsche sei nur der folgende Vorschlag hervorgehoben, vor allem, weil er dann auch umgesetzt wurde: Dem Oberpräsidium der Rheinprovinz war klar geworden, dass die geplante westliche Grenze des Siedlungsverbands am Rhein aus übergeordneten politischen Gründen kontraproduktiv sein könnte. Die linksrheinischen Gebiete waren von alliierten Truppen besetzt, und separatistische Bestrebungen wurden von der französischen Besatzungsmacht wohlwollend geduldet bis gefördert. Erfolgte durch den künftigen Siedlungsverband jetzt eine neue, funktional begründete Grenzziehung am Rhein, befürchtete das Oberpräsidium der Rheinprovinz eine Stärkung separatistischer Argumentationen. Tatsächlich wurden aufgrund dieser Bedenken linksrheinische Gebiete in den Siedlungsverband eingegliedert und nicht wegen einer zukünftig zu erwartenden Ausdehnung des Bergbaus in diese Region. Damit hatten die Provinzvertreter aber gleichzeitig ein zweites Ziel erreicht: Sollte in Zukunft wieder einmal die Idee einer Ruhrprovinz virulent werden, so wären die linksrheinischen Gebiete ein Hemmschuh, denn sie waren noch nicht schwerindustriell geprägt. Der ursprüngliche Gedanke einer Ruhrprovinz hätte ja nur das homogen strukturierte Gebiet von Duisburg bis Hamm umfassen sollen.

Von Hans Luther selbst waren zu dieser Zeit keine Initiativen in Richtung Industrieprovinz mehr zu erwarten, ja nicht einmal mehr in Richtung einheitlicher Regierungsbezirk. Die Gefahr des Separatismus hatte ihn anscheinend umgestimmt. Ganz offiziell beschrieb er seine neue Haltung in einem Brief an Adam Stegerwald, den preußischen Minister für Volkswohlfahrt, dahingehend, dass »aus wichtigsten allgemeinpolitischen Gründen« an den geschichtlichen Grundlagen der Verwaltungsgrenzen festgehalten werden müsse. Wenn Luther auch sofort bereit war, linksrheinische Gebiete im Siedlungsverband und die

Beibehaltung der bisherigen Verwaltungsstrukturen im Ruhrgebiet zu akzeptieren, so war auf keinen Fall zuzugestehen, dass Düsseldorf ebenfalls einbezogen werden sollte. Aus Dortmund kamen im Nachhinein noch Einwände, die man bei der Besprechung am 2. Dezember 1919 nicht vorgetragen hatte. Man fühlte sich irgendwie überrumpelt. Das Zusammenspiel von preußischen Ministerien und Essener Kommunalführung habe letztlich nur zur Rechtfertigung einer bereits beschlossenen Sache geführt. Doch blieb diese Kritik ohne Folgen. Von höchster Regierungsebene fand der projektierte Siedlungsverband ganz offiziell Unterstützung. Als Reichskanzler Gustav Bauer im Februar das Ruhrgebiet bereiste, forderte er eine schnelle Verwirklichung: Der Verband sei wegen der wirtschaftlichen Einheit des Ruhrgebiets geboten.

Regierung und Parlament Preußens billigen den Gesetzesentwurf zum SVR

1920

Die preußische Regierung beschäftigte sich mit dem Gesetzesentwurf am 27. Januar 1920 und billigte ihn. Der Text war entsprechend den Änderungswünschen der Gemeinden angepasst worden, hatte aber seine Grundstruktur behalten. Am 31. Januar wurde das Gesetz eingebracht, die erste Lesung in der verfassunggebenden preußischen Landesversammlung fand am 3. Februar statt. Robert Schmidt war eigens nach Berlin gereist und hatte noch vor Beginn der Beratungen in einem Vortrag vor Abgeordneten die Notwendigkeit des Verbands begründet: Das Ruhrgebiet sei und bleibe eine dynamische Region. Es werde nicht zur Ruhe kommen. Es bewege sich wie eine Walze langsam nach Norden. Überlieferte staatliche Ordnungsmodelle taugten nicht. Nur etwas Neues wie der Siedlungsverband könne eine solche Aufgabe lösen. Änderungswünsche der Parlamentarier bezogen sich dann vor allem auf Paragraf 1 des Gesetzes, in dem der Aufgabenbereich des Verbands definiert wurde. Die Vorlage enthielt noch die Regelung, dass eine nachträgliche Kompetenzerweiterung des Verbands durch staatliche Übertragung von Aufgaben möglich sein sollte. Mit großer Mehrheit beschloss die verfassunggebende Versammlung etwas anderes: Paragraf 1 bedeutete die endgültige Aufgabenbeschreibung. Eine spätere Änderung dieser Bestimmungen sollte dann nur noch durch einen parlamentarischen Beschluss möglich sein, nicht aber mehr durch einfache Entscheidung der preußischen Regierung. Veränderungen am grundsätzlichen Charakter des Siedlungsverbands konnten also nur noch auf dem Wege der Gesetzgebung vorgenommen werden. Dies ist die wichtigste Veränderung an dem von Hans Luther, Walter Bucerius und Robert Schmidt ausgearbeiteten Entwurf. Der innere Aufbau des SVR war wie ursprünglich vorgesehen identisch mit der Struktur einer preußischen Provinz: Verbandsversammlung (Provinziallandtag), Verbandsausschuss (Provinzialausschuss), Verbandsdirektor (Landeshauptmann) und als staatliche Aufsichtsbehörde das Verbandspräsidium (Oberpräsident). Am 5. Mai 1920 verabschiedete die verfassunggebende preußische Landesversammlung das Gesetz über den Siedlungsverband Ruhrkohlenbezirk einstimmig.

Der preußische Innenminister Carl Severing misstraut dem Ruhrgebiet

Innerhalb der preußischen Regierung, die von der Koalition aus SPD, Zentrum und DDP getragen wurde, kam es in der Folgezeit aber noch einmal zu einer Auseinandersetzung, die das Thema Ruhrprovinz zum Inhalt hatte. Die Aufsicht über den SVR wurde vom Ministerium für Volkswohlfahrt ausgeübt, zum hier interessierenden Zeitpunkt geführt von Adam Stegerwald (Zentrum und katholischer Gewerkschafter). Das preußische Innenministerium unter Carl Severing (SPD) hatte bezüglich dieser Regelung Vorbehalte und wollte nicht nur in die Staatsaufsicht beim SVR mit einbezogen werden, sondern es wollte auch zustimmungspflichtig sein bei der Besetzung der Führungspositionen Verbandsdirektor und Verbandspräsident. Begründet hatte Severing sein Anliegen mit der möglichen Gefahr eines Ausbaus des SVR über Siedlungsaufgaben hinaus zu einer Ruhrprovinz. Dies hätte »für den Bestand des preußischen Staates unabsehbare Folgen«.

1920

Die endgültige Fassung des Paragrafen 1 der Verbandsordnung schien Severing also keine Garantie für unerwünschte Entwicklungen zu sein. Hintergrund seines Misstrauens waren seine politischen Erfahrungen im Ruhrgebiet, die im Mai 1920 noch frisch waren. Er hatte als Staatskommissar Anfang 1919 die großen Streikbewegungen, die eine Sozialisierung des Ruhrbergbaus zum Ziel gehabt hatten, beenden müssen. Die nächste ungleich schwierigere und mit zahlreichen Toten verbundene Aufgabe stellte sich ihm mit dem Kapp-Putsch am 13. März 1920. Als Reaktion auf den Putsch war es zu einem reichsweiten Generalstreik und im Ruhrgebiet darüber hinaus zur Bildung der Roten Ruhrarmee gekommen, die zeitweilig das ganze Revier unter ihre Kontrolle bringen konnte. Reichswehr, aber auch Freikorps, die zuvor noch den Putsch unterstützt hatten, schlugen die Rote Ruhrarmee im April 1920 blutig nieder. Severing, der wegen der Vorgänge im Ruhrgebiet in seiner Heimatstadt Bielfeld wiederholt überfallen und nur dank der Kampffestigkeit einiger Parteifreunde den Angriff überlebt hatte, blieb dem Revier gegenüber deswegen prinzipiell zutiefst misstrauisch. Stegerwald überging zunächst Severings Wunsch und erst im Januar 1921 kam es zu einem Kompromiss.

Zum ersten Verbandsdirektor des SVR wurde schließlich Robert Schmidt gewählt, als erster Verbandspräsident der Hamborner Oberbürgermeister Paul Mülhens bestellt. Damit war der Siedlungsverband mitten in einer Phase turbulenter politischer Umbrüche erst einmal etabliert. Aber die Zeitläufte blieben schwierig: galoppierende Inflation und Währungszusammenbruch bis Ende 1923; Besetzung des Ruhrgebiets durch französische und belgische Truppen von Januar 1923 bis August 1925. Erst danach kehrte eine gewisse Ruhe ein. Zunächst einmal musste der SVR sich als Institution konsolidieren und seine Strukturen aufbauen. Danach konnte er mit Planungsarbeiten beginnen.

Unsichere finanzielle Basis des SVR ab Mitte der 1920er Jahre

1923

Die dem Siedlungsverband anfänglich gestellte Aufgabe, sich an der Ansiedlung von Bergleuten planerisch zu beteiligen, war in den ersten drei Jahren seiner Existenz die Hauptaufgabe. Bis Ende 1922 hatte die Treuhandstelle für Bergmannswohnstätten mehr als 12.000 Wohnungen finanzieren können. Ab 1923 verlor diese Aufgabe dann nicht nur mit der Besetzung des Reviers und der Hyperinflation an Bedeutung, auch die Rahmenbedingungen im Bergbau änderten sich. Die Belegschaftszahlen sanken von 507.478 im Jahr 1923 auf 314.973 im Jahr 1930, während die Gesamtförderung kontinuierlich zunahm. Durch Rationalisierungsmaßnahmen und insbesondere durch die massenhafte Einführung des pressluftbetriebenen Abbauhammers war die Leistung pro Kopf gestiegen. Das Bauprogramm der Treuhandstelle konnte reduziert werden. Bis Ende 1929 stieg die Zahl der Wohnungen zwar weiter auf 22.779, doch die größte Leistung war in den ersten drei Jahren erbracht worden. Bis zum Beginn des Inflationsjahres 1923 hatte man bereits mehr als 50 Prozent dieser Zahl fertiggestellt. Das Hauptgewicht der Verbandsarbeit verlagerte sich in der Folgezeit auf den Straßenbau und brachte den SVR damit allmählich in allerhöchste Schwierigkeiten. Die Sicherung von Grünzügen wurde zwar gleichzeitig betrieben, stellte aber, wie der finanzielle Aufwand hierfür zeigt, eine eher untergeordnete Aufgabe dar.

Die finanzielle Basis des Verbands, die ihm ermöglichen sollte, die gestellten Aufgaben zu verwirklichen, erwies sich seit Mitte der 1920er Jahre als zunehmend problematisch. Vor allem die Tatsache, dass im Gesetz vom 5. Mai 1920 unterlassen worden war, für den SVR eine Wegebaupflicht festzuschreiben, entpuppte sich allmählich als entscheidender Fehler. Rheinprovinz und Provinz Westfalen nutzten diesen Umstand und betrieben eine Politik, die den SVR letztendlich in die finanzielle Handlungsunfähigkeit geraten ließ. Nach Ende der Inflation kam der Siedlungsverband nicht umhin, stark auf Kredite zurückzugreifen. Anders war der Straßenbau als die finanziell größte und zugleich drängendste Aufgabe nicht zu bewältigen. Dabei mussten teure inländische Kredite aufgenommen werden, meist Darlehen der produktiven Erwerbslosenfürsorge. Zinsgünstige ausländische Kredite blieben dem Verband aus rechtlichen Gründen verwehrt. Die hohe Verschuldung, die dementsprechend allmählich eintrat, war das Resultat der unzureichenden Finanzierungsbasis des SVR.

Die Verbandsordnung von 1920 hatte in Paragraf 15, Absatz 5, dem SVR die Möglichkeit gegeben, Steuern, Gebühren und Beiträge zu erheben. Dies sollte entsprechend den in der Rheinprovinz geltenden Vorschriften geschehen. Darüber hinaus legte die Ausführungsanweisung hierzu fest, dass Ansprüche auf Zuweisungen aus der Einkommenssteuer bestünden, wie dies auch der Fall bei den Gemeinden und Gemeindeverbänden war. Als Begründung wurde darauf verwiesen, dass der Verband deren Aufgaben zum Teil ja übernommen hatte. Kosten für wirtschaftliche Maßnahmen wie den Bau von Verbandsstraßen durften durch Umlage auf die Gemeinden gedeckt werden. Auf diese

1924/25

Möglichkeiten hatte der SVR nicht sofort zurückgegriffen, denn zunächst hatten sich andere Aufgaben gestellt: das Ansiedlungsprogramm neuer Bergleute und die Zusammenarbeit mit der Treuhandstelle für Bergmannswohnstätten; das Überleben in der Hyperinflation. Danach weitete sich das Straßenbauprogramm immer weiter aus. In den Jahren 1924 und 1925 beschlossen die Verbandsversammlungen ein langfristiges Programm zum Ausbau eines regionalen Straßennetzes mit fünf Ost-West- und elf Nord-Süd-Achsen sowie fünf Diagonalverbindungen.

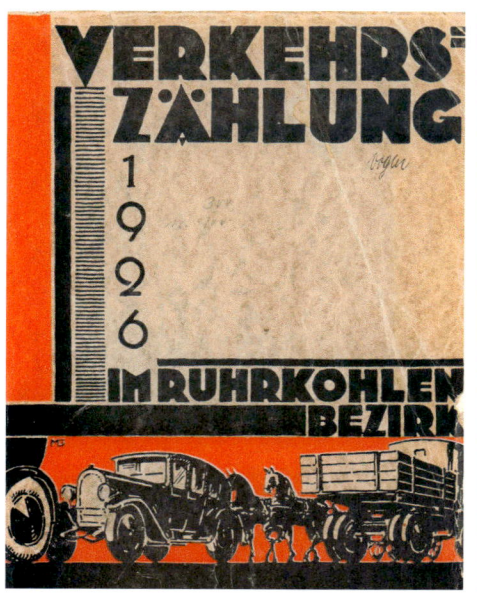

links: Als Grundlage für die Planung der Verbandsstraßen führte der SVR Verkehrszählungen durch.

rechts: Auch die Problematik der Kreuzungen von Eisenbahnstrecken und Autostraßen wurde statistisch erfasst.

Die Reichsfinanzreform schwächt den Verband

1923

Gleichzeitig kam es ab Mitte der 1920er Jahre zu deutlich ungünstigeren Neuregelungen bezüglich der Finanzierung des Verbands. Im Rahmen der Reichsfinanzreform ergab sich die Notwendigkeit, hierzu neue Bestimmungen festzuschreiben. Das entsprechende preußische Ausführungsgesetz legte 1923 Ansprüche des SVR auf Anteile an den Überweisungen des Reichs bei Einkommens- und Körperschaftsteuer sowie bei Realsteuern (heute: Grundsteuer, Gewerbesteuer) fest. Solche Zahlungen hat der SVR aber niemals erhalten. Geschicktes Taktieren der beiden Provinzen hatte im Vorfeld der Abfassung des Ausführungsgesetzes bereits dazu geführt, dass direkte Zahlungen an den SVR nicht festgeschrieben und später die entsprechenden Bestimmungen allgemeiner formuliert wurden. Die Entscheidung, ob solche Zahlungen erfolgen sollten, lag damit bei den Provinzen selbst. Mit dem Argument, der Verband sei nicht wegeunterhaltspflichtig, weigerten sich beide Provinzen, Steuergelder weiterzuleiten. Gleichzeitig lehnten sie es aber auch ab, solche Gelder an die Gemeinden im Verbandsgebiet fließen zu lassen, die durch Umlage die Verbandsstraßen ja letztendlich finanzierten. Die Provinzen brauchten selbst nicht zu bauen, waren finanziell entlastet, lenkten die Zuweisungen in ihre Kassen. Dieses Verhalten blieb in den Folgejahren

1927

die Regel. Eine novellierte Fassung des Ausführungsgesetzes von 1925 legte zusätzliche Überweisungen aus dem Kraftfahrzeugsteueraufkommen für besonders vom Verkehr belastete Gebiete fest, ebenso wie die Novelle von 1927. Es war jeweils wie zuvor eine Berechtigung, nicht aber eine Verpflichtung der Provinzen festgelegt, Gelder weiterzuleiten. Nach der Verabschiedung des Gesetzes 1927 unterrichteten die Provinzen dann den Verband davon, »daß sie nicht beabsichtigen, von ihrer Berechtigung Gebrauch zu machen.«

Die Novelle von 1930 schloss den SVR endgültig aus dem Kreis der von Zuweisungen aus der Kraftfahrzeugsteuer begünstigten Verbände aus. Das Kriterium für die Berechtigung war die Wegebaupflicht, und die fehlte nach wie vor. Verhandlungen mit den Provinzen mit dem Ziel, deren Verhalten zu ändern, führten, obwohl auch das preußische Innenministerium beteiligt war, zu keinem Erfolg. Die Situation des SVR verschlechterte sich noch zusätzlich dadurch, dass sich auch die preußische Regierung, durchaus der Rechtslage entsprechend, weiterhin weigerte, dem Verband den Zugang zu billigem ausländischen Geld zu ermöglichen. Ein entsprechender Kredit über 4,6 Millionen US-Dollar zu günstigen Konditionen und mit einer Laufzeit von 20 Jahren war mit einem internationalen Bankenkonsortium bereits ausgehandelt. Straßenbau und Straßenunterhaltung fielen aber nicht unter die von den »Richtlinien über die Aufnahme von Auslandskrediten durch Länder, Gemeinden und Gemeindeverbände« vorgegebenen Bestimmungen. Sie waren damit von der Beratungsstelle für Auslandskredite zwangsläufig abzulehnen. Ein schnelles Anschwellen der Zins- und Tilgungsleistungen wegen der teuren inländischen Kredite war nun kaum noch aufzuhalten.

Das SVR-Direktorium trug seinen Unmut angesichts dieser schwierigen Situation sehr deutlich vor: »Es geht doch nicht an, daß die Verbandstraße nur mit teurem inländischen Gelde, die Entwässerung derselben dagegen mit verhältnismäßig billigem ausländischem Gelde finanziert werden darf.« Die Situation spitzte sich weiter zu, als die Weltwirtschaftskrise Staat und Gesellschaft in allergrößte Schwierigkeiten brachte. Der SVR konnte im Haushalt für 1932 bei einem Gesamtrahmen von 4,82 Millionen Reichsmark eine Deckungslücke von 1,04 Millionen nicht mehr schließen. Der Anteil von Zinsen und Tilgung an allen Ausgaben hatte 77,7 Prozent erreicht.

Vor dem finanziellen Aus: das Jahr 1932

Als einzig gangbarer Ausweg erschien jetzt ausgerechnet ein Hilfeersuchen an die beiden Provinzen. Am 15. März 1932 verabschiedete die Verbandsversammlung eine Absichtserklärung mit dem Titel »Vereinfachung der Verwaltungsarbeit des SVR«, die weitgehende Zugeständnisse an die Provinzen beinhaltete. Alle Vorschläge zielten auf die seit Gründung des Verbands von den Provinzen vorgetragenen Kritikpunkte ab, vor allem auf alles, was irgendwann den Umbau des SVR zu einer Provinz möglich gemacht hätte. Damit war hauptsächlich der innere Aufbau gemeint, die Aufteilung in einen Selbstverwaltungsteil und eine staatliche Aufsichtsbehörde. Verschiedene

1932

Vorschläge wurden unterbreitet, etwa die Auflösung des Verbandspräsidiums und Verlagerung seiner Aufgaben an die Regierungspräsidenten in Düsseldorf, Arnsberg und Münster oder die Zusammenlegung des Präsidiums mit dem Verband. Nur die zweite Möglichkeit hätte erkennbare Einsparungen bewirkt. Auf jeden Fall wurde eine deutliche Verringerung der Beschäftigten beim Verband angestrebt. Doch war dies zum Teil in deutlicher Weise bereits geschehen: Personalabbau in Essen von 123 auf 65 allein im Jahr 1931. Auch war man bereit, inhaltliche Aufgaben aufzugeben. Durch die Kommunalreform 1929 waren größere Ruhrgebietsstädte entstanden, ihre Zuständigkeiten sollten wachsen. Die Einheitlichkeit der gemeindlichen Maßnahmen zwischen den Städten herzustellen, wäre jetzt die Aufgabe eines technischen Beirats beim Verband gewesen. Zur Kosteneinsparung gehörte auch, dass die Stelle des Verbandsdirektors – Robert Schmidts Amtszeit lief nach 12 Jahren zum 30. September 1932 aus – nicht sofort neu besetzt werden sollte. Philipp August Rappaport war bei seiner Wiederwahl zum Ersten Beigeordneten des Verbands am 28. Juni 1932 auch mit der kommissarischen Wahrnehmung der Geschäfte des Direktors betraut worden. Alle vom SVR vorgetragenen Vorschläge – welche auch immer realisiert werden würden – liefen insgesamt auf eine direkte Mitarbeit der Provinzen im Verbandsgebiet hinaus. Ein besonderer Verhandlungsausschuss, dem Rappaport und der Duisburger Oberbürgermeister Karl Jarres angehörten, sollte auf der Grundlage der Absichtserklärung des Verbands mit beiden Provinzen Gespräche führen. Der SVR erwartete, dass angesichts der bereits im Vorfeld getätigten weitreichenden Zugeständnisse ständige Zuschüsse für den Straßenbau möglich würden. Diese Hoffnung erfüllte sich nicht. Bei der ersten Unterredung am 15. November 1932 hatte der SVR 2,5 Millionen Reichsmark gefordert und diese Summe damit begründet, dass dies genau die Aufwendungen für die Straßen im Revier wären, für die die Provinzen rechtlich aufkommen müssten. Die Forderung wurde abgelehnt und der Landeshauptmann der Provinz Westfalen formulierte ein anderes Ziel, »soweit es sich um die durchgehenden Verbandsadern handele, den Zustand vor der Gründung des Siedlungsverbands wieder herzustellen, um sie einheitlich in die Hand eines Trägers zu bringen.« Man war lediglich bereit, dem Verband die Summe von 600.000 Reichsmark zukommen zu lassen. Anteile an Kraftfahrzeugsteuer, an Dotationen für den Straßenbau oder vielleicht Pauschbeträge wollte man nicht zugestehen. Die Gespräche wurden ohne Ergebnis abgebrochen.

1933

Am 28. Januar 1933 kam es zu einer zweiten Verhandlungsrunde. Die Provinzen boten jetzt regelmäßige Zahlungen an, doch sollten diese erst beginnen, wenn die Weltwirtschaftskrise überwunden wäre. Sie könnten in ihrer gegenwärtigen Lage keinerlei Gelder entbehren. Duisburgs Oberbürgermeister Jarres hielt dagegen, dass wegen der Krise die Zuweisungen des Staates an die Provinzen zwar um einen gewissen Prozentsatz gekürzt worden seien, doch enthielten diese Beträge natürlich immer noch Anteile, die vom Staat für Gemeinden des Verbandsgebiets gedacht wären. Er wäre einverstanden, wenn die Provinzen ihre Zahlungen an den SVR um die staatliche Kürzung verringerten. Der als Antwort seitens der Provinzen gemachte Vorschlag zeigte deutlich, dass von ihrer Seite kein ernsthaftes Anliegen vorhanden war, eine Einigung zu erreichen. Ja, man war einverstanden, dass der Verband Zahlungen aus dem Kraftfahrzeugsteueraufkommen erhielt. Diese dürften aber nicht die Zuweisungen an die beiden Provinzen verringern, vielmehr sollte sie von allen anderen preußischen Provinzen geleistet werden – ein Vorschlag, der von vornherein nicht die geringste Realisierungschance bot. Die Provinzen glaubten sich offensichtlich in einer schwer angreifbaren Position und sahen sich nicht zuletzt insofern gestärkt, als durch den sogenannten Preußenschlag am 20. Juli 1932 die preußische Regierung durch die von Franz von Papen geführte Reichsregierung abgesetzt worden war. Damit hatte der SVR eine sehr starke Stütze insoweit verloren, als das vom Essener katholischen Gewerkschafter und Zentrumspolitiker Heinrich Hirtsiefer geführte Ministerium für Volkswohlfahrt, das die staatliche Aufsicht über den Verband führte, aufgelöst wurde. Durch die Machtübergabe an die Nationalsozialisten am 30. Januar 1933 verschoben sich die Konstellationen dann noch einmal ganz erheblich und die Auseinandersetzungen um die Zukunft des SVR traten in eine neue Phase.

1933—1937: Todeskrise und Überleben des SVR

1933

Am 18. April 1933 trat der von Preußen eingesetzte Justus Dillgardt als Staatskommissar für den SVR sein Amt an. Er begriff seine Aufgabe zunächst so, dass er die Auflösung des Verbands vorbereiten sollte. Als er sich in der Folgezeit detailliert in die Materie eingearbeitet hatte, kam er dann aber zu der Einschätzung, dass der SVR nicht nur erhalten, sondern, wenn auch umstrukturiert, sogar gestärkt werden müsse. Gestärkt vor allem dadurch, dass er direkte staatliche Zahlungen erhalten sollte. Diese Haltung Dillgardts hatte sich im Verlaufe seiner Gespräche mit den betroffenen Gruppen und Institutionen herausgebildet, die er im Juni 1933 führte.

Die Provinzen, jetzt mit neuem Führungspersonal, gingen in ihren Vorstellungen über die im November 1932 vorgetragenen Forderungen hinaus, verlangten eine Auflösung des Verbands und seine Umwandlung in eine von beiden Provinzen getragene Gemeinschaftsstelle, die die Planungen im Revier zu koordinieren hätte. Die Zukunft des Reviers beurteilten die Führungsspitzen der Provinzen negativ. Sie erwarteten einen Bedeutungsverlust der schwerindustriellen Wirtschaft und eine Stärkung der agrarisch geprägten Regionen im Rheinland und in Westfalen. Gleichzeitig hatten die Provinzen offensichtlich darauf spekuliert, dass die Städte des Ruhrgebiets, in denen die noch demokratisch gewählten Parteivertreter inzwischen aus den Führungspositionen entfernt worden waren, den SVR nicht mehr länger stützen würden. Darin hatten sie sich getäuscht. In den Gesprächen Dillgardts mit Kommunalvertretern am 23. Juni 1933 zeichnete sich ein anderes Bild ab: Sie beschrieben den Verband nämlich als eine Art effektive Interessenvertretung des Reviers. Das brachte Dillgardt endgültig zu der Einschätzung, dass der SVR gerade »auf der Grundlage der nationalsozialistischen Idee noch große Aufbauarbeiten« zu leisten habe. Hierin weiter bestärkt wurde er schließlich von den Vertretern der Wirtschaft, mit denen er für den 19. Juni 1933 einen Termin angesetzt hatte. Die distanzierte Haltung der geladenen Teilnehmer gegenüber den Provinzen zeigte sich in vielen Redebeiträgen, die sich letztlich in der zugespitzten Formulierung zusammenfassen ließen, das Ruhrgebiet diene den Provinzen »nur als milchgebende Kuh« für ihre Einnahmen. Die einzigen Änderungswünsche, die man seitens der Wirtschaftsvertreter vortrug, waren zum einen die direkte staatliche Finanzierung und zum anderen die Abschaffung der Verbandsversammlung. Letztere sei ein politisches Organ gewesen, habe nur einmal pro Jahr getagt. Man könne sie problemlos entbehren. Diese Forderung passte direkt in die von den neuen Machthabern betriebene Politik, kommunale Parlamente durch Fachausschüsse zu ersetzen. Mit dem Gesetz über die Sicherung der Verwaltung des SVR vom 4. Juli 1933 erfolgte dann tatsächlich die Abschaffung des bisherigen Verbandsparlaments.

Im abschließend vorgelegten Ergebnis seiner Untersuchungen als Staatskommissar und auch noch an anderer Stelle ging Dillgardt auf die verschiedentlich gegen den Verbandsdirektor Robert Schmidt und den Beigeordneten Philipp August Rappaport erhobenen Vorwürfe der persönlichen Bereicherung und der Misswirtschaft ein und wies sie kategorisch zurück. Er bezeichnete ihre Arbeit als sehr verdienstvoll. Allerdings schloss er aus, Schmidt wieder einzusetzen und Rappaport weiterzubeschäftigen. Im Falle Rappaports machte das Gesetz zur Wiederherstellung des Berufsbeamtentums ein entsprechendes Vorgehen unmöglich. Rappaport war jüdischer Abstammung.

Dillgardt hatte große Mühe darauf verwendet, die finanzielle Entwicklung des SVR zu rekonstruieren. Aufgrund seiner Recherchen war die Kritik der Misswirtschaft nicht mehr haltbar. Die Verschuldung des Verbands hatte seiner Meinung nach eindeutig andere Gründe: »Viel eher sieht es so aus, als habe man es sich unter dem Einfluß bürokratischer Ideen – sehr zum Schaden des Verhältnisses Industriegebiet / Provinzen – zum Ziel gesetzt, den Siedlungsverband finanziell auszuhöhlen, gleichgültig, welche Folgen dies für den Bezirk haben würde.« Die Verschuldung des Verbands war vor allem durch die Anleihen für den Straßenbau zustande gekommen, die man ja erst nach dem Ende der Hyperinflation hatte aufnehmen können.

Anleihen des SVR von 1924 bis 1933

STRASSENBAU
28.067.000 RM

SONSTIGE ZWECKE
2.145.000 RM

GRÜNFLÄCHEN UND WALDERHALTUNG
1.000.000 RM

Anleihen des SVR 1924—1933

Vor dem Hintergrund dieser Zahlen machte sich Dillgardt daran zu ermitteln, inwiefern eine Minderberücksichtigung des Reviers bei der Vergabe von Straßenbaumitteln, unabhängig aus welcher staatlichen Quelle sie kamen, gegeben war. Das Ergebnis seiner umfangreichen Rechnungen war die beeindruckende Zahl von 58 Millionen Reichsmark. Selbst wenn nur die Hälfte an den SVR gezahlt worden wäre, hätte er trotz Weltwirtschaftskrise nahezu schuldenfrei dagestanden. Aus Sicht Dillgardts war die Frage, wer die Verantwortung für die prekäre Situation zu tragen hatte, damit eindeutig geklärt. Trotzdem blieb offen, wie es weitergehen sollte. Die Vertreter der Provinzen – Ferdinand von Lüninck (Oberpräsident der Provinz Westfalen), Hermann von Lüninck (Oberpräsident der Rheinprovinz) und Karl Friedrich Kolbow (Landeshauptmann der Provinz Westfalen) – gaben eine theoretisch und ideologisch begründete eindeutige Antwort. Kolbow konstatierte, durch die Revolution des Nationalsozialismus seien die Provinzen zu ihrer Verantwortung für das menschlich entwurzelte Ruhrgebiet zurückgekehrt. Im Revier herrsche ein ganz anderer Geist als in den Provinzen: Es sei der Geist des Industriegebiets – nach der schönen Seite das Prinzip der Leistung zeigend und auf der anderen Seite die Gefahr der Einseitigkeit, des Abgetrennt-Seins von allem Organischen, die Amerikanisierung der ganzen Kultur und Zivilisation. Technisch seien die Leistungen herausragend gewesen, aber menschlich verantwortungslos. »Man dürfe keine Schemata aufstellen. Es handele sich hier um den lebendigen Menschen. Man müsse vom ingenieur-technischen Momenten absehen und ein neues Moment in die Sache hineintragen: Die einheitliche Verbindung des Ruhrgebiets mit den landwirtschaftlichen Gebieten.« Die Gebrüder von Lüninck betonten, dass es zu keiner isolierten »Groß- und Industriestadt von Hamm bis zum Rhein« kommen dürfe. Die einseitig strukturierte Bevölkerung des Ruhrgebiets müsse angebunden werden an agrarische Gebiete und solche mit mittlerer Industrie, um einen Ausgleich zu haben. Von dieser geradezu klassisch zu nennenden Position der Großstadtfeindschaft ausgehend, erfolgte dann die Wendung zu einer raumplanerischen Perspektive. Der SVR sei entstanden aus einer Perspektive der »Weiterentwicklung« des Ruhrgebiets. »Dieser Gedanke habe sich später als unrichtig erwiesen und der Gedanke der Exportwirtschaft sei von der Entwicklung widerlegt worden.« Vernünftige Gründe für eine Weiterexistenz des Verbands ließen sich also nicht anführen.

Grundlage dieser Argumentation ist die Theorie vom Ende des Exportindustrialismus, die in den 1920er Jahren von unterschiedlichen Autoren entwickelt worden war und die im Wesentlichen zum Inhalt hatte, dass die Weltwirtschaft, wie sie sich vor 1914 entwickelt hatte, nicht weiterbestehen könne. Ein Zurück zum Agrarstaat war damit nicht gemeint, sondern eine Reduzierung des industriellen Wirtschaftsteils auf einen ökonomisch zu rechtfertigenden funktionalen Kern. Die Vertreter der Provinzen trugen hier keine Minderheitenmeinung vor. Vielmehr waren solche Gedanken in der Weimarer Republik bis auf die höchsten Ebenen der Politik akzeptiert.

links: Präsidium des Siedlungsverbands Ruhrkohlenbezirk an der Ruhrallee in Essen.

rechts: Verwaltungsgebäude des Siedlungsverbands Ruhrkohlenbezirk an der Kronprinzenstraße in Essen im Jahr 1932.

1933

In der Besprechung am 6. Juni 1933 stießen die ökonomischen Ideen der Provinzvertreter nicht auf Zustimmung. Dillgardt wollte in ihnen keinerlei Realitätsgehalt erkennen und hielt sie für eine Tarnung der wirklichen Absichten. Der Essener Oberbürgermeister Theodor Reismann-Grone (NSDAP) wunderte sich: »Es muß befremden, wenn von Wirtschaftsdezernenten hoher Behörden Aussprüche fallen ›dem Ruhrgebiet ist nicht zu helfen‹, ›das Ruhrgebiet ist krank‹, ›wir müssen wieder ein Agrarstaat werden‹ usw.« Sein Gedankengang lässt sich in etwa so zusammenfassen: Die Provinzen hätten bisher von der finanziellen Stärke des Ruhrgebiets profitiert, jetzt müssten sie dem in Not geratenen Revier helfen und Verzicht üben. Dillgardt setzte sich über die Vorschläge der Provinzen letztendlich hinweg. Seine ökonomische Perspektive für das Ruhrgebiet sah die Ansiedlung neuer verarbeitender Industrien vor, ohne dass die Basis der Grundstoffindustrien infrage gestellt würde: »Eine bewußte Behinderung der weiteren Industrialisierung des Bezirks kann daher nicht in Frage kommen. [...] Man wird daher den umgekehrten Weg gehen müssen, die Existenzbedingungen des Bezirks so gut wie möglich zu heben.« Darunter verstand Dillgardt vor allem den Ausbau des regionalen Straßenverkehrsnetzes und den Anschluss an die kommenden Autobahnen. Hier seien die legitimen Aufgaben des SVR in der Zukunft zu sehen. Deshalb kam Staatskommissar Dillgardt zu ähnlichen Forderungen, wie sie der Verband noch unter der Führung Schmidts aufgestellt hatte: direkte staatliche Finanzierung des Straßenbaus, Beibehaltung des Verbandspräsidiums, Aufsicht über die wasserwirtschaftlichen Verbände, Aufsicht über Kraftfahrlinienverkehr, Erweiterung der Kleinbahnaufsichtsbefugnisse, erweiterte Zuständigkeiten bei Enteignungen, Eingliederung des Verbandspräsidiums in die allgemeine Staatsverwaltung. Ja er ging in seinen Forderungen noch weiter: »Zweifellos wäre eine einheitliche Regierung für das Ruhrgebiet auf weite Sicht gesehen die richtige Lösung.« Angesichts der zu Beginn der nationalsozialistischen Herrschaft breit propagierten Reichsreform – das hieß: ähnlich wie zu Beginn der Weimarer Republik einer territorialen Neugliederung des Reichs – mussten sich die Provinzen in eine für sie selbst sehr bedrohliche Situation versetzt sehen.

Neuer Verbandsdirektor Albert Lange (1937—1945): Schwerpunkt Straßen- und Verkehrsplanung

1937

Doch völlig überraschend kam es anders. Der Wille zur Reichsreform verebbte allmählich. Untere und mittlere nationalsozialistische Führungsebenen entwickelten einen eigenen Partikularismus. Auch der Essener Gauleiter Josef Terboven nahm eine ablehnende Haltung zur Ruhrprovinz ein. Dillgardt, ab 1937 Essener Oberbürgermeister, folgte ihm darin. Ab März 1934 waren dann plötzlich wieder ausschließlich die Provinzen für den Straßenbau zuständig, der SVR war nur noch an den Planungen beteiligt. Dillgardt blieb Staatskommissar für den SVR bis Februar 1937. Auch unter seiner Führung lag der Schwerpunkt der Verbandsarbeit wie in den 1920er Jahren weiterhin auf der Straßen- und Verkehrsplanung. Als am 3. März 1937 mit Albert Lange wieder ein regulärer neuer Verbandsdirektor bestellt wurde, waren die Arbeiten bereits weit fortgeschritten und 1938 konnte der erste Teil eines Gesamtverkehrsplans vorgestellt werden. Einbezogen waren alle Verkehrsmittel, nicht nur der Autoverkehr, der seit Mitte des vorangegangen Jahrzehnts stark zugenommen und deswegen zwangsläufig zunächst besondere Aufmerksamkeit auf sich gezogen hatte. Bereits 1929 war eine Arbeitsgemeinschaft gebildet worden, die ein stimmiges Gesamtkonzept entwickeln sollte. Ihr gehörten neben den SVR die Reichsbahn, der Verkehrsverband Industriebezirk, die Studiengesellschaft für die rheinisch-westfälische Städteschnellbahn, die Vereinigung der Stadt- und Landkreise des Ruhrgebiets und ab 1932 auch die beiden Provinzen an. Doch auch auf diesem Feld machten sich bald die Sonderinteressen der Beteiligten bemerkbar.

1938

Vor allem die Vorschläge des Verkehrsexperten Carl Pierath, der sich seit 1928 mit den Problemen des Ruhrgebiets beschäftigt und ein entsprechendes erstes Gutachten vorgelegt hatte, stießen auf Widerspruch. Zunächst einmal hielt er ein einheitliches Tarifsystem aller Träger des öffentlichen Nahverkehrs für angebracht, mit dem Ziel einer Absenkung der Tarife. Dann galt es, die Aufsplittung der Nahverkehrsunternehmen auf 20 Gesellschaften, die es neben der Reichsbahn im Ruhrgebiet gab, zu überwinden durch deren Zusammenfassung zu einem einzigen Verkehrsunternehmen. Die Reichsbahn sah sich unerwünschter Konkurrenz ausgesetzt. Die Straßenbahngesellschaften hielten einen Zusammenschluss für überflüssig. Man arbeite bereits in mancher Hinsicht gut zusammen. Alles darüber hinaus sei »schematischer Bürokratismus«. Die Art der Auseinandersetzung und teilweise auch die bisweilen rein formal wirkenden Argumente ähnelten den Diskussionen zu anderen Themenfeldern im Ruhrgebiet – Diskussionen, wie man sie seit Jahrzehnten führte. Direktor Lange konnte keine Einigung unter den Beteiligten erzielen, wollte das Vorhaben aber nicht scheitern lassen und suchte deswegen den Ausweg aus der verfahrenen Situation darin, dass dann eben die Verkehrsverhältnisse im Revier noch einmal untersucht werden müssten. Dazu kam es vor 1945 allerdings nicht mehr.

Dank der seit 1933 von der nationalsozialistischen Reichsregierung vorwärtsgetriebenen Institutionalisierung einer territorialen Gesamtplanung konnte der SVR in seiner Existenz schließlich kaum noch infrage gestellt werden. Die Reichsstelle für Raumordnung wurde 1935 als oberste Reichsbehörde für diesen Fachbereich gesetzlich installiert und allen Ministerien des Reichs gleichgestellt. Diese mussten ihre eigenen Planungen mit der Reichsstelle abstimmen. Innerhalb Preußens benannte die Reichsstelle die jeweiligen Provinzen als Landesplanungsbezirke, allerdings mit zwei Ausnahmen: Berlin und Siedlungsverband Ruhrkohlenbezirk. Der SVR konnte jetzt also Teil einer reichsweiten staatlichen Planungsstruktur begriffen werden.

Neue Aufgabenfelder des Verbands: Barackenbau für Zwangsarbeiter, Bunkerbau, Verlagerung von Unternehmen

Der Ausbruch des Zweiten Weltkriegs führte zur Verringerung der Beschäftigtenzahl und bald zur Beendigung der bisherigen Tätigkeit des Siedlungsverbands. Völlig neue Aufgaben wurden gestellt, etwa die Unterbringung ausländischer Arbeitskräfte, der Zwangsarbeiter oder der zeitgenössisch als »Fremdarbeiter« bezeichneten Personen. Zunächst baute man in unmittelbarer Nachbarschaft der Industrieanlagen Holzbaracken, die im Bombenkrieg bald niederbrannten. Danach ging man zu einer massiveren Bauweise über. Die Unterkünfte wurden in größerer Entfernung zum Betrieb errichtet, oft genug in den vom SVR bisher geschützten Waldgebieten. Allein für die Stadt Essen lassen sich bisher mindestens um die 350 Lagerstandorte nachweisen. Eine Zahl, die verdeutlicht, welchen Umfang diese neue Tätigkeit des SVR hatte.

1939

1943

Im Zusammenhang mit dem sich allmählich steigernden Bombenkrieg ging es auch um Konzepte der Dezentralisierung der Industrie und vor allem der Verlagerung von Betrieben in Regionen, die für die alliierten Bomberflotten nicht erreichbar waren. Gemeint waren damit vor allem die östlichen Teile des damaligen Staatsgebiets und natürlich auch die ab 1939 neu eroberten Territorien. Doch die im Ruhrgebiet dominierenden Industriezweige ließen sich kaum oder gar nicht verlegen. Insbesondere der Bergbau war standortgebunden. Trotzdem kam man zum Beispiel für die Stadt Essen zu dem Ergebnis, dass etwa ein Drittel der Arbeiterschaft mit dem Unternehmen umgesetzt werden könnte. Zu diesen Planungsarbeiten kam mit dem Führererlass vom 11. Oktober 1943 für den SVR eine weitere Aufgabe hinzu: Der Erlass verlangte, dass mit den Vorarbeiten zum Wiederaufbau der deutschen Städte, der natürlich erst für die Zeit nach Kriegsende angesetzt wurde, zu beginnen sei. Über die Sammlung erster Ideen ist der Verband angesichts des Kriegsalltags im Ruhrgebiet aber nicht hinausgekommen. Stattdessen war der SVR ganz konkret in die Planung von Luftschutzbunkern eingebunden. Ab Sommer 1943 beschäftigte sich ein Sonderbeauftragter des Verbands mit der Umsetzung des von Albert Speer entwickelten Luftschutz-Führerprogramms. Mit den Verantwortlichen der Kommunen wurden Bunker geplant und

1944

gebaut, wurde die Versorgung mit Arbeitskräften, Material und Treibstoffen organisiert. Bis Ende 1944 konnte etwa 90 Prozent der noch im Ruhrgebiet verbliebenen Bevölkerung in Bunkern Schutz finden. Menschen, die nicht in den allgemeinen Arbeitsprozess eingebunden waren, wurden in weniger vom Luftkrieg gefährdete Regionen evakuiert. Ein Opfer des Bombenkriegs wurde Verbandsdirektor Albert Lange. Am 16. Januar 1945 griffen in Gelsenkirchen Tiefflieger den Zug an, in dem sich Lange befand. Er überlebte nicht.

Philipp August Rappaport: Zwangsarbeit und Überleben

In tödlicher Gefahr befand sich seit September 1944 auch Philipp August Rappaport. Obwohl wegen seiner jüdischen Herkunft 1933 als Beigeordneter des SVR aus dem Dienst entfernt, war er zunächst bis zu einem gewissen Grad vor Verfolgung geschützt, weil er eine »arische«, nicht jüdische Ehefrau hatte. Nachdem die Familie von Freunden unterstützt zunächst vor Repressionen nach Mecklenburg ausgewichen war, kehrte sie nach Essen zurück. Rappaport erhielt private Planungsaufträge verschiedener Industrieunternehmen. Doch nach der Reichspogromnacht 1938 wurde es schwieriger. Im September

1945

1944 schließlich spielte auch der Schutz durch die nicht jüdische Ehepartnerin keine große Rolle mehr. Die Gestapo deportierte im Rahmen der sogenannten September-Aktion jüdische Ehepartner in Arbeitslager, so auch Rappaport. Er wurde in das Lager Vorwohle gebracht, in die Nähe von Holzminden. Zu diesem Zeitpunkt war er fast 66 Jahre alt. Schwere Arbeit im Rahmen von Asphalt- und Zementproduktion hätte ihn angesichts der absichtlich mangelhaften Versorgung körperlich bald ruiniert. Doch seine berufliche Qualifikation bewahrte ihn vor diesem Schicksal. Er wurde mit dem Zeichnen von Plänen für den Barackenbau beauftragt. Als die alliierten Verbände Anfang 1945 immer schneller vorrückten, wurde das Lager Vorwohle verlegt, die Insassen wurden in Marsch gesetzt. Rappaport nutzte die Gelegenheit, sich zunächst zu verstecken und dann zu fliehen. Er kehrte nach Essen zurück. Mitglieder der Bekennenden Kirche versteckten ihn. Noch am 14. März 1945 war sein erstes Versteck bei einem Bombenangriff zerstört worden. Aber es war nur noch eine kurze Zeit im Untergrund zu überstehen. Am 31. März 1945 drangen amerikanische Truppen in den Essener Norden ein und am 11. April wurde die Stadt von Dillgardt, Oberbürgermeister Essens seit 1937, dem amerikanischen General Ridgway offiziell übergeben. Nur wenige Tage später, am 24. April 1945, erhielt Rappaport dann von der bereits im Aufbau befindlichen britischen Militärverwaltung die Ernennung zum Direktor des Siedlungsverbands Ruhrkohlenbezirk und noch im selben Jahr legte er die Denkschrift *Der Wiederaufbau der deutschen Städte* vor.

Verwaltungsgebäude des Siedlungsverbands Ruhrkohlenbezirk im Jahre 1945.

Vom SVR zum RVR: Geschichte des Verbands in den Jahren 1945—2020

HANNAH RUFF

ist Referentin beim LWL-Archivamt für Westfalen (Archivberatung digitale Archivierung) und arbeitet für das Archiv im »Haus der Geschichte des Ruhrgebiets« (Bochum), wo sie in der Hauptsache für den Bestand des SVR / KVR / RVR zuständig ist.

Der SVR 1945—1979:
Wiederaufbau 1945—1958

**»Wenn der Kommunalverband im
Ruhrgebiet nicht schon bestände,
müsste er heute geschaffen werden.«**
PHILIPP RAPPAPORT, 1949

1945

Der Zweite Weltkrieg endete im Ruhrgebiet bereits im April 1945 und hinterließ vor allem in den größeren Städten eine materielle wie auch gesellschaftlich-organisatorische Trümmerlandschaft. Um ein Mindestmaß an Versorgung und Stabilität zu gewährleisten, war die britische Militärregierung auf eine Zusammenarbeit mit der lokalen Zivilverwaltung angewiesen. Für den Siedlungsverband Ruhrkohlenbezirk (SVR) bedeutete das eine nahtlose Fortführung seiner Arbeit, wenn auch unter stark veränderten Rahmenbedingungen: Statt der in der Verbandsordnung vorgesehenen vorausschauenden Planungsaufgaben sollte der Verband aus Sicht der Briten nun vor allem im Bereich des dringend benötigten Wohnungsbaus tätig werden. Der durch den Tod Albert Langes im Januar 1945 vakant gewordene Posten des Verbandsdirektors wurde noch Ende April kommissarisch mit dem 1933 entlassenen Ersten Beigeordneten Philipp Rappaport besetzt, der ebenso zum Kommissar für den Bergarbeiterwohnungsbau sowie zum Leiter für die Zentralstelle für das Wohnungswesen in der britischen Zone mit Sitz in Lemgo berufen wurde.

Trümmer der am 10. April 1945 von deutschen Soldaten gesprengten Eisenbahnbrücke über die Ruhr, Kettwig, Januar 1948. Kettwig ist seit 1975 ein Stadtteil von Essen.

Es waren ebendiese aus den Kriegsfolgen geborenen Herausforderungen, die die Arbeit des Verbands bis in die Mitte der 1950er Jahre prägten und damit auch noch Rappaports Nachfolger Sturm Kegel (Verbandsdirektor von 1951 bis 1957) beschäftigen sollten. Die allgegenwärtige Zerstörung der Infrastruktur – Wohn- und Industriegebäude, Straßen- und Schienennetze, Versorgungsleitungen aller Art – betraf auch den Verband selbst. Das Verbandsgebäude und damit auch die Akten und Pläne als Grundlage seiner Arbeit waren zu großen Teilen durch Bombentreffer und ihre Folgeschäden unbrauchbar geworden. Die Koordination des Wiederaufbaus, die eher Koordination des Mangels denn koordinierte Planung war, fand so in provisorisch eingerichteten Arbeitsräumen, verteilt über die Stadt Essen, statt. Auch die dem Verband übertragene Aufgabe der zentralen Verteilung von Baustoffen im Verbandsgebiet scheiterte häufig an deren Mangel; statt Erstellung von Wohnraum wurden bis zur Währungsreform 1948 vor allem nur notdürftige Reparaturen durchgeführt: »Die Zuteilung der Baustoffe für das Ruhrgebiet ist außerordentlich gering. Sie betrug im Monat Juni für einzelne Städte z. B. an Dachziegeln nur das Material für 1 Haus oder garnichts [...]«, stellte der Verbandsdirektor im Verbandsausschuss 1946 ernüchtert fest.

Notunterkunft im zerstörten Arbeiterviertel Segeroth in Essen, März 1946.

1949

Neben der Förderung des Bergarbeiterwohnungsbaus bekam der Verband 1949 eine weitere staatliche Aufgabe zugeteilt: Bis 1958 wurde er ebenso zuständig für die Verteilung der Landesmittel, die für den allgemeinen Wohnungsbau im Ruhrgebiet vorgesehen waren. Von daher hielt Rappaport gegenüber dem späteren Innenminister Hubert Biernat 1949 fest: »Noch niemals ist die Beanspruchung des Kommunalverbands so zwingend und umfangreich gewesen wie infolge der Kriegsereignisse.« Betonen musste er diese Tatsache, da – auch wenn das pragmatische Vorgehen der britischen Militärbehörden die Bewältigung der Aufgaben vor Ort und damit eine nahtlose Kontinuität der Verbandstätigkeit begünstigt hatten – sein Fortbestehen zu diesem Zeitpunkt keineswegs gesichert war. Nicht nur Stellen innerhalb der Besatzungsverwaltung empfahlen die Auflösung dieser sich nach ihrem Dafürhalten außerhalb der normalen Verwaltungsstruktur befindlichen Sonderbehörde. Auch der zuständige Innenminister der ersten gewählten Landesregierung des neuen Bundeslandes Nordrhein-Westfalen besaß nicht viel Sympathie für Sonderbehörden.

Wohnungsnot in Essen in der Nachkriegszeit: Bau neuer Mietwohnungen in den Stadtteilen Holsterhausen und Südviertel nach einem Entwurf des Architekten Wilhelm Seidensticker, Mai 1955. Baumodell mit dem Scheiben-Wohnhochhaus Kaupenhöhe, dem ersten Wohnhochhaus in Deutschland mit Ein- und Zweiraumwohnungen mit gehobener Ausstattung.

Walter Menzel (SPD) hatte klare Vorstellungen von einem zukünftigen Verwaltungsaufbau des neuen Landes, der die preußischen Strukturen überwinden, die Integration der beiden Landesteile Rheinland und Westfalen fördern und die neue staatliche Gewalt zentral etablieren sollte. Höhere Kommunalverbände wie die Provinzialverbände und der SVR hatten in seiner Vision, in der das bestehende unübersichtliche Nebeneinander von staatlichen und Selbstverwaltungsaufgaben nicht mehr existierte, keinen Platz. Von daher trat er öffentlichkeitswirksam für einen zentralen landesweiten Verband ein, der die Aufgaben der Provinzialverbände übernehmen sollte. Bekanntlich scheiterten seine Pläne vor allem am sehr aktiven Selbsterhaltungsbestreben des Provinzialverbands Westfalen, der neben Dezentralisierung und Demokratisierung ganz besonders die zu bewahrenden landsmannschaftlichen Eigenheiten und Traditionen der Westfalen und Rheinländer als Argument für den Erhalt kommunaler Verbände betonte. In diesem Zusammenhang setzte sich der westfälische Landeshauptmann Bernhard Salzmann für eine Stärkung des Siedlungsverbands ein – denn der war aus seiner Sicht das wesentlich kleinere Übel, als es ein Regierungsbezirk Ruhr je sein könnte.

Ein derartiger Regierungsbezirk, der die administrative Dreiteilung des Ruhrgebiets beendet hätte, stellte einen (bis heute) fortwährenden Zankapfel dar, der vor allem von Westfalen aus als Schreckgespenst dargestellt wurde. Würde das Ruhrgebiet auf staatlicher Mittelebene institutionalisiert, bedrohe die daraus folgende Isolierung der Region die Einheit des Landes und dessen wirtschaftliche Existenz, so das lang gepflegte westfälische Argument, das immer wieder gegen eine grundlegende Reform der seit 1815 unverändert bestehenden Verwaltungsorganisation der mittleren Ebene ins Feld geführt wurde. Aber auch der SVR stand einer rein staatlichen Lösung der heterogenen Verwaltungsaufteilung in dieser Zeit ablehnend gegenüber, da diese nur in Zusammenhang mit seiner Auflösung formuliert wurde – entweder Regierungsbezirk Ruhr oder Siedlungsverband Ruhrkohlenbezirk.

1946

Von daher unterstrich auch Philipp Rappaport als neuer Verbandsdirektor des SVR die Notwendigkeit der durch ihn vertretenen Institution vehement gegenüber der Öffentlichkeit und den Landesbehörden. Unterstützung erfuhr er dabei durch die Mitglieder des 1946 wieder installierten Verbandsausschusses, in dessen erster Sitzung der Duisburger Oberbürgermeister Dr. Weitz unwidersprochen von seinen Dortmunder, Essener, Wittener und Gelsenkirchener Kollegen feststellte: »Wir sind alle einig darüber, dass der SVR bestehen bleibt. [...] Ich bin für die Verstärkung der Kompetenzen des Siedlungsverbands.«

Baumodell vom geplanten Wiederaufbau der im Zweiten Weltkrieg weitgehend zerstörten Essener Innenstadt, Februar 1948.

Ruhrjugenddorf Meisenhof für Berglehrlinge der Zechen Victor und Ickern, Castrop-Rauxel-Ickern, um 1954. Im Vordergrund ein Schwimmbecken.

1947 Allerdings standen im 1947 erstmals gewählten Landtag zunächst eher die Diskussionen um eine Landesverfassung im Vordergrund, sodass die rechtliche Grundlage für die Arbeit der Kommunalverbände trotz ihrer immensen Bedeutung für den konkreten Wiederaufbau der Infrastruktur vor Ort prekär blieb – die Provinzialverbände erhielten erst 1953 ihre gesetzliche

1953 Bestätigung als Landschaftsverbände, die Rechtsgrundlage des Siedlungsverbands wurde sogar erst 1958 angepasst. Aufgrund dessen konnte im selben Jahr die erste Verbandsversammlung nach 1933 gewählt werden. Eingeschränkt wurde allerdings die Zahl der Vertreter der funktionalen Selbstverwaltung, die statt der Hälfte nur noch ein Drittel der Mitglieder der Verbandsversammlung stellen durften. Auch wenn diese Veränderung aus heutiger Sicht wie ein etwas belangloses verwaltungstechnisches Detail anmuten mag, so ist sie, innerhalb des größeren Kontextes der Entwicklung der Landesplanung betrachtet, bereits ein Fingerzeig auf die einsetzenden Versuche der Landespolitik, zentralen Zugriff auf die regionale Raumordnung zu gewinnen. Deren ursprüngliche Idee war es, an der Planung des Raums alle Kräfte zu beteiligen, die diesen Raum maßgeblich gestalteten und entwickelten: Neben Vertretern der Bürger sollten auch die der Wirtschaft – Arbeitgeber wie Arbeitnehmer – sowie Organisationen des sozialen und kulturellen Lebens darüber mitverhandeln dürfen, wie sich der gemeinsame Lebensraum zukünftig darstellen sollte. Aus der Kompetenz zur Mitgestaltung erwuchs so auch die Mitverantwortung; die Einbindung in den Planungs- und Gestaltungsprozess sollte eine möglichst breite gesellschaftliche Akzeptanz für getroffene Entscheidungen fördern. Denn Raumplanung sei eine Aufgabe, »die man nicht mit Paragraphen lösen kann, sondern nur in guter Zusammenarbeit der Beteiligten und auf der Basis von Vertrauen«, betonte

1959 Josef Umlauf 1959.

Die Paragrafen allerdings sollten zunehmen: Während zu Beginn der 1950er Jahre aufgrund der Erfahrungen aus Nationalsozialismus und Kommunismus noch tief greifende Vorbehalte in Gesellschaft und Politik gegen den Gedanken einer umfassenden Planung vorherrschten, die allgemein in der Nähe von totalitärem Dirigismus verortet wurde, wuchs die Aufgeschlossenheit ihr gegenüber im folgenden Jahrzehnt, bis sie schließlich mit der Verabschiedung

1965 des Bundesraumordnungsgesetzes 1965 ihren Höhepunkt erreichte.

Die rechtliche Ausgestaltung der Landesplanung begann in Nordrhein-Westfalen dennoch recht früh: Auf Basis des 1950 verabschiedeten Landesplanungsgesetzes – des ersten in der Bundesrepublik – nahm der Verband ab Mitte der 1950er die Arbeit an der Erneuerung einer regionalen Gesamtplanung wieder auf. 1958 konnten erstmalig nach Kriegsende das Verbandsverzeichnis Straße sowie das für Grünflächen vom Verbandsausschuss beschlossen werden. Die Aufnahme in das Verbandsverzeichnis sicherte Flächen für Projekte von regionaler Bedeutung vor anderweitiger Nutzung – der Baubeginn für den Emscherschnellweg beispielsweise erfolgte zwar erst 1965, freigehalten worden war die entsprechende Trasse jedoch bereits seit 1926 als Verbandsstraße OW III.

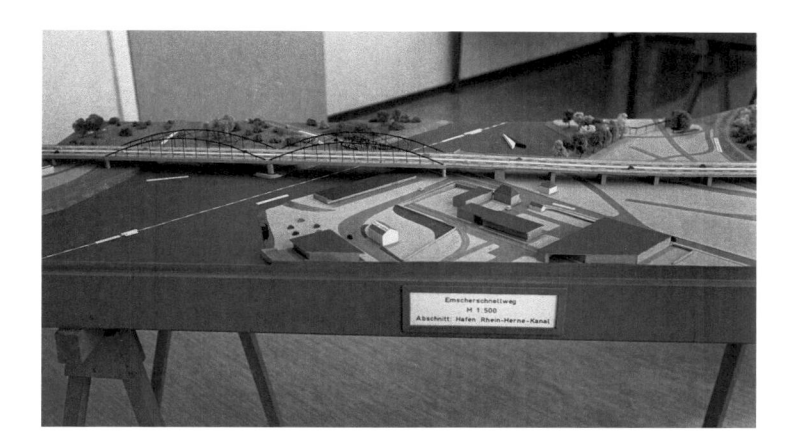

Bau der Bundesautobahn 42, auch Emscherschnellweg genannt, im nördlichen Ruhrgebiet: Baumodell der A 42 mit der Autobahnbrücke über den Rhein-Herne-Kanal, Essen, um 1969.

1951

Sturm Kegel, der Philipp Rappaport 1951 als Verbandsdirektor ablöste, war ebenso wie sein Erster Beigeordneter und späterer Nachfolger Josef Umlauf ein Planer alter Schule. Beide prägten die planerische Ausrichtung des Verbands in dieser Zeit, die sich an der vorherrschenden raumordnerischen Maxime orientierte, die die großstadtkritischen Deutungsmuster der 1920er Jahre aufgriff und weiterführte. Danach verschärfe die großstädtische Ballung von Mensch und Industrie die demografischen, wirtschaftlichen und kulturellen Differenzen zwischen Stadt und Land und untergrabe so das gesellschaftliche Fundament. Von daher sei es die Aufgabe der Raumordnung, mithilfe geeigneter Maßnahmen die Entwicklung des ländlichen Raums voranzutreiben und so die verfassungsmäßig garantierte Gleichwertigkeit der Lebensverhältnisse herzustellen. Im Gegensatz zum späteren Verbandsdirektor Heinz Neufang (1968–1978), der der Region das Potenzial zu weltstädtischem Charakter zuschrieb, widersprach Kegel derartigen Deutungen vehement. Der »Augenschein von der monströsen Ruhrstadt« trüge, jede der Städte habe ihre Eigenheit und ihre Eigenständigkeit, die sie sorgsam hüte. Darin sah er jedoch nicht das immer wieder kritisierte rivalisierende Kirchturmdenken, das die Entwicklung des Ruhrgebiets hemme, sondern vielmehr bildeten die Städte damit »den Damm gegen die nivellierende Flut der Vermassung«, so Kegel in einem Beitrag über »Die Sonderheiten des Ruhrgebiets« 1954. In diesem Sinne rückte nach dem im Wesentlichen erfolgten Wiederaufbau der Städte »die Sanierung überalterter und unhygienischer Wohnbereiche« in den Fokus der planerischen Verbandstätigkeit. Was damit gemeint war, verdeutlichte Kegel an gleicher Stelle: »Die Schaffung von viel kleinem Eigentum in Form von Eigenheimen und Wohnungseigentum ist nicht nur für die Entfaltung der Familie bedeutungsvoll, sie stellt im Ruhrgebiet auch einen politischen Faktor ersten Grades dar.«

1954

Die zwischen 1948 und 1953 erbaute Glückauf-Siedlung in Essen-Katernberg.

Kegel wie Umlauf sahen den Verband vor allem als entscheidende Vermittlungsinstanz zwischen den Kräften, die sich im engen Raum an der Ruhr entfalten wollten: Zwischen den Städten und Kreisen, der Montanindustrie und der Wasserwirtschaft einen im Grundsatz auf Freiwilligkeit basierenden Ausgleich zu erzielen, der eine gesunde Entwicklung des Ruhrgebiets im oben genannten Sinne ermöglichte, stellte ihre Leitlinie für die Verbandstätigkeit dar.

Auch mit den Kehrseiten des erfolgreichen Wiederaufbaus und Wirtschaftswachstums musste sich der Verband aufgrund der ihm zugewiesenen Aufgaben auseinandersetzen: Der Verbandsdirektor war als Höhere Forstbehörde für den Erhalt und die Aufforstung des Privatwaldes ebenso zuständig wie für die Erhaltung des Baumbestandes »im Interesse der Volksgesundheit«. Im sowieso schon dürftigen Waldbestand des Ruhrgebiets hatte es, verursacht durch Kriegswirtschaft und den Mangel an Brennstoffen in der unmittelbaren Nachkriegszeit, einen besonderen Kahlschlag gegeben, dem es Einhalt zu gebieten galt.

Aber auch die ökologischen Folgen der rasanten wirtschaftlichen Entwicklung, die im Ruhrgebiet vor allem auf einem Ausbau montan- und chemieindustrieller Großanlagen beruhte, waren gravierend, wurden aber entweder nicht wahr- oder bewusst in Kauf genommen. Der ökonomischen Aufbauarbeit wurde politisch höchste Priorität gegenüber allen anderen Belangen eingeräumt, sodass ein etwaiger Schutz der Natur nur aus wirtschaftlicher Perspektive vertretbar erschien und sich in der Regel auf die ländlichen Gebiete beziehungsweise auf die dort verortete Landwirtschaft bezog. Deren Vertreter verstanden es bereits früh, sich eine starke Interessenvertretung aufzubauen, die vehement für ihre Belange eintrat. So wurden beispielsweise die Auswirkungen der immensen Luftbelastung durch den industriellen Schadstoffausstoß bis zum Ende der 1950er Jahre nur in Bezug auf Nutzpflanzen und -vieh wissenschaftlich untersucht. Mögliche gesundheitliche Folgen für die Bevölkerung blieben ein weitgehend unerforschtes Feld, es galt das Prinzip der Ortsüblichkeit: Wer in die Nähe einer industriellen Anlage ziehe, wisse schließlich, dass der Himmel dort weniger blau sei. Der stärksten Interessenvertretung der von der Luftverschmutzung besonders betroffenen Ruhrgebietsbevölkerung, den Gewerkschaften, war vor allem ein Schutz und Erhalt der industriellen Arbeitsplätze wichtig, sodass sie Forderungen nach Luftreinhaltungsgesetzen skeptisch bis ablehnend gegenüberstanden. Noch 1958 sprach sich Fritz Steinhoff (SPD), im selben Jahr zum Vorsitzenden der ersten Nachkriegs-Verbandsversammlung gewählt, als Ministerpräsident deutlich gegen ein Gesetz zum Immissionsschutz in Nordrhein-Westfalen aus.

Kokerei und Zeche Friedrich Heinrich, Kamp-Lintfort 1958. Im Vordergrund mit Kohle beladene Güterwagen.

1952

Mit der »Begrünungsaktion Ruhrkohlenbezirk«, die 1952 eingeleitet und bis 1981 fortgeführt wurde, sollte zumindest den schlimmsten Folgen Abhilfe geschaffen werden. Mit massiven Anpflanzungen von als rauchhart geltenden und besonders widerständigen Gehölzen auf Halden, Ödland und Brachflächen, aber auch an den innerstädtischen Straßen und zur Einfassung von industriellen Anlagen, sollte nicht etwa ein ästhetisches Stadtbild geschaffen, sondern eine verbesserte Luftqualität erzielt werden. Hier wurde mit staatlichen und kommunalen Mitteln versucht, die Folgekosten der privaten Wirtschaft in einem gewissen Maß zu übernehmen. Die Idee Kegels, der das Thema der Luftreinhaltung als sehr wichtig erachtete, stattdessen das Verursacherprinzip anzuwenden und eine Zwangsgenossenschaft aller industriellen Produzenten von Luftschadstoffen zu gründen, scheiterte am Widerstand aus Politik und Wirtschaft.

Halde bei Beeckerwerth aus Bergematerial, Schutt, Schlacke und Kies nach 23-jähriger Laubholzbepflanzung, 1954.

Stabilisierung und Landesplanung 1958—1967

»Der Siedlungsverband hat zu der heutigen Feier geladen, nicht nur um daran zu erinnern, dass er der älteste Verband seiner Art in Deutschland, ja in der Welt ist, sondern vor allem, um darauf hinzuweisen, dass die Idee, der er dient, auch heute noch jung ist.«

FRITZ STEINHOFF, 1960

1957

Der bundesrepublikanische Wirtschaftswunderboom, dem der Industriebezirk an der Ruhr von Beginn an ein idealtypisches Gesicht gegeben hatte, endete dort eher und abrupter als im Rest der Republik. In dem Maße, in dem die Kohle als zentrales Exportgut und Hauptenergieträgerin an Bedeutung verlor, nahm auch die nordrhein-westfälische Wirtschaftskraft insgesamt ab. Besonders betroffen von den Folgen war das einstige industrielle Herzstück des Landes, das Ruhrgebiet. Insgesamt gesehen waren die Jahre ab Mitte der 1950er bis zum Ölpreisschock 1973 in der Bundesrepublik gekennzeichnet durch einen stetigen wirtschaftlichen Aufwärtstrend, von dem sich das Ruhrgebiet jedoch immer weiter abgekoppelt sah. Die ab 1957 einsetzende Absatzkrise im Steinkohlenbergbau, der bis 1968 mehr als die Hälfte aller dort vorhandenen Arbeitsplätze zum Opfer fallen sollte, hatte für das Ruhrgebiet mit seiner homogenen Wirtschaftsstruktur und für seine Bewohner tief greifende Auswirkungen. In der Folge verloren die Unternehmer der Montanindustrie ihre langwährende Rolle als Identitätsstifter für die in der Region dominierende Arbeiterschicht, die zum Teil durch die Bergarbeitergewerkschaft übernommen wurde. Erst ab Ende der 1960er Jahre versuchte auch der Siedlungsverband mit einer aktiven, nach innen ebenso wie nach außen gerichteten Öffentlichkeitsarbeit eine einheitsstiftende Rolle für das Ruhrgebiet zu übernehmen sowie den Strukturwandel in der Region zu fördern.

Letzter Kohlenwagen vor der Stilllegung der Zeche Amalie, Essen, 30. September 1966.

Die Verbesserung der regionalen Wirtschaftsstruktur, die aufgrund ihrer Homogenität besonders krisenanfällig war, entwickelte sich jetzt zwar zu einem der Schwerpunkte räumlicher Planung und zu einer dauerhaften Herausforderung für die nächsten Jahrzehnte. Im Lauf der ersten zehn Jahre wandelte sich die Herangehensweise zur Bewältigung der aus der »Entindustrialisierung« des Ruhrgebiets erwachsenen Probleme allerdings grundlegend – ein Wandel, der sich ab 1967 mit dem Wechsel an der Verbandsspitze auch in der Ausrichtung des Verbands widerspiegeln sollte.

Letzte Schicht auf der Zeche Graf Bismarck, Schachtanlage 1/4, Gelsenkirchen, 29. September 1966. Bergarbeiter mit schwarzen Fahnen als Zeichen des Protests gegen die Stilllegung neben dem letzten Förderwagen.

1966

Zunächst herrschte jedoch Kontinuität vor: 1959 folgte der 1906 in Oberaltstadt (Österreich-Ungarn, heute Tschechien) geborene studierte Planer Josef Umlauf auf den Diplom-Ingenieur Sturm Kegel. Er sollte damit der letzte Techniker auf dem Posten des Verbandsdirektors sein. Gemäß Umlaufs rational-technischem Verständnis von Landesplanung agierte der Verband unter seiner Ägide eher zurückhaltend in Bezug auf die neueren, international hervorgebrachten Planungsansätze, die sich in den 1960er Jahren langsam durchzusetzen begannen und im Endeffekt zu einer umfassenden Entwicklungsplanung führten. Zwar stellte der SVR 1966 den ersten regionalen Gebietsentwicklungsplan mit rechtlicher Bindungskraft innerhalb der Bundesrepublik auf, dieser enthielt jedoch keine grundsätzlich neue Strategie für alternative Wirtschafts- oder Raumpolitik. Die anklingenden Ansätze einer Heterogenisierung der ökonomischen Struktur blieben Theorie und zu sehr den Bedürfnissen der vorhandenen Großindustrien aus Bergbau und Stahl verhaftet.

Als die konservative landespolitische Marschrichtung der christdemokratisch geführten Regierung Franz Meyers dafür sorgte, dass es im industriellen Ballungsraum an der Ruhr nicht zu einer Ansiedlung anderer Industriezweige größeren Umfangs kam, die die frei werdenden Arbeitskräfte aus den schließenden Zechen hätten übernehmen können, war der Widerspruch seitens des Verbands, wie überhaupt von Vertretern des Ruhrgebiets im Landesparlament, nicht besonders laut. Auch die Auffassung Umlaufs in Bezug auf eine »richtige« Ordnung des Raums war im Grunde geprägt von konservativer Zivilisationskritik, die sich aus tradierten Ressentiments gegenüber einer individualisierten städtischen Massengesellschaft speiste. Nachzuvollziehen ist diese Haltung bereits an seinen programmatischen

Schriften der 1940er Jahre, die er während seiner Tätigkeit für das Reichskommissariat für die Festigung des deutschen Volkstums (RKF), Unterabteilung Raumplanung und Städtebau, veröffentlichte. Industrielle Ballung in zu hohem Ausmaß wurde als problematisch angesehen und die Bergbaukrise von der Landesregierung über einen längeren Zeitraum als Selbstreinigungsprozess der Region verstanden, auch wenn das öffentlich nicht ausgesprochen wurde. Die Dezentralisation, die Entwicklung des ländlichen Raums und die Verwirklichung des idealtypischen Bildes der Kleinfamilie mit Eigenheim als Zielvorstellungen sollten über eine »Entballung« des Industriebezirks Ruhrgebiet durch Zurückhaltung der Landesregierung erreicht werden – eine von Ford geplante Werksansiedlung in der Region wurde so erfolgreich verhindert.

1966

Neu – wenngleich es derselben Grundidee folgte – war das im Gebietsentwicklungsplan 1966 enthaltene Konzept eines regionalen Grünflächensystems, das das »fehlende Bindeglied zwischen den innerstädtischen Grünflächen und den größeren, außerhalb der Kernzone« liegenden Waldgebieten bildete. Angestrebt wurde ein System nord-süd-ausgerichteter linearer Grünflächenelemente, die damit Freizonen zwischen den dicht besiedelten städtischen Ansammlungen schufen und, da sie quer zur Hauptwindrichtung verliefen, zu einer Verbesserung der Luftqualität beitragen sollten. Mit dieser Maßnahme bewegte sich der Verband auf politisch und gesellschaftlich hochaktuellem Terrain: Willy Brandts Forderung nach einem blauen Himmel über der Ruhr griff 1961 die sich verändernde gesellschaftliche Wahrnehmung derartiger Umweltbelastungen auf. Auch die CDU zog mit einem ähnlichen Slogan (»Saubere Luft für alle«) 1962 in den Landtagswahlkampf. Im selben Jahr wurde in Nordrhein-Westfalen das erste Immissionsschutzgesetz innerhalb der Bundesrepublik erlassen und mit der Landesanstalt für Immissionsschutz zugleich auch eine Behörde mit Vorbildfunktion für den Bund und die anderen Länder geschaffen. In zunehmendem Maße sahen sich auch die Industriebetriebe unter Druck, Techniken zur Verminderung des Schadstoffausstoßes einzusetzen.

1962

Neben der Luftreinhaltung und einer Ordnung und Auflockerung des Landschaftsbildes und der Siedlungsstruktur war das vorrangige Ziel der Regionalen Grünzüge, dem gewachsenen Bedürfnis der Bewohner nach außerstädtischer Erholung Rechnung zu tragen und entsprechende Orte zu schaffen. Dezentralisierung war auch hier maßgeblicher Faktor, die Erschließung der Gebiete sollte möglichst unter der Prämisse erfolgen, eine »übermäßige Konzentration von Erholungsuchenden« zu vermeiden. Die Einrichtung von Naturparks sowie der infrastrukturelle Ausbau von Fuß-, Rad- und autogerechten Verkehrswegen sollten die Ströme der Erholungsbedürftigen in geordnete Bahnen lenken. Damit begann der Verband, Antworten auf die sich auch im Ruhrgebiet verändernden gesellschaftlichen Verhältnisse zu finden: Viele Haushalte verfügten über höhere Einkommen bei geringerer Arbeitszeit, sodass das Thema Freizeit und deren Gestaltung immer mehr in den Fokus rückten. Doch nicht nur in diesem Bereich stiegen die Ansprüche der Bevölkerung, die sich stetig von einer Arbeits- zu einer Konsumgesellschaft

Autoverkehr und Straßenbahnen auf dem Platz Freiheit südlich des Essener Hauptbahnhofs um 1959 bei Regenwetter, im Vordergrund ein Zebrastreifen, im Hintergrund das Nordsternhaus.

1965

weiterentwickelte. Mobilität gewann durch die individuelle Motorisierung immer größere Bedeutung, die politische Förderung von Eigenheim und Pendlerpauschale tat ihr Übriges zum Trend der Suburbanisierung. Im Bereich des Städtebaus beherrschte die Idee der Funktionsteilung von Arbeit, Wohnen und Gewerbe die Konzepte, sodass in der Folge die Städte an einer Verkehrsnot zu ersticken drohten. Der Verband ordnete die Verkehrssituation – seit Beginn eines seiner Kernthemen – im Gebietsentwicklungsplan folgerichtig auch als ein Problemgebiet mit überragender Bedeutung ein. Die Lösung wurde vor allem im Ausbau und der qualitativen Verbesserung des öffentlichen Nahverkehrs gesehen, die durch einen regionalen Verkehrsverbund realisiert werden sollte. Zu diesem Zweck wurde 1965 die Planungsgesellschaft Ruhr gegründet, in der sich zunächst zumindest fünf der 18 Nahverkehrsbetriebe zusammenschlossen. Dass das sich daraus entwickelnde Projekt der Stadtbahn – ein kreuzungsfrei geführtes regionales Schnellbahnprojekt, das in einem gesamtkonzeptionellen Rahmen mit dem Ausbau des S-Bahn-Verkehrs der Deutschen Bahn im Ruhrgebiet mit Bundes- und Landesmitteln umgesetzt werden sollte – letztendlich scheiterte, lag im Endeffekt auch an der Einflussnahme des Landes.

Gleisbauarbeiten und Errichtung einer Fußgängerbrücke mit Rolltreppen im Rahmen der Messe *Schiene und Straße* in Essen-Rüttenscheid, Mai / Juni 1970.

Auch den Prozess der Suburbanisierung betrachtete man aus Verbandssicht mit Sorge und sah die Erhaltung und Förderung der Stadtzentren als eine wichtige kommunale Aufgabe mit regionaler Bedeutung. Dem Trend zum Shoppingcenter auf der grünen Wiese, dessen negative Auswirkungen auf die Stadtzentren sich an der US-amerikanischen Entwicklung beobachten ließen, wollten die Planer des Verbands nicht folgen: »Nachdem das erste derartige Einkaufszentrum (Ruhrpark-Zentrum in Bochum) gebilligt worden war, wurde der SVR mit Projekten für 7 weitere derartige Einkaufszentren befasst. Die Errichtung dieser Zentren, die fast alle ›auf der grünen Wiese‹ zwischen den Hauptzentren von Duisburg bis Dortmund geplant waren, konnte verhindert werden, weil ihre vorgesehenen Standorte den Planungsabsichten des SVR (Verbandsgrünflächen) widersprachen und weil die kommunalen Stellen die Auffassung des Verbands teilten«, stellte die Verbandsversammlung 1965 klar.

1970

Joachim Gadegast, vor seinem Wechsel in die nordrhein-westfälische Staatskanzlei 1970 Beigeordneter im Verband, zog mehr als 20 Jahre nach Aufstellung des Gebietsentwicklungsplans Bilanz: Die Idee der Regionalen Grünzüge enthalte zwar für die Zeit mutige Aussagen in Bezug auf Umweltschutz und habe sich lange gegen hartnäckige (Gebiets-)Ansprüche der Städte, die eine Umwidmung in Bau- oder Gewerbeflächen forderten, verteidigen müssen; insgesamt aber habe der Verband bei der Aufstellung des Plans weder das gesamte Ausmaß der Umweltschäden oder das Problem der durch den Bergbau und die chemische Industrie entstandenen Altlasten erkannt, noch habe er der aus der steigenden Abfallmenge resultierenden Herausforderung in ausreichendem Maß Aufmerksamkeit geschenkt – die Lage sei hier weiterhin defizitär.

1959 — 1969

1966

Tatsächlich spitzte sich die Situation gerade in diesem Bereich zwischen 1959 und 1969 so stark zu, dass die im Gebietsentwicklungsplan dargestellten Konzepte einer reinen Ablagerung beziehungsweise Kompostierung und Veraschung nicht mehr ausreichten, weil schlicht der Platz dafür fehlte. Untätig allerdings war der Verband nicht geblieben, bereits 1959 hatte man versucht, mit der Installierung des Arbeitskreises zur Sammlung und Beseitigung fester Abfallstoffe (AKR) die Region für interkommunale Lösungsansätze zu sensibilisieren beziehungsweise überhaupt ein Problembewusstsein für das Thema zu schaffen. Im Anschluss daran wurde 1966 die Auskunfts- und Beratungsstelle Müll (ABM) als Fachabteilung gegründet, die neben Grundlagenforschung und Beratung auch die Entwicklung eines konkreten Gesamtkonzepts für die Lösung des regionalen Müllproblems voranbringen sollte. Bis dato wurde dieser wenig beachtete Aspekt des Wohlstandswachstums stiefmütterlich behandelt und Hausmüll wie auch industrieller Abfall auf ungeordneten Deponien oder wilden Kippen in der Landschaft entsorgt. Der erste wichtige Vorstoß in Richtung eines regionalen Verbundsystems zur Abfallbeseitigung erfolgte Ende der 1960er Jahre mit der Einrichtung der Zentraldeponie Emscherbruch, deren Hauptgesellschafter der SVR war – weitere Konzepte sollten folgen.

Allgemein setzte mit der Verabschiedung des Bundesbaugesetzes 1960 eine bis zur Aufstellung des Bundesraumordnungsprogramms 1975 andauernde Hochzeit räumlicher Planung ein, die damit dem allgemeinen Trend zur

Enttabuisierung des Planungsbegriffs an sich folgte: Öffentliche Planung wurde zum Inbegriff von Modernität, Fortschritt und Reformwillen. Das deutsche »Wirtschaftswunder« hatte nicht nur den Bürgern Selbstbewusstsein und ein materiell bedingtes Gefühl der Sicherheit verschafft, sondern ermöglichte dem Staat auch einen grundlegenden Rollenwechsel vom Nachtwächter zum modernen, rational planenden Leistungserbringer.

Das System der Landes- und Regionalplanung erfuhr eine umfassende flächendeckende instrumentelle Ausgestaltung, bei der Nordrhein-Westfalen – und damit auch dem SVR – weiterhin eine Vorreiterrolle zukam. Bereits 1962 wurde das Landesplanungsgesetz novelliert, das den Verband als deren Träger bestätigte und damit seine Position im komplexen Verwaltungsgefüge des Landes zunächst festigte. Zunehmend ging es um die Vergabe und den gezielten Einsatz finanzieller Mittel zur Durchführung strukturwirksamer Maßnahmen. Die ehemals vor allem auf Freiwilligkeit basierende Raumplanung als Aufgabe kommunaler Selbstverwaltung mutierte zu einer in weiten Teilen staatlich dominierten Entwicklungsplanung, deren Augenmerk nicht mehr nur auf Ordnung und Stabilität gerichtet war, sondern Wandel fördern und Dynamik erzeugen wollte.

Die Errungenschaften im Bereich der technischen Datenverarbeitung sorgten in vielen Bereichen für den Glauben an die Planbarkeit von fast allem, solange ausreichend Daten dafür zur Verfügung gestellt werden konnten. Gleichzeitig setzten sie neue Maßstäbe im Hinblick auf die politischen Ansprüche an Verwaltungshandeln, dessen Effizienz und Effektivität deutlich verbesserungswürdig erschien. Die kommunalen Verhältnisse in Nordrhein-Westfalen wie auch in den anderen Bundesländern schienen Mitte der 1960er Jahre sowohl in den Kleingemeinden als auch in den städtischen Ballungsräumen den gewachsenen Ansprüchen der modernen Gesellschaft und den Erfordernissen ihrer stetigen Entwicklung nicht mehr angemessen; die Diskrepanz in der Daseinsvorsorge zwischen Stadt und Land wurde vor allem von der ländlichen Bevölkerung nicht mehr als unwiderrufliche Tatsache akzeptiert. Stadt- und Landräume begannen sich als Folge der bereits skizzierten Suburbanisierungstendenzen sozial und wirtschaftlich zu durchdringen und dadurch auch näher zusammenzuwachsen. Damit einhergehend wuchsen die Herausforderungen für die kommunale Verwaltung, da die angesprochenen Verflechtungen zu einer Vergrößerung des einzubeziehenden Raums führten. Zu den grundlegenden Aufgaben der kommunalen Verwaltung im Bereich Müllentsorgung, Wasser- und Energieversorgung traten vermehrt Anforderungen bezüglich der Daseinsvorsorge, beispielsweise die Versorgung mit Schulen, Krankenhäusern und öffentlichem Nahverkehr. Ausgehend von der Annahme, dass viele der Klein-und Kleinstgemeinden dazu nicht in der Lage seien, wurden umfängliche Gebiets- und Verwaltungsreformen angestoßen mit dem Ziel, über eine Erweiterung des Einzugsgebiets die Leistungsfähigkeit der Verwaltung zu steigern. Hierzu sollte auch Friedrich Halstenberg, der nach seiner einjährigen Amtszeit als Verbandsdirektor 1966/67 an die Spitze der nordrhein-westfälischen Staatskanzlei gewechselt war, einen wesentlichen Beitrag liefern – der den Siedlungsverband im Endeffekt 1975 erst die Landesplanungskompetenz kostete und schließlich **1978/79** zu seiner Umwandlung in den wesentlich schwächeren Kommunalverband Ruhrgebiet (KVR) führte.

Neue Schwerpunkte und Existenzkampf 1967—1979: die Selbsterfindung des Ruhrgebiets

»[…] meines Erachtens [erhält] eine Institution, und sei sie formal auch noch so gut fundiert, volles Leben doch immer erst dann, wenn sie von der ungeteilten Triebkraft einer Persönlichkeit ausgefüllt wird.«
JOSEF UMLAUF, 1959

1978

Der neue Verbandsdirektor Heinz Neufang, nach Halstenbergs kurzem Intermezzo der zweite Jurist an der Verbandsspitze, bezeichnete bereits 1969 die vorangegangen vier Jahre als die wohl bewegtesten in der Geschichte des Verbands. Zu diesem Zeitpunkt wusste er noch nicht, dass bis zum Ende seiner Amtszeit 1978 auf den Verband noch weitere sehr bewegte Jahre zukommen würden. Einerseits stellten sie eine höchst fruchtbare Zeit dar, die eine Reihe von innovativen Ansätzen und Anstößen für die Region – von der Abfallbeseitigung über Revierparks, Siedlungs- und Infrastruktur bis zur Öffentlichkeitsarbeit – hervorbrachten. Andererseits war seine Arbeit aber auch bestimmt von einer das gesamte Jahrzehnt andauernden Auseinandersetzung mit den vom Innenministerium und der Staatskanzlei forcierten ambitionierten Plänen einer Gebiets- und Funktionalreform, die den Verband in den Zustand ständiger Alarmbereitschaft versetzte. Von Beginn an positionierte Neufang sich und den SVR klar, bisweilen kämpferisch, im Sinne des Ruhrgebiets und etablierte den Verband nicht nur als administrative Klammer, sondern auch als starken Fürsprecher der Region auf landespolitischer Ebene.

Der 1913 in Eisenach geborene Neufang kam 1960 als juristischer Beigeordneter zum SVR, in einer Zeit, in der die Verbandstätigkeit »in Planung zu erstarren drohend« stagnierte, wie er in seiner Abschiedsrede vor der Verbandsversammlung 1978 resümierte. Anders als seine Vorgänger räumte er den Landesplanungsangelegenheiten nicht den höchsten Stellenwert ein. Für ihn galt es vor allem, die kommunalen Aufgaben des Verbands derart auszugestalten, dass die Region zu einer lebenswerteren Umgebung für ihre Bewohner werden konnte – und diese sich dessen auch bewusst wurden. Dabei verstand er die Rolle des SVR nicht reduziert auf die eines runden Tisches zum Interessensausgleich in der Region, sondern vielmehr als die eines Schrittmachers für deren zukünftige Entwicklungsmöglichkeiten. Zupass kam ihm dabei ein Generationswechsel innerhalb der Abteilungen sowie eine Verbandsversammlung, die ihre Rolle aktiver wahrnahm und eine bisweilen kreative Ausgestaltung der Aufgaben laut Verbandsordnung befürwortete und mittrug.

Während Sturm Kegel und Josef Umlauf die Tätigkeit des Verbands vor allem als ordnende Hand charakterisiert hatten, deren Wirken in den meisten Fällen unsichtbar bliebe, da sie in der Hauptsache Falsches verhindere, entwickelten sich unter Neufang beispielsweise mit dem Aufbau der Revierparks als Teil eines abgestuften Systems regionaler Freizeit- und Erholungsstätten weithin sichtbare Zeichen der Verbandstätigkeit. Zur Eröffnung des ersten der fünf geplanten Freizeitparks – einem »Mekka der Freizeitplaner« – in Gysenberg/Herne kamen 1970 neben landespolitischer Prominenz über 10.000 Bürger.

1970

Dass ein solcher Wandel stattfinden musste, lag auch an den Auswirkungen der wirtschaftlichen und gesellschaftlichen Krise, in der sich die Region seit dem Bedeutungsverlust des einstigen Wohlstandsgaranten – der Kohle – befand. Mit dem Verlust der Arbeitsplätze in Industrie und Bergbau waren nicht nur die Einkommen weggebrochen, es verbreitete sich auch eine pessimistische Grundstimmung, die auf politischer Ebene die Ängste einer Radikalisierung an der Ruhr wiederaufleben ließ. Vor allem die Jugend und hochqualifizierte Fachkräfte suchten ihre Zukunft zunehmend außerhalb der Region; die Zuwanderung brach ein, was eine wirtschaftliche Umstrukturierung erschwerte. Das Wachstum und die Strahlkraft des Reviers hatten in der Vergangenheit immer auf der Aussicht auf sichere, relativ gut bezahlte Arbeitsplätze auch für ungelernte Kräfte gefußt – auf dem Versprechen, industrielles Herzstück des Landes und unverzichtbarer Teil des ökonomischen bundesdeutschen Wiederaufbaus zu sein. Die Krise deckte nun schonungslos die in den Hochzeiten der Kohleproduktion hinter wirtschaftlichem Erfolg versteckte hässliche Seite des Kohlenpotts auf, der, wie Helmuth de Haas es ausdrückte, »bewundert, aber kaum jemals geliebt« worden war.

1966

Der Beginn der gesamtwirtschaftlichen Rezession in der BRD 1966 (die sich im Nachhinein eher als Konjunkturdelle herausstellte) hatte auch eine Verschärfung der Kohlekrise bedeutet: Die Schließung von 13 Zechen im Ruhrgebiet war gleichbedeutend mit der Entlassung von 60.000 Arbeitern, die größtenteils nicht aufgefangen werden konnten, und fiel zusammen mit dem Landtagswahlkampf in Nordrhein-Westfalen, aus dem die SPD erstmals als Siegerin hervorging. Sie hatte den Wahlkampf mit dem Versprechen auf einen Ruhrplan bestritten, konnte die seit Jahren schwelende Strukturkrise des Bergbaus ad hoc jedoch nicht beenden, die aufgeheizte Stimmung nicht einfangen. Aufgeschreckt durch die sich immer lauter artikulierenden Protestaktionen und die sich radikalisierenden politischen Tendenzen im Ruhrgebiet – die ZEIT schrieb 1967 anlässlich der geplanten Schließung der Zechen Hansa und Pluto von »Pulverfaß-Stimmung« und echtem »Barrikadenpathos« – wurde die Ruhrkrise auch auf Bundesebene als Problem höchster Priorität anerkannt. Die Verabschiedung des Kohleanpassungsgesetzes im Mai 1968, dessen wesentlichster Bestandteil die Gründung der Ruhrkohle AG (RAG) als Einheitsgesellschaft für den gesamten Steinkohlebergbau darstellte, beruhigte – begünstigt durch das Wiedereinsetzen einer Hochkonjunkturphase – die Lage. Im Gegensatz zur CDU-geführten Vorgängerregierung sah der neue Ministerpräsident Heinz Kühn (SPD) das Heil des Industriegebiets an der Ruhr nicht mehr in einer Entballung und quantitativen Schrumpfung, sondern setzte mit dem »Entwicklungsprogramm Ruhr 1968–73« (EPR) neue inhaltliche Schwerpunkte in der Raumordnung. Das unter

1968

der Federführung des neuen Chefs der Staatskanzlei Friedrich Halstenberg erarbeitete, weitreichende regionale Förderprogramm mit einem Gesamtvolumen von 8,4 Milliarden D-Mark zielte darauf ab, durch Bau und Verbesserung der öffentlichen Grundausstattung das Wirtschaftswachstum in der Region anzukurbeln und die Krisenlage zu überwinden – denn dies sei nicht Privatsache, sondern die des Staates, so Kühn.

Protest von Bergmännern gegen die drohende Schließung von Zechen im Ruhrgebiet auf dem Kenndyplatz, Essen-Stadtmitte, 5. November 1964.

Letzte Schicht auf der Zeche Carolinenglück, Bochum-Hamme, 31. Mai 1964. Älterer Bergmann mit Arbeitsschuhen und Aktentasche auf dem Weg nach Hause.

Ganz im Sinn des zeitgenössischen Machbarkeitsglaubens wurde damit erstmals ein konkreter Handlungsplan aufgestellt, der ehrgeizige Ziele formulierte: Die Belastung durch industriell verursachte Luftverschmutzung sollte um 75 Prozent gesenkt, das Großklärwerk an der Emschermündung zwei Jahre schneller als in der ursprünglichen Planung vorgesehen fertiggestellt,

1973 die Krise weit vor dem avisierten Jahr 1973 behoben werden. Die Notwendigkeit für eine derartige Ausweitung staatlichen Einflusses auf regionale Belange sah Kühn in der besonderen administrativen Situation des Ruhrgebiets begründet: »Da es noch keine einheitliche zuständige Verwaltungsbehörde für das Ruhrgebiet gibt, musste diese zeitlich, räumlich und finanziell abgestimmte Konzeption erarbeitet werden.« An dieser Stelle unterschlug er allerdings, dass, obwohl keine staatliche Administration Ruhr existierte, es mit dem SVR gleichwohl einen kommunalen Verband mit regionalen Planungskompetenzen gab, dessen Gebietsentwicklungsplan 1966 die Grundlage für das

1966 von ihm vorgestellte Entwicklungsprogramm geliefert hatte. Vielmehr wurde im selben Jahr bereits deutlich, dass das »noch« des Ministerpräsidenten weiterhin gültig sein würde und die Verwaltungsreform im Land eines nicht zum Ergebnis haben würden: einen Regierungsbezirk Ruhr. Denn auch wenn die sogenannte »Dreier-Lösung« – je ein Regierungsbezirk für das Rheinland, für Westfalen und das Ruhrgebiet plus drei deckungsgleiche Regionalverbände – im Sachverständigengutachten der Rietdorfkommission über »Die staatliche und regionale Neugliederung des Landes NRW« als Lösungsansatz beschrieben wurde, konnte sie sich nicht gegen die sofort aufkommenden Widerstände durchsetzen. Statt einer Stärkung kommunaler Selbstverwaltung erfolgte eine Stärkung des staatlichen Durchgriffs sowie eine gezielte Schwächung regionaler Vereinheitlichung.

Deutlich zeigte sich diese Tendenz in der Entwicklung des Stadtbahn-Projekts. Spätestens mit der Gründung der Planungsgesellschaft Ruhr, an der der Verband neben sechs Nahverkehrsbetrieben beteiligt war, versuchte der SVR die lang gehegte Idee eines regionalen Gemeinschaftsbetriebs des öffentlichen Nahverkehrs zu forcieren. Ein für Ballungsgebiete vergleichbarer Größenordnung typischer zentrenverbindender Schnellverkehr mit dichter und regelmäßiger Zugfolge war als Resultat des individuellen Streckenausbaus der 18 unabhängig voneinander agierenden Straßenbahn- und Busunternehmen im Ruhrgebiet ein Desiderat geblieben. Durch die Ankündigung der Deutschen Bundesbahn, in Zusammenarbeit mit dem Land künftig auch die Städte des Ruhrgebiets durch S-Bahnlinien zu verknüpfen, hatte das Ziel neuen Auftrieb bekommen. Ein regionales Schnellbahnnetz sollte entstehen, das die Attraktivität des öffentlichen Nahverkehrs im Ruhrgebiet durch ein einheitliches Tarifsystem, abgestimmte Fahrpläne und eine erhöhte Reisegeschwindigkeit gegenüber dem stetig wachsenden Individualverkehr steigern sollte. Denn dieser, darüber war man sich einig, würde früher oder später zu einem Verkehrskollaps in den Innenstädten führen und die ungewünschte Tendenz der Dezentralisation vorantreiben. Eine der wichtigsten Maßnahmen, auch darüber bestand Konsens, sollte die Trennung von Individual- und Schienenverkehr sein. Die so bezeichnete Stadtbahn sollte auf einem eigenen Gleiskörper geführt werden und stark frequentierte Strecken bedienen, während die weniger häufig genutzten Linien durch Busse befahren werden sollten. Spaltend wirkte, wie so häufig, die Uneinigkeit darüber, wer denn die Federführung bei diesem langfristigen Großprojekt übernehmen sollte. Schon die Arbeit der Planungsgesellschaft Ruhr stand unter keinem guten Stern: Mit der Dortmunder Stadtwerke AG hatte sich einer der bedeutendsten Verkehrsbetriebe der Region gegen eine Teilnahme ausgesprochen. Das geschah explizit »nicht aus mangelndem Gemeinschaftssinn«, sondern weil die Dortmunder Verantwortlichen in der Planungsgesellschaft keine kompetente Akteurin sahen und einen »Kampf der Direktoren der Verkehrsbetriebe, hinter denen die Forderungen ihrer Städte und Gemeinden stehen«, für den Fall voraussagten, dass die Planungsgesellschaft Ruhr die Trägerschaft für den Bau der Stadtbahnstrecken übernehme. Als einzig kompetenter Ansprechpartner aus Dortmunder Sicht erschien der SVR: »Es ist doch der Idealfall, dass der Ruhrsiedlungsverband die Planung und den Bau der Stadtbahnstrecken in die Hand nehmen will. Weil hinter ihm die Gesamtheit der Ruhrgebietsstädte und -gemeinden steht, ist die Gewähr gegeben, dass schnellstens mit der Ausführung von Projekten begonnen werden kann.« Als Idealfall sah der Beiratsvorsitzende der Planungsgesellschaft, Direktor Scheucken, eine Abgabe der Verantwortlichkeit an den SVR keinesfalls an, warf dem Verband Satzungsuntreue vor und forderte ihn auf, sich als Einer

1968 unter Gleichen zu verstehen. Denn der SVR hatte Anfang 1968, nach Jahren der Untätigkeit der Planungsgesellschaft, ein Konzept zur Realisierung eines abgestuften, aufeinander abgestimmten Schnellverkehrssystems entwickelt. Darin schlug er vor, als Träger der Stadtbahn eine vom SVR allein zu bildende Verkehrsgesellschaft zu gründen. Es ging aus Sicht des Verbands vor allem darum, dem Land gegenüber einheitlich auftreten zu können – denn dieses hatte sich in der Zwischenzeit des Projekts ebenfalls angenommen. Als Teil des Entwicklungsprogramms Ruhr sicherte der zuständige Minister Fritz Kaßmann zu, gemeinsam mit dem Bund 90 Prozent der Kosten für Planung und Bau der Stadtbahn zu übernehmen, die mit insgesamt 1,6 Milliarden D-Mark über einen Zeitraum von zehn Jahren zu Buche schlagen sollten. Wie sich im Lauf des Jahres herausstellte, bestand von ministerieller Seite aus wenig Bereitschaft, den SVR als Verhandlungspartner für die Region anzuerkennen, auch aufgrund seiner unklaren Zukunft im Zusammenhang mit der ausstehenden Funktionalreform: Zu Verhandlungen über die Ausgestaltung einer Trägergesellschaft der Stadtbahn wurde der Verband entweder gar nicht oder nur sehr widerwillig hinzugezogen. Das Ministerium präferierte den direkten Weg über die einzelnen Städte und förderte damit die desintegrative Stimmung innerhalb der Region. Während die Dortmunder versuchten, die Vorstände der Bochum-Gelsenkirchener Straßenbahnen AG (BOGESTRA) und der Duisburger Verkehrsgesellschaft AG (DVG) von der Unterstützung einer regionalen Lösung unter Führung des SVR zu überzeugen, wollte der Essener Oberstadtdirektor davon nichts wissen. Das Geld, das der SVR die Städte koste, könne man sparen, wenn die Städte sich allein zu einer Verkehrsgesellschaft zusammenschlössen. Seitens des Informationsdienstes Ruhr (idr) rief das harsche Kritik hervor: »Mit aller Schärfe sei es gesagt: in der Dingsda-Metropole argumentiert die Verwaltung wider besseres Wissen. Schlimmer noch: Parlamentarier, die in der Verbandsversammlung sitzen, verhalten sich beim SVR anders als in ihrem heimischen Rat [...]. Das Manöver ist allzu durchsichtig: der größten Stadt des Ruhrgebiets ist die regionale Lösung des Stadtbahnprojekts suspekt.«

Die Zeit für eine planmäßige Neustrukturierung des Verkehrs, die sich oberhalb der Interessen einzelner Kommunen bewegte, schien immer noch nicht gekommen. Obwohl der Verband genau aus diesem Grund und für diesen Zweck geschaffen worden war, zeigte sich an dieser Stelle deutlich die aus dem fehlenden politischen Element resultierende Schwäche der Region.

1969 Ernüchtert musste der SVR 1969 zur Kenntnis nehmen, dass ihm die weitere Umsetzung des Stadtbahnprojekts auch aufgrund des landespolitischen Drucks von seinen Mitgliedern entzogen wurde. Bekanntlich konnte die propagierte Verkehrswende nur in geringem Umfang umgesetzt werden, sodass noch 30 Jahre später die Pressestelle des Kommunalverbands Ruhrgebiet als Nachfolger des SVR folgendes Statement veröffentlichte: »Das öffentliche Verkehrssystem im Ruhrgebiet ist katastrophal organisiert und verursacht ungerechtfertigt Milliardendefizite. Die oft gepriesene Vielfalt des Ruhrgebiets hat eine Entsprechung auch im ÖPNV. Und die sieht so aus: Innerhalb der Grenzen des Kommunalverbands Ruhrgebiet fahren 19 (in Worten: neunzehn!) verschiedene kommunale Verkehrsunternehmen Bus und Bahn.

Jedes von ihnen ist ausgestattet mit eigenem Vorstand, Aufsichtsrat, Geschäftsführung, Betriebsleitung und eigenem Betriebshof. Und in etlichen Fällen mit inkompatiblem Fahrgerät, das der Straßenbahn es nicht ermöglicht, in der Nachbarstadt zu fahren. Zwischen Dortmund und Bochum, zwischen Duisburg und Mülheim haben die Straßenbahnen sogar unterschiedliche Schienenbreiten.«

Der Verband, auch das wird hier exemplarisch deutlich, war als kommunaler Zweckverband eben nicht ein politischer Akteur mit direkter demokratischer Legitimation, sondern eine für regionale Belange zuständige Verwaltungsbehörde, abhängig vom Willen und der Kooperationsbereitschaft seiner Mitglieder. Einen Zwang zu regionaler Kooperation konnte er aufgrund fehlender Kompetenzen nicht erwirken.

Was er aber leisten konnte, war diese Kooperationsbereitschaft durch neue regionale Identifikationsangebote zu stärken, eine Aufgabe, die er sich in zunehmender Intensität und Umfang als Aufgabe zu eigen machte.

Regionale Öffentlichkeitsarbeit: Ruhrgebiet — heute schon Zukunft

»Die Klagemauer ist für das Ruhrgebiet kein angemessenes Bauwerk. Wir sollten sie endlich zum Abbruch freigeben.«
DIETRICH SPRINGORUM, 1968

Urbane Integrationskräfte in Bezug auf die Region hatten die Ruhrstädte, die sich bis dato eben gerade nicht als solche verstanden, nie entfalten können. Zu entwickeln begann sich ein Identitätsbedarf regionalen Bezugs erst in den 1960er Jahren zusammen mit der Ausbildung einer finanzstärkeren Mittelschicht, die bedingt durch den Strukturwandel und einer höheren sozialen Durchlässigkeit entstehen konnte. Diese Mittelschicht, die Jungen und Gebildeten, in der Region zu halten, erschien ob deren schlechten Rufes und dem Schwinden hergebrachter Standortvorteile als eine Herkulesaufgabe. Es ging darum, hergebrachte negative Assoziationen mit dem Begriff Ruhrgebiet – überdimensioniert, eintönig grau, provinziell, intellektuelle Kahlschlaglandschaft, Ballung wirtschaftlicher Macht und industrieller Großanlagen – langfristig durch ein neues, mit inhaltlicher Substanz gefülltes Image zu ersetzen. Um den Einmaligkeitscharakter der Vergangenheit als Basis des schlechten Images zu überwinden, mussten neue Qualitäten geschaffen und entdeckt werden, um überhaupt etwas bewerben zu können. Die jüngere Generation im Ruhrgebiet setzte wie in der gesamten Bundesrepublik nicht mehr auf die Werte der noch durch Krieg und Wiederaufbau geprägten Elterngeneration, sondern war offen für Neues und forderte Freiheit und Mitbestimmung in Bezug auf künftiges Leben.

Flamingos im Westfalenpark, 1969,
im Hintergrund das Werk Phoenix der
Dortmund-Hörder-Hüttenunion AG.

Dortmund-Marten,
Zeche Germania, 1954.

Einen solchen Bedarf zu bedienen setzte sich Dietrich Springorum, seit 1967 beim Verband für die Öffentlichkeitsarbeit zuständig, zum Ziel: »Mit Optimismus und dem Vorzeigen dessen, was sein könnte wenn, sollte den Folgen der Bergbaukrise begegnet, sollte Resignation überwunden, sollten neue Horizonte aufgezeigt werden.« Formuliert wurde dieser Satz zwar im Hinblick auf die nie realisierte Ruhr-Expo, er lässt sich aber ebenso als Leitlinie einer neuen Form von Öffentlichkeitsarbeit verstehen, die eine Neuausrichtung des Blicks auf das Ruhrgebiet von innen und außen anstoßen wollte. Die neu gegründete Abteilung war dem Verbandsdirektor unmittelbar zugeordnet und erfuhr dessen Unterstützung, auch wenn die ungewohnte Vorgehensweise teilweise zu heftigen Kontroversen mit der Verbandsversammlung (Kosten und Planung der Ruhr-Expo) oder den Presseabteilungen der Städte (fehlende Abstimmung bei eigenwilligen Kampagnen) führte. Dass der bisher geführte marketingtechnische Verdrängungswettbewerb unter den Städten weder für den einzelnen noch für die Region in der Gesamtheit Erfolge zeitigte, war das Ergebnis einer 1971 im SVR-Auftrag durchgeführten sozialwissenschaftlichen Studie von Friedrich Landwehrmann. Auch wenn die Zusammenarbeit mit dem SVR in einigen Bereichen durchaus als Bereicherung angesehen wurde (Schulführer Ruhrgebiet, Industriestandort Ruhr, Veranstaltungskalender Kultur Information Ruhr), schienen einigen Stadtvertretern die teils utopisch, teils provozierend ausgerichteten Ausstellungen, Projekte und Veröffentlichungen genauso fremd und ablehnenswert zu sein wie die zeitgleich sich artikulierenden Ansprüche der ersten Nachkriegsgeneration.

Essen, Zeche Zollverein, Schacht XII,
Blick auf Fördergerüst und
Kokskohlenbunker, 1960er Jahre.

1976

Statt in Hochglanzprospekten zu betonen, dass es hier ja auch grün sei, hielt der Verband den Zeitpunkt für gekommen, die artifizielle Basis des Ruhrgebiets, die ja schon immer auch Faszination ausgelöst habe, durch künstlerische Überhöhung zum Anziehungspunkt der Region umzugestalten, kurzum den »Charakter der Industrielandschaft [...] konsequent zu nutzen.« Was heute als Industriekultur zahlreiche Besucher ins Ruhrgebiet zieht, mutete 1969 noch reichlich abstrakt und wenig überzeugend an. Dennoch brachte der Verband die Idee in die Welt, Fortschritt und Experimentierfreude sollten die neuen Markenzeichen des einstigen Reviers werden. In diesem Sinn wurden Ausstellungen mit teils renommierten – etwa Arnold Bode, Gründer der documenta in Kassel – teils noch unbekannten Kulturschaffenden – wie Roland Günter und HA Schult – konzipiert, die jedoch eher ein intellektuelles Publikum ansprachen. Größere Erfolge erzielte der SVR mit seiner Wanderausstellung Ruhrgebiet – heute schon Zukunft, die 1971 aus einer Zusammenarbeit mit dem Goethe-Institut in Rom hervorging und auch an weiteren Standorten in Frankreich, Italien und England gezeigt wurde. 1976 konnte die Ausstellung auf Einladung der Sowjetunion in Rostow und Donezk als erste Präsentation einer bundesdeutschen Region gezeigt werden. Trotz oder wegen des großen Zuspruchs – es kamen ca. 300.000 Besucher – wurde der dritte Ausstellungstermin im litauischen Vilnius durch die sowjetischen Behörden abgesagt. Das diente nicht nur der Werbung für das Ruhrgebiet im Ausland, sondern auch für die Arbeit des Siedlungsverbands auf landespolitischer Ebene: »[D]er existenzgefährdete Aussteller erzielt mit römischem Aha-Effekt Rückkoppelungswirkungen zu Hause. Gezielte Indiskretionen in Rom bringen daheim Schlagzeilen und parlamentarische Anfragen«, so Springorums Fazit.

Fotowettbewerbe für die Jugend (1971), wiederkehrende Fassadenwettbewerbe für die Erwachsenen (ab 1974), ein Tourismusprospekt für das Ruhrgebiet (1974) und die Entwicklung der Ruhr-Tour in Zusammenarbeit mit der Deutschen Bahn (1975) – der SVR war sichtlich bemüht, unterschiedliche Zielgruppen anzusprechen, für die Region zu begeistern und seine Arbeit allen sichtbarer zu machen.

Gebietsentwicklungsplan Regionale Infrastruktur (GEP RI)

1972

Die Siedlungsstruktur verbesserungswürdig, die Wirtschaftsstruktur wachstumsschwach und einseitig, die verkehrliche Erschließung unzureichend, der Bildungsrückstand enorm, der Freizeitwert deutlich steigerbar – so die ernüchternde Einschätzung des SVR im ersten Entwurf zum Gebietsentwicklungsplan Regionale Infrastruktur 1972, der den Gebietsentwicklungsplan von 1966 ergänzen sollte und sich aus den im Entwicklungsprogramm des Landes festgelegten Zielen ableitete. Beabsichtigt war, »die notwendigen planerischen Voraussetzungen für die Weiterentwicklung und Modernisierung des Ruhrgebiets zu schaffen, so dass der Anschluss an die Entwicklung des Bundesgebiets insgesamt [...] wiedergewonnen werden kann.«

Eingeleitet durch eine Diskussion über die ökologische Orientierung deutete sich im gleichen Zeitraum auch ein Paradigmenwechsel in der Raumordnung und Landesplanung an. Statt weiterhin auf eine auf Wachstum ausgerichtete Entwicklung zu setzen, wurde die qualitative Verbesserung des Raums in den Vordergrund gestellt. Neben der regionalen Krisenanfälligkeit, der Zersiedlung und dem Verlust von Freiflächen rückten der Aspekt der Umweltbelastung und daraus resultierend auch deren Schutz in den Fokus. Nicht nur die *Grenzen des Wachstums* des Club of Rome (1972) und die Ölpreiskrise (1973 bzw. 1978/79) machten einer breiteren Öffentlichkeit die negativen Folgen eines ungehemmten und ungezügelten Raubbaus an den natürlichen Ressourcen bewusst. Es entstand eine zivilgesellschaftliche Umweltbewegung, die recht schnell auch den politischen Bereich erfasste: Bereits sechs Jahre vor Gründung der Partei der Grünen wurde auf Betreiben des Bundesinnenministers Hans-Dietrich Genschers (FDP) 1974 das Bundesumweltamt ins Leben gerufen, elf Jahre später wurde auch in Nordrhein-Westfalen das Thema Umwelt ministeriell verankert.

1974

Nicht mehr die Herstellung einer stabilen räumlichen Ordnung mittels einer flächendeckenden Modernisierung beherrschte landesplanerische Konzepte, die fachliche Diskussion maß mittlerweile der schwerpunktmäßig verteilten dynamischen Entwicklung einen höheren Stellenwert bei. Die Förderung von Entwicklungsschwerpunkten stellte auch die konzeptionelle Hauptlinie des vom SVR erarbeiteten GEP RI dar, mithilfe dessen die oben beschriebenen Problemfelder gelöst werden sollten. Der Plan bestand für die identifizierten Handlungsfelder aus je einem kurz und prägnant formulierten Textteil, der um einen Erläuterungsplan ergänzt wurde und so allgemeinverständlich die Planungen darlegte.

1967

1965

Bereits 1967 hatte Otl Aicher in seiner Artikelserie »Der klassische Städtebau ist tot« dem Ruhrgebiet einen Teil gewidmet, in dem er feststellte: »Ballung ist kein quantitatives, es ist ein qualitatives Problem, und das Ruhrgebiet leidet nicht an seiner Dichte, sondern an seiner Leere […].« Er konkretisierte dort die auch von Alexander Mitscherlich 1965 in *Die Unwirtlichkeit unserer Städte* erhobenen Vorwürfe, dass die Raum- und Stadtplanung in ihrem Ordnungswahn die Komponente Mensch außer Acht lasse, am Beispiel des SVR-Gebiets. Aus diesem Kontext heraus ist die Besonderheit des für den GEP RI verwendeten Ansatzes zu verstehen, der die Förderung von Bereichen mit hoher Siedlungsdichte, die Einebnung der Trennung der Bereiche Arbeit, Wohnen und Freizeit sowie eine soziale Durchmischung der Siedlungsbereiche zum Ziel hatte. Ebendiese Bereiche galt es auch durch das geplante Schnellbahnsystem zu erschließen, sodass für die Bewohner der nächstgelegene Haltepunkt fußläufig in einem Radius von maximal zehn Minuten lag. Außerhalb liegende Park-and-Ride-Plätze sollten zusätzlich zur Nutzung des öffentlichen Nahverkehrs animieren – Fußgänger und ÖPNV sollten Vorrang vor dem Auto bekommen.

Der Verband hatte jedoch auch einen weiteren Baustein identifiziert, der für die Standortqualität eines Siedlungsschwerpunktes ebenso wichtig erschien wie für jene der gesamten Region: das Bildungsangebot. Das betraf allgemeinbildende Schulen ebenso wie Zentren für die Aus- und Weiterbildung von Arbeitskräften sowie ein niederschwelliges Kultur- und Bildungsangebot für jedermann. Da ein hoher Anteil der Ruhrgebietsbevölkerung als eher schwach bildungsmotiviert eingeschätzt wurde, schien es erfolgversprechender, die Bildungseinrichtungen zu den Menschen zu bringen als umgekehrt. Wesentlicher Aspekt bei der Planung der Siedlungsschwerpunkte und damit verbunden der Bildungszentren war es, eine räumliche Ausgewogenheit zu schaffen und das vorhandene Bildungs- und Sozialgefälle abzubauen.

1975/76

Peter Zlonicky, einer der späteren wissenschaftlichen Direktoren der IBA Emscherpark, bezeichnete das zugrunde liegende Konzept der Siedlungsschwerpunkte als »das erste problemorientierte Modell für die Entwicklung eines polyzentrischen Ballungsraums«, das in der Bundesrepublik bis dahin entwickelt worden sei, und kritisierte dessen Ablehnung massiv. Denn trotz aller innovativen Ansätze, trotz eines erfolgreichen jahrelangen Abstimmungsprozesses mit den nach Landesplanungsgesetz zu beteiligenden Stellen (über 300) erlangte der Gebietsentwicklungsplan Regionale Infrastruktur nie rechtliche Gültigkeit. Aufgrund der Änderung des Landesplanungsgesetzes vom 12. März 1975 verlor der SVR zum 1. Januar 1976 die Kompetenz zur Landesplanung. Der bereits Ende 1974 der Staatskanzlei als Landesplanungsbehörde überreichte GEP RI wurde abgelehnt.

Vom Siedlungsverband Ruhrkohlenbezirk zum Kommunalverband Ruhrgebiet

Als Folge des sich jahrelang hinziehenden Verwaltungsreformprozesses, eines absoluten Prestigeprojekts der nordrhein-westfälischen Landesregierung zur Steigerung der Effektivität von Planungsprozessen, war für die Region Ruhrgebiet im Endeffekt der Zustand von 1919 erreicht worden: Die Landesplanung wurde zukünftig von Bezirksplanungsräten bei den staatlichen Regierungspräsidenten in Münster, Arnsberg und Düsseldorf ausgeübt, die Einflussnahme kommunaler Selbstverwaltung marginalisiert. Die vom SVR als dringend zu lösende Problemfelder eingestuften Bereiche Verkehr, Siedlung sowie Industrie und Gewerbe konnten so – obwohl Lösungsansätze formuliert und mit den kommunalen Partnern vor Ort bereits abgestimmt waren – für lange Zeit nicht in Angriff genommen werden. Der Gebietsentwicklungsplan 1966 blieb der einzige, der für das gesamte Ruhrgebiet gültig war.

1965

Die Verabschiedung der Novelle des Landesplanungsgesetzes hatte eigentlich lediglich das Ende der Existenz des SVR als Landesplanungsgemeinschaft zur Folge, die Aufgaben nach Verbandsordnung blieben erhalten. Dennoch war aufgrund wiederkehrender Äußerungen aus der Landespolitik seit Beginn des Reformprozesses 1965 klar, dass auch seine Existenz als Kommunalverband erneut auf den Prüfstand gestellt würde. Halstenberg, der in seiner Argumentation das Ruhrgebiet nicht als einheitlichen Planungsraum anerkannte, machte den Fortbestand des Verbands abhängig von der Zustimmung seiner Mitglieder. Aus diesem Grund berief Verbandsdirektor Neufang in einem einzigartigen Vorgang alle Verwaltungschefs der Mitgliedskommunen zu Arbeitskreissitzungen zusammen, in denen eine gemeinsame Linie für die entscheidende Anhörung vor dem Landtagsausschuss im Dezember 1975 entwickelt werden konnte.

Tatsächlich gelang es durch einen couragierten Auftritt Neufangs vor dem Ausschuss zunächst, den Fortbestand des SVR zu sichern. Dieser blieb jedoch bis zur endgültigen Verabschiedung des »Zweiten Gesetzes zur Funktionalreform« im September 1979 unsicher; landespolitischen Rückhalt gab es weder von der sozialliberalen Landesregierung in Person des zuständigen neuen Innenministers Burkhard Hirsch (FDP), der einen freiwilligen Zusammenschluss der Ruhrgebietskommunen vorschlug, noch von der oppositionellen CDU: »Im Klartext: Wenn Aufgabenträger sich nicht selbst vor Ort durchsetzen können, werden wir ihnen auch über den Umweg des Gesetzes keine Existenzsicherung geben können«, so der Abgeordnete Bernhard Worms.

1979

Im nach jahrelanger Hängepartie schlussendlich 1979 verabschiedeten Gesetz hatte sich der SVR in Teilen durchsetzen können: Der neue Kommunalverband Ruhrgebiet (KVR) bekam neben der Sicherung von Freiflächen und der Beteiligung an Freizeitbetrieben auch die Aufgaben der Öffentlichkeitsarbeit und der vermessungstechnischen und kartografischen Arbeiten für das Verbandsgebiet übertragen. Um die beiden Letzteren hatte hart mit Hirsch gerungen werden müssen, obwohl sich alle Mitgliedskommunen dafür ausgesprochen hatten.

1994

Die Verhandlungen mit den Kommunen und dem Innenminister über die Ausgestaltung des neuen kommunalen Verbands für die Region übernahm Ende 1978 bereits Jürgen Gramke, der als Verbandsdirektor dem in den Ruhestand gehenden Heinz Neufang folgte und den KVR bis 1994 leiten sollte.

Trotz des über einen längeren Zeitraum unsicheren Status engagierte sich der Verband auch nach dem Verlust der Landesplanungskompetenz weiterhin vor allem in den Bereichen Abfallbeseitigung und Freizeitanlagen. Hier konnte der SVR über Gesellschaftsbeteiligungen einen deutlichen Mehrwert für das Ruhrgebiet und seine Bewohner realisieren. Bis 1979 konnten die fünf Revierparks Gysenberg, Nienhausen, Vonderort, Mattlerbusch und Wischlingen, die alle in der als besonders problematisch angesehenen Emscherzone angesiedelt waren, in Kooperation mit den beteiligten Städten fertiggestellt und eröffnet werden. Das Konzept sah neben einer Anregung zu sportlichen und sozialen Aktivitäten die Möglichkeiten zu Ruhe und Naturkontakt vor. Eine Reihe weiterer kleinerer Freizeiteinrichtungen, wie die Freizeitzentren Kemnade und Xanten, konnten mit zusätzlichen Fördermitteln realisiert werden.

Kinderfest im Revierpark Nienhausen, Gelsenkirchen 1971.

1969

Die Lösung des Problems der immer rascher wachsenden Abfallmengen aus Haushalt, Gewerbe und Industrie, seit Ende der 1950er Jahre bereits ein Tätigkeitsfeld des SVR, wurde in den 1970er Jahren auch bundesweit als immer dringlicher eingestuft. Bisher als rein kommunale Aufgabe ohne weiteren gesetzlichen Rahmen mehr schlecht als recht abgewickelt – allein im Verbandsgebiet wurde 1969 nur ein Viertel der jährlich anfallenden 3,2 Millionen Tonnen geordnet entsorgt, der Rest in die Landschaft gekippt –, erkannte man mit Verabschiedung des Bundesabfallgesetzes 1972 sowie des Landesabfallgesetzes ein Jahr später die Aufgabe als im Ruhrgebiet nur regional zu bewältigend an. Die vom SVR entwickelten Konzepte zum Umgang mit Abfall und produktionsspezifischen Industrierückständen, die zum Teil auch auf dem Gelände der Zentraldeponie Emscherbruch getestet werden konnten, waren landes- und bundesweit anerkannt und in vielen Bereichen Pionierarbeit. Auch die Nachfolgeorganisation KVR behielt in diesen Bereichen die Handlungskompetenz, sodass die Konzepte weitergeführt werden konnten.

Vom Kommunalverband Ruhrgebiet zum Regionalverband Ruhr

Die Schilderung der Geschichte des Siedlungsverbands bis zu seiner Auflösung stützt sich zum einen auf bereits geleistete Vorarbeiten in diesem Bereich, in erster Linie die Überblicksdarstellungen von Andreas Benedict und Ursula von Petz; zum anderen aber vor allem auf eigene Quellenrecherchen. Hier sind insbesondere die noch vorhandenen Aktenbestände im Archiv im Haus zur Geschichte des Ruhrgebiets (AHGR) sowie ergänzend die des Archivs des Landschaftsverbands Westfalen-Lippe (LWL) und des Landesarchivs Nordrhein-Westfalen zu nennen; aber auch die verbandseigene Schriftenreihe konnte gewinnbringend ausgewertet werden. Die Forschungs- ebenso wie die Überlieferungssituation ist im Fall des Kommunalverbands Ruhrgebiet (KVR) hingegen eine bis dato noch völlig unzureichende. Hinzu kommt, dass die Quellen, die über die Geschichte des Verbands mit den wesentlichen Wendepunkten des Übergangs vom KVR zum Regionalverband Ruhr (RVR) — der Rückgewinnung der Planungskompetenz sowie der Einführung der Direktwahl zur Verbandsversammlung — Auskunft geben können, aufgrund ihrer zeitlichen Nähe noch nicht für eine historisch-wissenschaftliche Auswertung zur Verfügung stehen. Von daher ist die nachfolgende Beschreibung als Problemaufriss eines noch historiografisch zu untersuchenden und einzuordnenden Zeitabschnitts zu verstehen.

Andreas Benedict, 80 Jahre im Dienst des Ruhrgebiets — Siedlungsverband Ruhrkohlenbezirk (SVR) und Kommunalverband Ruhrgebiet (KVR) im historischen Überblick 1920—2000, Essen 2000; Ursula von Petz, Robert Schmidt 1869—1934, Stadtbaumeister in Essen und Landesplaner im Ruhrgebiet, Tübingen / Berlin 2016

Korporative Modernisierungsstrategie für die Region: KVR 1979—1994

Der Verlust der regionalen Planungshoheit und der nunmehr kompetenzreduzierte Aufgaben- und Tätigkeitskatalog zwangen den neuen KVR, sich zu positionieren und zu legitimieren. Unter der Leitung des seit Ende 1978 amtierenden Verbandsdirektors Jürgen Gramke, vormals Stadtdirektor in Altena, entwickelte der KVR sich mit dem Ausbau weicher Kompetenzfelder hin zu einer intermediären Organisation. Sein strategischer Ansatz beruhte einerseits auf dem Ausbau der Öffentlichkeitsarbeit nach innen und außen – die Kampagne »Das Ruhrgebiet. Ein starkes Stück Deutschland« (ab 1985) sorgte dabei durchaus für kontroverse Aufmerksamkeit – und andererseits auf dem Aufbau einer korporativen Allianz. Die von der Verbandsleitung initiierte Gründung des Vereins pro Ruhrgebiet (1981) und jene des damit in Verbindung stehenden Initiativkreises Ruhrgebiet (1989) konnten sich auf die Bereitschaft der mittelständischen sowie der großindustriellen

Ruhrwirtschaft stützen, sich an der Erneuerung der Region durch materielle und ideelle Investitionen zu beteiligen. Während Ersterer ein niedrigschwelliges Angebot zur Förderung der Zusammenarbeit und zur Lösung struktureller Probleme der Region anstrebte, verstand sich Letzterer eher als Förderer prestigeträchtiger Großveranstaltungen. Mithilfe des Einsatzes der Gründungsmitglieder Alfred Herrhausen (Deutsche Bank), Rudolf Bennigsen-Foerder (VEBA AG) und des Ruhrbischofs Kardinal Hengsbach konnten bald Veranstaltungen überregionaler Strahlkraft wie das *Klavier-Festival Ruhr* realisiert werden. Beide Initiativen verfolgten in Zusammenarbeit mit dem KVR das Ziel, den Strukturwandel des Ruhrgebiets positiv zu gestalten und die Region zu einem vielfältigen Wirtschaftsstandort und kulturell ansprechenden Lebensraum zu entwickeln.

Beitrag des KVR zur Region

Die aus dem Strukturwandel resultierenden Herausforderungen, denen sich bereits der SVR in den 1960er und 1970er Jahren gegenübergesehen hatte, waren schließlich weiterhin präsent und forderten Lösungen. Das Ausweichen auf informelle Lösungsansätze reichte jedoch nicht aus, um ein Führungsvakuum in der Region zu verhindern. Weniger denn je war der Verband in der Position, dies auszufüllen. In der Folge wurde das Land in verstärktem Maß Ansprechpartner für regionsbezogene Forderungen der Kommunen. Dessen Antwort in Form unterschiedlichster Förderprogramme fand ihren nachhaltigsten Ausdruck in der IBA Emscher Park, die eine Eigendynamik entwickeln sollte, die in der Folge wieder zu mehr regionaler Selbstbehauptung führte.

Bereits 1985 hatte der KVR mit der Aufstellung eines planerischen Leitbildes für die Freiraumentwicklung des Ruhrgebiets begonnen. Das Regionale Freiraumsystem Ruhrgebiet knüpfte konzeptionell an das vom SVR im Gebietsentwicklungsplan von 1966 entwickelte Regionale Grünflächensystem an und bildete die theoretische Grundlage des Emscher Landschaftsparks. Unter Federführung des KVR konnte dieser als Leitprojekt der IBA neben weiteren Modellprojekten des KVR, beispielsweise dem Ökologischen Gehölzgarten Ripshorst, erfolgreich realisiert werden. Auch ohne das Mittel der staatlichen Landesplanung gelang es dem Verband, dem sich zur Neuerfindung gezwungenen Ruhrgebiet ein Gesicht zu geben. Dazu gehörte die Freiraumsicherung mittels Grunderwerb, wobei neben dem Kauf großer Waldflächen vor allem auch der Erwerb ehemaliger Bergehalden ab 1983 Wirkung zeigte. Durch Begrünung und kreative Gestaltung entstanden dort weithin sichtbare Landmarken im Raum, die die bereits 1969 formulierte Forderung Dietrich Springorums nach der Nutzung des einzigartigen Charakters der Region als Industrielandschaft zur Steigerung ihrer Attraktivität erstmals umzusetzen begannen. Mit der 1999 eröffneten Route der Industriekultur wurde dieser Weg vom Verband konsequent weitergeführt. Aus den industriellen Hinterlassenschaften Mehrwerte zu erzeugen und durch eine ökologisch und kulturelle Umnutzung Freizeit- und Lebensqualität im Ruhrgebiet zu fördern – das sind kaum zu überschätzende Ergebnisse der Arbeit des KVR.

Auflösung oder Neubeginn: vom KVR zum RVR 1995—2009

Die Reformbemühungen in Bezug auf die Verwaltungsorganisation waren in Nordrhein-Westfalen auch nach Abschluss der Funktionalreform zu Beginn der 1980er Jahre nie vollständig zum Erliegen gekommen. Im Jahr 1987 legte eine vom Landtag eingesetzte Reformkommission ihren Bericht zur Effizienzsteigerung der Verwaltung vor. Daraus resultierte 1993 der Beschluss des Landtags, einen Ausschuss zur Verwaltungsstrukturreform mit dem Ziel einzusetzen, die nordrhein-westfälische Verwaltung im Hinblick auf Organisation und Aufgabenverteilung kritisch zu begutachten. In der Koalitionsvereinbarung von 1995 bekundete die Koalition aus SPD und Bündnis 90 / Die Grünen, dass sie das bis dato verfolgte Reformkonzept mit den Organisationsuntersuchungen als wesentlicher Grundlage fortsetzen wolle. In diesem Zusammenhang wurde auch die Struktur der mittleren Verwaltungsebene der Regierungsbezirke erneut zur Disposition gestellt und damit ebenso die künftige Ausgestaltung des KVR. Von daher befand sich der Verband wiederum in der Situation, seine Position als einzige regionale Institution für das Ruhrgebiet deutlich zu machen. Nachdem sich Verbandsdirektor Jürgen Gramke im September 1994 hatte abwählen lassen, um den Posten als Wirtschaftsminister in Sachsen-Anhalt anzunehmen, fiel diese Aufgabe dem neuen Mann an der Spitze des Verbands zu: Gerd Willamowski (SPD), zuvor Stadtdirektor in Ahlen. Ihn hatte die Verbandsversammlung am 18. September 1995 gewählt, nachdem der eigentlich dafür vorgesehene Kandidat Andreas Schlieper – bereits bestätigt durch die Verbandsversammlung – aufgrund eines formal begründeten Einspruchs noch vor Amtsantritt zurücktreten musste.

Um die Stellung des Verbands zu stärken, erarbeitete die SPD-Kommission Zukunft des KVR das Positionspapier »KVR 2000«, in dem einem reformierten KVR die Aufgabe als »Brückenkopf zwischen Tradition und Vision« zugedacht wurde. Um im Wettbewerb stetig wachsender Standortkonkurrenz auf nationaler und europäischer Ebene bestehen zu können, sollte die Infrastrukturpolitik regional gedacht und gestaltet werden. Zu diesem Zweck forderten die Autoren, unter ihnen Karl Ganser, Michael Groschek und Gerd Willamowski, neben einer Erweiterung der weichen Handlungsfelder des Verbands (Freizeit / Tourismus, Kultur, Wirtschaftsförderung, Forschung / Entwicklung) vor allem die Kompetenz zur Regionalplanung. Die Aufgaben nach Landesplanungsgesetz, die seit 1976 von den Bezirksplanungsräten bei den Regierungspräsidenten in Düsseldorf, Arnsberg und Münster wahrgenommen wurden, sollten wieder einheitlich für das gesamte Ruhrgebiet vom KVR übernommen werden. Darüber hinaus sollten weiterhin kommunale Aufgaben regionalen Zuschnitts durch den Verband erledigt werden, dies indes – im Einklang mit dem vorherrschenden Tenor der Reformer – eher als modernes Dienstleistungsunternehmen denn als angestaubte Behörde.

Agentur Ruhr statt Kommunalverband

Das angestrebte Ziel konnte allerdings nicht verwirklicht werden, vielmehr stand der Verband erneut kurz vor der Auflösung. Nachdem Wolfgang Clement (SPD) 1998 die Nachfolge des zurückgetretenen Ministerpräsidenten Johannes Rau (SPD) übernommen hatte, zogen in der Folge Tempo und Schärfe des Reformvorhabens noch einmal deutlich an. Unter der Leitung des zuständigen Innenministers Fritz Behrens (SPD) wurde die vollständige Auflösung der Bezirksregierungen und der Landschaftsverbände, deren Aufgaben entweder kommunalisiert, privatisiert oder in zu schaffenden Dienstleistungszentren wahrgenommen werden sollten, politisch kontrovers diskutiertes Thema. Im Raum stand wie bereits in den 1960er Jahren der Ansatz, einen staatlichen Regierungsbezirk Ruhr zu schaffen, wobei sich die jahrzehntelang eingeübten Argumentationsmuster wiederholten. Die Forderungen dazu, zunächst vor allem vonseiten der CDU formuliert, verebbten erst unter der von Ministerpräsident Jürgen Rüttgers (CDU) geführten Landesregierung – der ersten nicht sozialdemokratischen seit 1966 – zwischen 2005 und 2010. Zur richtungsweisenden Kommunalwahl 1999 war die CDU jedoch noch mit ebendieser Forderung in den Wahlkampf gezogen und hatte sich damit klar gegen den von Ministerpräsident Clement und Innenminister Behrens verfolgten Kurs positioniert. Durch die veränderten Mehrheiten nach der Wahl musste nachjustiert werden, die bereits beschlossene Ablösung des KVR durch eine Agentur Ruhr – ein gesetzlich verankerter kommunaler Zweckverband als Dach für eigenständig agierende Gesellschaften, die sich zeitlich begrenzt kommunalen Aufgabenfeldern regionalen Zuschnitts widmen sollten – war nicht mehr durchsetzbar. Dazu hatte auch die Verbandsversammlung beigetragen: In einer denkwürdigen Sitzung am 30. August 1999 in Hamm (Sachsen-Halle) lehnte sie trotz sozialdemokratischer Mehrheit den SPD-Antrag auf Auflösung des KVR und Einrichtung der Agentur Ruhr ab.

Ministerpräsident Clement, der den KVR weiterhin für nicht zukunftsfähig hielt, installierte stattdessen parallel die Projekt Ruhr GmbH als Landesgesellschaft, die die Wirtschafts-, Kultur- und Verkehrsförderung in der Region realisieren sollte. Während das Ruhrgebiet nach seiner Interpretation nur noch ein mentales Ereignis darstellte, entwickelte sich um die Jahrtausendwende als Abbild einer neuen Identitätsdiskussion aus der Bevölkerung heraus eine Gegenbewegung zu derart formulierten Auflösungstendenzen. Auf unterschiedlichen gesellschaftlichen Ebenen wurden kontroverse Diskussionen über den (künftigen) Charakter der Region als sogenannter Ruhrstadt ausgetragen, an denen sich neben verschiedenen Initiativen wie dem Verein pro Ruhrgebiet auch die WAZ als regionales Leitmedium beteiligten. Der amtierende Verbandsdirektor Willamowski hatte zudem eine breite Allianz aus Medien, bürgerschaftlichen Kräften und Politikern unterschiedlicher Couleur geschmiedet und verhinderte damit letztlich die Auflösung des Verbands.

Im Ergebnis stabilisierte sich der Raum Ruhrgebiet im gesellschaftlichen Bewusstsein, sodass im Endeffekt auch die teils scharfen Angriffe auf den KVR von Innenminister Behrens nicht zu einer Schwächung führten.

Schrittweise Stärkung der institutionellen Klammer der Region

Die Reformbemühungen in Bezug auf die administrative Organisation des Ruhrgebiets wurden auch nach dem Wechsel Clements in die Bundespolitik 2002 fortgeführt. Fritz Behrens, unter dem neuen Ministerpräsidenten Peer Steinbrück (SPD) weiterhin verantwortlich für die Entwicklung der Verwaltungsstrukturreform, zog lediglich eine auf Freiwilligkeit basierende interkommunale Kooperation in Betracht.

Doch weder dies noch eine umfassende Strukturreform der Verwaltung waren kurzfristig realisierbar, sodass sich die Regierungskoalition auf eine Kompromisslösung einigte. Mit dem 2004 verabschiedeten »Gesetz zur Stärkung der regionalen und interkommunalen Zusammenarbeit der Städte, Gemeinden und Kreise in Nordrhein-Westfalen« wurde der Regionalverband Ruhr (RVR) zum 1. Oktober 2004 Rechtsnachfolger des KVR. Als erster Regionaldirektor des neuen Verbands wurde Heinz-Dieter Klink (SPD) gewählt, bis zu dessen Amtsantritt am 1. März 2005 führte die CDU-Politikerin Christa Thoben den Verband durch die Übergangszeit. Statt eines Verbandsausschusses besaß der RVR zunächst einen Vorstand, der sich aus den Vorsitzenden der Vertretungen der Mitgliedskörperschaften und den Vorsitzenden der in der Verbandsversammlung gebildeten Fraktionen zusammensetzte. Im neuen Gesetz über den RVR war den Kommunen auch eine Beendigung der Mitgliedschaft, erstmals zum 1. Oktober 2009, eingeräumt worden. Auch wenn im Endeffekt bis heute kein Mitglied davon gebraucht gemacht hat, sorgte dieser Passus vor allem in den ersten Jahren für Austrittstendenzen einzelner Kommunen.

Im Hinblick auf die Aufgaben ging der Verbandsspitze die Reform nicht weit genug, denn statt der Kompetenz zur Landesplanung war lediglich die Aufstellung sogenannter Masterpläne zum Auftrag geworden. Die CDU bemängelte eine vorschnelle Entscheidung und einen Vorgriff auf eine umfassende Verwaltungsreform – die Debatte kam auch in der Folge nicht zur Ruhe.

Ein entscheidender Fortschritt in Bezug auf die seit Jahren geforderte echte Stärkung des Verbands konnte 2007 mit dem »Gesetz zur Übertragung der Regionalplanung für die Metropole Ruhr auf den Regionalverband Ruhr« verzeichnet werden. Danach wurde der Regionaldirektor als zuständige staatliche Regionalplanungsbehörde und die Verbandsversammlung als regionaler Planungsträger gesetzlich verankert. Mit Inkrafttreten des Gesetzes, das auf den Zeitpunkt der Bekanntmachung des Ergebnisses der Kommunalwahl 2009 terminiert war, besaß der Verband endlich wieder die Möglichkeit und die Mittel, den Zweck, zu dem er 1920 ursprünglich ins Leben gerufen worden war, zu erfüllen: die einheitliche räumliche Entwicklung der Region zu fördern. Mit der Wahl Karola Geiß-Netthöfels (SPD) zur Regionaldirektorin in der Nachfolge von Heinz-Dieter Klink leitet seit 2011 zum ersten Mal in der Geschichte des Verbands eine Frau dessen Geschicke.

Direktwahl des Ruhrparlaments 2020

Während bereits das Gesetz von 2007 mit der Abschaffung des Vorstands und der Reinstallation eines gewählten Verbandsausschusses einen Schritt in Richtung regionalpolitischen Ausgleichs innerhalb der Verbandsstrukturen vorsah, konnte mit dem 2015 verabschiedeten »Gesetz zur Stärkung des Regionalverbands Ruhr« ein weiterer Erfolg in dieser Hinsicht erreicht werden. Das Gesetz erweiterte nicht nur den Katalog der freiwilligen Aufgaben hinsichtlich regional bedeutsamer Kooperationsprojekte, der Förderung des Klimaschutzes und der Nutzung erneuerbarer Energien, der Verkehrsentwicklungsplanung sowie der Vernetzung der Europaarbeit; es ermöglichte zudem insbesondere die Direktwahl der Mitglieder der Verbandsversammlung durch die Bürger der Mitgliedskommunen. Mit diesem Meilenstein, der mit der Kommunalwahl 2020 stattfindenden direkten Wahl des Ruhrparlaments, besteht für die Region erstmals die Möglichkeit, die Geschicke für ihre Entwicklung in die eigenen Hände zu nehmen und ihre Zukunft zu gestalten.

GESCHICHTE UND GEGENWART

Von Robert Schmidt zur IGA Metropole Ruhr 2027

WOLFGANG GAIDA

ist Diplom-Ingenieur der Landespflege und war von 1976 bis 2020 beim Regionalverband Ruhr in der Landschaftspflege tätig. Von 2005 bis Ende März 2020 leitete er das RVR-Besucherzentrum Emscher Landschaftspark im Haus Ripshorst in Oberhausen.

HELMUT GROTHE

ist Diplom-Ingenieur der Landespflege und war von 1976 bis 2014 beim Regionalverband Ruhr in der Landschaftspflege als Teamleiter tätig.

Freiraumsicherung und -entwicklung im Regionalverband Ruhr

Inspiriert von Verdichtungsräumen wie Boston, Wien und Berlin entstanden anlässlich der Düsseldorfer Städtebauausstellung 1910 ein Diskurs und neue Denkmuster einer geordneten Siedlungsentwicklung für das Ruhrgebiet. Als Ergebnis wurde Robert Schmidt, damaliger Beigeordneter der Stadt Essen, beauftragt, eine Denkschrift für einen Nationalpark (in heutiger Sprache: Freiraumkonzept) für den rheinisch-westfälischen Industriebezirk zu erarbeiten. Schmidt ging darüber weit hinaus und legte 1912 seine *Denkschrift betreffend Grundsätze zur Aufstellung eines General-Siedelungsplanes für den Regierungsbezirk Düsseldorf (rechtsrheinisch)* vor. Diese wurde wegweisend für das Ruhrgebiet und die Entwicklung der Regionalplanung. Wesentliche Teile seines Konzepts waren die Errichtung eines regionalen Verkehrswegenetzes, Überlegungen zur Siedlungsstruktur sowie ein regionales Grünflächensystem.

Die Folgen des Ersten Weltkriegs hatten die Siedlungsproblematik im rheinisch-westfälischen Industriegebiet weiter verschärft. Anlass genug, die Ideen der Denkschrift Robert Schmidts nun umzusetzen. Mit der ersten Verbandsordnung von 1920 wurde dem Verband unter anderem die Aufgabe übertragen, regional bedeutsame Grünflächen als Verbandsgrünflächen in einem Verzeichnis und planerisch darzustellen. Dies erfolgte mit der Aufstellung eines Verbandsgrünflächenplans. Bereits 1923 wurde dieser Grünflächenplan beschlossen. Er war von nun an alle drei Jahre fortzuschreiben.

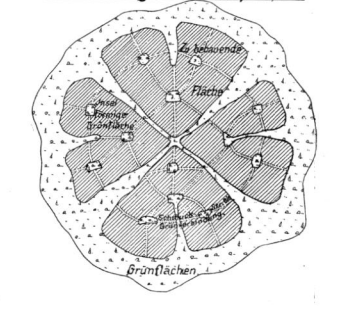

Schematische Darstellung der Durchdringung einer Stadtanlage mit Grünflächen. Robert Schmidt, 1912.

Ein weiteres »grünes« Wirkungsfeld des Verbands war das Thema Waldschutz und Waldpflege. Grundlage dafür war das »Baumschutzgesetz« von 1922. Neben dem Schutz von Wald- und Baumbeständen war die Wiederaufforstung ein wesentlicher Aspekt des Gesetzes. Bereits 1924 wurden deshalb verlorene Zuschüsse zur Förderung von Wiederaufforstungen im Haushalt des Verbands bereitgestellt. Dazu warb der Verband mit einer Denkschrift »Walderhaltung im Ruhrkohlenbezirk« intensiv in der Öffentlichkeit um Walderhaltung und Waldpflege. Noch in den ersten Nachkriegsjahren, 1948, wurde im Verband eine Abteilung »Waldschutz und Landschaftspflege« gegründet. Mit den Publikationen *Waldschutz und Landespflege* (1959) und *Grüne Arbeit im Ruhrgebiet* (1966) wurden die vielfältigen Aktivitäten dieser Arbeitsfelder vorgestellt. Dazu gehörten zum Beispiel die »Begrünungsaktion Ruhrkohlenbezirk« und die landschaftliche Einbindung von Industrieanlagen, Abgrabungen und Aufschüttungen.

Ab 1956 wurde der *Planungsatlas Siedlungsverband Ruhrkohlenbezirk – Regionalplanung* erarbeitet. Dieser beinhaltete etwa ein Entwicklungsprogramm zu den Freiflächen, »deren Erhaltung für die Städtelandschaft sozialhygienisch wichtig ist«. Dieses Konzept floss ein in den Gebietsentwicklungsplan 1966 (GEP'66). Mit diesem Regionalplan wurde der Siedlungsraum durch sieben Regionale Grünzüge – ein Freiflächenkonglomerat aus Park- und Grünanlagen, Wäldern und landwirtschaftlichen Flächen –

in Nord-Süd-Richtung gegliedert. Für die West-Ost-Achse entlang des Rhein-Herne-Kanals und der Emscher wurde im GEP '66 das regionalplanerische Ziel der »Verdichtungsräume der Schwerindustrie« formuliert. Eine Zielformulierung, die freiraumplanerisch erst mit der Konzeption zum Emscher Landschaftspark aufgelöst werden konnte.

Nach dem Verlust der Planungshoheit für die Regionalplanung 1979 wurde das Konzept der Regionalen Grünzüge im informellen Konzept »Regionales Freiraumsystem Ruhrgebiet« (RFR '85) weiterentwickelt. Das RFR '85 wurde langfristiges Leitbild der Freiraumentwicklung und war als Leitlinie für die Fortschreibung des Verzeichnisses der Verbandsgrünflächen und alle freiraumbezogenen Dienstleistungen des Kommunalverbands Ruhrgebiet (KVR) sowie für seine Liegenschaftspolitik gedacht.

Der Siedlungsverband Rurkohlenbezirk (SVR) machte auch neben der Regionalplanung gegen Ende der 1960er Jahre Freiraum- und Freizeitpolitik mit zu seinem zentralen Aufgabenfeld. So entstand 1967 ein Freizeitkonzept mit den als Revierparks bezeichneten fünf Freizeitparks. Die Revierparks wurden zum Markenzeichen eines Parkkonzepts, das in Lage, Zielgruppe, Programm und Ausstattung an die Volksparkidee der 1920er Jahre anknüpfte.

Das Landschaftsgesetz (LG) »NW 1975« verpflichtete die Kreise und kreisfreien Städte, rechtsverbindliche Landschaftspläne (LP) aufzustellen. Die Erarbeitung der Entwürfe dafür wurde weitgehend dem SVR/KVR übertragen.

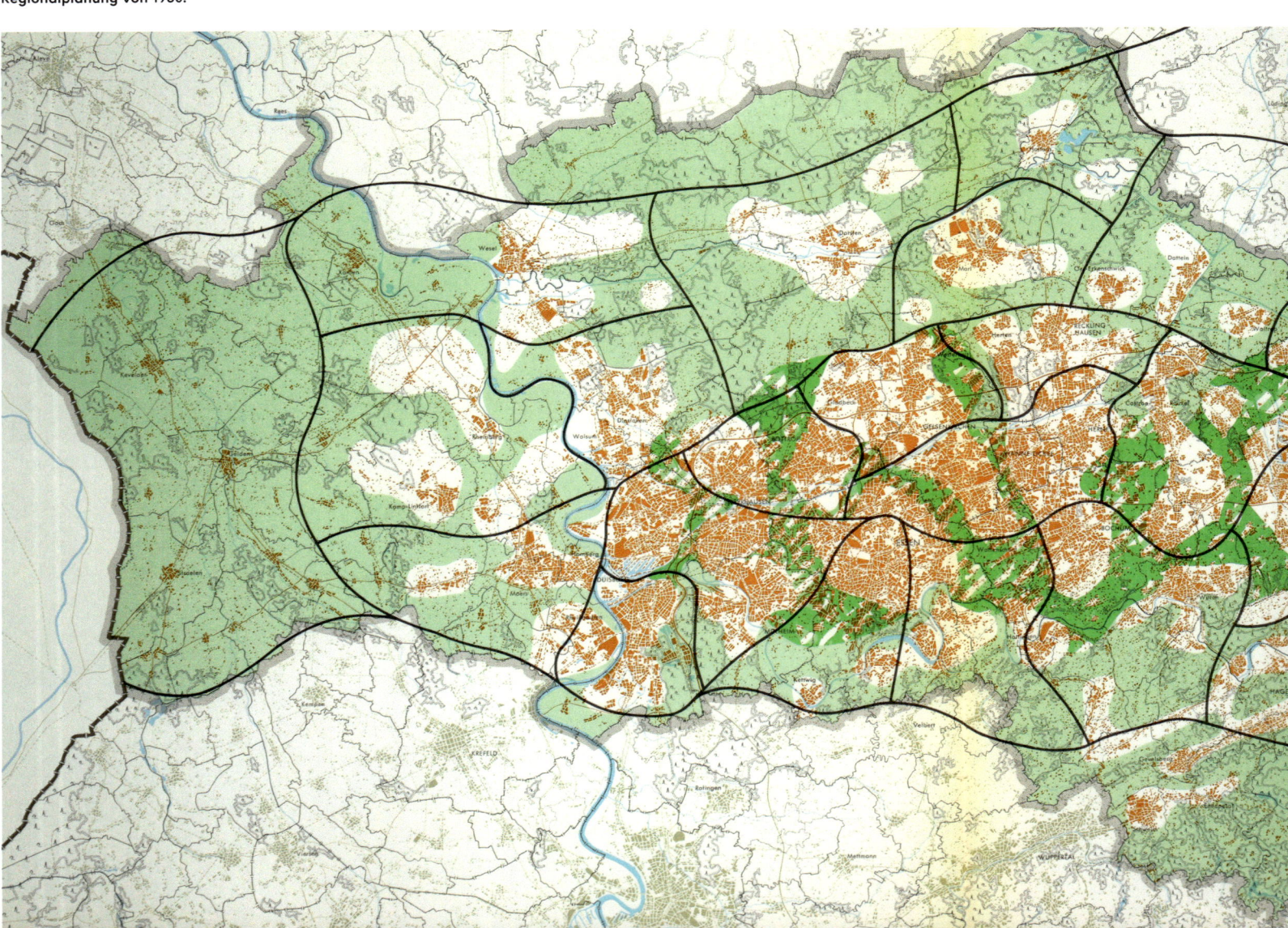

Regionales Grünflächensystem aus dem Atlas zur Regionalplanung von 1960.

Das förmliche Aufstellungsverfahren oblag den Trägern der Landschaftsplanung. Im Verbandsgebiet waren räumlich bedingt 49 LP aufzustellen. Bis zum Anfang der 1990er Jahre hatte der KVR für seine Verbandsmitglieder 42 Planentwürfe erarbeitet. Neben originären Zielen der LP für die Sicherung und Entwicklung von Natur und Landschaft lagen nun mit den LP umfassende ökologische Grundlagen für alle Planungsebenen vor. Der Geltungsbereich der LP NW gilt jedoch nur für den landschaftlichen Außenbereich. Um das freiraumplanerische Vakuum zur Bauleitplanung auszufüllen, wurde beim SVR / KVR ab 1975 die Freiflächenplanung entwickelt: formal unverbindliche Planungen mit Zielaussagen zur Grünflächenentwicklung und deren Nutzung. Der KVR beauftragte als Gesamtkoordinator dafür freie Planungsbüros. Bis Mitte der 1980er Jahre wurden 26 solcher Freiflächenpläne als Grundlage für die kommunale Planung erarbeitet.

Jenseits der Möglichkeiten der LP wurde 1986 das »Naturschutzprogramm Ruhrgebiet« (NSPR) initiiert. Das gemeinsam vom Land (MURL), der Landesanstalt für Ökologie, den Bezirksregierungen und dem KVR entwickelte Programm förderte konkrete Biotopentwicklungsmaßnahmen in der Emscherzone. Das Programm war neben den Kommunen auch offen für Bürger, Vereine und Verbände. Die Geschäftsführung oblag dem KVR. Im Zeitraum von 1986 bis 1995 wurden nach diesem Programm in der Emscherzone insgesamt rund 25,6 Millionen Euro für ökologische Maßnahmen investiert.

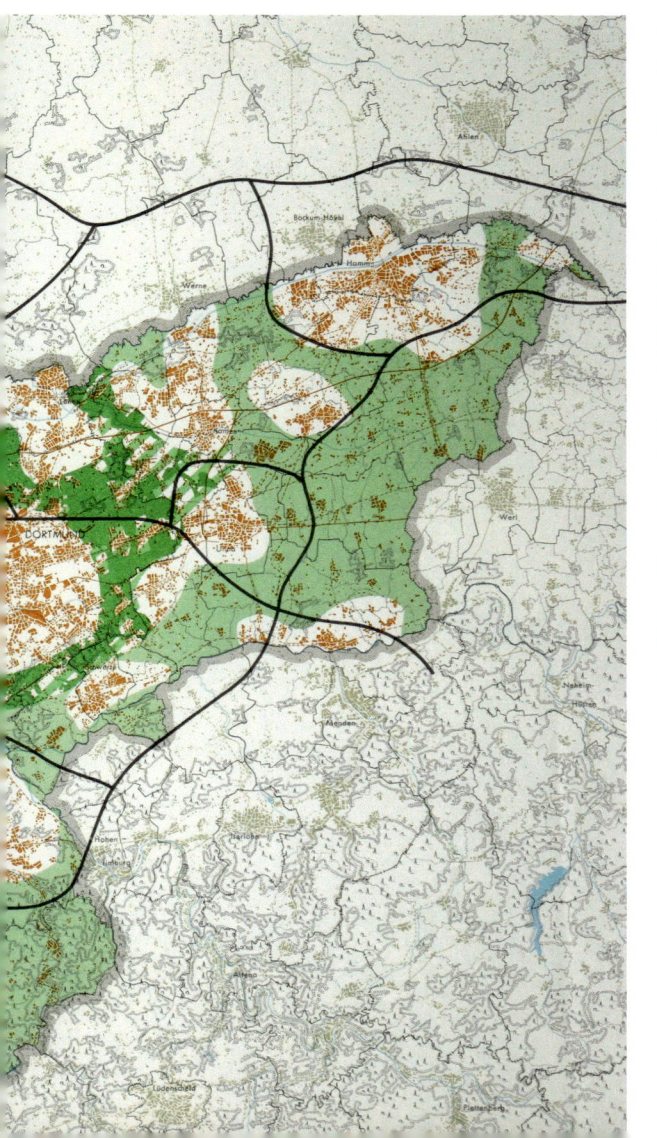

Herne, geplanter Standort des Revierparks Gysenberg, 1963.

Dem Thema Haldenbegrünung und -gestaltung war der Verband in besonderer Weise verpflichtet. Im Rahmen der »Begrünungsaktion Ruhrkohlenbezirk« und unter Beteiligung der Bergbaubetreiber wurden die oft inmitten der Siedlungsbereiche gelegenen Halden begrünt. Mit den »Richtlinien für die Entwicklung und Erweiterung von Bergehalden« (1967) wurde die Verkippung von Bergematerial auf geometrisch ausgeformte Tafelberge gelenkt. Die Begrünung und Bewaldung dieser Tafelberge wurde vom Verband entwickelt und auf internationalen Foren mit anderen Bergbauregionen in Europa diskutiert. Mit der Nordwanderung des Bergbaus und einer weiteren Technisierung des Abbaus stieg der Anfall des Bergematerials rasant an. Gleichzeitig sank die Akzeptanz in der Bevölkerung für Haldenschüttungen vor der Haustür. Mit den neuen Richtlinien zur Gestaltung von Bergehalden (1984 und 1985) führte das Landesoberbergamt die neue Haldengeneration der Landschaftsbauwerke ein. Haldenkörper sollten damit in Modellierung und Konturen wie eine natürliche Erhebung wirken. Die Halden wurden weitgehend als Erholungsräume gestaltet und erschlossen. Der Verband hatte mit Modellplanungen freier Landschaftsarchitekturbüros zu dieser Entwicklung beigetragen. Mit der Idee der Internationalen Bauausstellung Emscher Park, die Halden als Landmarken zu überhöhen und sichtbar zu machen, fand die Haldengeschichte einen ersten Höhepunkt. Der RVR führt diesen Ansatz aktuell in einem Entwicklungskonzept weiter, das die regionale Haldenlandschaft als Ganzes entwickelt und jüngste Bergehalden nach Ende des Steinkohlenbergbaus einbezieht.

Neben dem Entwickeln widmete sich die Landschaftspflege des Verbands auch dem Bewahren. In einem Zeitraum von rund zehn Jahren wurde das Potenzial von historischen Gärten und Parks im Verbandsgebiet in den Jahren 1985 bis 1995 erfasst, städtebaulich sowie gartenhistorisch eingeordnet und in internationalen Netzwerken präsentiert. Die Veröffentlichungen *Vom Kaisergarten zum Revierpark* und *Barocke Pracht, Bürgerstolz und Orte des Wandels* bereichern thematisch die Industriekultur. Die darin erfassten Gartenschätze sind eine Grundlage für die konzeptionelle Ebene »Unsere Gärten« der IGA Metropole Ruhr 2027.

Literatur:

Frank Bothmann / Eberhard Geisler / Helmut Grothe: *Freiraumentwicklung und ökologische Erneuerungsstrategien für das Ruhrgebiet* in Berichte zur Deutschen Landeskunde, Bd. 67, Heft 2. Trier 1993.

Wolfgang Gaida / Helmut Grothe: *Vom Kaisergarten zum Revierpark — Ein Streifzug durch historische Gärten und Parks im Ruhrgebiet.* Essen/Bottrop 1997.

Wolfgang Gaida / Helmut Grothe: *Barocke Pracht, Bürgerstolz und Orte des Wandels — Gärten und Parks im Ruhrgebiet.* Essen 2010.

Kommunalverband Ruhrgebiet (KVR): *Das Ruhrgebiet und der SVR / KVR — Eine Dokumentation der Verbandsgeschichte.* Essen 1998.

Ministerium für Umwelt, Raumordnung und Landwirtschaft des Landes Nordrhein-Westfalen und Kommunalverband Ruhrgebiet: *Naturschutzprogramm Ruhrgebiet.* Essen 1989.

Regionalverband Ruhr: *Denkschrift betreffend Grundsätze zur Aufstellung eines General-Siedelungsplanes.* Essen 2009 (Reprint).

Albert Schmidt: »Naturschutz und Landschaftspflege heute — aus der Sicht der alten Bundesländer«, in: *Der Neubeginn im Naturschutz nach 1945.* Landau 1998.

Siedlungsverband Ruhrkohlenbezirk (SVR): *Siedlungsverband Ruhrkohlenbezirk (SVR) 1920—1970.* Essen o. J.

Siedlungsverband Ruhrkohlenbezirk (SVR): *Grüne Arbeit im Ruhrgebiet.* Essen 1966.

Verbands-, Regionaldirektor*innen	Verbandspräsident*innen / Vorsitzende der Verbandsversammlung
1920—1932 DR. ROBERT SCHMIDT	**1920—1926** PAUL MÜHLENS
1933—1937 JUSTUS DILLGARDT (NS-STAATSKOMMISSAR)	**1926—1930** WILHELM HAPP
1937—1945 ALBERT LANGE	**1930—1949** MAX HÜESKER
1945—1951 DR.-ING. E. H. PHILIPP AUGUST RAPPAPORT	**1949—1958** AUFLÖSUNG DES PRÄSIDIUMS
1951—1957 STURM(IUS) KEGEL	**1958—1964** FRITZ STEINHOFF
1958—1959 JOSEF UMLAUF (KOMMISSARISCH)	**1964—1984** HORST KATZOR
1959—1965 JOSEF UMLAUF	**1984—1989** WERNER KUHLMANN
1965—1966 PROF. DR. FRIEDRICH HALSTENBERG	**1989—1997** FRIEDHELM VAN DEN MOND
1967—1978 HEINZ NEUFANG	**1997—1999** JÜRGEN WIELAND
1978—1994 PROF. DR. JÜRGEN GRAMKE	**1999—2004** HANSLOTHAR KRANZ
1994—1995 KLAUS-DIETER BÜRKLEIN (KOMMISSARISCH)	**2004—2007** WOLFGANG KERAK
1995—2004 DR. GERD WILLAMOWSKI	**2007—2014** HORST SCHIERECK
2004—2005 CHRISTA THOBEN	**seit 2014** JOSEF HOVENJÜRGEN
2005—2011 HEINZ-DIETER KLINK	
seit 2011 KAROLA GEIß-NETTHÖFEL	

Quelle: Referat Verbandsgremien RVR

Direkte Wahl

Der lange parlamentarische Weg zum »Gesetz zur Stärkung des Regionalverbands Ruhr«

REINER BURGER
ist Landeskorrespondent
der *Frankfurter Allgemeinen Zeitung*
für Nordrhein-Westfalen.

Als am 29. April 2015 eine sehr große Koalition aus SPD, CDU und Grünen im nordrhein-westfälischen Landtag das »Gesetz zur Stärkung des Regionalverbands Ruhr« verabschiedete, stand vor allem eine Neuerung im öffentlichen Fokus: Von 2020 an dürfen die rund vier Millionen Wahlberechtigten im Ruhrgebiet bei jeder Kommunalwahl zusätzlich über die Zusammensetzung der Verbandsversammlung des Regionalverbands Ruhr (RVR) bestimmen. Mithilfe der Direktwahl solle das zentrale Ziel erreicht werden, »den Regionalverband zu einer starken regionalen Klammer für die Metropole Ruhr auszubauen«, hieß es in der Begründung zum Gesetzesentwurf. Deshalb sei auch »eine deutliche Stärkung der demokratischen Legitimation der Verbandsversammlung« nötig. Es fügt sich in die an produktiven Brüchen und Widersprüchen reiche Geschichte des Ruhrgebiets, dass das Vorhaben RVR-Stärkungsgesetz unter anderem wegen der Direktwahl zunächst heftig umstritten war.

Die Bedenken der Sachverständigen

In der parlamentarischen Anhörung im Dezember 2014 warnte nicht nur der Landkreistag eindringlich vor einer rechtlichen wie politischen Abkoppelung »der nicht mehr entsandten, sondern direkt gewählten Mitglieder der Verbandsversammlung«. Auch die beiden nordrhein-westfälischen Landschaftsverbände Westfalen-Lippe (LWL) und Rheinland (LVR) äußerten Bedenken. »Die geplante Direktwahl der Mitglieder der RVR-Verbandsversammlung bei gleichzeitiger Beibehaltung der mittelbaren Wahl der Mitglieder der beiden Landschaftsversammlungen« bedeute eine einseitige Besserstellung und Bevorzugung des für das Ruhrgebiet zuständigen Verbands gegenüber LWL und LVR, deren Zuständigkeit sich auf das ganze Bundesland erstrecke.

Mehrere Gutachter rieten in der parlamentarischen Anhörung dringend davon ab, den RVR zu einem Zwangsverband zu machen, also seinen Mitgliedern (elf kreisfreie Städte und vier Landkreise) das Recht zu nehmen, auszuscheiden. Wie konkret diese Frage die Beteiligten beschäftigte, macht der Umstand deutlich, dass der Kreis Wesel ernsthaft erwog, sich aus dem Verband zu verabschieden. Heftig kritisiert wurde in der Anhörung zudem das Vorhaben, den RVR per Zwei-Drittel-Mehrheit seiner Verbandsversammlung auch gegen den Willen einzelner, mehrerer oder aller Mitgliedskörperschaften entscheiden zu lassen, nahezu unbegrenzt Aufgaben von ihnen zu übernehmen. Komme es zu dieser Regelung, dann erhalte die Verbandsversammlung das Recht, neue Zuständigkeiten für den RVR zu »kreieren und den umlagepflichtigen Mitgliedskommunen deren Finanzierung aufzubürden«, warnte einer der Sachverständigen. Verfassungsrechtlich bedenklich sei, dass dann nicht der Gesetzgeber, sondern der RVR selbst darüber entscheide, ob und welche Aufgaben mit regionaler Bedeutung auf ihn übertragen werden.

Die große RVR-Koalition steuert nach

Nach der Anhörung war sich die große RVR-Koalition in Düsseldorf bewusst: Um das Gesetzesvorhaben zu retten, sind Veränderungen und Klarstellungen nötig. Anfang März 2015 lud die rot-grüne Landesregierung deshalb zunächst drei Fachleute für Verfassungs- und Planungsrecht von den Universitäten Kiel, Trier und Münster zu einer nochmaligen vertieften Prüfung der Gesetzesnovelle. Ende des Monats unterrichtete sie den Landtag schriftlich über die Ergebnisse. Sodann einigten sich SPD, Grüne und CDU im Ausschuss für Kommunalpolitik auf einen Änderungsantrag. Demnach sollte aus dem RVR doch kein Zwangsverband werden. Für Paragraf 3 des RVR-Gesetzes griff man nun wieder weitgehend auf die seit 2004 gültige Regelung zurück: Eine Stadt oder ein Landkreis kann die Mitgliedschaft kündigen, wenn sich dafür im Rat oder im Kreistag innerhalb der ersten 18 Monate einer Wahlperiode eine Zwei-Drittel-Mehrheit findet. Wirksam wird ein Austritt jedoch erst zum Ende der darauffolgenden Wahlperiode. Aus der beispielhaft angelegten Auflistung freiwilliger Aufgaben, die der RVR von seinen Mitgliedern übernehmen oder wieder abgeben kann, wurde in Paragraf 4, Absatz 2 ein abschließender, sieben Themen umfassender Katalog. Im darauffolgenden Absatz wurde festgelegt, dass der RVR auf Antrag kommunale Aufgaben seiner Mitgliedskörperschaften für das gesamte Verbandsgebiet übernehmen kann, wenn sich dafür eine Zwei-Drittel-Mehrheit in der Verbandsversammlung findet und zuvor alle RVR-Mitglieder zugestimmt haben.

Sodann verständigten sich die beiden Regierungsfraktionen mit der größten Oppositionspartei auf einen Entschließungsantrag, der parallel zur Verabschiedung des RVR-Gesetzes vom Landtag angenommen wurde. In dem Antrag hieß es, eine umfassende interkommunale und regionale Zusammenarbeit – wie bereits im Ruhrgebiet oder in der Städteregion Aachen praktiziert – sei für die Zukunft der nordrhein-westfälischen Kommunen richtungsweisend. Man begrüße, dass dies auch andernorts angestrebt werde, weshalb Erfahrungen mit dem neuen RVR-Gesetz auch in anderen Regionen genutzt werden sollten. »Die mit dem neuen RVR-Gesetz festgelegten Kooperationsformen im Rahmen des Regionalverbands Ruhr sind dabei nicht ausschließend gemeint.« Um die Gemüter im Rheinland und vor allem in Westfalen zu beruhigen, stellten die drei Fraktionen zudem klar: »Die Bezirksregierungen und die Landschaftsverbände bleiben unangetastet.«

Befürchtungen und Vorbehalte

Gegner wie Befürworter unter den medialen Beobachtern waren je auf ihre Weise enttäuscht. Während die *Westfälischen Nachrichten* auf der Einschätzung beharrten, bewährte überregionale Kooperationen würden mit dem Kompromiss aufs Spiel gesetzt, das rechtliche Verhältnis zwischen Land, Regionen und Städten werde durcheinandergewirbelt, urteilte der

Blog *Ruhrbarone* düster, SPD, CDU und Grüne hätten das Ruhrgebiet »aufgegeben«. Die Direktwahl des Ruhrparlaments sei sinnlos, wenn jeder Kreis und jede Stadt mit Austritt drohen könne.

Beides ist übertrieben. Ein Austritt bleibt nicht nur wegen der Zwei-Drittel-Hürde eine theoretische Größe. Wollte eine Stadt oder ein Landkreis tatsächlich seine RVR-Mitgliedschaft kündigen, zöge das hochkomplizierte Finanz- und Vermögensauseinandersetzungen nach sich. Daran dürfte keiner Seite gelegen sein. Hinzu kommt: Im polyzentrisch und multiinstitutionell organisierten Ruhrgebiet existieren einerseits viele lang bewährte Kooperationsroutinen; man weiß, was man aneinander hat. Beispiele sind die Emschergenossenschaft oder die Themen Kultur, Tourismus und Wirtschaftsförderung. Andererseits sind die Städte und Kreise des RVR zum eigenen Wohl eng mit den umgebenden Regionen verflochten, weshalb es töricht wäre, sich künstlich abzugrenzen.

In dieser Gemengelage kommt es darauf an, diplomatisch zu agieren und die diversen Interessen und Befindlichkeiten im Blick zu behalten. Das gilt selbstverständlich gerade bei der Entscheidung darüber, welche weiteren Aufgaben der RVR künftig tatsächlich übernehmen soll. Zu dem im RVR-Gesetz aufgeführten Feldern zählen jedenfalls auch die beiden kommunalen Top-Zukunftsthemen Klimaschutz und Verkehrsentwicklungsplanung, bei denen einzelne Städte und Kreise längst an ihre Grenzen stoßen. Das Ruhrgebiet hat dagegen nun die Chance, durch verstärkte Kooperation neue Potenziale zu heben.

Freilich, einige grundlegende Probleme und Vorbehalte dürften nicht leicht zu lösen und zu überwinden sein. Der durch die Direktwahl gestärkte RVR wird unter erheblichem Legitimationsdruck stehen. Von manchen Medien wird bis heute moniert, dass die Verbandsversammlung – trotz beschränktem Aufgaben- und Kompetenzbereich – ein vergleichsweise großzügig dimensioniertes Gremium ist. 91 Mitglieder hat das Ruhrparlament, mehr als viele Landtage. Die Dimensionierung ist aber gut begründet: Der Gesetzgeber orientierte sich an den Vorgaben des nordrhein-westfälischen Kommunalwahlgesetzes zur Höchstgrenze für Räte. Die RVR-Verbandsversammlung ist also gar nicht größer als die Räte seiner großen Mitgliedskörperschaften.

Ein weiterer Kritikpunkt ist, dass das RVR-Stärkungsgesetz zur Ausdifferenzierung der Verwaltungslandschaft in Nordrhein-Westfalen beiträgt, was schon »generell fragwürdig« sei, wie einer der Gutachter bei der parlamentarischen Anhörung Ende 2014 spitz anmerkte. Tatsächlich fügt sich auch das in die Ruhrgebietsgeschichte der Widersprüche: Beim Vorhaben RVR-Stärkungsgesetz ging es – anders als bei Verwaltungsreformen üblich – ausdrücklich nicht darum, eine Verwaltungsebene zu streichen oder Verwaltungsstrukturen zu straffen. Die Verantwortung dafür liegt jedoch nicht beim RVR in Essen, sondern beim Landesgesetzgeber in Düsseldorf.

Eine lange Vorgeschichte gescheiterter Großreformen

Anläufe für umfassende Reformen gab es dort mehrfach. Ende der 1990er Jahre wollte Ministerpräsident Wolfgang Clement die Landschaftsverbände und die Bezirksregierungen auflösen und den RVR-Vorläufer Kommunalverband Ruhr (KVR) nach dem Ende der IBA durch eine Agentur ersetzen. Doch nach heftigem Widerstand ließ Rot-Grün den Plan fallen. Allerdings verloren die Landschaftsverbände dann die Zuständigkeit für den Straßenbau. Diese Aufgabe bündelte das Land 2001 im neu gegründeten Landesbetrieb Straßenbau Nordrhein-Westfalen (Straßen.NRW) mit Hauptsitz in Gelsenkirchen.

Nach dem Regierungswechsel im Jahr 2005 wollte die schwarz-gelbe Landesregierung unter Ministerpräsident Jürgen Rüttgers das Land ebenfalls neu ordnen. Es sollte ein großer Wurf werden. Die fünf Regierungsbezirke sowie die beiden Landschaftsverbände sollten zu drei Regionalpräsidien für das Rheinland, das Ruhrgebiet und für Westfalen zusammengelegt werden. Doch der Reformeifer erlahmte auch diesmal. Wieder waren aus Westfalen die heftigsten Bedenken gekommen. Von dem Landesteil bleibe mit der Bildung eines Regierungsbezirks Ruhr nur noch »Restfalen« übrig, hieß es. So beließ man es dann lieber bei der Aufteilung des Ruhrgebiets auf die Regierungsbezirke Düsseldorf, Arnsberg und Münster.

Wie 2005 im Koalitionsvertrag angekündigt, erhielt der RVR aber im Oktober 2009 die staatliche Planungshoheit von den drei Bezirksregierungen zurück. Nach einer Auszeit von 34 Jahren ist der älteste Kommunalverband Deutschlands seither wieder zuständig, wofür er mit dem Visionär Robert Schmidt an der Spitze 1920 unter dem Namen Siedlungsverband Ruhrkohlenbezirk (SVR) gegründet worden war: die Regionalplanung. Auch hier stößt man auf einen Ruhrgebietswiderspruch, der sich später als produktiv erweisen sollte: Der Urbanisierungsmotor SVR bewirkte just mit seiner größten Tat, der Errichtung von fünf Grüngürteln, dass das Ruhrgebiet eben nicht zu einer großen Stadt zusammenwuchs.

Eine Metropole nach menschlichem Maß

Heute gibt es genau deshalb die Chance, den größten Ballungsraum Deutschlands beispielhaft zu einer auch unter den Bedingungen des Klimawandels lebenswerten Metropole neuen Typs, zu einer Metropole nach menschlichem Maß weiterzuentwickeln. Es geht um einen Gegenentwurf zu den wuchernden Mega-Moloch-Citys dieser Welt. Der Regionalplan, der dann als planungsrechtlicher Rahmen für die RVR-Mitgliedskommunen dient, ist für dieses ehrgeizige Projekt das zentrale Steuerungsinstrument. Denn einmal verabschiedet, hängt von ihm für Jahre und Jahrzehnte ab, wo Wohnraum gebaut, wo Gewerbe angesiedelt wird und wie viele Arbeitsplätze entstehen, wo und wieviel (neues) Grün notwendig ist.

Nach der Rückübertragung der Planungshoheit ist die Direktwahl der Verbandsversammlung die zweite bedeutsame Stärkung für den RVR. Sie kann zur Überwindung der vielbeklagten Kirchturmpolitik beitragen – eben weil ihre Vertreter nicht mehr von den Kreistagen und Räten entsandt werden, sondern per Listenwahl zu ihrem Mandat kommen.

NRW-Landtag in der Landeshauptstadt Düsseldorf: zuständig für das RVR-Gesetz.

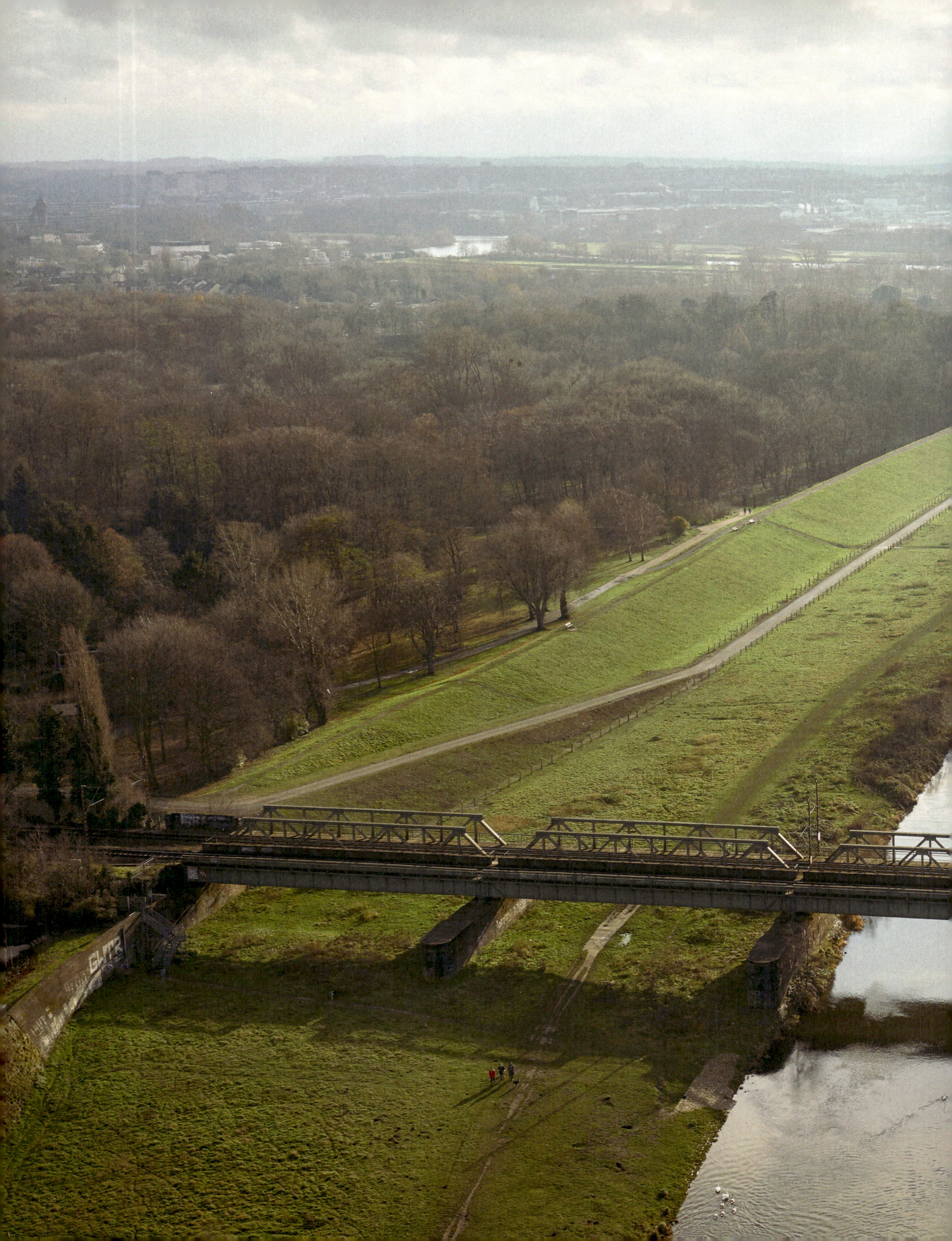

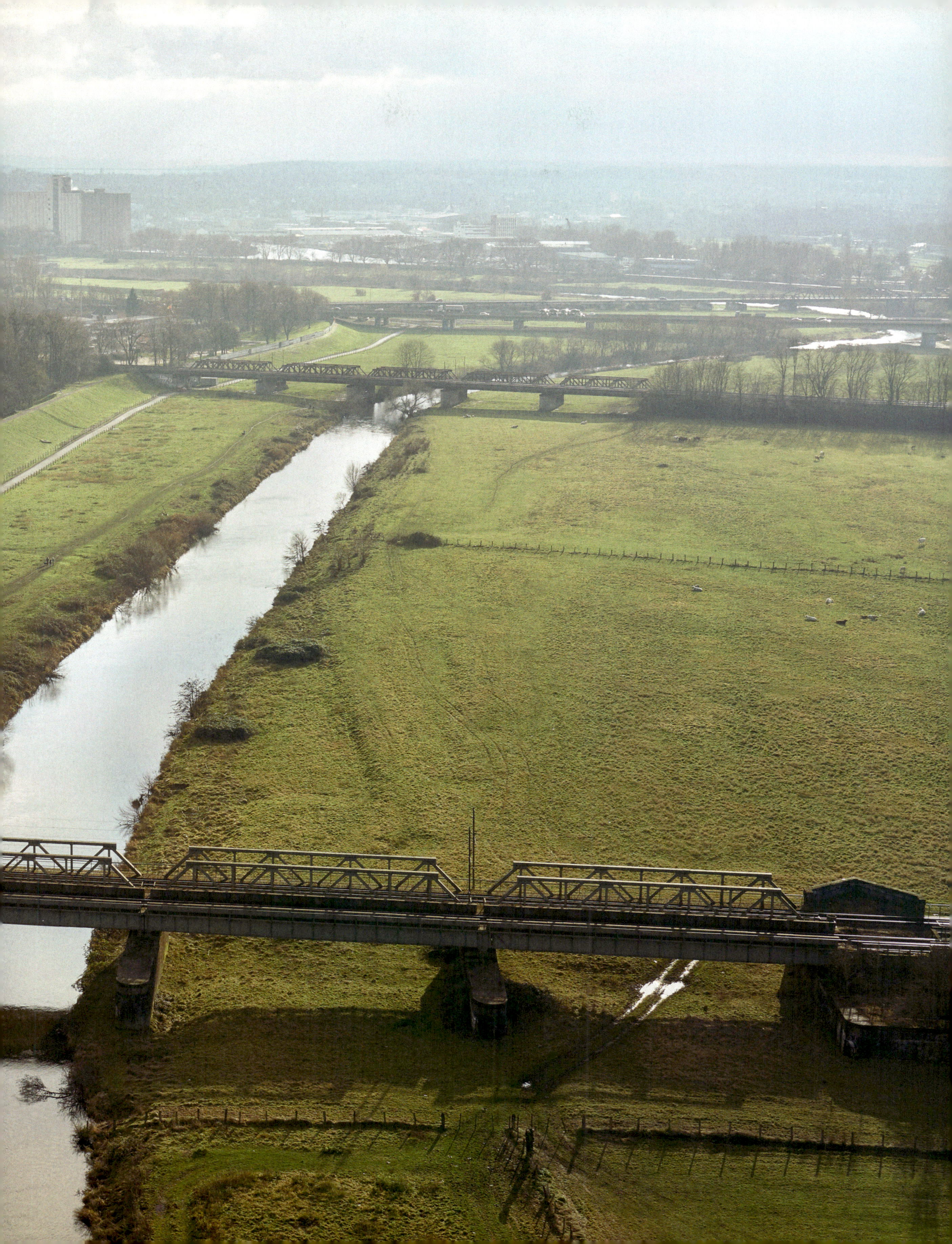

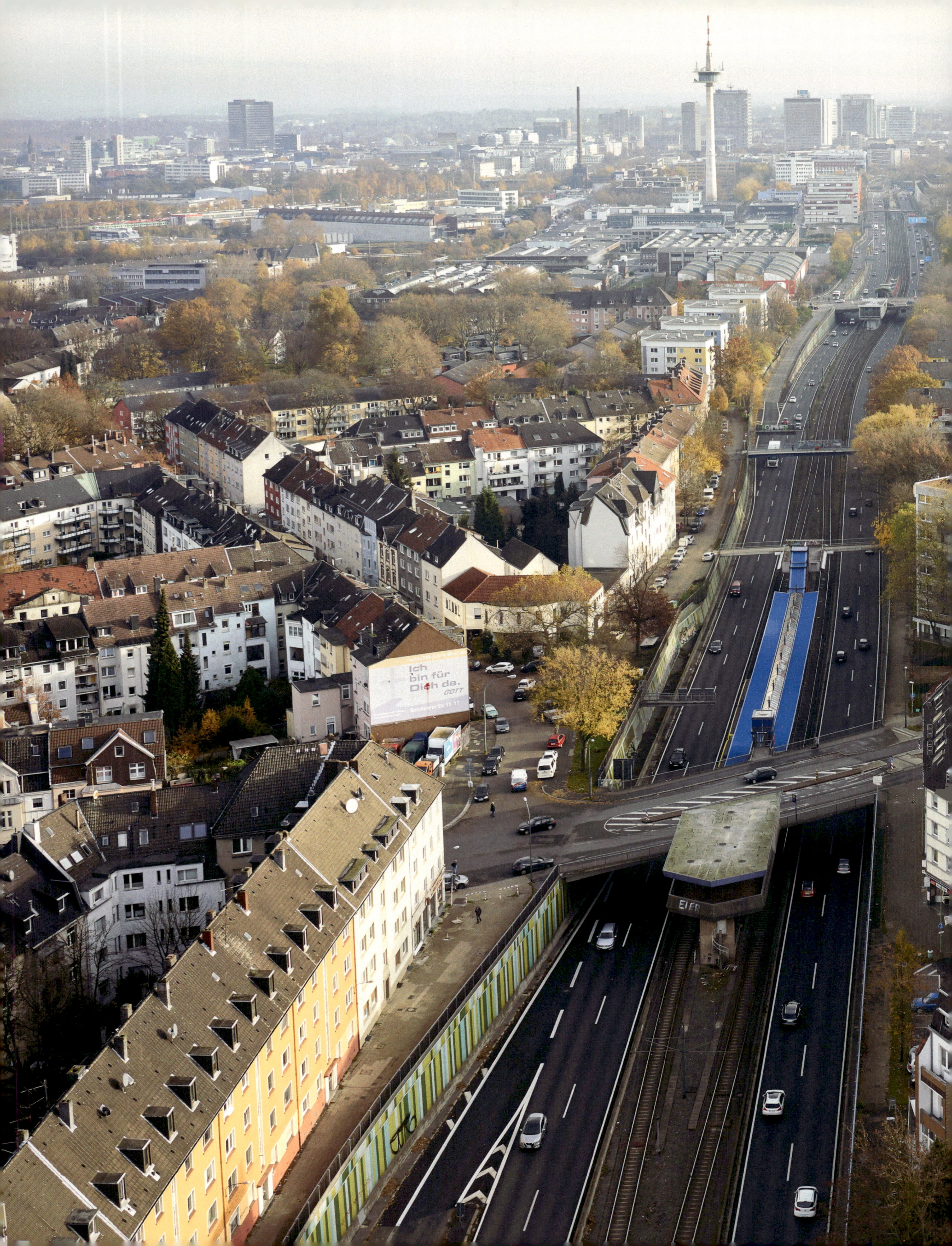
Ich
bin für
Dich da.
GOTT

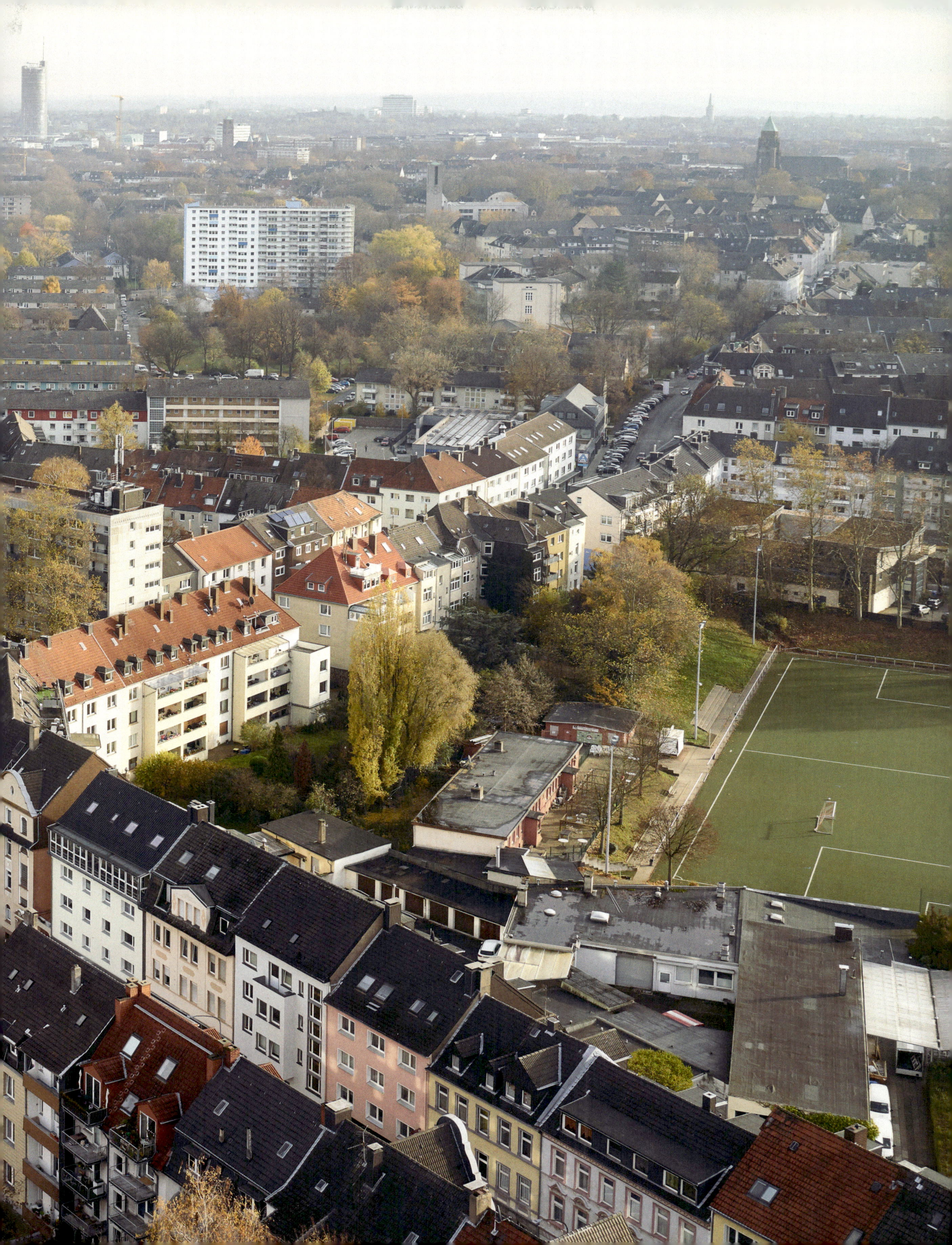

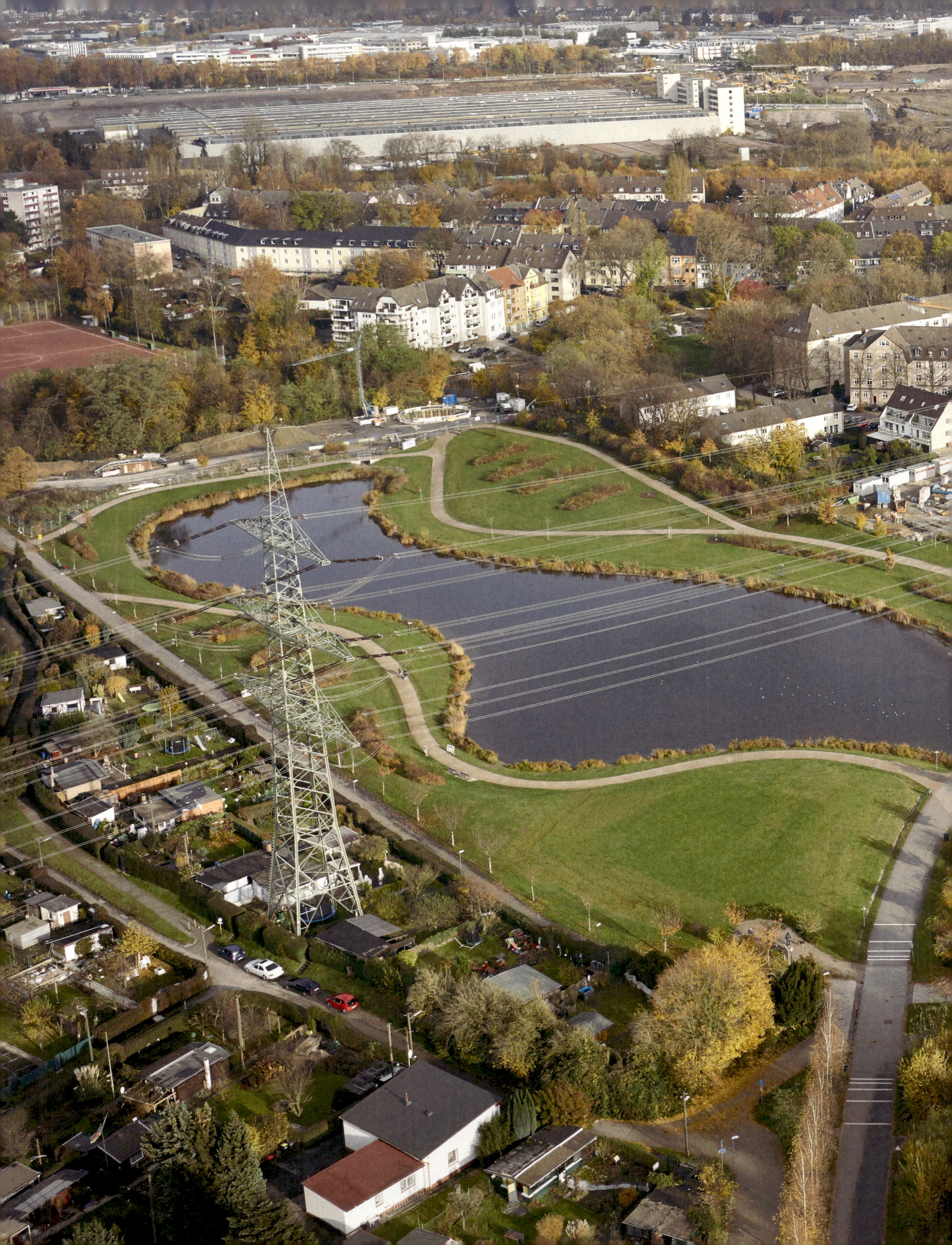

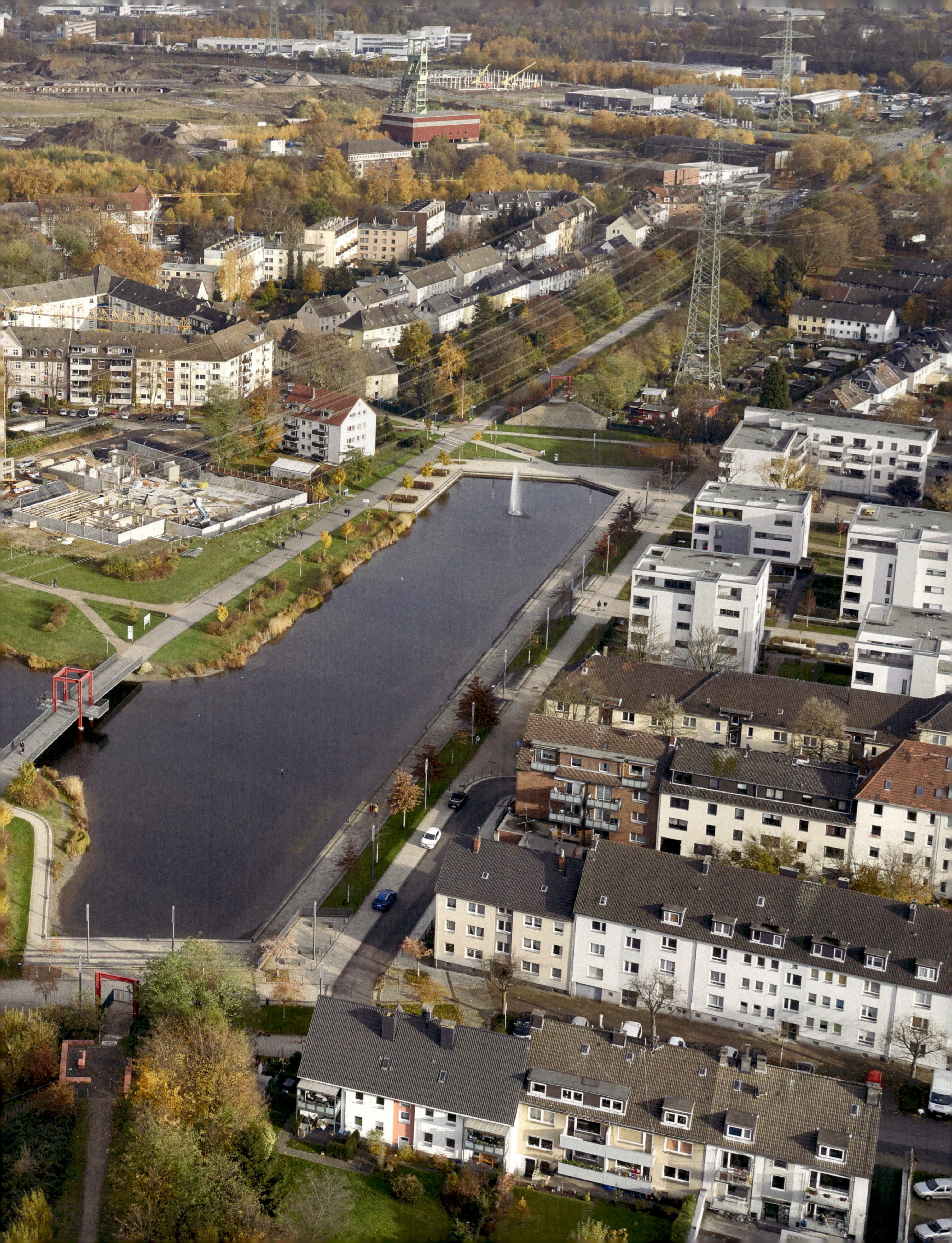

**Grüne Städte –
Landschaft der Zukunft**
NINA FRENSE
SABINE AUER
120

**Landschaftsentwicklung
und strategische Großprojekte**
NINA FRENSE
SABINE AUER
131

Herausforderung Klimaresilienz

**Anpassung an den Klima-
wandel und Klimaschutz in
der Metropole Ruhr**
WOLFGANG BECKRÖGE
154

**Neue Wege zur Zukunftsgestaltung
der Metropole Ruhr**

**Regionalplanung
und Regionalentwicklung
unter einem Dach**
MARTIN TÖNNES
MARIA T. WAGENER
162

Der neue Regionalplan Ruhr

**Blaupause für die Zukunft
der Metropole Ruhr**
MICHAEL BONGARTZ
166

Mobilität der Zukunft

Die vernetzte Metropole Ruhr
MARTIN TÖNNES
MARIA T. WAGENER
THOMAS POTT
175

Route der Industriekultur
BARRY GAMBLE
ULRICH HECKMANN
184

**Für eine starke Kultur-
und Sportmetropole Ruhr**
STEFANIE REICHART
192

**Wissensmetropole Ruhr —
regional verankert,
international vernetzt**
CLAUDIA HORCH
201

Stadt der Städte

**Kampagnenkompetenz für
die Metropole Ruhr**
THORSTEN KRÖGER
206

**Regionale Öffentlichkeitsarbeit
für die Metropole Ruhr:
Marketing und vieles mehr**
CHRISTIAN RAILLON
212

**RVR-Beteiligungsunternehmen
sind in der Metropole Ruhr
breit aufgestellt**
MARKUS SCHLÜTER
217

RVR 20|21+ LEITSTRATEGIE UND PROGRAMM-AGENDA

Grüne Städte–Landschaft der Zukunft

NINA FRENSE

ist Beigeordnete im Regionalverband Ruhr für den Bereich Umwelt und Grüne Infrastruktur und verantwortet die Handlungsfelder Klima, Umwelt, Regionalparks, Flächenmanagement und RVR Ruhr Grün sowie das Dekadenprojekt Internationale Gartenausstellung 2027 für den RVR.

SABINE AUER

ist Diplom-Ingenieurin Landschafts- und Freiraumplanung und seit 2008 im Regionalverband Ruhr, Bereich Umwelt und Grüne Infrastruktur, für konzeptionelle Entwicklung und Kommunikation verantwortlich.

Die Große Transformation der Metropole Ruhr

Wir leben im Zeitalter des Anthropozäns, in dem der Mensch global wesentliche ökologische und atmosphärische Veränderungsprozesse beeinflusst. Klimawandel und Artensterben erfordern nach wissenschaftlichen Erkenntnissen schnelles und entschlossenes Handeln. Es geht nun um das große Ganze, um das Fortbestehen einer lebensfähigen Umwelt und die Frage, was die Metropole Ruhr dazu beitragen kann, damit der Menschheit die Große Transformation zu einer klimaverträglichen Gesellschaft noch gelingt.

Die Herausforderungen sind in unserer dicht besiedelten Region mit mehreren Zentren besonders groß. Wir haben einen hohen Bedarf an Mobilität, aber einen unzureichend ausgebauten Nahverkehr ohne zentrale, einheitliche Steuerung. Viele Menschen nutzen daher das Auto, auch für kurze Strecken, noch viel zu häufig. Mit Beendigung des Steinkohlenbergbaus und der Abwanderung damit vernetzter großer Industrien haben sich soziale Lagen verändert. Das, was hier über die integrierende harte Arbeit besonders gut funktionierte, ein sich Begegnen auf Augenhöhe, droht aus dem Gleichgewicht zu geraten. Aus- und Abgrenzungstendenzen könnten stattdessen Raum gewinnen. All das ist nicht ruhrgebietsspezifisch, sondern in seiner Gesamtheit typische Folge von De-Industrialisierungsprozessen. Es taugt daher nicht als Aufreger und sollte auch nicht Nährboden für populistische Forderungen sein, aber es zwingt uns zum Handeln.

Die Stadt der Zukunft ist reich an urbanem Grün. Städte-Landschaft in Essen, mit Blick über den Krupp-Park.

Der Bereich Umwelt und Grüne Infrastruktur im Regionalverband Ruhr (RVR) stellt sich diesen Herausforderungen und sieht darin die großartige Chance einer Modellregion, die zukunftsfähig, smart, gut vernetzt, wirtschaftlich stark und klimaneutral ist. Denn hier, wo auf relativ kleiner Fläche die Bedürfnisse vieler austariert und mit den Belangen von Umwelt und Naturhaushalt in Einklang gebracht werden müssen, lassen sich Lösungen wie unter einem Brennglas entwickeln. Das Ziel bleibt eine Metropole Ruhr, in der unsere vielfältige Natur und der Mensch im Einklang miteinander leben.

Für diese Große Transformation brauchen wir einen umfassenden Innovationsschub und eine vernetzte, integrierte und zur Teilhabe einladende Handlungsweise. Wenn sich heute Kinder, Jugendliche und Forschende aus der Wissenschaft der internationalen Bewegung Fridays for Future anschließen, dann fordern sie zu Recht, dass auch die regionale Politik, die kommunalen Verwaltungen und die Privatwirtschaft ihrer Verantwortung für eine lebenswerte Umwelt gerecht werden. Der RVR als Umwelt- und Planungsverband sieht seinen Handlungsauftrag darin, gemeinsam mit seinen Mitgliedskommunen und Landkreisen, Politik und freier Wirtschaft diese »neue Stadt« zu bauen.[1]

Denn die Zukunft der Menschheit wird in der Stadt entschieden, wo weltweit bereits heute über die Hälfte der Menschen lebt. 2050 werden es zwei Drittel sein. In unserer Region bedeutet das, eine Städte-Landschaft für derzeit fünf Millionen Menschen zu gestalten, die eine klimaschonende Lebensweise ermöglicht, in der Raum ist für nachhaltige und gerade darum wirtschaftlich erfolgreiche Produktion, in der eine lebenswerte Wohnumwelt besteht und die mit einer starken biologischen Vielfalt überlebensfähig ist. In der Metropole Ruhr mit elf Städten und vier Kreisen kann dem nur ein vernetzter Ansatz zugrunde liegen, beruhend auf Kooperationsbeziehungen und digitalen Datenflüssen, mit regionalen Radwegen für klimaschonende Mobilität und einem funktionierenden Landschafts- und Biotopverbund, der vom Ruhrtal über das Emschertal bis hin zur Lippelandschaft und an den Niederrhein reicht.

Dass diese Region gut darin ist, aus Umbrüchen die notwendigen Energien für Transformationen zu ziehen, hat sie erstmals im Rahmen der Internationalen Bauausstellung (IBA) Emscher Park von 1989 bis 1999 bewiesen. Mit ihrem groß angelegten und visionären »Wiederaufbau von Landschaft« hat die IBA in der von der Schwerindustrie und Bergbau zerwühlten und verbauten Region einen Paradigmenwechsel bewirkt. Heute gibt es hier eine Städte-Landschaft, in der *Landschaft* nicht nur eine Raumbeschreibung ist, sondern hohe Nutzungsqualität, kulturelle Identität und biologische Vielfalt bedeutet. In der polyzentrischen Metropole Ruhr wird Stadtentwicklung vom Freiraum aus gedacht und umgesetzt.

Spätestens seit der IBA ist der Wandel hier also erprobte Normalität und die faszinierenden Geschichten, die von diesem einzigartigen Wandel erzählt werden, gehören zum Markenkern der Metropole Ruhr: Bergehalden, die zu künstlerischen Landmarken und attraktiven Ausflugszielen wurden; die Emscher, die vom abgezäunten Abwasserkanal jetzt wieder zu einem erlebbaren, naturnahen Fluss in der Stadt-Landschaft umgebaut wird;

Industriedenkmäler, die heute Theater, Ausstellungen oder Start-ups beherbergen. Die Europäische Kulturhauptstadt RUHR.2010 hat mit ihrem Motto »Wandel durch Kultur – Kultur durch Wandel« dieses Selbstverständnis der Metropole Ruhr weiter etabliert. Aus der geballten Kraft und Vielfalt einer ganzen Region haben IBA und Kulturhauptstadt ihre Strahlkraft erlangt. Und mit der gleichen Haltung, der ruhrgebietstypischen Mentalität des Anpackens und des Neuerfindens, arbeiten wir an unserem nächsten Dekadenprojekt, der Internationalen Gartenausstellung (IGA) Metropole Ruhr 2027.

Die heutigen Herausforderungen beschränken sich nicht mehr auf lokal »blauen Himmel« und Raum für einen barrierefreien Sonntagsspaziergang im Grünen, sondern sind viel weitreichender, im Wortsinn globaler Natur. Gemeinsam mit der IGA Metropole Ruhr 2027 gGmbH nutzt der Bereich Umwelt und Grüne Infrastruktur des RVR die IGA als eine Art Laborraum für die drängendsten Zukunftsfragen. Landschaftsarchitekt*innen und Stadtplaner*innen aus aller Welt entwickeln in Ideenwettbewerben gemeinsam mit den Kommunen Lösungsansätze für Klimaschutz und Klimaanpassung, Artenvielfalt und gesunde Nahrungsmittelproduktion, umweltgerechte Mobilität, verträglichen Tourismus, kulturelle Vielfalt und demografischen Wandel sowie eine sinnvolle Digitalisierung aller Lebensbereiche.

Drei Hauptstandorte in Dortmund, Duisburg und Gelsenkirchen als »Zukunftsgärten« sowie etliche weitere Städte im Ruhrgebiet von Voerde über Haltern bis Hamm und Ennepetal werden im Jahr 2027 ihre Interpretationen einer modernen lebenswerten Metropole präsentieren. Stadtquartiere werden grüner und durch Fahrradmobilität besser miteinander vernetzt. Industriebrachen werden für Freizeitnutzungen erschlossen oder zu durchgrünten, mit Bus, Bahn und Fahrrad erreichbaren Gewerbe- und Wohngebieten. Parks und Gärten werden zu biodiversen Erfahrungsräumen, digital genauso erlebbar wie draußen mit allen Sinnen.

Herauskommen wird ein starkes, neues Bild der Region: lebenswerte Städte mit viel Grün, attraktiven öffentlichen Räumen und großem Potenzial für die Umweltwirtschaft. Alle weiteren Projekte, Schwerpunkte und Zielsetzungen des Bereichs Umwelt des Regionalverbands setzen hier an – für die Entwicklung einer weltweit einmaligen Städte-Landschaft!

links: Mit großer Geste bildet die Erzbahnschwinge am Westpark in Bochum den Auftakt in das umweltfreundliche regionale Radwegenetz, das radrevier.ruhr.

mittig: In Herne wurde der Wandel vom Zechengelände zum lebendigen Stadtteilpark Mont-Cenis mit Landschafts- und Licht-Kunst und energieeffizienter Architektur gestaltet.

rechts: Naturnahe Niederrhein-Aue in der Metropole Ruhr. Das RVR-NaturForum Bislicher Insel bietet Naturerlebnisse und setzt Maßnahmen zum Arten- und Biotopschutz um.

Strategien für die polyzentrische Städte-Landschaft

Die Metropole Ruhr trägt bereits heute überraschend viel Grün in sich. Auf 4450 Quadratkilometern regionaler Gesamtfläche entfallen rund 74 Prozent Freiraumanteil inklusive siedlungsbezogener Freiflächen, worin sich auch die landschaftlich geprägten Teilregionen im Ruhrtal, entlang der Lippe und am Rhein niederschlagen. In der Verdichtungszone, dem industriellen Kernraum, nehmen die Regionalen Grünzüge 35 Prozent der Fläche ein. Zusammen mit Grünflächen im Siedlungsbereich der Städte ergibt sich für den Ballungskern immer noch ein hoher Freiraumanteil von 53 Prozent. Auf dem Weg in eine klimagerechte Zukunft ist das eine der größten Stärken der Region.

Der Wissenschaftliche Beirat der Bundesregierung Globale Umweltveränderungen plädiert in seinem Hauptgutachten 2016 für eine stärkere Berücksichtigung polyzentrischer Ansätze urbaner Entwicklung weltweit. Denn diese »können die Attraktivität von Städten stärken, die Nachteile überzogener Konzentration und Verdichtung […] vermeiden und zugleich die Vorteile dezentraler Siedlungsmuster mobilisieren.«[2] Vorteile dieser Strukturen sind zum Beispiel eine bessere Ressourcennutzung, die dezentrale Versorgung mit erneuerbaren Energien, die digitale Vernetzung, eine leichtere kulturelle Identitätsbildung in überschaubaren Siedlungsmustern, mehr Räume für Konnektivität und Innovation, bessere Governance-Strukturen sowie insgesamt eine erhöhte Widerstandsfähigkeit.[3]

Mit ihrer dezentralen und stark freiraumgeprägten Struktur hat die Metropole Ruhr demnach auch aus wissenschaftlicher Sicht sehr gute Voraussetzungen, die Große Transformation erfolgreich anzugehen und in der Weiterführung des Strukturwandels »aus der schwerindustriellen Not eine neoindustrielle Tugend zu machen«.[4] Bis zum Erreichen des großen Ziels sind aber weitere gemeinsame Kraftanstrengungen notwendig. Denn weder ist bisher die Energiewende für diese Region gemeistert, noch gibt es eine durchgehende umweltgerechte Mobilitätsinfrastruktur; und auch der aktuelle Bauboom für neue Gewerbe- und Wohngebiete mit Flächenverbrauch in den Grünzügen steht in harter Konkurrenz zu nachhaltigem Freiraumschutz als Sicherung von Lebensgrundlagen.

Der RVR hat sich daher als Teil seiner Gestaltungsstrategie für die Metropole Ruhr einer sogenannten »Grünen Dekade« der Städte-Landschaft verschrieben. Er stellt darin die Grüne Infrastruktur als integrierten Handlungsansatz in den Mittelpunkt.

Im Bereich Umwelt und Grüne Infrastruktur arbeiten wir dafür in den Strategiefeldern *Freiraumentwicklung und Landschaftsbau*, flankiert durch ein *strategisches Liegenschaftsmanagement* sowie *nachhaltige urbane Waldnutzung, Ökologie und Teilhabe* und mit *Klima- und Umweltschutz* als Querschnittsthemen.

Das Leitbild zum Freiraumnetz mit Emscher Landschaftspark und Regionalen Grünzügen ist Kern des Regionalen Freiraumkonzepts Metropole Ruhr.

Freiraumentwicklung und Landschaftsbau

Mit dem Freiraumkonzept Metropole Ruhr wird ein durchgängiges, abgestuftes Freiraumsystem entwickelt, das über Regionale Grünzüge und örtliche Grünverbindungen die Vernetzung von der freien Landschaft bis in die Wohngebiete herstellt. Es bildet die planerische Grundlage für die Priorisierung von Projekten zur Klimaanpassung in der Freiraumplanung und bindet unterschiedliche Freiraumnutzungen so ein, dass der Freiraum insgesamt eine hohe Vielfalt an Ökosystemleistungen bestmöglich erbringen kann. Zu diesen Leistungen gehören zum Beispiel die Verminderung von Belastungen des Stadtklimas, Beiträge zur Artenvielfalt und Umweltbildung oder die Bereitstellung von Trinkwasser und Holz als Rohstoff. Der zugehörige Plan stellt unter anderem Regionale Grünzüge und das Regionale Radwegenetz radrevier.ruhr dar und bildet die Grundlage für Freiraumschutz über die Verbandsgrünflächen nach dem RVR-Gesetz. Die Handlungsempfehlungen des Freiraumkonzepts gehen als freiraumplanerische Expertise in die Regionalplanung und das regionale Freizeit- und Tourismuskonzept ein und bilden den Rahmen für teilräumliche Planungen bis hin zum lokalen Bauprojekt.

links: SunsetPicknick Emscher Landschaftspark 2017 auf der Halde Hoheward in Herten / Recklinghausen. Touren und Events machen die Städte-Landschaft für die Menschen erfahrbar.

Der Emscher Landschaftspark (ELP) ist eine Gebietskulisse im zentralen Verdichtungsraum der Metropole Ruhr zwischen Duisburg, Dortmund und Bergkamen. Er folgt einem integrierten Entwicklungsansatz, der Landschafts- und Stadtentwicklung verbindet. Dieser multifunktionale Ansatz für die urbane Kulturlandschaft bildet die Basis für die Grüne Infrastruktur im Kernraum der Metropole Ruhr. Der integrierte Ansatz bezieht auch die Gestaltungsqualität von Gewerbegebieten (Arbeiten im Park) und Stadtquartieren (Wohnen im Park) ein; zudem die multifunktionale urbane Landwirtschaft und die vielfältige Waldnutzung. Solche Regionalparks im weiteren Sinne können auch in anderen Teilräumen entstehen und zukünftig die gesamträumliche Freiraumstrategie in interkommunalen Kooperationsprozessen zur Umsetzung bringen. So lassen sich in integrierten Handlungskonzepten Ziele für einzelne Grünzüge und Kulturlandschaftsräume schärfen und Förderanträge gezielter vorbereiten. Auf dieser Regionalpark-Ebene können Direktvermarktungsnetze für die urbane Landwirtschaft oder Umwelterlebnis- und landschaftsverträgliche Tourismusangebote organisiert werden. Die IGA Metropole Ruhr 2027 setzt diese Strategie mit den zugehörigen Raumclustern für Projekte fort, im zentralen Emscher Landschaftspark genauso wie im Ruhrtal und am Niederrhein.

Eine besondere Stärke des RVR ist es, dass er mit gesamtregionaler und kooperativer Perspektive alle Planungsebenen vom Regionalkonzept bis zur lokalen Baustelle inklusive eines systematischen Pflegemanagements unter einem Dach vereint. Auf eigenen Flächen und in Kooperation mit den Kommunen und Kreisen gestaltet er Halden und Landmarken, Parks und Landschaften für Freizeit, Erholung und Tourismus. Rad- und Wanderwege vernetzen diese Flächen und machen sie in der regionalen Städte-Landschaft erlebbar. Das dichte regionale Radwegenetz mit Anschluss an die städtischen Wegebeziehungen setzt ein klares Signal für zukunftsfähige umweltfreundliche und klimaschonende Alltags- und Freizeit-Mobilität. Diese dienstleistungsorientierte Zusammenarbeit mit den Kommunen wird in den nächsten Jahren weiter intensiviert.

Strategisches Liegenschaftsmanagement

Der RVR sichert durch Grunderwerb Freiraum vor baulicher Inanspruchnahme und entwickelt diesen systematisch als Teil des Regionalen Freiraumsystems und nach Qualitätsmaßstäben einer multifunktionalen Grünen Infrastruktur.RUHR. Die Liegenschaften des RVR in der Metropole Ruhr umfassen rund 18.000 Hektar Gesamtfläche. Auf diesen Flächen kann er nicht nur mit Modellprojekten gestalterische Maßstäbe setzen sowie Natur- und Umweltschutz fördern, sondern er betreibt zielgerichtete gemeinwohlorientierte Vorsorge, damit auch zukünftige Generationen eine lebenswerte Umwelt in der Metropole Ruhr vorfinden. Auf seinen Waldflächen und insbesondere auf ehemaligen Flächen der Montanindustrie, wie zu Radwegen umgebauten Bahntrassen und als Landmarken gestalteten Bergehalden, leistet der RVR einen wesentlichen Beitrag zur landschaftsbezogenen und für alle Bevölkerungsschichten erschwinglichen Freizeit-, Erholungs- und Tourismusnutzung.

Nachhaltige urbane Waldnutzung: Ökologie und Teilhabe — Klima- und Umweltschutz

Der RVR gehört mit 15.600 Hektar Waldbesitz zu den größten Körperschaftswaldbesitzenden Deutschlands. Der Eigenbetrieb Ruhr Grün bewirtschaftet rund 20 Prozent der Waldflächen der Metropole Ruhr mit rund 115 Forstbediensteten und Auszubildenden. Die Städte-Landschaft umfasst unterschiedliche Waldtypen: großflächige Buchen-, Eichen- und Kiefernwälder in der Haard und dem Naturpark Hohemark; den Emscherbruch im ehemaligen Überschwemmungsgebiet der Emscher; Stadtwälder wie in Witten und Industriewälder aus Pionierbaumarten wie Robinie und Birke auf einstigen Zechenarealen wie Rheinelbe in Gelsenkirchen oder auf Bergehalden wie der Schurenbachhalde in Essen. Die Waldbewirtschaftung und -pflege ist in dieser Region in besonderem Maße der Multifunktionalität und der Nachhaltigkeit für alle Ökosystemleistungen des Waldes verpflichtet.

So entsteht für die gesamte Fläche ein nachhaltiger Dreiklang aus Ressourcennutzung für den nachwachsenden Rohstoff Holz, integrativem Naturschutz mit arten- und strukturreichen Wäldern und der Erholungsfunktion. Da sich Sport- und Freizeitnutzungen immer stärker differenzieren, wird auch die Ausstattung von Waldwegen und Aufenthaltsbereichen zunehmend anspruchsvoller. Die Herausforderungen für die Zukunft sind der fortgeführte Umbau in vielfältige, strukturreiche Waldbestände zur Anpassung an den Klimawandel mit längeren Trockenphasen und extremeren Stürmen und die gebietsangepasst gesteuerte Kombination von Naturschutz und attraktiven Freizeiterlebnissen. Waldumbau labiler Bestände und Aufforstungen zu standortgerechten strukturierten Mischbeständen spielen dabei eine wichtige Rolle.[5]

Nachhaltige Waldbewirtschaftung ist bereits heute ein effektiver Beitrag zum Klimaschutz. Waldflächen in der Metropole Ruhr speichern jährlich mehr als 800.000 Tonnen CO_2. Als Zukunftstrend wird der RVR-Eigenbetrieb Ruhr Grün nicht nur auf verbandseigenen Flächen, sondern noch stärker als Dienstleister für die kommunalen Wälder seiner Verbandsmitglieder im Einsatz sein.

Der Weltbiodiversitätsrat IPBES hat in seinem Bericht vom 4. Mai 2019 deutlich gemacht, dass das Artensterben derzeit bis zu 100 Mal schneller voranschreitet als in den letzten zehn Millionen Jahren und wichtige Lebensgrundlagen des Menschen gefährdet. So sind eine Million von acht Millionen auf der Erde vorkommenden Tier- und Pflanzenarten akut in den nächsten Jahrzehnten vom Aussterben bedroht.[6] Die Förderung der Biodiversität ist daher essenziell für eine zukunftsfähige Metropole Ruhr und die Strategie Grüne Infrastruktur.RUHR des RVR.

1660 Hektar verbandseigener Wald und Freiflächen liegen in Schutzgebieten nach der Flora-Fauna-Habitat-Richtlinie, mit der sich die Europäische Union der UN-Biodiversitätskonvention von Rio 1992 verpflichtet hat. 800 Hektar liegen in Vogelschutzgebieten. RVR Ruhr Grün betreut insgesamt 93 Naturschutzgebiete auf rund 4550 Hektar Fläche, zumeist in enger Kooperation mit den sieben biologischen Stationen im Ruhrgebiet. Auf ausgewählten Flächen werden modellhafte Naturschutzmaßnahmen wie die Waldweide mit Pfauenziegen oder die Grünlandbeweidung mit Heckrindern umgesetzt. Auch Bauprojekte im urbanen Raum wie die Erneuerung der Revierparks setzen vielfältige Maßnahmen zum Arten- und Biotopschutz um.

links: Brücken sind Landschaftskunst und Symbole für das regionale Radwegenetz. Errichtung der preisgekrönten Grimberger Sichel über den Rhein-Herne-Kanal mit Schwimmkran 2008 durch den RVR.

rechts: Die nachhaltige urbane Waldnutzung in RVR-Wäldern berücksichtigt ökologische, ökonomische und soziale Kriterien, wie das PEFC-Siegel bestätigt.

In der Stadt haben Menschen weniger Kontakt mit der Natur bis hin zur völligen Entfremdung. Die Vermittlung von Grundwissen ist wichtig, um Engagement zu wecken und die natürlichen Lebensgrundlagen gemeinsam mit Schulen, lokalen Initiativen und Naturschutzverbänden zu erhalten. Der RVR betreibt daher Umweltbildung als Bildung für nachhaltige Entwicklung in seinen Informationszentren, über eigene und kooperative Naturerlebnisprogramme und -routen. Beispiele sind der Ameisen- und der Hirschpfad in der Üfter Mark sowie die Route Industrienatur mit Standorten wie der Zeche Nachtigall in Witten, dem Gleispark Frintrop in Essen/Oberhausen oder dem Naturschutzgebiet Beversee in Bergkamen. Ruhr Grün bietet über das RVR-Waldkompetenzzentrum Heidhof in Bottrop-Kirchhellen qualifizierte waldpädagogische Aktionen für Kindergärten, Schulen, Jugendgruppen und Familien an.

Die gleiche Zielgruppe erreicht das RVR-Informationszentrum Emscher Landschaftspark Haus Ripshorst in Oberhausen mit einem vielfältigen Lern- und Erlebnisprogramm für den urbanen Kernraum der Metropole Ruhr. Und das idyllisch in einer Altrhein-Schlinge und einer der letzten naturnahen Auenlandschaften am Niederrhein gelegene RVR-NaturForum Bislicher Insel hat Wechselausstellungen, Aktionstage und Naturerlebnisse sowie Maßnahmen für den Arten- und Biotopschutz und die Auenentwicklung im Angebot. Wichtige Kontaktpersonen draußen in der Landschaft sind die dem Forstbetrieb zugeordneten Ranger*innen. Sie klären Erholungssuchende über notwendige Verhaltensregeln für einen naturschonenden Waldbesuch auf, geben umfangreiche Informationen über Bäume, Tierarten und die nachhaltige Waldwirtschaft, führen Instandhaltungsarbeiten an Spielplätzen, Beschilderungen, Bänken und Wegen durch und unterstützen die Feuerwehren bei der Waldbrandüberwachung.

1 »Neue Stadt« als Stadt der kurzen Wege und der überschaubaren funktionalen Nachbarschaften, die der Zersiedlung entgegenwirkt und mit doppelter Innenentwicklung Grüne Infrastruktur in sich trägt, Verkehr aufgrund der Funktionsmischung vermeidet, zur Vereinbarkeit von Beruf und Familie beiträgt und eine nachhaltige soziale Mischung im Stadtteil umfasst. Siehe Congress for the New Urbanism (Hrsg.): Charta des New Urbanism, unter: https://www.cnu.org (letzter Aufruf: 25.02.2020). Siehe auch UN Habitat III: United Nations General Assembly (Hrsg.): 29.9.2016 A/CON F.226/4, Draft Outcome Document of the United Nations Conference on Housing and Sustainable Development (Habitat III). Quito 2016

2 Wissenschaftlicher Beirat der Bundesregierung Globale Umweltveränderungen (Hrsg.): Hauptgutachten. Der Umzug der Menschheit: Die transformative Kraft der Städte. Berlin 2016, S. 4. Erläuterung: Das Gutachten beschreibt transformative Pfade für eine nachhaltige Urbanisierung entsprechend der Agenda der UN-Weltkonferenz für Wohnungswesen und nachhaltige Stadtentwicklung Habitat III.

3 Ebd.

4 Ebd., S. 295.

5 Siehe Ministerium für Umwelt, Landwirtschaft, Natur- und Verbraucherschutz des Landes Nordrhein-Westfalen (Hrsg.): Waldbaukonzept Nordrhein-Westfalen. Empfehlungen für eine nachhaltige Waldbewirtschaftung. Düsseldorf 2018.

6 Intergovernmental Science-Policy Platform on Biodiversity and Ecosystem Services (Hrsg.): Media Release. Nature's Dangerous Decline »Unprecedented«; Species Extinction Rates »Accelerating«, unter: www.ipbes.net/news/Media-Release-Global-Assessment (letzter Aufruf: 17.05.2019). Siehe auch: Bundesministerium für Umwelt, Naturschutz und nukleare Sicherheit (Hrsg.): Presseinformation Nr. 058/19. Berlin 2019.

links: Lehrbienenstand am RVR-Informationszentrum Emscher Landschaftspark Haus Ripshorst in Oberhausen. Imker Heinz Depping erklärt anschaulich, warum Bienen für Natur und Mensch so wichtig sind.

rechts: Die Ranger*innen von RVR Ruhr Grün geben Erholungssuchenden ansprechende Informationen zu Natur und Landschaft und klären über notwendige Verhaltensregeln auf.

Der Zollverein Park vermittelt die landschaftliche Dimension des industriellen Erbes. Das Programmziel »Arbeiten im Park« des Emscher Landschaftsparks hat sich auf dem UNESCO-Welterbe-Areal erfüllt: Neben Museen und Kulturinstitutionen haben sich auch Wirtschaftsunternehmen und die Folkwang Universität der Künste mit einem Bildungscampus angesiedelt.

Landschafts-entwicklung und strategische Großprojekte

NINA FRENSE

ist Beigeordnete im Regionalverband Ruhr für den Bereich Umwelt und Grüne Infrastruktur und verantwortet die Handlungsfelder Klima, Umwelt, Regionalparks, Flächenmanagement und RVR Ruhr Grün sowie das Dekadenprojekt Internationale Gartenausstellung 2027 für den RVR.

SABINE AUER

ist Diplom-Ingenieurin Landschafts- und Freiraumplanung und seit 2008 im Regionalverband Ruhr, Bereich Umwelt und Grüne Infrastruktur, für konzeptionelle Entwicklung und Kommunikation verantwortlich.

Der Regionalverband Ruhr (RVR) ist im gesamten Verbandsgebiet und seinen Großlandschaften mit vielfältigen Projekten gestaltend aktiv. So entsteht mit dem »Hohe Mark Steig« über 150 Kilometer der längste Qualitätswanderweg im Ruhrgebiet. Im Rahmen der naturverträglichen Tourismusentwicklung Haard werden Themen-Wanderrouten, Mountainbike-Routen, eine Wald-Promenade und Informationssysteme realisiert. Beides gehört zum Gesamtprojekt »WALDband« in Nachfolge der REGIONALE 2016. Im Zuge des Projekts entwickelt der RVR gemeinsam mit dem Naturpark Hohe Mark Westmünsterland e.V. und dem Landesbetrieb Wald und Holz NRW Perspektiven für nachhaltigen Regionaltourismus für diese Waldlandschaften.

Zukunftsperspektiven für die multifunktionale urbane Landwirtschaft werden in Kooperationsprojekten mit lokalen Betrieben, der Landwirtschaftskammer und weiteren Partnerschaften erarbeitet. Beispiele dafür sind die Route der Agrarkultur im Raum Dortmund / Castrop-Rauxel und ein Netzwerk zur Förderung von Streuobstwiesen. Für eigene Flächen entwickelt der RVR Leitlinien für eine artenschutzgerechte ökologische Bewirtschaftung. Im Landschaftspark Mechtenberg wird in Kooperation mit dem dortigen Bauernhof und umliegenden Schulen der Fokus auf Landschaftsästhetik und Umweltbildung gelegt.

Mit dem Bau regionaler Radwege mit Anbindungen bis in die Stadtquartiere fördert der Bereich Umwelt und Grüne Infrastruktur im RVR gezielt die umweltfreundliche Mobilität und die Freizeit- und Tourismuswirtschaft. Aktuelles Beispiel ist der Springorum-Radweg in Bochum auf einer aufgelassenen Bahntrasse, der barrierefreie Anschlüsse an das städtische Wegenetz bietet. Der Radschnellweg Ruhr von Duisburg bis Hamm wird weitgehend kreuzungsfrei mit Beleuchtung ausgebaut. Die sogenannte »Allee des Wandels« verbindet auf einer Zechenbahntrasse die Städte Herten, Recklinghausen und Gelsenkirchen und umfasst auch eine Info-App zur Bergbaugeschichte.

In den nachfolgend dargestellten Großprojekten wird die Transformationsleistung für die Metropole Ruhr insgesamt besonders deutlich.

LANDSCHAFTSENTWICKLUNG UND STRATEGISCHE GROSSPROJEKTE

oben: Der Überblick zum Gesamtprojekt WALDband zeigt rund 20 Teilbereiche. Ergänzend zum Qualitätswanderweg Hohe Mark Steig wurde 2019 eine 55 Kilometer lange Mountainbike-Route ausgewiesen.

unten links: Von frischen Produkten aus regionaler Landwirtschaft profitieren sowohl die landwirtschaftlichen Betriebe als auch Verbraucher*innen in der Metropole Ruhr.

unten rechts: Eine Studie des Wuppertal Instituts ergab, dass der Verkehr das höchste Potenzial zur CO_2-Reduktion hat und ein Modal Shift von derzeit über 50 Prozent Autoanteil hin zu je 25 Prozent Auto, Fußweg, Radfahren und Öffentlichem Personenverkehr im Ruhrgebiet möglich ist. Der RVR schafft mit dem radrevier.ruhr dafür gute Voraussetzungen.

Zukunft und Heimat: Revierparks 2020

Die 100-jährige Geschichte des RVR lässt sich auch bei Betrachtung der Revierparks nachvollziehen. Die Volksgärten der 1920er Jahre hatten einen gemeinwohlorientieren Anspruch an Gesundheitsvorsorge und freie Zugänglichkeit für alle Bevölkerungsschichten.[7] Mit derselben Haltung plante und baute der RVR in den 1960er und 1970er Jahren systematisch Freizeitstätten, landschaftliche Erholungsschwerpunkte an größeren Wasserflächen sowie im Ballungskern der Region fünf Revierparks. Diese wurden mit standardisierter baulicher Infrastruktur wie einem Freizeithaus, Bädern sowie Spiel- und Sportanlagen ausgestattet. Von Anfang an waren diese fünf Parks freizeitorientierte Kristallisationspunkte im System der Regionalen Grünzüge.

Eine Analyse zur Familienfreundlichkeit von Freiraumangeboten im Emscher Landschaftspark von 2014 bescheinigte den Revierparks eine hohe Erlebnisqualität genauso wie erhebliche Modernisierungsbedarfe. Im Rahmen des Projekts »Zukunft und Heimat: Revierparks 2020« überarbeitet der RVR alle fünf Revierparks in Duisburg, Oberhausen, Gelsenkirchen, Herne und Dortmund grundlegend im Hinblick auf veränderte Freizeitbedürfnisse und Sozialstrukturen. Der integrierte Planungsansatz und ein innovativer Umgang mit den drei Hauptaspekten Natur, Freizeit und Teilhabe führen dabei zu einer multifunktionalen Gestaltung entsprechend der Strategie der Grünen Infrastruktur.RUHR. Alle Revierparks erhalten eine ökologische Aufwertung, barrierefreie Wege und Leitsysteme, Begegnungs- und Aufenthaltsbereiche, Beleuchtung sowie eine Aufwertung der Eingangsbereiche. Naturerlebnis- und Umweltbildungsangebote wecken Interesse und Engagement für Biodiversität in den Parkanlagen. Jeder Revierpark erhält außerdem ein individuelles Parkprofil, aus dem weitere Gestaltungselemente folgen.

Der Bereich Umwelt und Grüne Infrastruktur im RVR treibt die Umsetzung in einem kooperativen Prozess gemeinsam mit der Freizeitgesellschaft Metropole Ruhr mbH, weiteren Träger*innengesellschaften, den Städten, lokalen Vereinen, Naturschutzverbänden und interessierten Menschen vor Ort voran. Das Projekt ist Teil der Grünen Dekade der Städte-Landschaft Metropole Ruhr und wird in mehreren Phasen bis zur IGA Metropole Ruhr 2027 realisiert. Die erste Umsetzungsphase erfolgt mit Fördermitteln aus dem Programm Grüne Infrastruktur NRW bis 2022.

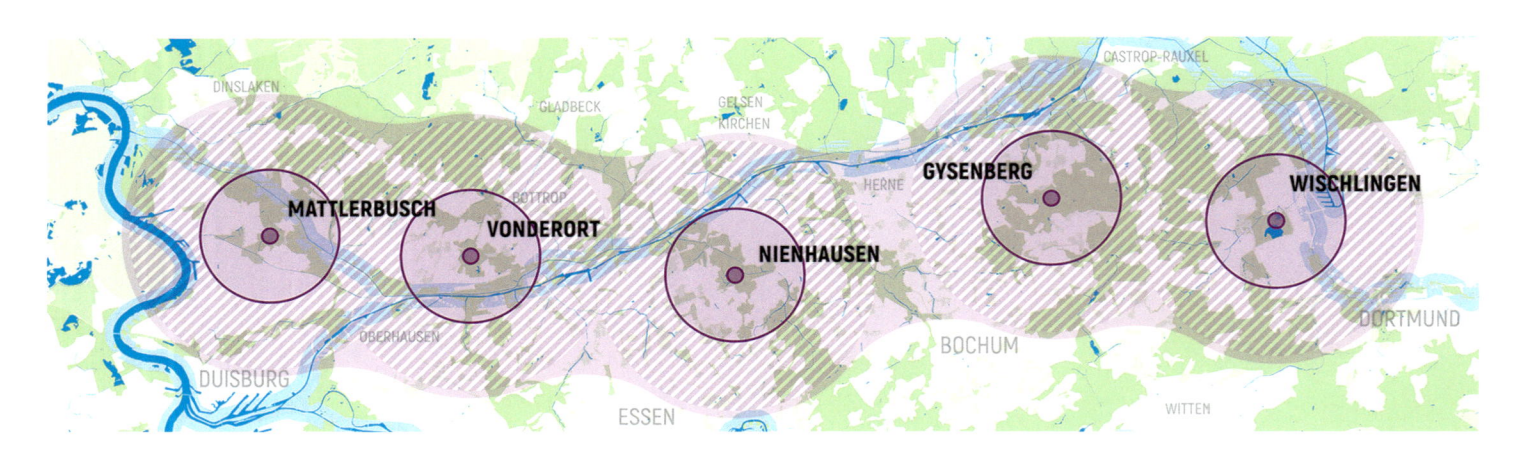

Ein Tag Ferien	Park in Bewegung	Wasserpark	Natur und Tivoli	Park erleben — Natur erlernen
		Route des Regenwassers		
Spiel- und Bewegungsbereich	Fun- und Trendsportanlagen	Wassererlebnis und Konzeption Spielachse	Lernort im grünen Park	Grünes Klassenzimmer
Interkulturelle Gärten	Bewegungs- und Naturlehrpfad	Ost-West-Wegebeziehung	Sportanlage	Aussichtsplattform Hallerey
Naturerlebnisse			Tivoliband	Wasserspielplatz

Die fünf Revierparks und ihre Parkprofile zur Neugestaltung 2020.

LANDSCHAFTSENTWICKLUNG UND STRATEGISCHE GROSSPROJEKTE

oben links: Die Revierparks halten viele familienfreundliche Angebote bereit.

oben rechts: Sport und Spaß im Baumkletterpfad des Revierparks Wischlingen.

unten: Im Rahmen der Neugestaltung werden Angebote für zeitgemäße Trendsportarten geschaffen.

oben: Gäste und Einheimische schätzen den weiten Panoramablick vom Haldentop, hier Halde Großes Holz in Bergkamen.

mittig: Die Halde Beckstraße mit dem Tetraeder in Bottrop wurde zum identitätsstiftenden Symbol für Kultur, Landschaft und Tourismus in der Metropole Ruhr.

unten: Das Haldenerlebnis gibt Veranstaltungen einen spektakulären Rahmen. Hier ein Konzert der Boredoms zur Ruhrtriennale 2012 auf der Halde Haniel in Bottrop.

rechts: Haldenvielfalt in Topografie, Material und Bewuchs ermöglicht unterschiedliche Funktionen und Nutzungsschwerpunkte für die zukünftige Gestaltung.

Haldenlandschaft Metropole Ruhr

Bergehalden erzählen die Geschichte vom Wandel des Steinkohlenreviers zur grünen Städte- und Kulturlandschaft in essenzieller Weise. Sie haben die Wahrnehmung des Ruhrgebiets ikonografisch verändert, hin zu einer kulturell enorm vielfältigen, lebenswerten und erlebnisreichen Region. Gäste erleben auf einem Haldengipfel immer noch das Überraschungsmoment eines weithin grünen Rundumblicks. Im kleinteiligen Raummosaik der polyzentrischen Metropole, besonders im natürlicherweise reliefarmen Emschertal, sind die Halden starke, orientierunggebende Zeichen. Als »Panoramen der Industriekultur« und Landmarken im Emscher Landschaftspark sind sie hoch attraktiv für Freizeitnutzung und Tourismus.

Der RVR hat bereits in den 1950er Jahren maßgeblich Pionierarbeit im Bereich Haldenbegrünung geleistet und seine Expertise ist bis heute international in anderen Bergbaufolgelandschaften gefragt. Die Öffnung für die Bevölkerung zur Erholung und die gestalterische Überhöhung mittels künstlerischer Landmarken begann im Rahmen der IBA Emscher Park in den 1980er Jahren. 2019 ist der RVR Eigentümer von 38 Halden mit 1300 Hektar Fläche. Verhandlungen zur Übernahme von rund 20 weiteren Halden nach Abschluss des Steinkohlebergbaus laufen derzeit. Für diese Halden wurden in einem Konzept Potenziale und Gestaltungsoptionen für Freizeit, Erholung, Tourismus, Imagebildung / Landmarken, Biodiversität und Ökologie, Wald, energetische Nutzung (Wind, Sonne), gewerbliche und weitere Nutzungen untersucht.

Auf dieser Grundlage sollen auch die vorhandenen Halden, je nach Funktionszuweisung, mit Freizeitinfrastruktur und einheitlichen Leitsystemen ertüchtigt werden. Da sich die Freizeitnutzungen immer weiter ausdifferenzieren, vom Wandern und Radfahren hin zu diversen Trendsportarten wie Mountainbiken oder Kiten, werden auch die Halden insgesamt vielfältiger und multifunktionaler gestaltet werden. Denn die Haldenlandschaft ist herausragender Teil des Netzwerks Grüne Infrastruktur.RUHR.

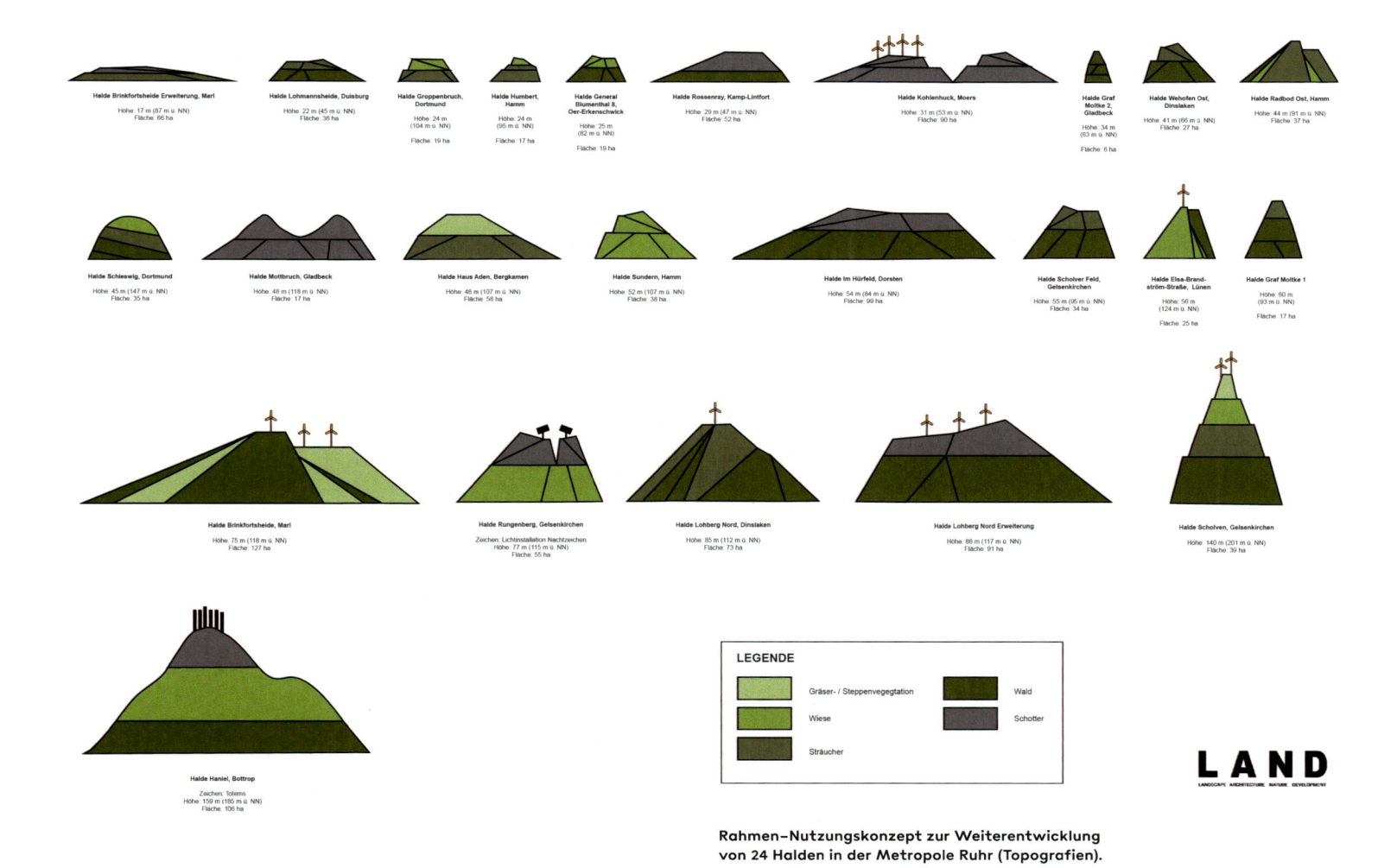

Rahmen-Nutzungskonzept zur Weiterentwicklung von 24 Halden in der Metropole Ruhr (Topografien).

Haldenlandschaft Metropole Ruhr

oben links: Halde Rheinpreußen mit Geleucht von Otto Piene in Moers.

oben rechts: Halde Haniel mit Totems von Augustín Ibarrola in Bottrop.

mittig links: Heinrich-Hildebrand-Höhe mit Tiger & Turtle — Magic Mountain von Heike Mutter und Ulrich Genth in Duisburg.

mittig rechts: Tetraeder-Halde, Bottrop.

unten: Halde Lohberg Nord in Dinslaken.

LANDSCHAFTSENTWICKLUNG UND STRATEGISCHE GROSSPROJEKTE

oben links: Schurenbachhalde mit Bramme
für das Ruhrgebiet von Richard Serra in Essen.

oben rechts: Haldenfamilie mit Kissinger Höhe
und Halde Humbert am Bergwerk Ost,
Heinrich Robert, in Hamm.

mittig links: Halde Hoheward mit Horizont-
astronomie in Herten / Recklinghausen.

mittig rechts: Halde Großes Holz mit Lichtkunstwerk
Impuls von Dirk und Maik Löbbert in Bergkamen.

unten: Halde Rheinelbe mit Himmelstreppe von
Herman Prigann in Gelsenkirchen.

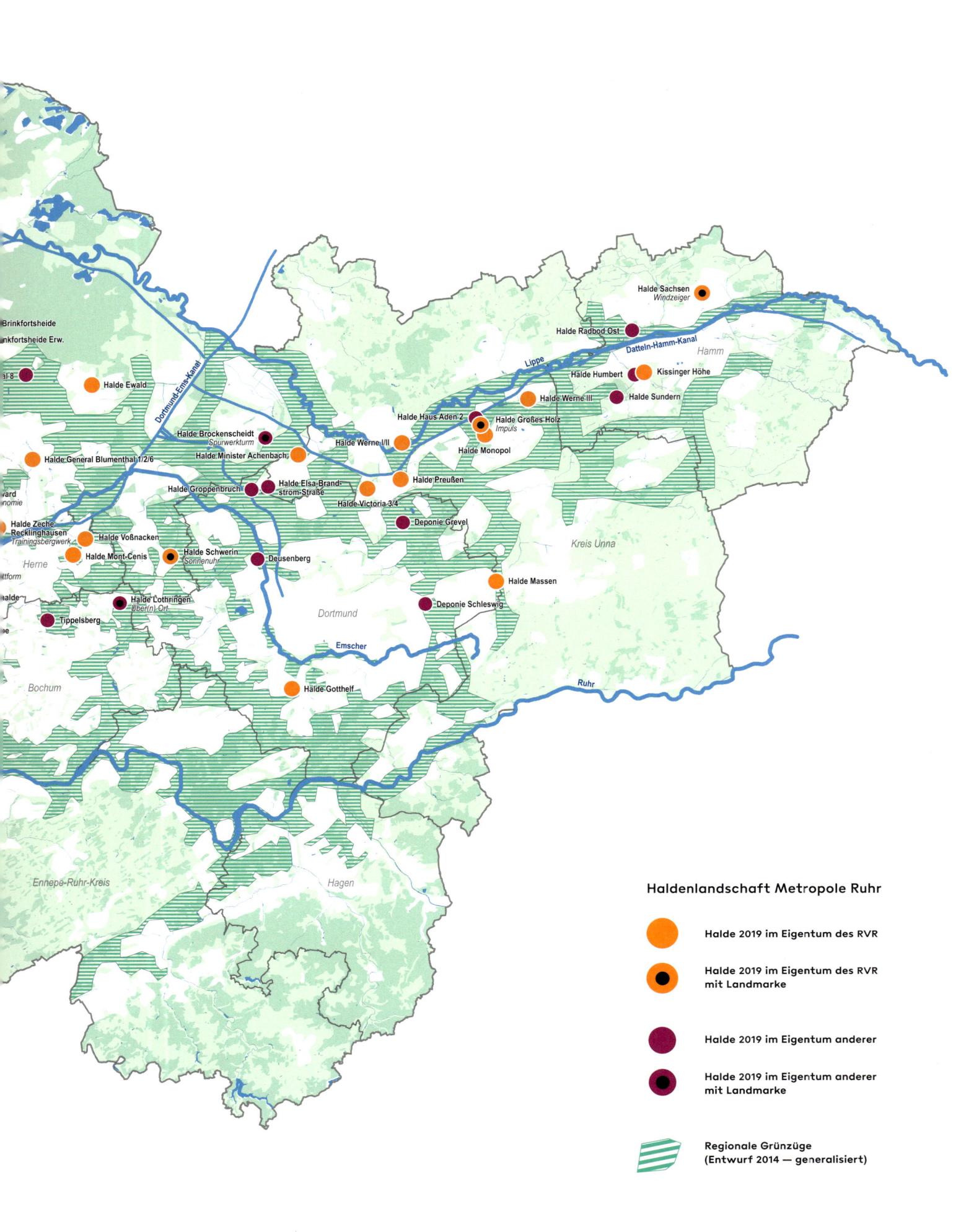

LANDSCHAFTSENTWICKLUNG UND STRATEGISCHE GROSSPROJEKTE

Haldenlandschaft Metropole Ruhr

- Halde 2019 im Eigentum des RVR
- Halde 2019 im Eigentum des RVR mit Landmarke
- Halde 2019 im Eigentum anderer
- Halde 2019 im Eigentum anderer mit Landmarke
- Regionale Grünzüge (Entwurf 2014 — generalisiert)

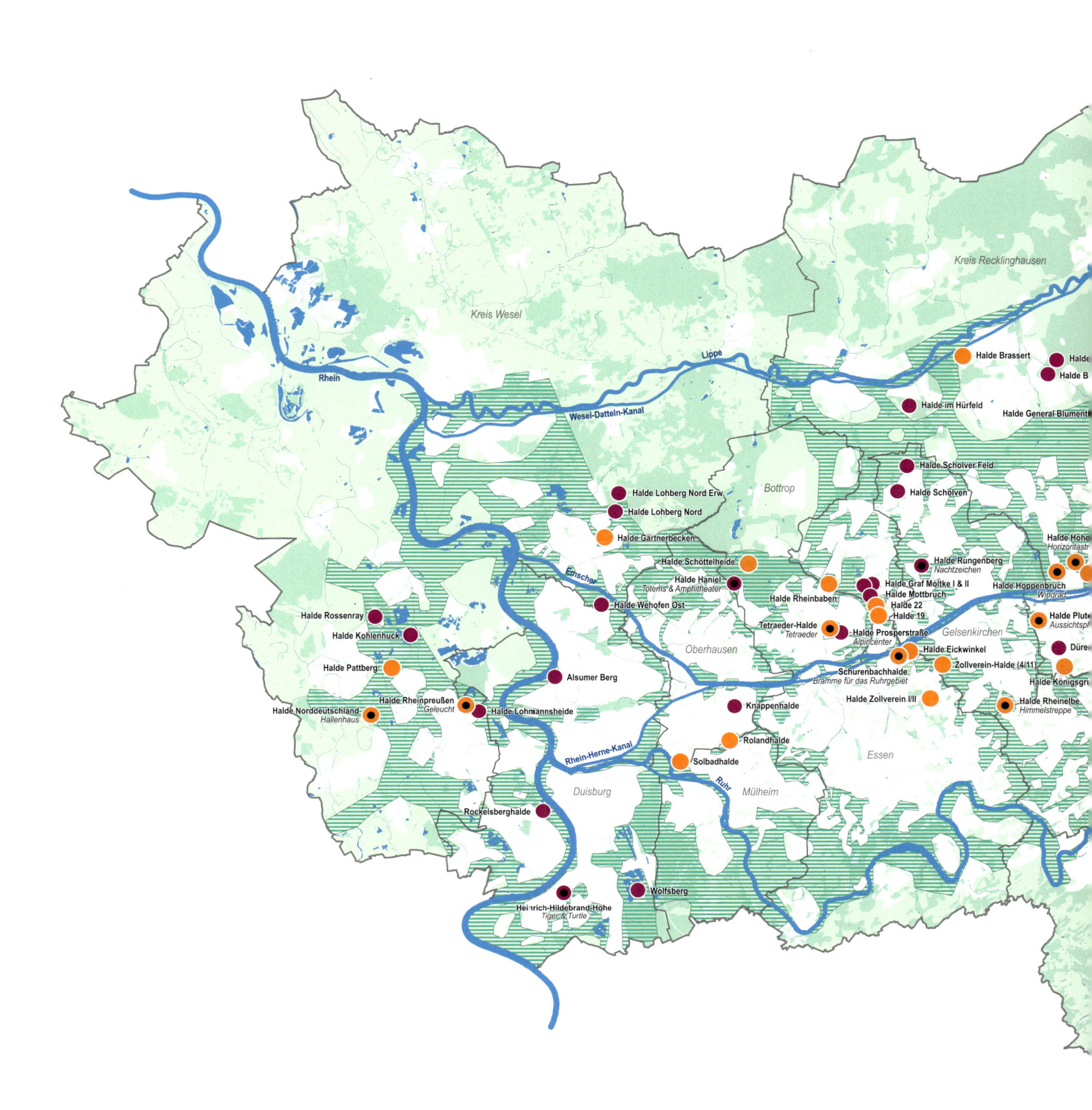

LANDSCHAFTSENTWICKLUNG UND STRATEGISCHE GROSSPROJEKTE

Zukunftsgarten Bergkamen / Lünen.

Zukunftsgarten Gelsenkirchen: Zukunftsinsel Wassermobilität.

Zukunftsgärten

Hier werden Modelle für die Städte-Landschaft der Zukunft präsentiert. Die Zukunftsgärten sind innovative Labore und Schaugärten für heimisches und internationales Publikum der IGA Metropole Ruhr 2027. In Dortmund, Duisburg und Gelsenkirchen finden außerdem Blumenschauen statt. In Bergkamen / Lünen und im Emscherland mit Castrop-Rauxel, Recklinghausen, Herten und Herne gibt es thematische Sonderausstellungen.

links: Zukunftsgarten Emscher nordwärts, Dortmund.

unten links und rechts: Zukunftsgarten Duisburg.

Schleusenpark Waltrop.

Unsere Gärten

Die Metropole Ruhr präsentiert hier ihre Grüne Infrastruktur in kommunalen und interkommunalen Projekten. Park- und Gartenschätze werden in thematischen Routen gezeigt. Innovative Beiträge zur integrierten Stadtentwicklung werden touristisch erlebbar.

oben: Landesgartenschau Kamp-Lintfort 2020.
unten: Thema der IGA 2027 sind auch neue Wohnformen in der Metropole Ruhr.

Zeche Zollern, Dortmund.

unten links: »Perlenkette an der Ruhr«, Flusslandschaft Mittleres Ruhrtal.
unten rechts: Hengsteysee, Hagen.

Mein Garten

Quer durch die Region zeigen hier Initiativprojekte auf lokaler Ebene ihre Gärten, Kunstprojekte oder Erfindungen. Vom Kleingartenverein bis zur Urban-Gardening-Community wird das Engagement vieler Menschen für eine neue grüne Städte-Landschaft erlebbar, die im Netzwerk der IGA Metropole Ruhr 2027 verbunden sind.

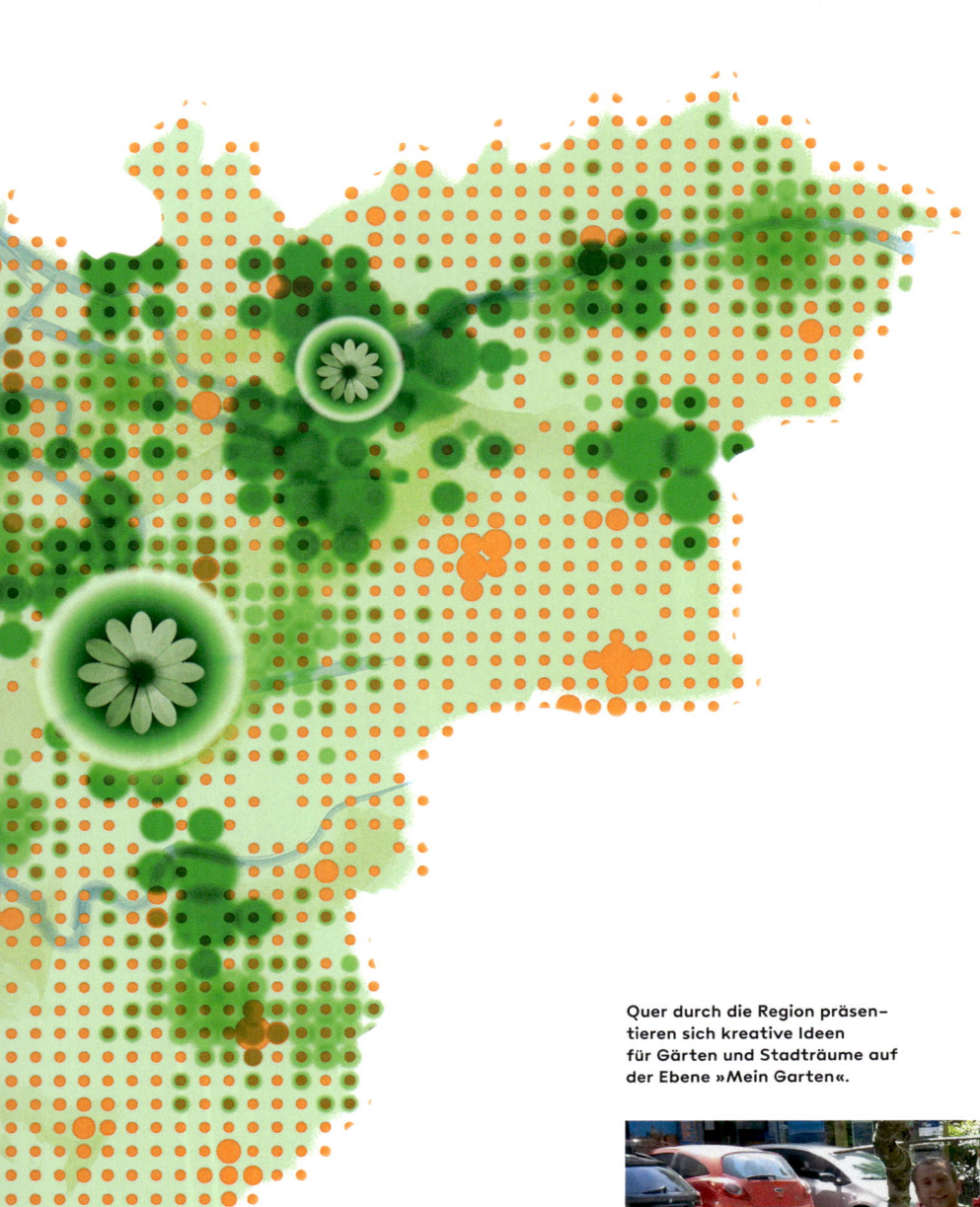

Quer durch die Region präsentieren sich kreative Ideen für Gärten und Stadträume auf der Ebene »Mein Garten«.

Zukunftsgarten Gelsenkirchen Zukunftsinsel,
links: Nordsternpark; rechts: Emscherpromenade.

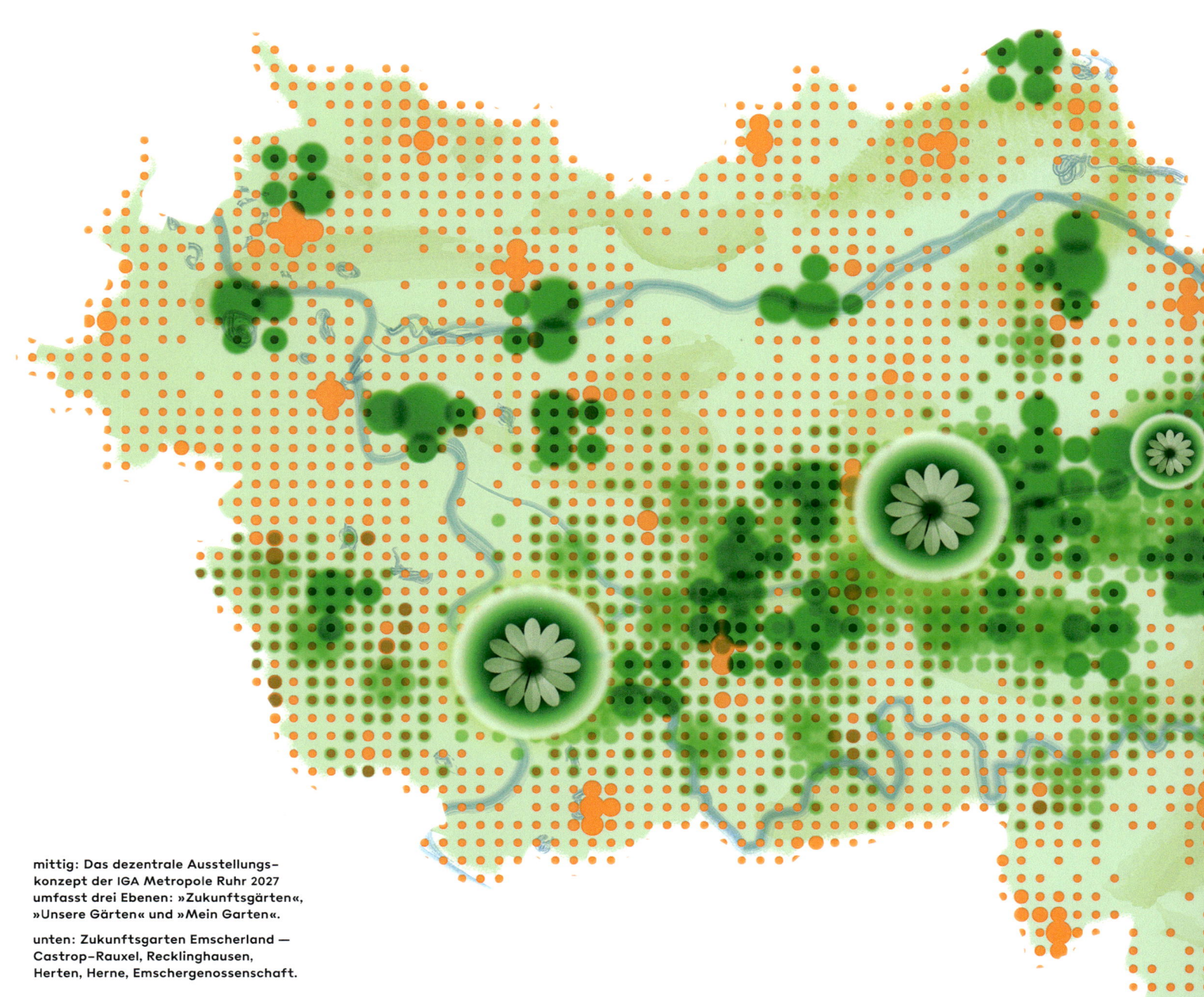

mittig: Das dezentrale Ausstellungskonzept der IGA Metropole Ruhr 2027 umfasst drei Ebenen: »Zukunftsgärten«, »Unsere Gärten« und »Mein Garten«.

unten: Zukunftsgarten Emscherland — Castrop-Rauxel, Recklinghausen, Herten, Herne, Emschergenossenschaft.

IGA Metropole Ruhr 2027

Die Internationale Gartenausstellung (IGA) Metropole Ruhr 2027 beantwortet mit ihren Projekten die Leitfrage »Wie wollen wir morgen leben?«. Als aktuelles Dekadenprojekt der Stadt- und Landschaftsentwicklung in der Metropole Ruhr führt sie damit den Strukturwandel im Sinne der Großen Transformation fort, bringt das regionale Netzwerk der Grünen Infrastruktur zur Reife und entwickelt Lebensqualität für die Zukunft. An diesem weltgrößten Gartenfestival wird die gesamte Region teilhaben. Verbunden sind damit sowohl ein nachhaltiger Imagegewinn als auch ein neuer Schub an Investitionen in die Städte-Landschaft.

Auf drei Ebenen wirken dafür der RVR, Kommunen, Kreise und lokale Initiativen regional zusammen: Drei »Zukunftsgärten« – in Duisburg, Gelsenkirchen und Dortmund – bilden die internationalen Schaufenster und Innovationslabore für Kernthemen wie Klimaresilienz, umweltfreundliche Mobilität, integrierte Stadtentwicklung, neuartige Bauweisen mit voll recycelbaren Materialien oder die »Essbare Stadt«. Sie zeigen außerdem gärtnerische Blumen- und Leistungsschauen und sind Spielorte der Hauptevents. Zwei weitere Zukunftsgärten ohne Blumenschau – in Bergkamen/Lünen und in Herne/Herten/Recklinghausen/Castrop-Rauxel – ergänzen die internationale Ebene.

Die Ebene »Unsere Gärten« präsentiert die gesamte Metropole als neue grüne, touristisch erlebbare Städte-Landschaft. So wird die Grüne Infrastruktur als lebendiges und nutzbares Netzwerk aus Parks, Gartenkunst, Stadtraumbegrünung, Wegenetz und Wasserachsen greifbar. Auf der Mitmachebene »Mein Garten« kommen lokale Initiativen, urbane Gärten, Kleingartenvereine oder künstlerische Interventionen im Stadtraum zur Geltung. Sie zeigen, wie wichtig bürgerschaftliches Engagement und das gemeinsame Gestalten für die Stadt der Zukunft sind und welche neuen Bildungs- und Teilhabemodelle dafür gefunden werden können.

Der Bereich Umwelt und Grüne Infrastruktur im RVR ist Initiator für die IGA Metropole Ruhr 2027. Er hat den Entwicklungsprozess mit den Mitgliedskörperschaften und dem Land Nordrhein-Westfalen moderiert und sorgt für die Nachhaltigkeit und die Einbindung der IGA-Projekte in die regionalen Strategien zur Freiraumentwicklung. Eine Durchführungsgesellschaft steuert die Umsetzung bis zum Event 2027. Alle dauerhaften Elemente der IGA Metropole Ruhr 2027 sind der nachhaltigen Nutzung als Grüne Infrastruktur.RUHR verpflichtet. Über ihr Mobilitätskonzept kann die IGA multimodale Knotenpunkte entwickeln und umweltfreundliche Verkehrsmittel fördern. Es zeichnet sich bereits ab, dass die Investitionen weitreichende wirtschaftliche und soziale Effekte und starke Innovationsimpulse erzielen werden.

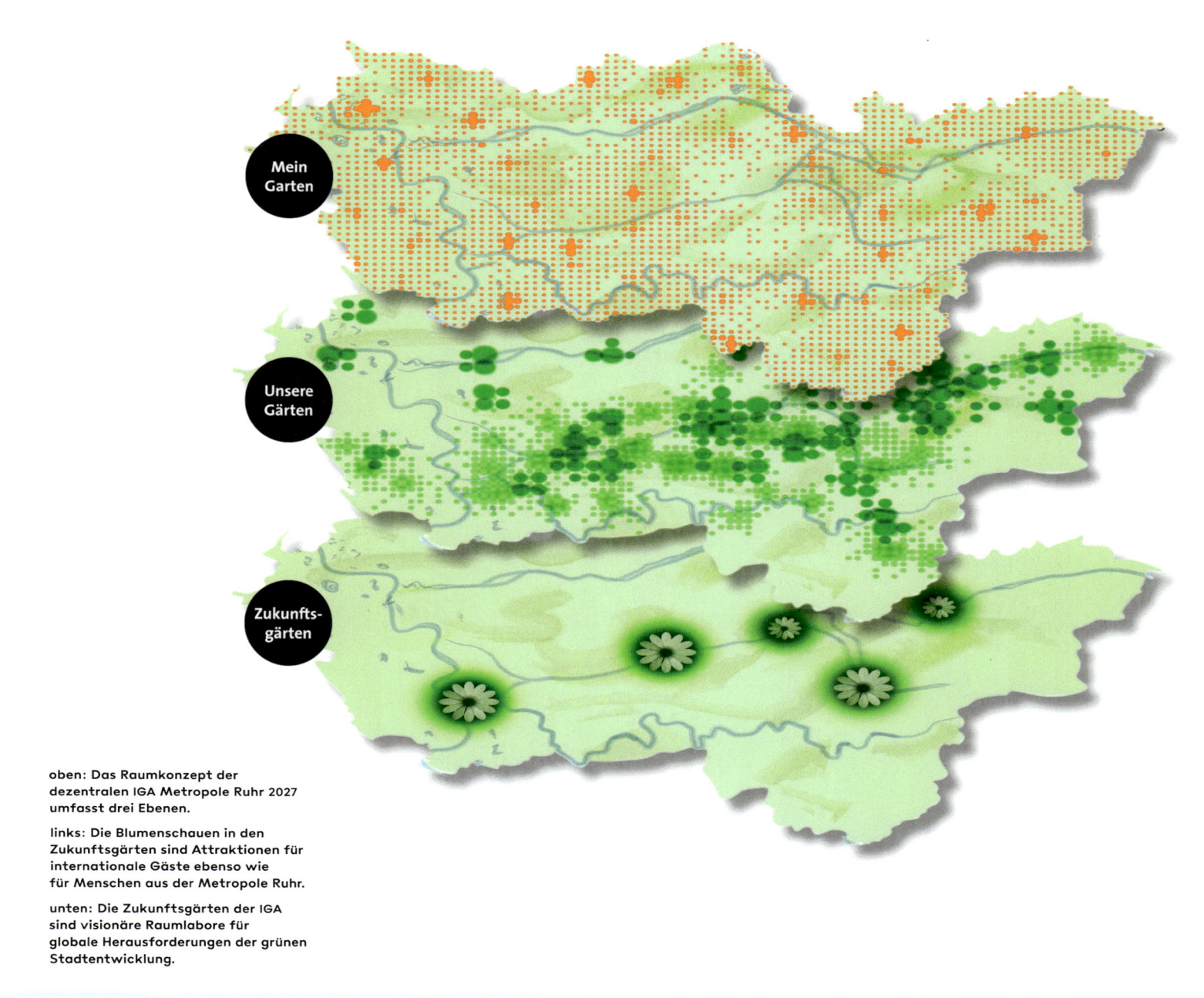

LANDSCHAFTSENTWICKLUNG UND STRATEGISCHE GROSSPROJEKTE

oben: Das Raumkonzept der dezentralen IGA Metropole Ruhr 2027 umfasst drei Ebenen.

links: Die Blumenschauen in den Zukunftgärten sind Attraktionen für internationale Gäste ebenso wie für Menschen aus der Metropole Ruhr.

unten: Die Zukunftsgärten der IGA sind visionäre Raumlabore für globale Herausforderungen der grünen Stadtentwicklung.

RVR 20 | 21+ LEITSTRATEGIE UND PROGRAMMAGENDA

Neue transformative Allianzen für die Zukunft

Das Grün, der Freiraum, die Umwelt sind für die Zukunftsentwicklung der Metropole Ruhr entscheidende Faktoren. Die zugehörigen Großprojekte sind unsere *game changer*, die der Großen Transformation in der Metropole Ruhr Innovationsimpulse, eine zielführende Richtung und die erforderliche Dynamik geben. Die übergeordnete Strategie Grüne Infrastruktur wird individuell für die Metropole Ruhr weiterentwickelt, mittels Einbindung in die Entwicklungsstrategien und das Fördergeschehen der Landesregierung, des Bundes und der Europäischen Union für ihre urbanen Regionen. In neuen transformativen Allianzen denken wir die einzelnen Handlungsfelder integriert zusammen.

Freiraum + Klima + Mobilität

Für die dezentrale Metropole Ruhr mit ihrem signifikant hohen Freiflächenanteil ist die transitorientierte Siedlungsentwicklung als Neuinterpretation der Gartenstadt mit Fokus auf Klimaschutz das geeignete Leitbild.[8] Die grüne Städte-Landschaft der Zukunft erfordert eine Neuplanung oder – im Bestand – Umorganisation als funktionsgemischte, fußläufige und fahrradfreundliche Stadtquartiere von menschlicher Dimension. So wird Verkehr reduziert und eine umweltfreundliche Lebensrealität für alle entsteht.

Die in unserer Region bereits gegebene starke Verwebung von Stadt mit Natur und Kulturlandschaft und das hohe Angebot an Konversionsflächen bieten ein einzigartig großes Potenzial für echte doppelte Innenentwicklung und in Konsequenz für den Freiraumschutz im Außenraum. Der RVR unterstützt die Kommunen bei einer solchen Quartiersentwicklung über kooperative Projekte wie im Rahmen der IGA Metropole Ruhr 2027. Unser Ziel ist, Flächen im Siedlungsbestand nicht nur baulich, sondern auch mit Fokus auf urbanes Grün zu entwickeln. Im Freiraum sieht die Strategie Grüne Infrastruktur auch neue Nutzungskombinationen vor, zum Beispiel flächige Fotovoltaikanlagen zusammen mit hitze- oder starkregenunempfindlichen Lebensmittelkulturen der urbanen Landwirtschaft. Wind und Sonnenenergie müssen in einem traditionellen »Energieland« wie dem Ruhrgebiet zukünftig eine hervorgehobene Rolle spielen. Die dafür notwendigen Rahmengesetzgebungen sind anzupassen. Im Dialog mit dem Land NRW wird sich der RVR für diese Technologien stark machen.

oben: Finale der Klima-Challenge RUHR am 6. April 2019 in Dortmund. 54 grüne Projektideen von Schulen, Kindergärten, Nachbarschaftsnetzwerken und Vereinen nahmen teil und wurden durch 116.982 klimafreundliche Aktionen im Spiel unterstützt.

unten: Mit der Landschaftsinszenierung LUFT-Bild 2019 führt der RVR die Tradition für Land Art am Mechtenberg fort und macht darauf aufmerksam, dass Grünzüge und Freiräume als Frischluftquellen für die Städte gebraucht werden.

Grün als Standortfaktor + Umweltwirtschaft

Gute Lebensqualität entsteht im Ruhrgebiet durch das enge Zusammenwirken von Stadt und Landschaft. Hochwertiges Stadtgrün und vielfältige Erholungslandschaften sind in Zeiten des Fachkräftemangels ebenso wichtige Standortfaktoren für die Wirtschaft wie ein gutes Kulturangebot und eine hervorragende Logistik-Infrastruktur. Die zukunftsträchtige Umweltwirtschaft schafft Jobs für Eliten in Forschung oder Unternehmen. Sie bietet aber auch Chancen für Langzeitarbeitslose zur Wiedereingliederung in den Arbeitsmarkt über Beschäftigungsgesellschaften.

Die Exzellenzinitiative NRW will die Energie- und Umweltwirtschaft als einen von acht Leitmärkten der Zukunft stärken.[9] Diesem Leitmarkt werden hohe Wachstumsraten und eine starke Innovationsdynamik zugeschrieben. Vielversprechend sind daher neue Kooperationen zwischen der Umweltplanung und Wirtschaftsnetzwerken. Mit einem sogenannten Urban Mining Center Metropole Ruhr im Rahmen der IGA Metropole Ruhr 2027 kann der RVR beispielgebend sein. In Zusammenarbeit mit Wissenschaft, Baubranche und Abfallwirtschaft geht er auf diese Weise beispielhaft voran für umweltfreundliches Bauen, voll wiederverwendbare Baustoffe und neue Bautechnik-Netzwerke und trägt dazu bei, die Stadt als nachhaltiges Stofflager zu organisieren. Hochwertige Architektur und Gestaltung in Best-practice-Projekten sind dafür wichtig, denn um klimaschonend Müll zu vermeiden, brauchen wir repräsentative Bauwerke und Plätze, die schön und erhaltenswert sind.[10]

Experimentaleinheit Urban Mining & Recycling (UMAR) in Dübendorf, Schweiz, von Werner Sobek mit Dirk E. Hebel und Felix Heisel. Das voll recycelbare Gebäude ist sowohl temporäres Materiallager als auch Materiallabor und stellt so den Kreislaufgedanken in den Mittelpunkt.

LANDSCHAFTSENTWICKLUNG UND STRATEGISCHE GROSSPROJEKTE

oben: Die »Essbare Stadt« lädt Menschen ein, ihren Stadtteil zu begrünen und bewusst mit Lebensmitteln umzugehen. An zwölf Standorten baut das Projekt »QuerBeet Hörde« in Dortmund Gemüse, Kräuter und insektenfreundliche Blumen mitten in der Stadt an. Das Projekt mit Schwerpunkt Stadtökologie im Programm Soziale Stadt wird unterstützt durch die Stadtteilagentur Hörde der Stadt Dortmund.

unten: Regenerative Energieerzeugung aus Wind und Sonne wird in Zukunft Kohlekraftwerke in der Landschaft ablösen.

Stadtgrün + Biodiversität + Teilhabe

Der Bereich Umwelt und Grüne Infrastruktur des RVR will sich an den Hotspots der nachhaltigen grünen Stadtentwicklung zukünftig noch stärker gemeinsam mit den Kommunen engagieren. Eine attraktive Wohnumwelt gilt es zusammen mit den Menschen vor Ort zu gestalten.[11] Den Menschen in der Stadt sollen Naturerfahrungen und Zugänge zu Natur- und Landschaftsräumen ermöglicht werden, um ein gemeinsames gesellschaftliches Engagement für Biodiversität und unsere ökologischen Lebensgrundlagen herzustellen. Die Voraussetzungen dafür sind gerade heute angesichts einer hohen medialen Präsenz von Umweltthemen und weltweiten Bewegungen wie Fridays for Future besonders gut. Sie zeigen das Bedürfnis der Menschen, an den großen transformativen Entwicklungen und der Gestaltung ihrer Lebenswelt teilzuhaben.

Mit einer langen Tradition im Umweltschutz ist der RVR hier kompetenter Partner, Umsetzer und Unterstützer innovativer Ideen für die Große Transformation der Metropole Ruhr.

7 Wolfgang Gaida / Helmut Grothe: Barocke Pracht, Bürgerstolz und Orte des Wandels. Gärten und Parks im Ruhrgebiet. Essen 2010.

8 Siehe Peter Calthorpe: Low Carbon Cities. Principles and Practises for China's Next Generation of Growth, unter: www.calthorpe.com (letzter Aufruf: 25.02.2020). Siehe auch Peter Calthorpe: Urbanism in the Age of Climate Change. Washington / Covelo / London 2011, S. 21, »Transit: The Greenest Technology«.

Mikael Colville-Andersen: Copenhagenize. The Definite Guide To Global Bicycle Urbanism, unter: www.tvo.org/programs/the-life-sized-city (letzter Aufruf: 25.02.2020).

9 www.exzellenz.nrw.de (letzter Aufruf: 25.02.2020)

10 Daniel Morales: To fight climate change, reaffirm beauty. In: Public Square, A CNU Journal, unter: www.cnu.org/publicsquare (letzter Aufruf: 15.07.2019).

11 Claus Leggewie / Christa Reicher / Lea Schmitt (Hrsg.): Geschichten einer Region. AgentInnen des Wandels für ein nachhaltiges Ruhrgebiet. Dortmund 2016.

Herausforderung Klimaresilienz

Anpassung an den Klimawandel und Klimaschutz in der Metropole Ruhr

WOLFGANG BECKRÖGE

leitet seit 2004 im Regionalverband
Ruhr das Referat Geoinformation
und Raumbeobachtung.

Der Wissenschaftliche Beirat der Bundesregierung Globale Umweltveränderung bescheinigt dem Ruhrgebiet als polyzentrischem Ballungsraum gute Zukunftschancen. Im Vergleich zu anderen Ballungsräumen biete das Revier gute Voraussetzungen zur Bewältigung der Herausforderungen. Aus dem Ruhrgebiet könne »eine postmontane Modellregion werden, die über die gute Vernetzung der Metropole in Europa und darüber hinaus Demonstrationseffekte für die Transformation altindustrieller Metropolen und Städte haben könnte.« Dies ist das Ergebnis und Fazit für das Ruhrgebiet im Hauptgutachten *Der Umzug der Menschheit: Die transformative Kraft der Städte* aus dem Jahr 2016. Mit Blick auf die globale Herausforderung der Anpassung an den Klimawandel wird dort festgestellt: »Polyzentrismus schafft in ökologischer Hinsicht Grünräume, klimatische Abkühlungszonen und Gelegenheiten für landwirtschaftliche Kleinst- und Kleinproduktion.«

Der Regionalverband Ruhr (RVR) kann diesbezüglich bereits auf umfassende und langjährige Erfahrungen aus Untersuchungen zum Stadtklima in der Region aufbauen. Es gibt kaum eine andere Stadtregion in Deutschland, die über eine vergleichbare Datenbasis hinsichtlich stadtklimatischer Untersuchungen und Messungen verfügt. Fachlich besteht ein enges Netzwerk mit Forschungseinrichtungen sowie zuständigen Landesbehörden, die mit den Themen Klimaschutz und Anpassung an den Klimawandel beauftragt und beschäftigt sind.

Resilienz in einem polyzentrischen Ballungsraum

Wie widerstandsfähig sind unsere Städte und Metropolen gegenüber starken Veränderungen, die etwa durch den Klimawandel bewirkt werden? Wie schnell kann ein Ballungsraum wieder seinen ursprünglichen Zustand herstellen bei Überflutungen durch Starkregen, nach Sturmereignissen oder einer lang anhaltenden Hitze- oder Dürreperiode? Die Widerstandsfähigkeit oder Resilienz eines urbanen Ballungsraums wird durch zwei verschiedene Typen von Herausforderungen beeinträchtigt:

Chronischer Stress im Ballungsraum – ausgelöst durch ständig überlastete Verkehrsinfrastrukturen, chronische Unterfinanzierung, unkontrollierte Entwicklungen (z. B. Siedlungs-, Bevölkerungsentwicklungen, Strukturbrüche), aber auch häufige Auseinandersetzungen mit extremen Gruppen, Fremdenfeindlichkeit etc. – überfordert die Systemleistungen und lässt kaum noch Kapazitäten für akute Schocks frei.

Akute Schocks sind plötzliche Extremereignisse wie Trockenheit, Erdbeben, Überflutungen, Hitzewellen, Cyber-Attacken, terroristische Angriffe. Sie bilden plötzliche Zusatzbelastungen, die bei schwachen Systemen zu einer langen Regenerationszeit oder sogar zu einem Kippen des Systems führen können. Je stärker ein Ballungsraum durch chronischen Stress vorbelastet ist, umso weniger wird er in der Lage sein, nach akuten Schocks wieder schnell seinen Ausgangszustand zu erreichen.

Der Klimawandel kann sich sowohl als chronischer Stress als auch als akuter Schock manifestieren. Häufig werden nur Schocksituationen betrachtet, etwa Hitzewellen, Überflutungen oder Trockenheit. Chronischer Stress kann aber zum Beispiel durch ständige Überlastungen der Versorgungsinfrastrukturen wie bei der Umstellung von kohlenstoffbasierter auf regenerative Energie auftreten (Stromnetzüberlastungen); oder etwa durch lange Trockenphasen und die daraus resultierenden Versorgungsengpässe.

Betrachtet man die Metropole Ruhr bezüglich der positiven und negativen Faktoren, um die Resilienz dieser Region gegenüber dem Klimawandel einzuschätzen, so ergibt sich zunächst folgendes Bild: Auf der negativen Seite stehen Faktoren, die vorrangig den chronischen Stress begünstigen, so Nothaushalte, veraltete Infrastrukturen etc. Als Positivfaktor ist zu verbuchen, dass die Metropole Ruhr ein polyzentrischer Ballungsraum mit großen zusammenhängenden Grün- und Freiflächen zwischen den Verdichtungsgebieten und größeren Wasserflächen ist. Diese Tatsache ermöglicht:

- **Kaltluftbildung und -abfluss in die belasteten Hitzeinseln;**
- **Retentionsflächen bei Starkniederschlägen und Sturzfluten;**
- **eine flächendeckende Information zu Last- und Ausgleichsräumen sowie zu gefährdeten Infrastrukturen — und damit eine auf die Resilienz abgestimmte Planung.**

Vorteilhaft für resiliente Entwicklungen ist auch die Aufstellung einer gesamträumlichen Planung durch den Regionalplan Ruhr, durch den die oben erwähnten Leistungen einer Grünen Infrastruktur gesichert werden können.

Klimaanpassung in der Metropole Ruhr

Durch den fortschreitenden Klimawandel ist es zunehmend relevant, Vorsorge zu treffen, um für dessen Folgen gewappnet zu sein. Die seitens des RVR seit Jahren praktizierten Klimaanalysen mit Schwerpunkt Klimaanpassung auf kommunaler wie regionaler Ebene stellen ein zentrales Handlungsfeld des RVR dar und bilden eine Basis für Klimaanpassungskonzepte in der Metropole.

Aus der Erfassung der stadt- und regionalklimatischen Verhältnisse mit Berücksichtigung des Klimawandels werden umfangreiche Planungsempfehlungen als Bewertungsgrundlage für die Stadt- und Regionalplanung aufbereitet. Damit wird den Kommunen ein Hilfsmittel an die Hand gegeben für eine nachhaltige und klimawandelgerechte Stadtentwicklung.

Zur Unterstützung der Kommunen wurde zudem das Fachinformationssystem KlimaFIS erstellt, über das umfangreiche Informationen zu den meteorologischen Parametern aus einer Modellanwendung (FITNAH-3D) abgerufen werden können. Dieses Verfahren liefert, im Gegensatz zu lokal begrenzten Messungen, räumlich hochauflösende Ergebnisse zu einer Vielzahl klimatischer Parameter. Seitens des RVR wurden zudem Verfahren zur Darstellung des Klimawandels auf kleinräumiger Ebene entwickelt, die für verschiedene Zeiträume (Vergangenheit, Gegenwart und Zukunft) die Entwicklung thermisch besonders relevanter Kenntage (z. B. heiße Tage, Tropennächte) aufzeigen.

Darüber hinaus hat der RVR gemeinsam mit der Emschergenossenschaft ein Gründachkataster für die Metropole Ruhr erstellen lassen. Hier können die Bürger*innen der Metropole Ruhr prüfen, wie gut die Eignung ihres Gebäudes für ein Gründach ist. Über eine Detailanalyse können auch die eingesparte Abwassermenge, die CO_2-Absorption und der gehaltene Feinstaub pro Jahr geschätzt werden.

Für einen Austausch der Kommunen hat der RVR bereits vor einigen Jahren den Runden Tisch Klimaanpassung eingerichtet, der sich mittlerweile als Austauschplattform in der Metropole Ruhr zu Themen des Klimawandels und der Klimaanpassung etabliert hat.

links: Dachbegrünung als Beispiel für Anpassungsmaßnahmen an den Klimawandel.

rechts: Intensive Gebäudebegrünung zur Verbesserung des Mikroklimas.

HERAUSFORDERUNG KLIMARESILIENZ

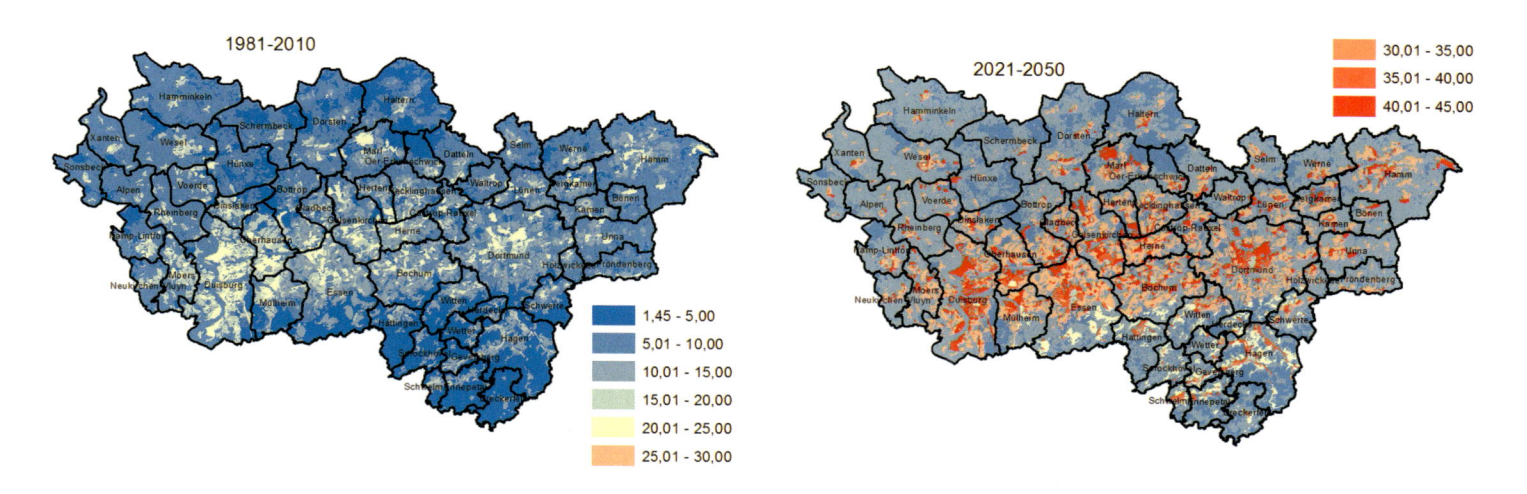

1981-2010

2021-2050

	30,01 - 35,00
	35,01 - 40,00
	40,01 - 45,00

1,45 - 5,00
5,01 - 10,00
10,01 - 15,00
15,01 - 20,00
20,01 - 25,00
25,01 - 30,00

Anzahl der heißen Tage (Maximaltemp.
über 30°C) im Jahresdurchschnitt
für die Klimaperiode 1981—2010 (links)
und 2021—2050 (rechts)

Klimaschutz als regionale Aufgabe

Nordrhein-Westfalen und der Metropole Ruhr als größtem deutschen Ballungsraum kommt eine besondere Verantwortung im Hinblick auf den Klimaschutz zu, da rund ein Drittel der Treibhausgase der Bundesrepublik in NRW emittiert werden. Aus diesem Grund werden vom RVR seit über sechs Jahren Projekte zum Klimaschutz für die Region entwickelt und durchgeführt.

Das erste realisierte Projekt ist das geodatenbasierte Fachinformationssystem EnergyFIS. Es unterstützt die Mitgliedskommunen und Kreise bei der Ermittlung von Flächen für erneuerbare Energieträger in der Metropole Ruhr. Das System steht den Umwelt- und Planungsämtern als Planungswerkzeug zur Verfügung und stellt außerdem die fachliche Grundlage für die Ermittlung von Windvorranggebieten im Rahmen der Neuaufstellung des Regionalplans.

Um den Klimaschutz in der Region weiter voranzubringen, wurde das regionale Klimaschutzkonzept »Erschließung der Erneuerbaren-Energien-Potentiale in der Metropole Ruhr« unter Beteiligung der Mitgliedskörperschaften und weiterer relevanter Agierender erstellt. Die Studie ergab einen großen Nachholbedarf bei erneuerbaren Energieträgern in der Metropole Ruhr. Ein vorrangiges Ziel ist nun die Umsetzung des im Rahmen des Konzepts entwickelten Maßnahmenkatalogs mit dem Schwerpunkt auf dem größten Erneuerbare-Energien-Potenzial, der Solarenergie. Als Basisinstrument hat der RVR ein Solardachkataster für die gesamte Region aufgestellt, mit dem einfach ermittelt werden kann, welche Dächer für eine solare Nutzung geeignet sind. Von den über zwei Millionen Dächern in der Metropole Ruhr kommen demnach über eine Million Dachflächen für die Fotovoltaiknutzung infrage.

Ergebnis aus EnergyFIS zu Freilandfotovoltaik-Flächen.

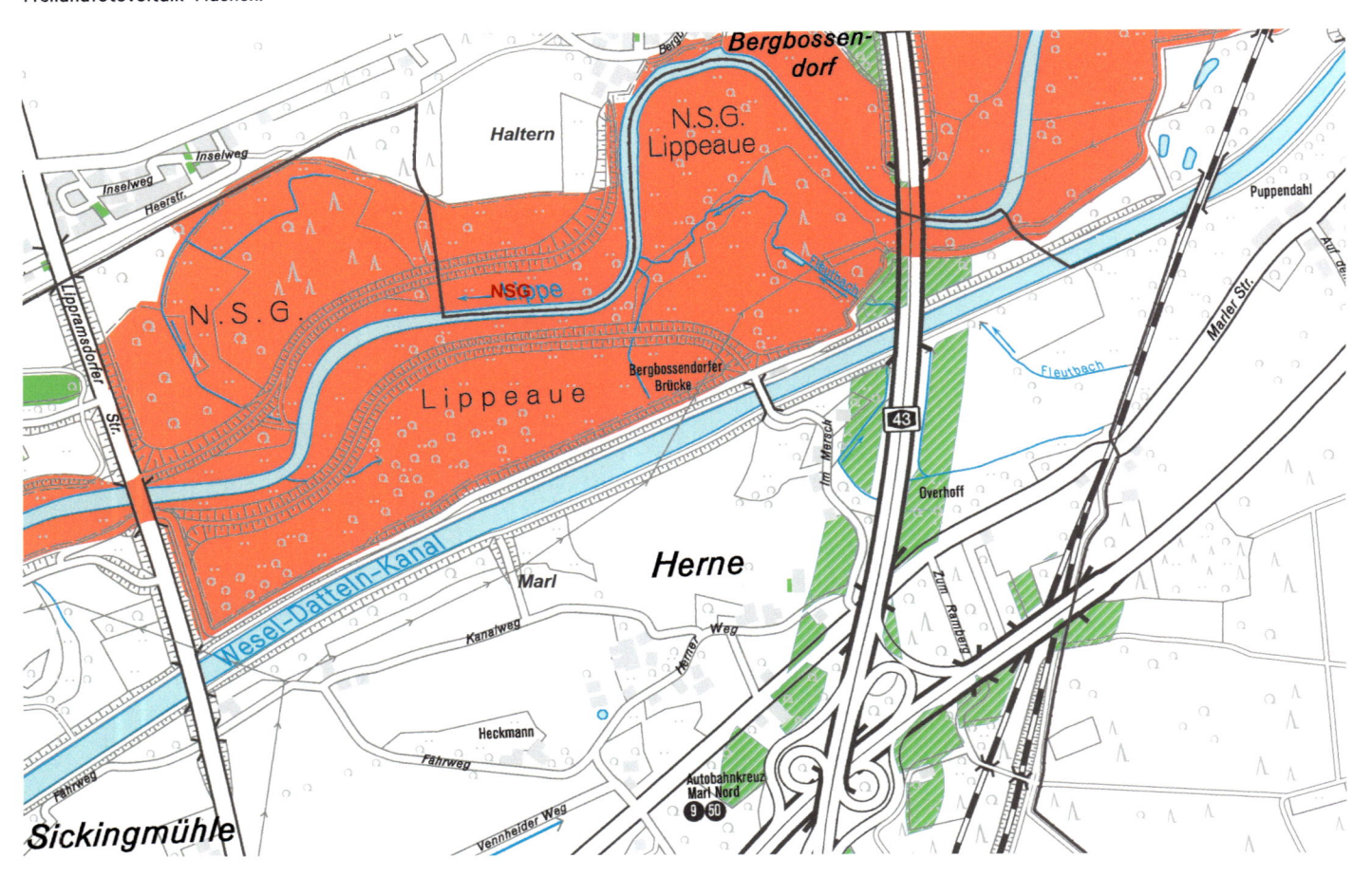

Handwerk Region Ruhr, eine Kooperation der Handwerkskammern Dortmund, Düsseldorf und Münster, ist für die Umsetzung von Klimaschutzmaßnahmen eine wichtige Partnerin. In Zukunft sollen gemeinsam Maßnahmen entwickelt und umgesetzt werden. Dazu haben die drei Handwerkskammern sowie der RVR den Masterplan Klimaschutz unterzeichnet. Er umfasst verschiedene Bereiche der Kooperation: die Erstellung einer Treibhausgasbilanz für die Region, eine betriebliche Optimierung der Energie- und Ressourcenverbräuche, Gebäudesanierung, Solarenergie und Mobilität etc. Erstes gemeinsames Projekt von RVR und Handwerk Region Ruhr ist die Ausbauinitiative Solarmetropole Ruhr. Durch ein umfangreiches Maßnahmen-, Kampagnen- und Beratungsprogramm soll die Bereitschaft der Haus- und Flächenbesitzenden erhöht werden, Solaranlagen zu installieren.

Darüber hinaus übernimmt der RVR ab 2019 die Fortschreibung der Treibhausgasbilanz als gesamtregionale Pflichtaufgabe. Diese Bilanz umfasst den gesamten Endenergieverbrauch und die Treibhausgasemissionen, aufgeschlüsselt nach den unterschiedlichen Sektoren und Energieträgern. Durch die Zentralisierung der Treibhausbilanz auf der Ebene des RVR sind die Kommunen von dieser Aufgabe personell und finanziell entlastet. Insbesondere die kreisangehörigen mittleren und kleineren Kommunen profitieren von der Übernahme dieser Aufgabe durch den RVR. Zudem ermöglichen gleiche Standards eine bessere Vergleichbarkeit der Ergebnisse zwischen den Städten und Gemeinden.

Solardachkataster des RVR.

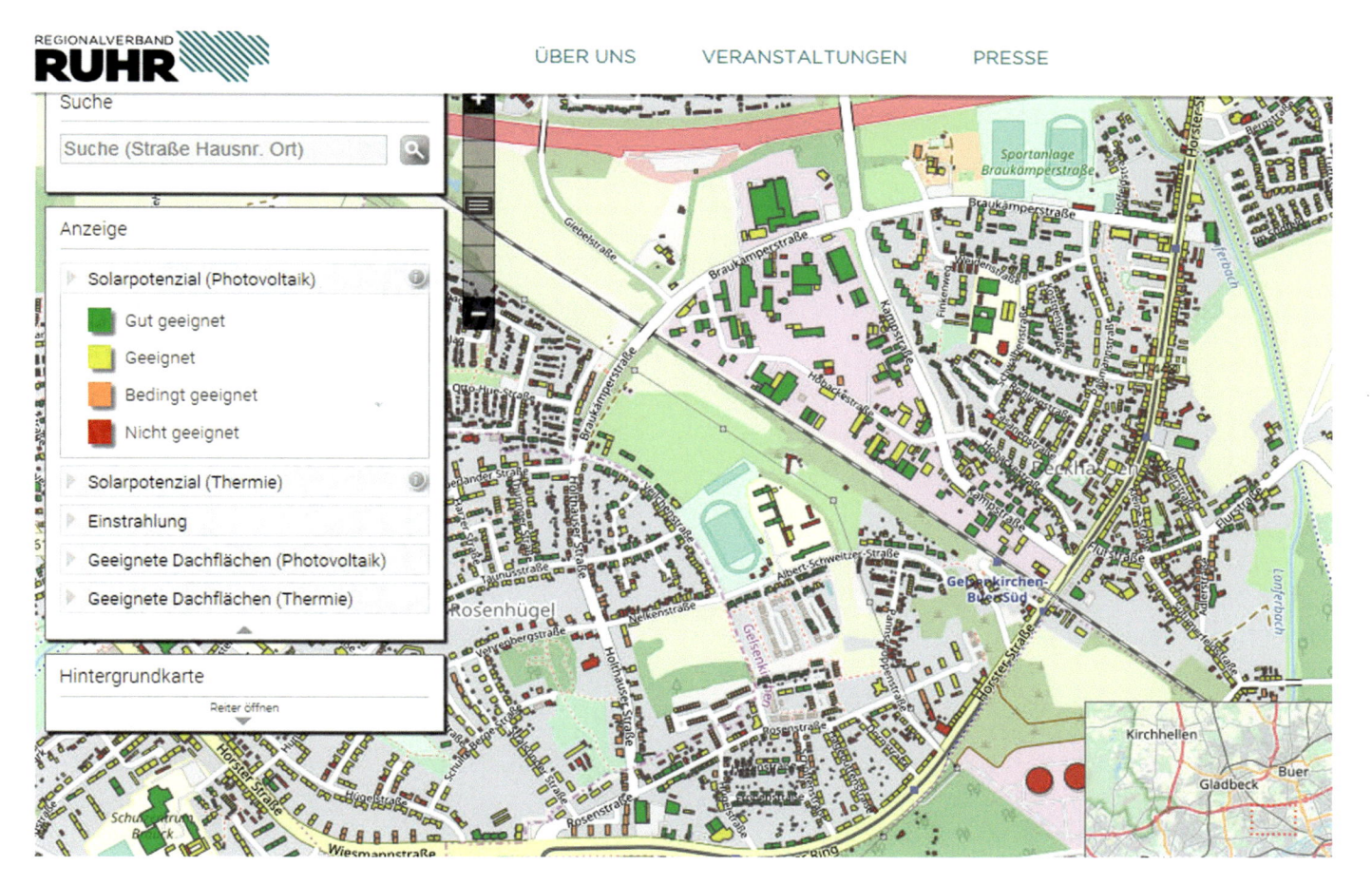

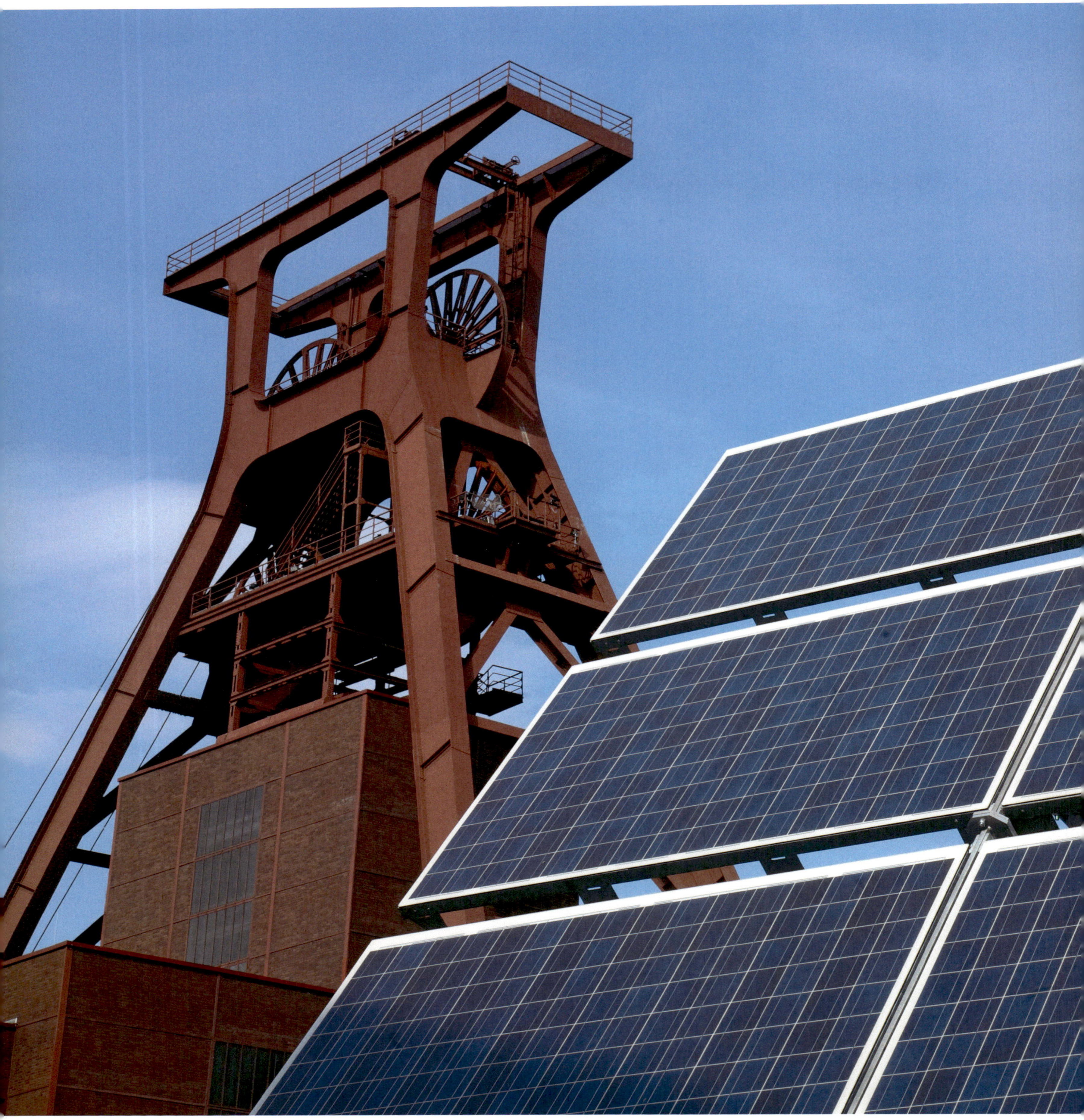

HERAUSFORDERUNG KLIMARESILIENZ

links: Fotovoltaik-Dachanlagen.
oben: Windkraftanlagen.

Neue Wege zur Zukunftsgestaltung der Metropole Ruhr

Regionalplanung und Regionalentwicklung unter einem Dach

MARTIN TÖNNES
war von 2011 bis 2019
Beigeordneter des Bereichs
Planung im Regionalverband Ruhr.

MARIA T. WAGENER
leitet seit 2010 das Referat
Regionalentwicklung
im Regionalverband Ruhr.

Der Regionalverband Ruhr (RVR) besitzt als regionaler »Kümmerer« und Gestalter von Planungsprozessen eine fast 100 Jahre währende Tradition, insbesondere in Bezug auf die Freiraumentwicklung und die Sicherung von Grünzügen. In den vergangenen zehn Jahren erfolgten mehrere Novellen des RVR-Gesetzes, die zu einem Aufgaben- und Bedeutungszuwachs des RVR beziehungsweise der regionalen Handlungsebene führten. Seit der Rückübertragung der Regionalplanungskompetenz 2009 ist eine enge Verzahnung zwischen formeller und informeller Planung für die Stadt- und Regionalentwicklung in der Metropole Ruhr möglich: nicht zuletzt dadurch, dass der RVR nun auch personell beziehungsweise als Organisationseinheit Regionalentwicklung und Regionalplanung unter einem Dach vereint.

Bei der Neuaufstellung des Regionalplans Ruhr erprobt der RVR in kooperativer Zusammenarbeit mit den 53 Kommunen des Verbandsgebiets eine neue Form der strategischen Regionalplanung, bei der informelle Planungsinstrumente integraler Bestandteil sind. Der hierfür angestoßene umfangreiche Beteiligungsprozess, der sogenannte Regionale Diskurs,[1] setzt seit 2011 auf Transparenz und Kooperation auf Augenhöhe und beinhaltet verschiedene Formate und miteinander vernetzte Stränge: stadt- und teilregionale Gespräche, Regionalforen und Fachdialoge, einen Ideenwettbewerb Zukunft Metropole Ruhr,[2] informelle Planungen mit Regionalanalysen, Netzwerke und ergänzende Konzepte, begleitet durch einen kommunalen Arbeitskreis sowie einen Beirat. In diesem Prozess gehen die relevanten Agierenden den Weg in die Zukunft der Metropole Ruhr gemeinsam und gestalten den Erarbeitungsprozess zum Regionalplan Ruhr aktiv mit.

Rund 2500 Personen sind am bisherigen Prozess des Regionalen Diskurses beteiligt und haben mit ihrem jeweiligen spezifischen Fachwissen die Zukunftsentwicklung für die Metropole Ruhr ergänzt und bereichert. Mehr als 30 Mal erfolgten Gremienbefassungen im Planungsausschuss des RVR unter der fachkundigen Leitung des Vorsitzenden Oberbürgermeister Bernd Tischler sowie in der Verbandsversammlung des RVR zu den einzelnen Schritten und Inhalten des Regionalen Diskurses.

Regionalforum Wege.

Neuer Weg: neue Instrumente

Die Verzahnung von formellen und informellen Planungsinstrumenten bietet die Chance, auf aktuelle Entwicklungen zu reagieren, Anpassungen vornehmen zu können und im Austausch mit den Agierenden sowie den Planungsverantwortlichen neue innovative Wege zu entwickeln.

Ein Beispiel hierfür ist das Siedlungsflächenmonitoring. In dem seit 2011 bestehenden GIS-gestützten Monitoringinstrument ruhrFIS werden neben den planerisch gesicherten und damit verfügbaren Flächen für Wohnen und Gewerbe auch die baulichen Inanspruchnahmen und so die realen Entwicklungen der Flächennutzungen erfasst. Die Erhebung erfolgt alle drei Jahre in enger Zusammenarbeit und in Abstimmung mit allen 53 Kommunen der Metropole Ruhr. Durch das Instrument des ruhrFIS-Siedlungsflächenmonitorings sind neue Modelle der Berechnung von zukünftigen Flächenbedarfen für Wohnen und Gewerbe realisierbar. Für die Zukunftsentwicklung der Metropole Ruhr wird deutlich, dass die Entwicklung neuer Wohnbau- und Gewerbeflächen auf den regionalen Bedarf setzt und dadurch neue, interkommunal getragene und regional bedeutsame Standortentwicklungen ermöglicht.

Erstmals und im landesweiten Kontext neu sind im Regionalen Diskurs die Regionalplan-Darstellungen von sogenannten Regionalen Kooperationsstandorten entwickelt worden – womit regional bedeutsame Gewerbeflächen als Standorte für flächenintensive Unternehmensansiedlungen verankert werden. Die Besonderheit des Instruments besteht darin, dass alle Kommunen der Metropole Ruhr bereit sind, einen Teil ihres gewerblichen Flächenbedarfs zugunsten der regionalen Entwicklung beizusteuern. Der Identifikationsprozess geeigneter Flächen war nur dank einer städteübergreifenden Verständigung und Priorisierung sowie der eingespielten Arbeitsweise der Agierenden im Regionalen Diskurs möglich.

Handlungsprogramm ergänzt Regionalplan

Neu ist auch das sogenannte Handlungsprogramm zur räumlichen Entwicklung der Metropole Ruhr, das dem Regionalplan Ruhr als informeller Bestandteil zur Seite gestellt wird. Es greift die informellen Themen und Handlungsansätze aus dem Diskursprozess für die Gestaltung der Region auf. Analog zum Regionalplan behandelt es zehn Themen (Wohnen, Wirtschaft, Einzelhandel, Mobilität, Freiraum- und Landschaftsentwicklung, Tourismus und Freizeit, Kulturlandschaften, Klimaschutz / Klimaanpassung, Bildung und Wissenschaft, Regionale Governance / Netzwerkmanagement) unter Berücksichtigung von Querschnittsanforderungen wie Demografie und Gender Mainstreaming.

Während der Regionalplan Ruhr das Wo steuert und die notwendigen Flächen dafür sichert, ist die Frage des Wie der Kerninhalt und die Aufgabe des Handlungsprogramms Ruhr als strategische Ergänzung des Regionalplans. Hierzu ein Beispiel: Die notwendigen Flächen für Autobahnen, Schienenwege für die Bahn und die Straßenbahnen, Kanäle für die Binnenschifffahrt oder auch Trassen für Radschnellwege werden mit dem Regionalplan festgelegt. Das Handlungsprogramm nimmt mit dem Verweis auf das Regionale Mobilitätsentwicklungskonzept unter anderem die Verkehrsanteile und die Umweltauswirkungen für den Personen- und Wirtschaftsverkehr in den Blick.

Mit dem Handlungsprogramm Ruhr erfolgt erstmals ein umfassender Überblick zu aktuellen Handlungsansätzen und Projekten in 51 Steckbriefen (z.B. Regionales Mobilitätsentwicklungskonzept, Freiraumkonzept Metropole Ruhr, Freizeit- und Tourismuskonzept). In der vorliegenden Form stellt das Handlungsprogramm für den RVR eine strategische Selbstverpflichtung dar. Perspektivisch soll das Handlungsprogramm Grundlage für ein zukünftiges regionales Entwicklungsprogramm bilden. Zukünftig wäre damit eine noch stärkere strategische Ausrichtung möglich, ebenso eine Priorisierung von Handlungsansätzen.

1 www.metropoleruhr.de/tr/
regionalverband-ruhr/
regionaler-diskurs.html

2 www.ideenwettbewerb.
metropoleruhr.de/
startseite.html

Die Verknüpfung von formellen und informellen Planungsinstrumenten stellt eine erfolgsversprechende, übertragbare Strategie für die Ausgestaltung von Regionalplanungsprozessen dar.

Dem Prozess für die strategische Regionalplanung in der Metropole Ruhr kommt bundesweit eine hohe Aufmerksamkeit zu. In sämtlichen Ballungsräumen besteht eine große Notwendigkeit von gesamtregionalen Planungsprozessen mit städteübergreifenden Lösungsstrategien. Insbesondere die Herausforderungen des Klimaschutzes und des Klimawandels mit den hierbei notwendigen Anpassungen machen gesamtregionale Lösungen notwendig. Die Metropole Ruhr sieht sich deshalb mit den dargestellten Prozessinnovationen als Labor für kooperatives Agieren bei den zukunftsrelevanten Themenstellungen in der Stadt- und Regionalentwicklung.

Regionaler Diskurs vor Ort: Hamm.

Der neue Regionalplan Ruhr

Blaupause für die Zukunft der Metropole Ruhr

MICHAEL BONGARTZ

leitet seit 2009 die staatliche
Regionalplanung
im Regionalverband Ruhr.

Die Verbandsversammlung hat 2010 entschieden, für die Metropole Ruhr wieder eine zukunftsorientierte planerische Perspektive zu entwickeln und für das Verbandsgebiet einen einheitlichen, flächendeckenden Regionalplan aufzustellen. Der Regionalverband Ruhr (RVR) mit seiner landesgesetzlich übertragenen Funktion als Regionalplanungsbehörde hat hierzu den Planentwurf erarbeitet. Mit dem Inkrafttreten werden die vier Regionalpläne der Bezirksregierungen Arnsberg, Düsseldorf und Münster sowie der Regionale Flächennutzungsplan (RFNP) vom einheitlichen Regionalplan Ruhr abgelöst, der dann die Grundlage für die künftige Entwicklung der Metropole Ruhr sein wird.

Der Regionalplan Ruhr wird aus einer Karte mit zeichnerischen Vorgaben und einem Textteil, der Festlegungen in Form von Zielen und Grundsätzen enthält, bestehen. Im Kern enthält der Regionalplan Ruhr verbindliche Vorgaben für die Siedlungsentwicklung auf der einen Seite und sichert andererseits gleichzeitig die Freiräume und Regionalen Grünzüge vor einer Inanspruchnahme.

Wohnen und Arbeiten in einer modernen Metropole Ruhr

Der Regionalplan Ruhr soll rund 100.000 Hektar bestehende Wohnsiedlungen sichern und ca. 3500 Hektar für künftige Neubaugebiete vorhalten, in denen bis zum Jahr 2035 rund 115.000 neue Wohnungen entstehen könnten. Die Bereiche für die künftigen Wohngebiete wurden so gewählt, dass die notwendigen Versorgungmöglichkeiten (Supermärkte und Discounter) oder öffentliche Einrichtungen und Dienstleistungen (Kitas, Schulen, ärztliche Versorgung) gut erreichbar sind. Soweit möglich wurde dabei die Anbindung an Bus und Bahn mitberücksichtigt. Der Entwurf des Regionalplans Ruhr entwickelt zudem Perspektiven für kleinere Ortslagen außerhalb der Siedlungszusammenhänge und schafft hierfür den Rahmen für mögliche bauliche Entwicklungen. Dies betrifft auch die vorhandenen kleinteiligen Gewerbebetriebe in diesen Ortsteilen. In diesen Bereichen können auch nicht störende Gewerbebetriebe oder Büronutzungen wie Kanzleien von Rechtsanwält*innen und Steuerberater*innen oder zukunftsorientierte Betriebe für Web-Design oder die IT-Branche untergebracht werden. Neue Arbeitsplätze entstehen also nicht nur in den »klassischen« Gewerbe- und Industriegebieten, sondern im Zuge des Strukturwandels kommt den wohnortnahen urbanen Standorten eine große Bedeutung zu.

Aktuell kann die Metropole Ruhr über Gewerbe- und Industrieflächen in einem Umfang von 26.600 Hektar verfügen. Für die Sicherung bestehender sowie für die Ansiedlung neuer Industriebetriebe beziehungsweise emittierender Betriebe ist im Entwurf des Regionalplans Ruhr ein Flächenpotenzial von 5400 Hektar für Neuansiedlungen vorgesehen. An diesen neuen Standorten können rund 195.000 neue Arbeitsplätze im Gewerbe- und Industriebereich entstehen. Damit würde der Regionalplan Ruhr unverzichtbare Rahmenbedingungen für eine nachhaltige Wirtschaftsentwicklung und damit auch für die künftige Wertschöpfung in der Metropole Ruhr schaffen.

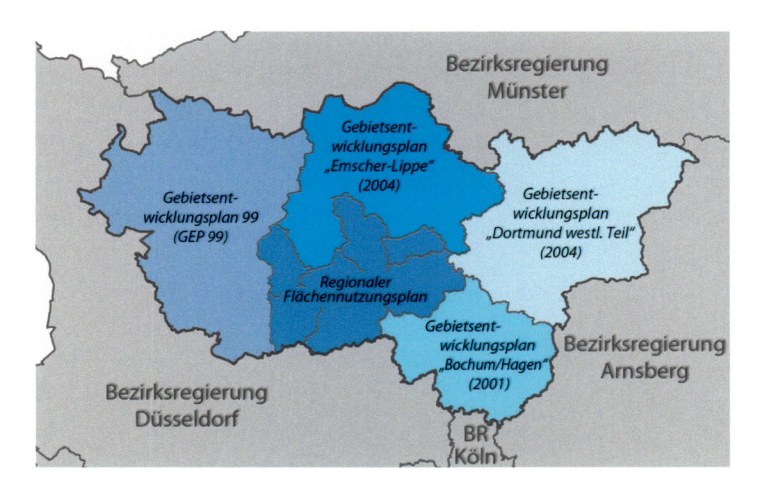

Geltungsbereich Regionalpläne / Regionaler Flächennutzungsplan (RFNP) in der Metropole Ruhr.

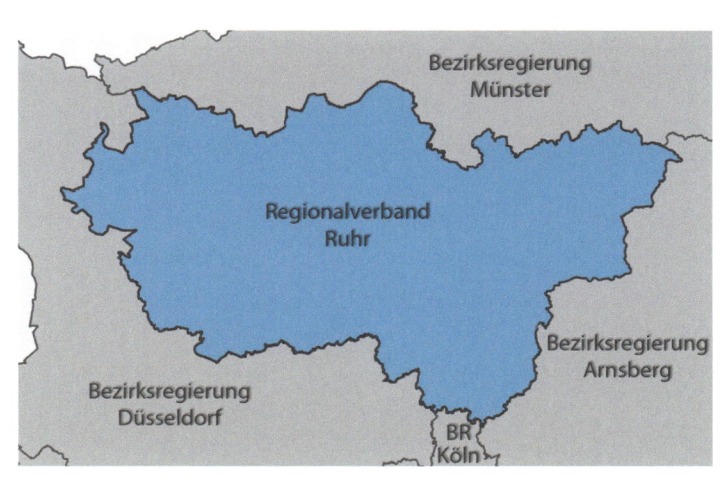

Künftiger Geltungsbereich des Regionalplans Ruhr.

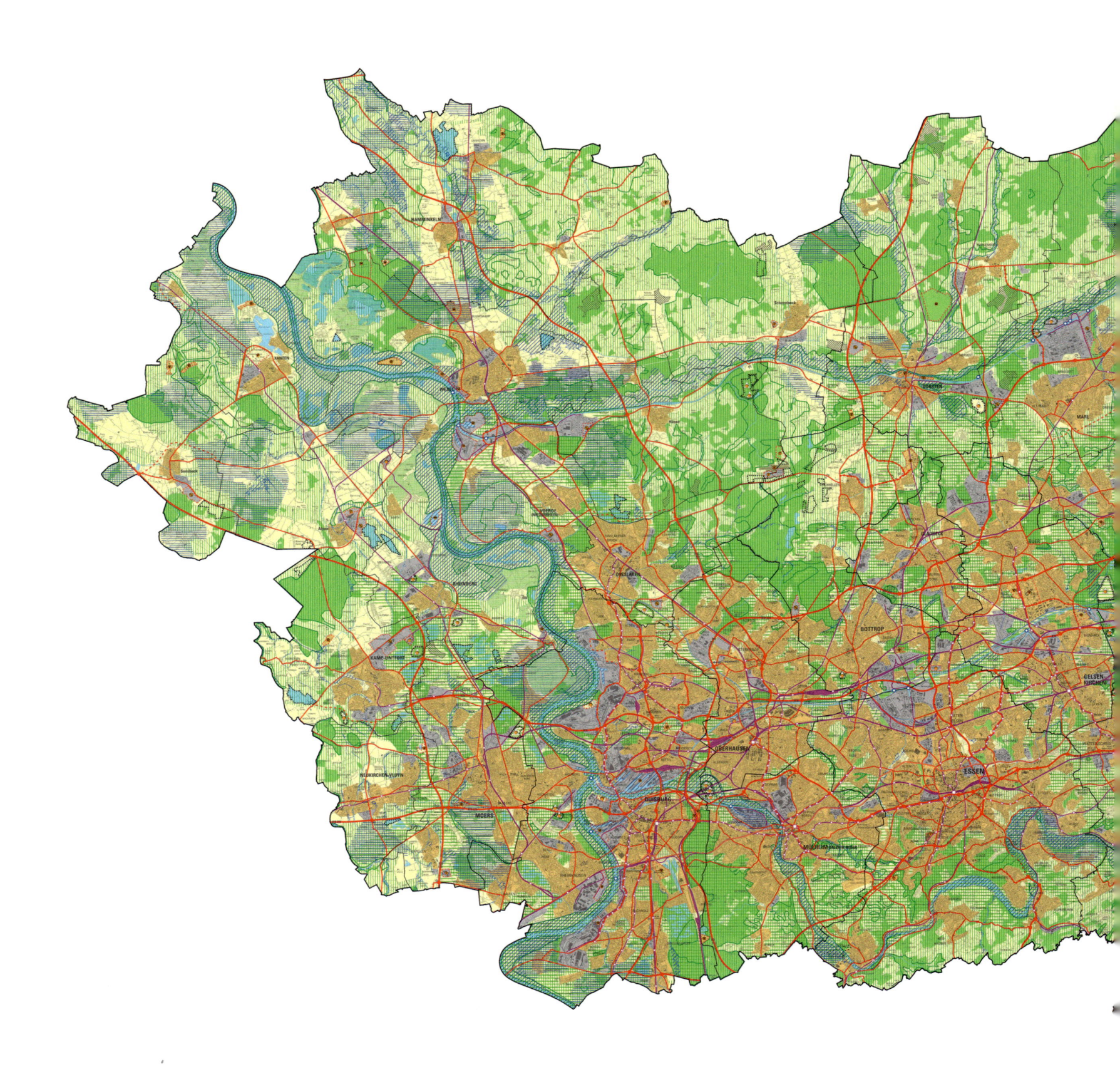

Entwurf des Regionalplans Ruhr,
Stand: Erarbeitungsbeschluss.

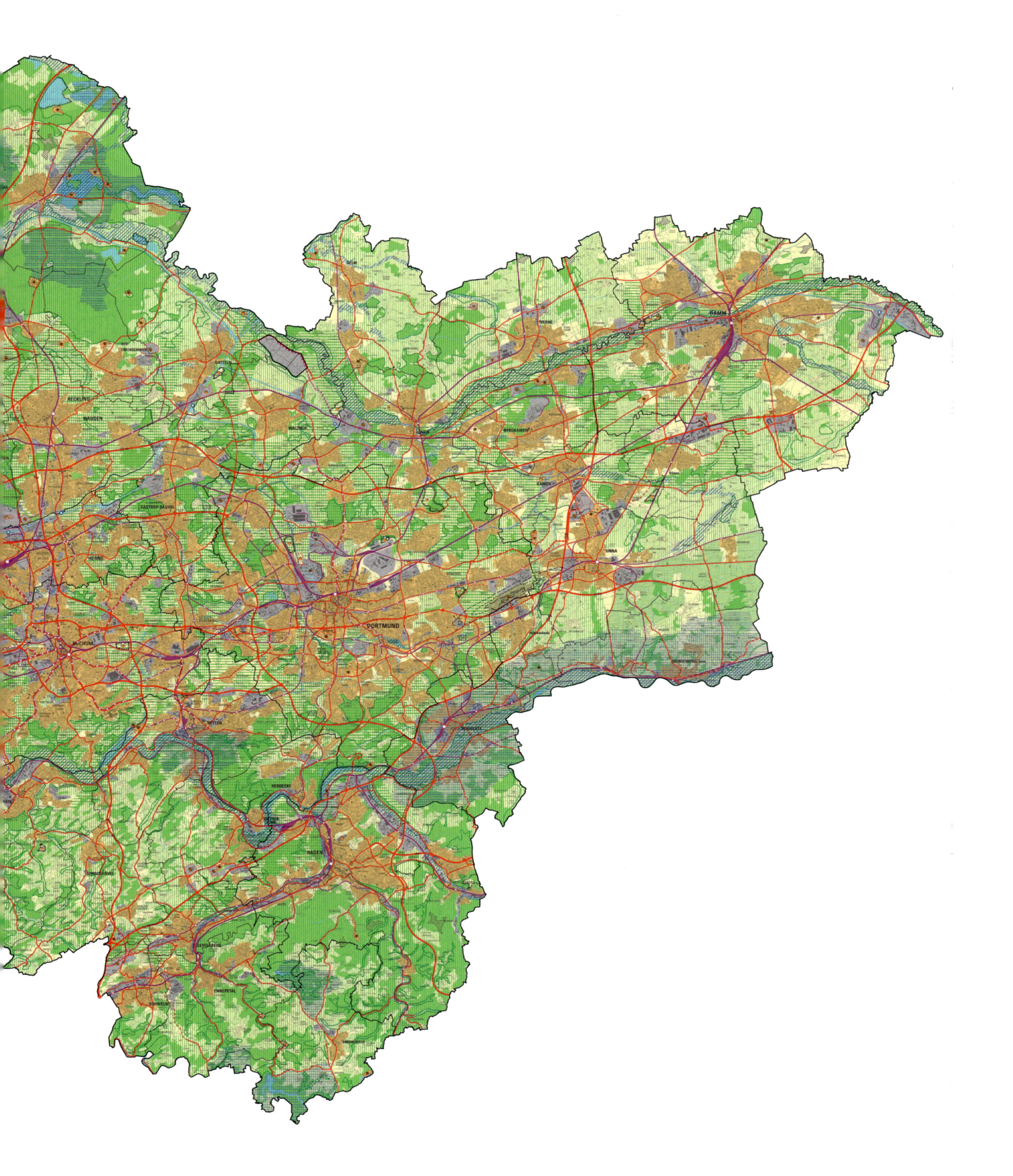

DER NEUE REGIONALPLAN RUHR

oben: Flächen für bestehendes und neues Wohnen in der Metropole Ruhr.   unten: Neue Räume für neue Arbeitsplätze.

Gleichzeitig und darüber hinaus soll der Regionalplan Ruhr eine Zukunftssicherung für die Ansiedlung von Großbetrieben schaffen, die mehr als 100.000 Quadratmeter Betriebsfläche benötigen. Um die künftige Ansiedlung solch flächenintensiver Betriebe zu ermöglichen, werden im Regionalplan Ruhr regional bedeutsame *Regionale Kooperationsstandorte* als zusätzliches Angebot für die Wirtschaft dargestellt, die internationale Aufmerksamkeit auf sich ziehen sollen und mit denen die Region in den Wettbewerb um die Ansiedlung dieser Großbetriebe eintreten kann.

Diese Regionalen Kooperationsstandorte sollen möglichst von mehreren Kommunen gemeinsam entwickelt und vermarktet werden. Diese Maßnahme dient dazu, die Metropole Ruhr durch attraktive Flächenangebote im Standortwettbewerb mit anderen Regionen zu wappnen. Insgesamt konnten Flächen im Umfang von 1300 Hektar mit optimalen Standortbedingungen gefunden und im Regionalplan Ruhr für die Ansiedlung solcher Betriebe ausgewiesen werden.

Das Ruhrgebiet verfügt über landesbedeutsame Häfen in Dortmund, Duisburg, Hamm, Rheinberg, Voerde und Wesel. Dies sind zentrale Orte des Güterumschlags und haben für die exportorientierte Wirtschaft eine große Bedeutung. Der Regionalplan Ruhr soll diejenigen Flächen in den Binnenhäfen sichern, die für den Güterumschlag benötigt werden und wegen ihrer Lage, Anbindung und Größe insgesamt für das Land Nordrhein-Westfalen von besonderer Bedeutung sind.

Neben den Hafenflächen erfordert die wirtschaftliche Entwicklung einer Region auch die ausreichende Versorgung mit Bodenschätzen, gerade auch aus heimischen Lagerstätten. Der Regionalplan Ruhr soll dafür sorgen, dass die für die Versorgung der Wirtschaft benötigten Bodenschätze an der Erdoberfläche vor dem Zugriff durch andere bauliche Nutzungen geschützt werden. Die hierfür benötigten Flächen werden unter Berücksichtigung des künftigen Bedarfs für die nächsten 25 Jahre durch den Regionalplan gesichert.

Vielfältige Landschaften für Erholung und Freizeit

Neben den Flächen für Wohnen und ausreichende Arbeitsplätze wird die Bedeutung einer Region insbesondere auch durch freiraumbezogene Erholungsangebote und Freizeitqualitäten geprägt, also durch sogenannte weiche Standortfaktoren. Auch in diesem Punkt kann der Regionalplan Ruhr beeindruckende Fakten vorweisen: Trotz der hohen baulichen Dichte im Kernbereich des Verbandsgebiets verfügt die Metropole Ruhr über ein vielfältiges und umfangreiches Freiraumangebot.

Der Entwurf des Regionalplans Ruhr umfasst 215.000 Hektar überwiegend landwirtschaftlich genutzte Freiräume. Dieses umfangreiche Freiraumsystem wird ergänzt durch rund 90.000 Hektar Wald- beziehungsweise Waldentwicklungsflächen, die das Freizeit- und Erholungsangebot in der Metropole Ruhr nachhaltig bestimmen. In dem dicht besiedelten Ballungsraum der Kernzone sollen die letzten zusammenhängenden Freiraumsysteme als sogenannte Regionale Grünzüge vor einer weiteren Inanspruchnahme und Reduzierung geschützt werden. Der Umfang dieses Freiraumsystems im Entwurf des Regionalplans Ruhr umfasst rund 108.000 Hektar. Ziel ist es, insbesondere deren Durchgängigkeit zu erhalten, um zusammenhängende Wegeverbindungen sichern oder anlegen zu können und Tieren Wanderungskorridore zu bieten. Zudem übernimmt dieses Freiraumsystem wichtige Klimafunktionen für die Siedlungsräume. Hinzu kommen Wasserflächen und Kanäle mit rund 11.300 Hektar, die für Freizeit und Erholung ebenfalls eine große Bedeutung haben.

Lebensräume für schützenswerte Tiere und Pflanzen

Die von schutzwürdigen Tieren und Pflanzen benötigten Lebensräume erfahren über den Regionalplan Ruhr besondere Beachtung. Innerhalb der Wälder und der für die Landwirtschaft vorgesehenen Flächen werden im Entwurf des Regionalplans Ruhr schutzwürdige Bereiche mit einem Umfang von 84.000 Hektar festgelegt, innerhalb derer langfristig Naturschutzgebiete ausgewiesen werden sollen.

Neue Mobilität in der Metropole Ruhr

Die Metropole Ruhr verfügt über eine leistungsfähige Straßeninfrastruktur mit 616 Kilometern Bundesautobahnen, 558 Kilometern Bundesstraßen, 2154 Kilometern Landesstraßen und regional bedeutsamen Straßen für die Sicherung der Mobilität für die Wirtschaft und die Menschen. Die Korridore für die Straßen werden aus der Bundesverkehrs- und der Landesverkehrswegeplanung übernommen und sollen mit dem Regionalplan gesichert werden. Es werden jedoch nicht nur Straßentrassen gesichert, sondern auch bestehende oder geplante Eisenbahntrassen. Selbst stillgelegte Eisenbahntrassen sind für den Regionalplan Ruhr von Bedeutung. Er sichert den Verlauf der stillgelegten Trassen, auch wenn diese als Rad- oder Fußwegeverbindungen ausgebaut werden. Auch hier gilt, dass die Durchgängigkeit des Trassenverlaufs erhalten werden soll, um gegebenenfalls die Trasse später wieder für den Schienenverkehr ausbauen zu können.

Im Entwurf des Regionalplans Ruhr spielt auch der Radverkehr bundesweit erstmalig innerhalb eines Regionalplans eine Rolle. Mit der Festlegung der Trasse für den mehr als 100 Kilometer langen Radschnellweg (RS1) von Duisburg nach Hamm soll der Ausbau des Radwegs planerisch gesichert werden, um zu verhindern, dass der Radschnellweg durch andere Nutzungen oder Bebauung unterbrochen und damit nicht mehr realisiert werden könnte. Damit erhält der klima- und umweltfreundliche Radverkehr eine gleichrangige Stellung gegenüber den traditionellen Verkehrsträgern.

Dem kulturellen Erbe verpflichtet

Der Regionalplan Ruhr ist auch der Wahrung des kulturellen Erbes verpflichtet. Wertvolle Kulturlandschaften sollen über den Regionalplan in ihrer Vielfalt und Eigenart erhalten und entwickelt werden. Dies soll historische Landnutzungs- oder Bewirtschaftungsweisen ebenso der Nachwelt erhalten wie charakteristische oder zeittypische Siedlungsformen oder Industriedenkmäler.

Herausforderung Klimaschutz und Anpassung an den Klimawandel

Um die im Rahmen des Klimaschutzes beabsichtigte Reduzierung der Treibhausgase zu erreichen, werden im Regionalplan Ruhr auch Standorte für erneuerbare Energien gesichert. Über die Festlegung von Windenergiebereichen sollen Flächen von entgegenstehender Bebauung freigehalten werden, die für Windenergieanlagen vorgesehen sind. Zusätzlich sollen Anlagen hierfür realisiert werden. Das größte Potenzial in der Metropole Ruhr für die Nutzung erneuerbarer Energien besteht nachweislich auf den Dachflächen der Wohngebäude.

Die Auswirkungen des Klimawandels erfordern Maßnahmen zur Anpassung an die bereits heute bekannten Auswirkungen. Durch die Freihaltung von Überschwemmungsbereichen von einer weiteren Bebauung sollen entlang der Flüsse zum einen die Staubereiche für Hochwasser (Retentionsräume) gesichert werden. Zum anderen soll eine weitere Bebauung in überflutungsgefährdeten Bereichen verhindert werden, um damit ein künftiges Gefährdungspotenzial vorsorglich auszuschließen.

Der Schutz von Freiräumen, insbesondere von Wäldern, ermöglicht eine Sicherung von Gebieten für die Kaltluftentstehung. Über die Regionalen Grünzüge kann die kühlere Luft in überhitzte Baugebiete oder Ortsteile geführt werden. Voraussetzung hierfür ist, dass in den Grünzügen keine Gebäude errichtet werden, durch die die hierin stattfindenden Frischluftbewegungen abgebremst oder behindert würden. Für die Ermittlung und Bewertung der Freiräume als klimaökologische Ausgleichsräume konnte der RVR auf ein umfangreiches Basiswissen aus Klimagutachten zurückgreifen. Dieses konnte unmittelbar für die Erarbeitung des Entwurfs des Regionalplans Ruhr nutzbar gemacht werden.

Ein Plan aus der Metropole Ruhr für die Metropole Ruhr

Mit dem Inkrafttreten des Regionalplans Ruhr werden der planerischen Dreiteilung und einem mehr als drei Jahrzehnte dauernden planerischen Autonomiedefizit in der Gesamtregion ein Ende gesetzt. Das Ruhrgebiet mit seinen insgesamt elf kreisfreien Städten, vier Kreisen und weiteren 42 kreisangehörigen Städten und Gemeinden wurde als Gesamtregion (wieder) in die Lage versetzt, Antworten auf die Herausforderungen der Zukunft entwickeln zu können. Die strategische Regionalplanung mit ihren beiden Instrumenten, dem Regionalplan Ruhr und dem Handlungsprogramm Ruhr, ist hierbei von zentraler Bedeutung. Die bewährte Verbindlichkeit der Planungsinstrumente und ein umsetzungsorientiertes Netzwerkmanagement durch den RVR schaffen die Rahmenbedingungen für die künftige Entwicklung der Metropole Ruhr. Das Handlungsprogramm Ruhr ergänzt den formalen Regionalplan im Sinne einer strategischen Regionalentwicklung.

Mit der Direktwahl der Verbandsversammlung des RVR entsteht ein »echtes« Ruhrparlament, das die räumliche Entwicklung der Region künftig aktiv gestalten und demokratisch legitimieren kann.

Sicherung und Erhaltung wertvoller
Landschaftsräume; wichtig auch
vor dem Hintergrund der Anpassung
an den Klimawandel.

Der Rhein-Ruhr-Express: ein Zukunftsprojekt auch für die Metropole Ruhr von Verkehrsverbund Rhein-Ruhr (VRR) und Zweckverband Nahverkehr Westfalen-Lippe (NWL).

Mobilität der Zukunft

Die vernetzte Metropole Ruhr

MARTIN TÖNNES
war von 2011 bis 2019
Beigeordneter des Bereichs Planung
im Regionalverband Ruhr.

MARIA T. WAGENER
leitet seit 2010 das Referat
Regionalentwicklung
im Regionalverband Ruhr.

THOMAS POTT
leitet seit 2012 das Team
Mobilität im Referat
Regionalentwicklung.

Mobilität ist der Schlüssel für die Funktionsfähigkeit einer Metropole, ein Grundbedürfnis der Menschen und Grundlage für eine funktionierende Wirtschaft. Der Verkehr als die Art und Weise, wie Mobilität für die Menschen und die Güter gelebt wird, soll aber auch verträglich für die Lebensgrundlagen, die Umwelt und das Klima in der Region erfolgen. Die Zahlen für die Anteile der Verkehrsmittel im Jahr 2019 für die Metropole Ruhr zeigen, dass rund 60 Prozent aller Personenwege im Pkw zurückgelegt werden. Der Anteil in Bussen und Bahnen liegt mit 10 Prozent deutlich hinter dem anderer Metropolen. Auch der Anteil des Radverkehrs ist mit 9 Prozent noch steigerungsfähig. Positiv ist mit 23 Prozent der Anteil der Mobilität, der zu Fuß in den Städten und Gemeinden zurückgelegt wird. Für die Metropole Ruhr ist von großer Bedeutung, dass die Mobilität nicht an den Stadtgrenzen endet, sondern zunehmend regional betrachtet wird.

Sehr bedeutend ist dabei auch der Beitrag des Sektors Mobilität zur Erreichung der Klimaschutzziele. Der Bericht des Regionalverbands Ruhr (RVR) zur Lage der Umwelt von 2017 stellt fest, dass der Verkehr in der Metropole Ruhr mit 36 Prozent der Treibhausgas-Emissionen noch vor Gewerbe/Industrie und den Haushalten die stärkste Triebkraft des Klimawandels ist. Die international vereinbarten und nach europäischer und nationaler Gesetzgebung bis 2030 beziehungsweise 2050 zu erreichenden Klimaziele stellen den Verkehrssektor vor besondere Herausforderungen.

Der RVR hat erstmals für die Gesamtregion eine umfassende Analyse zur Mobilität und deren Stärken und Schwächen vorgenommen. Die Ergebnisse zeigen, dass für eine nachhaltige zukunftsfähige Mobilität in dieser dicht besiedelten Region die Chancen und Potenziale für eine Verlagerung der täglichen Verkehrsströme genutzt werden müssen. Als attraktive Alternativen im Alltagsverkehr sind leistungsfähige Bus- und Bahnverbindungen nötig, die die Menschen genauso schnell wie das Auto an ihre Ziele bringen. Das Fahrrad muss als vollwertiges Verkehrsmittel betrachtet werden und sichere Radwegenetze müssen geplant und gebaut werden. Mit der Entwicklung der Elektromobilität, der Digitalisierung von Mietauto- und Mietradmodellen oder dem autonomen Fahren werden neue und umweltfreundliche Mobilitätsalternativen entstehen. In der Mobilität ist ein ähnlicher Umbruch zu erwarten, wie er seinerzeit mit der Erfindung des Autos verbunden war.

Radfahren auf der Erzbahntrasse zwischen Bochum und Gelsenkirchen / Rhein–Herne–Kanal.

Regionales Mobilitätsentwicklungskonzept

Die Verbandsversammlung des RVR hat beschlossen, den Weg in die Zukunft der Mobilität aktiv mitzugestalten und hat hierzu ein sogenanntes Regionales Mobilitätsentwicklungskonzept für die Metropole Ruhr beauftragt. Die Erarbeitung erfolgt durch den RVR in enger Zusammenarbeit mit seinen Verbandskommunen und regional Agierenden, mit dem Verkehrsverbund Rhein-Ruhr (VRR) und dem Nahverkehr Westfalen-Lippe (NWL) als Aufgabenträgern für den Nahverkehr auf der Schiene, mit der Verkehrswirtschaft, den Kammern, dem Landesverkehrsministerium und weiteren Institutionen.

Unter dem Leitbild »Die vernetzte Metropole Ruhr« geht die Metropole Ruhr mit dem Regionalen Mobilitätsentwicklungskonzept neue Wege in Richtung Zukunft der Mobilität. Die Vorgaben für die Mobilitätsentwicklung basieren auf den von der Verbandsversammlung im Jahr 2016 beschlossenen »Leitbildern und Zielaussagen zur Regionalen Mobilität in der Metropole Ruhr«. Diese gliedern sich in sechs Leitsätze:

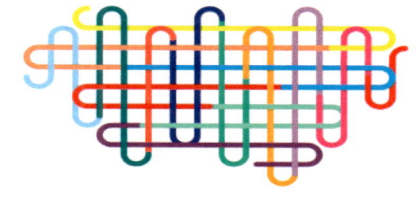

- Die nach außen vernetzte Metropole Ruhr
- Die in sich vernetzte Metropole Ruhr
- Der starke Wirtschaftsstandort Metropole Ruhr
- Raumdifferenzierte Mobilität in der Metropole Ruhr
- Der umwelt- und stadtverträgliche Verkehr in der Metropole Ruhr
- Mobilität für alle in der Metropole Ruhr

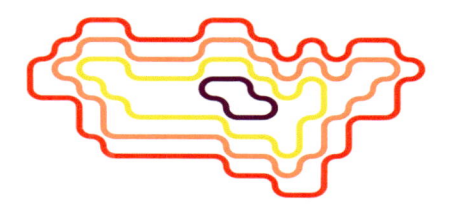

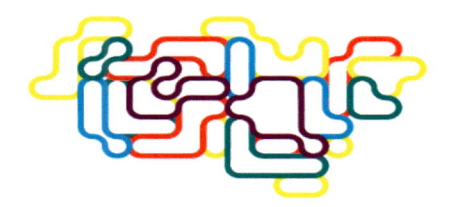

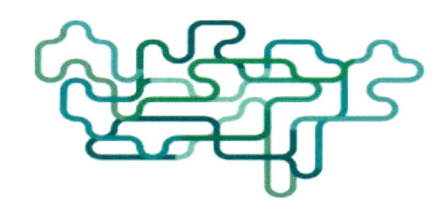

Zu den eindeutigen Stärken der Metropole Ruhr zählt die nationale und europäische Erreichbarkeit durch die gute Einbindung in nationale und internationale Verkehrsnetze sowohl für den Personen- als auch den Wirtschaftsverkehr. Gleichzeitig – und dies ist die zentrale Herausforderung für die Metropole Ruhr – stoßen die vorhandenen Verkehrsnetze innerhalb des größten Ballungsraums Deutschlands an ihre Kapazitätsgrenzen.

Mobilität im Wandel: Chancen nutzen und eine Verkehrswende einleiten

Mobilität und Verkehr befinden sich nicht nur in der Metropole Ruhr in einem grundlegenden Wandel. Der Übergang zu einer postfossilen Mobilität sowie die voranschreitende Digitalisierung, in der sich die

Auszug aus dem Regionalen Mobilitätsentwicklungskonzept, Leitbilder und Zielaussagen zur regionalen Mobilität, RVR 2015.

Mobilitätsangebote in immer schnelleren Innovationszyklen weiterentwickeln, prägen die Diskussion um eine zukünftige integrierte Mobilitätsentwicklungsplanung. Die klassischen Herausforderungen des wachsenden Verkehrsaufkommens, die immer disperseren Siedlungs- und Verkehrsstrukturen, das steigende Wirtschaftsverkehrsaufkommen sowie die daraus resultierenden Handlungsfelder Klimaschutz und Klimaanpassung, Lärmreduktion, Luftreinhaltung und Investitionsrückstau sind mit Unwägbarkeiten verbunden: Welche technischen Entwicklungen werden sich durchsetzen? Wie wird der demografische Wandel bewältigt? Welche Infrastrukturen müssen weiterentwickelt und optimiert werden? Wie kann mit dem Instandhaltungsrückstau umgegangen werden beziehungsweise wie kann die Effizienz der bestehenden Infrastrukturen im Personen- und Wirtschaftsverkehr erhöht werden?

Gleichzeitig ergeben sich neue Handlungsfelder und -möglichkeiten: Durch die Digitalisierung und Vernetzung kann Verkehr besser gesteuert werden, Individuen können sich multimodal vernetzen. Sharing-Angebote, Mobilstationen respektive Mobility-Hubs oder autonomes beziehungsweise automatisiertes Fahren können auch auf regionaler Ebene zu mehr Effizienz in der integrierten Siedlungs- und Verkehrsentwicklung führen.

Die innovative Metropole Ruhr auf dem Weg zu einer zukunftsorientierten regionalen Mobilität im Personen- und Wirtschaftsverkehr

Von ländlich geprägten Räumen bis zu international bedeutenden Großstädten sind nahezu alle siedlungsstrukturellen Raumtypen in der Metropole Ruhr vertreten; untereinander sind die Städte eng vernetzt. Die Ansprüche, die aus diesen Verflechtungen an die Mobilität für die Menschen und Wirtschaftsunternehmen, aber auch an die Metropole Ruhr als Transitregion gestellt werden, sind vielfältig: der Weg von der Kleinstadt zum Arbeiten in das benachbarte Oberzentrum, abends ins Theater des übernächsten Oberzentrums, vom Wohnort zum Studieren an eine der zahlreichen Hochschulen oder der Warentransport durch Logistikunternehmen und Kurier-, Express- und Paketdienste innerhalb der Metropole Ruhr. Ziel des Regionalen Mobilitätsentwicklungskonzepts ist es, den hieraus resultierenden Chancen und Herausforderungen Rechnung zu tragen sowie die unterschiedlichen Raumtypen zu berücksichtigen und geeignete Handlungsansätze und konkrete Modellprojekte zu entwickeln. Dabei werden auch gesellschaftliche Trends und Entwicklungen Einfluss auf das Mobilitätsverhalten haben.

links: Dortmunder Hauptbahnhof.
rechts: U-Bahnhof Rathaus Süd, Bochum.

Der Prozess zum erfolgreichen Konzept

Die Zukunft der Mobilität in der Metropole Ruhr wird sich zwischen lokaler Zuständigkeit und regionaler Identität entscheiden. Dies erfordert einen intensiven Dialog, um am Ende des Bearbeitungsprozesses ein umsetzungsorientiertes und realistisches, aber auch visionäres Mobilitätsentwicklungskonzept zu verabschieden. Dabei sind die Handelnden – begonnen bei den Städten, Gemeinden und Kreisen über die Verbände, Kammern, Aufgabentragenden im ÖPNV (SPNV und ÖSPV) bis hin zu Bundes- und Landesinstitutionen und insbesondere der Wirtschaft – in den Dialog- und Planungsprozess einbezogen. Damit wird die Grundlage geschaffen, um gemeinsam die Handlungsansätze zu entwickeln, Maßnahmen abzuleiten und die erarbeiteten Modellprojekte umzusetzen sowie einen regelmäßigen Dialog zu initiieren. Weder die Handlungsansätze noch die erarbeiteten Modellprojekte zielen darauf ab, allein vom RVR in Federführerschaft erarbeitet beziehungsweise umgesetzt zu werden. Vielmehr ist die Konzeption so angelegt, dass sich die unterschiedlichen Parteien in den Prozess einbringen und gerade die regional Tätigen Handlungsansätze und -optionen mitgestalten und federführend in der Umsetzung übernehmen.

Das Regionale Mobilitätsentwicklungskonzept soll und kann nicht die kommunale Verkehrsentwicklungsplanung ersetzen. Aber für die Zukunft muss gelten, dass die kommunale Verkehrsentwicklungsplanung in ein Konzept für die Gesamtregion eingebunden ist und hierbei einen wesentlichen Beitrag zur gesamtregionalen Mobilität leistet. So, wie die Mobilität der Menschen und der Güter nicht an Stadtgrenzen endet, besteht in der Metropole Ruhr zu Recht die Erwartungshaltung, dass regionale Mobilitätsplanung und Mobilitätspolitik konkret geplant und umgesetzt werden.

Modellprojekt »Bahnhöfe als Willkommensorte für die Metropole Ruhr«

Die erarbeiteten Modellprojekte spiegeln den integrierten, übergreifenden Ansatz des regionalen Mobilitätsentwicklungskonzepts wider. Viele der Modellprojekte sind eng miteinander verzahnt und können unter einer gemeinsamen Gesamtstrategie umgesetzt werden. Ein Beispiel hierfür ist das Modellprojekt »Bahnhöfe als Willkommensorte für die Metropole Ruhr«.

Bahnhöfe, größere Stadtbahnstationen und Busbahnhöfe sind die Tore und Visitenkarten der Metropole Ruhr. Die attraktive Gestaltung dieser Verkehrsstationen mit ihrem Umfeld trägt zu einer größeren Attraktivität des öffentlichen Verkehrs und zu Verlagerungen von Fahrten auf den Umweltverbund bei. Ein zeitgemäßes, auf den jeweiligen Ort abgestimmtes Erscheinungsbild sowie ein hochwertig gestaltetes städtebauliches Umfeld mit adäquater Ausstattung führen auch zu Identifikation, einem höheren Sicherheitsgefühl und größerem Wohlbefinden. Eine hohe Aufenthaltsqualität rund um die Bahnhöfe und Haltepunkte der öffentlichen Verkehrsmittel erzeugt positive Effekte auf die Stadt- und Regionalentwicklung in der Metropole Ruhr. So können Quartiere im Bahnhofsumfeld zu hochwertigen Wohn- und Gewerbegebieten weiterqualifiziert werden.

Das Modellprojekt »Bahnhöfe als Willkommensorte« umfasst Leitlinien für die städtebauliche Gestaltung der Stationen und Stationsumfelder und ein Hierarchiesystem für Ausstattungsstandards dieser Stationen. Es soll aufgezeigt werden, wie die architektonischen, städtebaulichen und funktionalen Kriterien bei der Neugestaltung einer Station und des Umfeldes umgesetzt werden können.

Am Beispiel der Bahnhöfe wird deutlich, dass die vernetzte Mobilität nicht von einer Institution allein getragen werden kann. Hier sind je nach Aufgabengebiet und Modellprojekt verschiedene Agierende zu nennen, die sich untereinander abstimmen und auf eine gemeinsame Vorgehensweise einigen. Der RVR sieht für sich die Aufgabe, die unterschiedlichen Parteien zusammenzubringen und die Umsetzung der Projekte damit zu initiieren.

Bedarfsplan Regionales Radwegenetz Metropole Ruhr

Aufbauend auf dem in der Metropole Ruhr seit vielen Jahren entwickelten, rund 1200 Kilometer langen und eher freizeit- und touristisch geprägten Radwegenetz, ist das aktuelle Ziel die konzeptionelle Entwicklung eines hierarchischen Radwegenetzes für den Alltagsverkehr mit gleichzeitigen Synergieeffekten für das Freizeitnetz.

Damit erhält die Metropole Ruhr als größter Ballungsraum Deutschlands ein Zukunftskonzept beziehungsweise einen Bedarfsplan in Sachen Radverkehr. Das Regionale Radwegenetz soll die Basis bilden, um das Fahrrad zu einem vollwertigen Verkehrsträger in der

links: Radfahren am Niederfeldsee in Essen.

rechts: Radfahren auf dem Stadtviadukt in Mülheim an der Ruhr.

Metropole Ruhr zu entwickeln und einen Beitrag zur Mobilitätswende Ruhr zu leisten, zu mehr Lebensqualität und zum Klimaschutz. Es besteht aus drei Kategorien:

- 340 Kilometer regionale Radschnellverbindungen (inkl. Radschnellweg Ruhr (RS1) und Radschnellweg Mittleres Ruhrgebiet)
- 690 Kilometer regionale Radhauptverbindungen
- 780 Kilometer regionale Radverbindungen

Mit dem Bedarfsplan für das Regionale Radwegenetz wird eine adäquate und zukunftsorientierte Infrastrukturplanung für den Radverkehr in der Metropole Ruhr auf den Weg gebracht. Erstmals in Nordrhein-Westfalen wird ein Radverkehrsnetz in einer solchen Größenordnung konzipiert. Die Realisierung dieses Netzes ist eine Aufgabe für viele Agierende in der Region. Aufgabe des RVR ist es jetzt, die Vernetzung voranzutreiben. Neben dem Bedarfsplan stellt sich der RVR auch organisatorisch zukunftsgerecht neu auf. Mit der Gründung des Kompetenzzentrums Radmobilität Ruhr schafft der RVR die notwendige Bündelung der Strukturen für die weiteren Schritte zur Umsetzung des Konzepts.

Rückgrat des Regionalen Radwegenetzes sollen zukünftig die breiten und möglichst kreuzungsfreien Radschnellverbindungen sein. Dazu gehört der Radschnellweg Ruhr (RS1), der in seiner Länge und Verbindungswirkung bundesweit einmalig sein dürfte.

Radschnellweg Ruhr (RS1): der schnellste Weg durchs Revier

»Wer will da noch Auto fahren?« – so der Titel der Zeitung Die Welt anlässlich der Eröffnung des ersten Teilabschnitts des RS1. Bei kompletter Fertigstellung wird der RS1 die Städte im Ruhrgebiet über 101 Kilometer von Duisburg bis Hamm verbinden. Im Einzugsbereich des RS1 leben 1,65 Millionen Menschen, befinden sich 430.000 Arbeitsplätze und vier Universitäten mit rund 150.000 Studierenden. Nach Fertigstellung des RS1 können die Straßen täglich um 50.000 Pkw-Fahrten entlastet werden, sodass die klimaschädlichen CO_2-Emissionen um 16.000 Tonnen jährlich reduziert werden können. Damit leistet der RS1 als Teil der regionalen Radwegeinfrastruktur zukünftig einen erheblichen Beitrag zum Klimaschutz und wird zu einer schnellen und attraktiven Verbindung zwischen den Städten der Metropole Ruhr.

Bereits entlang der befahrbaren Radwegetrasse von der Universität Essen bis zur Hochschule Ruhr West in Mülheim an der Ruhr wird deutlich, welche städtebaulichen Impulse durch öffentliche und private Investitionen ausgelöst werden können. Durchgeführte Fassadensanierungen bei etlichen Häusern zu der neu gebauten Radwegetrasse haben aus der »Hinterhoflage« an der ehemaligen Bahnstrecke eine neue Vorderfront entstehen lassen. Wichtige städtebauliche Entwicklungsmaßnahmen werden durch die hochwertige Rad- und Fußwegeverbindung miteinander verbunden.

Im unmittelbaren Einzugsbereich der Trasse werden rund 60 mittlere und größere Regionalniederlassungen oder Konzernzentralen durch den RS1 erschlossen. Gerade für diese Unternehmen bietet sich die Chance, im Wettbewerb um die kreativen Köpfe von dieser Standortgunst im Sinne einer Adressbildung zu profitieren. Es sind gerade die jungen und gut ausgebildeten Fachkräfte, die an einer schnellen und sicheren Erreichbarkeit des Arbeitsplatzes auch ohne Auto ein Interesse haben. Der RS1 löst aber auch jetzt schon konkrete Nachfragen für neue Unternehmensgründungen im Bereich von Service und Dienstleistungen aus.

Ausblick zur Mobilität in der Metropole Ruhr

Mit dem Regionalen Mobilitätsentwicklungskonzept liegt für die Metropole Ruhr ein grundlegender Vorschlag zum Wandel zu einer gesamtregionalen Mobilitätsstrategie vor. Hierbei werden alle Beteiligten beweisen müssen, ob das Leitmotto »Vernetzte Metropole Ruhr« gelebter Alltag wird. Am Beispiel des RS1 und des Regionalen Radwegenetzes kann sich zeigen, ob dieser Perspektivwechsel bei der konkreten baulichen Umsetzung erfolgreich gelingen wird. Gleichzeitig haben beide Projekte eine bundesweite Strahlkraft. Eindrucksvoll kann sich zeigen, was möglich ist, wenn alle Beteiligten der Metropole Ruhr an einem Strang ziehen. Mit gemeinsamer Planung und anschließender Umsetzung kann die Region ihre Kraft, Dynamik und Stärke auch im Themenfeld der Mobilität entfalten.

Der nordrhein-westfälische Landtag hat dem RVR im Jahr 2015 beim Thema Mobilität eine wichtige Rolle für die Gesamtregion zugeordnet. Mit dem Mobilitätsentwicklungskonzept für die Metropole Ruhr ist ein Zukunftskonzept mit konkreten Maßnahmen und Modellprojekten vorhanden. Das direkt gewählte Regionalparlament der Metropole Ruhr kann die Chance und die Herausforderung nutzen, die Mobilität der Zukunft gemeinsam in weiteren Kooperationen für die vernetzte Metropole Ruhr zu gestalten.

Mobilität in der Metropole Ruhr,
(Fotomontage).

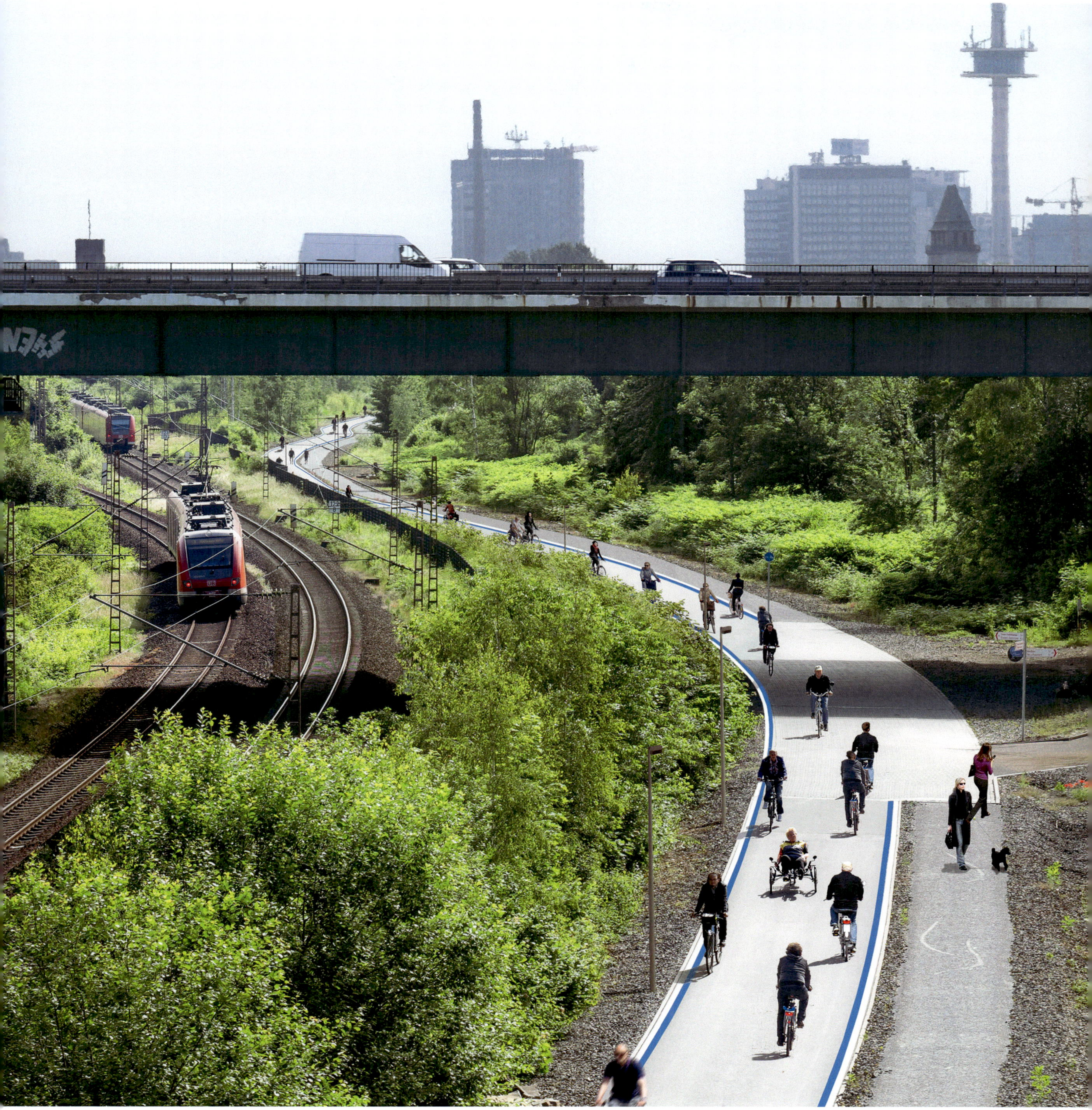

Route der Industriekultur

BARRY GAMBLE

ist unabhängiger Welterbe-Berater,
unter anderem für das Welterbe-Projekt
»Industrielle Kulturlandschaft Ruhrgebiet«
im Auftrag der Stiftung Industriedenkmalpflege und Geschichtskultur.

ULRICH HECKMANN

ist Leiter des Referats Industriekultur
im Regionalverband Ruhr.

ROUTE DER INDUSTRIEKULTUR

Ikone und System des industriellen Erbes

Die Metropole Ruhr ist der größte industriell geprägte Ballungsraum Europas. Wandel und Transformation waren von Anfang an eng mit der Industrialisierung des Ruhrgebiets verknüpft: ein rasanter Prozess ständiger Veränderungen, der eine ganze Region und ihre Menschen tief greifend umformte. Ende der 1950er Jahre setzte ein Wandlungsprozess ein, der den Rückgang des Bergbaus einleitete und etwa 15 Jahre später auch die Stahlindustrie erfasste.

Im Zuge des Strukturwandels der 1970er Jahre entwickelten sich die Industriedenkmalpflege und neue Planungskonzepte, unter anderem die der erhaltenden Erneuerung. Dazu gehörte auch ein thematisch weitreichender Begriff von Industriekultur, der nicht nur das Industriedenkmal als bauliches Objekt einschloss, sondern die alltagskulturellen Lebensbereiche wie Siedlungen, Gärten, Sport und Freizeit sowie Vereinswesen damit verknüpfte.

Erste industriehistorische Meilensteine waren der Erhalt der Maschinenhalle der Zeche Zollern 1969 – zugleich die Geburtsstunde der Industriedenkmalpflege – sowie die Gründung der Industriemuseen durch die beiden Landschaftsverbände Rheinland und Westfalen-Lippe in Nordrhein-Westfalen. Auch die Erhaltung der Siedlung Eisenheim in Oberhausen und das damit verbundene zivilgesellschaftliche Engagement für die Sicherung dieser Arbeitendensiedlung waren Ausdruck eines allmählich einsetzenden Wertewandels. Diese gesellschaftliche Wertschätzung konzentrierte sich zunächst auf lokale Aktivitäten und einzelne Standorte.

Zeche Zollern in Dortmund–Bövinghausen.

In den 1990er Jahren wurde mit dem Projekt einer Route der Industriekultur erstmals ein konzeptioneller Zusammenhang für eine gesamte Region hergestellt – eine Errungenschaft des Regionalverbands Ruhr (RVR). Die Grundlage dazu hatte der Masterplan »Reisen ins Revier« der Internationalen Bauausstellung Emscher Park geliefert, zu deren programmatischer Schlusspräsentation auch die neue Route gehörte.

Von Anfang an entfaltete diese eine weit über die Region hinausgehende Wirkung. Das Verbundsystem aus Ankerpunkten, Siedlungen, Panoramen und Themenrouten wurde zudem Bestandteil wie Vorbild für eine transnationale Variante, die European Route of Industrial Heritage (ERIH).

Die Route der Industriekultur flankiert den ökonomischen, städtebaulichen, sozialen und kulturellen Wandel, indem Geschichte und Identität mit dem laufenden Erneuerungsprozess der Region verbunden werden. Den Besuchenden wird dieses unverwechselbare Profil über ein einheitlich gestaltetes Informations- und Mediensystem vermittelt. Die Route ist insgesamt ein Leitprojekt zur nachhaltigen regionalen Entwicklung durch Tourismus und Freizeit. Und sie zahlt sich im wörtlichen Sinne aus: In 2017 generierten 7,2 Millionen Ankerpunkt-Besuchende einen Bruttoumsatz von 285 Millionen Euro.

Die Übernahme der Trägerschaft im Jahr 2004 durch den Kommunalverband Ruhrgebiet (KVR) – im selben Jahr umbenannt in RVR – war und ist der entscheidende Faktor für den Erfolg. Neben dem infrastrukturellen Qualitätsmanagement ist die Moderation eines Netzwerks ein wesentliches Element, um die verschiedenen lokal und regional Agierenden einzubinden. Die laufende Aktualisierung und Optimierung des Informations- und Mediensystems gewährleisten die Kontinuität des Projekts.

Die Kommunen beziehungsweise Standortbetreibenden können Unterhalt und bauliche Sicherung der fünf Großstandorte, des Welterbes Zollverein in Essen, des Gasometers Oberhausen, des Landschaftsparks Duisburg-Nord, der Jahrhunderthalle Bochum sowie der Kokerei Hansa in Dortmund, nicht alleine schultern. Deshalb unterstützen der RVR und das Land Nordrhein-Westfalen gemeinschaftlich den baulichen Erhalt dieser gigantischen Projekte. Ein bis 2026 laufender Vertrag umfasst ein Volumen von fast zehn Millionen Euro pro Jahr. Zusammen mit dieser großzügigen Unterstützung ist das politische Verständnis auf allen Ebenen dafür gewachsen, dass ohne das industrielle Erbe die Region weniger Zukunft hat.

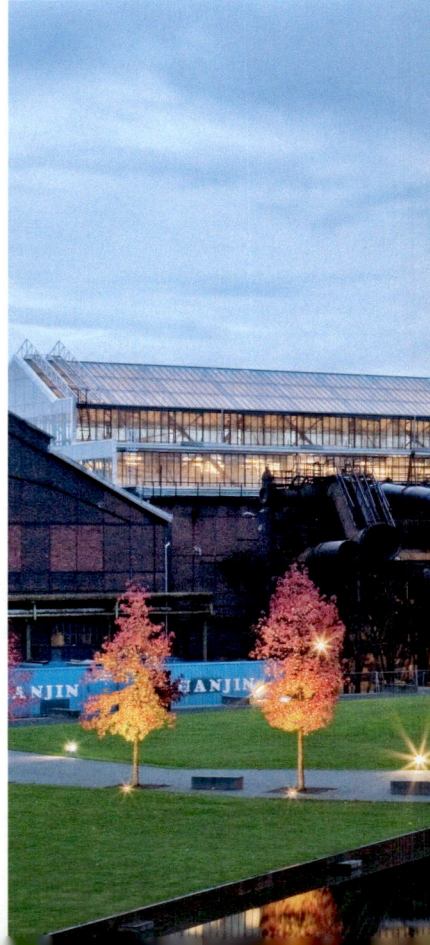

ROUTE DER INDUSTRIEKULTUR

links: Der Landschaftspark Duisburg-Nord ist ein Ankerpunkt der Route der Industriekultur im Ruhrgebiet sowie der Europäischen Route der Industriekultur (ERIH). Auf dem 200 Hektar großen Gelände bildet die 1985 stillgelegte Meidericher Eisenhütte den Mittelpunkt für einen ganz besonderen Park.

mittig: Der Westpark mit der Jahrhunderthalle Bochum.

rechts: Emscher, Rhein-Herne-Kanal, Gasometer Oberhausen.

links: Welterbe Zollverein in Essen, Schacht XII, Rolltreppe zur Kohlenwäsche.

links unten: Schurenbachhalde, Essen.

rechts: Welterbe Zollverein in Essen, Halle 12.

Die »Industrielle Kulturlandschaft Ruhrgebiet«

Künftig geht es darum, das industriekulturelle Erbe des Ruhrgebiets nicht nur als eine regionale Besonderheit, sondern zugleich als existenziellen Teil der allgemeinen Menschheitsgeschichte zu präsentieren. Nachdem der Industriekomplex Zeche Zollverein in Essen als Einzelstandort bereits 2001 den UNESCO-Welterbetitel erhielt, gibt es nun umfängliche Bestrebungen, mit der »Industriellen Kulturlandschaft Ruhrgebiet« einen für das universale Erbe einmaligen Landschaftstyp für die UNESCO-Welterbeliste vorzuschlagen.

In der Publikation *Industrielle Kulturlandschaft Ruhrgebiet. Entwurf einer Darstellung des außergewöhnlichen universellen Wertes*[1] haben dies die federführende Stiftung Industriedenkmalpflege und Geschichtskultur und ihre Projektpartner*innen – das Ministerium für Heimat, Kommunales, Bau und Gleichstellung des Landes Nordrhein-Westfalen, der RVR, die Landschaftsverbände Rheinland und Westfalen-Lippe sowie die Emschergenossenschaft – gemeinsam dokumentiert.

Der kulturlandschaftliche Ansatz zeigt auf, wie stark die industrielle Entwicklung die Landschaft des Ruhrgebiets über einen Zeitraum von 150 Jahren geprägt hat und welche Strukturen sie zwischen Ruhr, Rhein und Lippe im großen Maßstab ausbildete: Eisenbahnlinien, Kanäle und das Emschersystem, Bauten und Anlagen der Kohle-, Eisen- und Stahlindustrie sowie Halden, Polder und Grünzüge. Das Vorhaben zielt aber nicht allein auf die In-Wert-Setzung der radikalen Überformung der Landschaft, sondern auch auf deren kontinuierliche Transformation. Insbesondere in der Kombination von einer historisch gewachsenen und einer lebendigen, sich entwickelnden Landschaft liegt die Stärke des Projekts.

Dass die Bewahrung und Nutzung der historischen Zeugnisse des montanen Zeitalters mit der wirtschaftlichen Zukunft der Region als modernem Industriestandort Hand in Hand geht, hat die Region längst bewiesen: Mit der IBA Emscher Park, der Route der Industriekultur in Verbindung mit einem komplexen Radwegenetz für die Alltags- und Freizeitmobilität auf historischen Bahntrassen und entlang von Flüssen und Kanälen und nicht zuletzt der Europäischen Kulturhauptstadt RUHR.2010 wirkt sie bis heute vorbildgebend für viele (post-)industrielle Staaten der Welt. Auf diese Erfolge bauend, eröffnet das Welterbe-Projekt »Industrielle Kulturlandschaft Ruhrgebiet« eine große Chance, den Qualitäten der Region und den damit verbundenen Leistungen – gleichsam gebündelt – internationale Anerkennung zu verschaffen.

Neben dem zu erwartenden Imagegewinn, der auch der wirtschaftlichen Entwicklung des Ruhrgebiets zugute käme, würde der Welterbetitel große und vielfältige Potenziale für den Bereich des Tourismus eröffnen und im globalen Kontext neue Formen der Betrachtung und Vermittlung generieren. So sollen künftig verstärkt funktionale Zusammenhänge in ihren landschaftlichen Verknüpfungen anstelle einzelner Standorte in den Fokus gestellt werden. Auch die Route der Industriekultur wird diesen neuen kulturlandschaftlichen Ansatz der Vermittlung in Zukunft digital und multimedial in ausgewählten Erlebnisräumen verfolgen.

Übersichtskarte Route der Industriekultur.

Jahrzehnte der Erhaltung, des Schutzes, der Konservierung und der Aufwertung des industriellen Erbes an der Ruhr haben ein strategisches Denken im Umgang mit dem industriekulturellen Erbe hervorgebracht, das auf internationaler Ebene bereits hohe Anerkennung findet. Der nächste Schritt – die Bewerbung um die Aufnahme der »Industriellen Kulturlandschaft Ruhrgebiet« ins UNESCO-Welterbe – ist logisch. Nichts weniger erwartet die Welt für eine solche Ikone des industriellen Erbes.

1 Stiftung Industriedenkmalpflege und Geschichtskultur (Hrsg.): Industrielle Kulturlandschaft Ruhrgebiet. Entwurf einer Darstellung des außergewöhnlichen universellen Wertes. Vorschlag zur Fortschreibung der deutschen Tentativliste für das UNESCO-Welterbe, Dortmund 2018.

Radwegebrücke über den Rhein-Herne-Kanal — die sogenannte Grimberger Sichel bildet den Abschluss des Erlebnisradwegs über die Erzbahntrasse zwischen Bochum, Herne und Gelsenkirchen.

Für eine starke Kultur- und Sportmetropole Ruhr

STEFANIE REICHART

leitet das Referat Kultur
und Sport im
Regionalverband Ruhr.

FÜR EINE STARKE KULTUR- UND SPORTMETROPOLE RUHR

Strukturpolitische Strategie

Früh hat der Regionalverband Ruhr (RVR) die Transformation von einer Montanregion zu einer urbanen Metropole konzeptionell und kommunikativ begleitet. Dazu gehörte seit den 1980er Jahren die strukturpolitische Strategie, zunächst über Kommunikationskampagnen und dann immer stärker über Formate, Netzwerke und Impulsförderung die Metropole Ruhr als Kultur- und Sportstandort in der breiten Öffentlichkeit zu positionieren und damit das Image der Region als attraktiver, weltoffener und urbaner Lebensraum mitzugestalten.

Impuls IBA Emscher Park und RUHR.2010

Die Internationale Bauausstellung (IBA) Emscher Park (1989–1999) wuchs ab Mitte der 1990er Jahre immer stärker über ihren rein baulichen und planerischen Auftrag hinaus. Ihre Entwicklungsstrategie wurde um kulturelle Inhalte ergänzt. Man erkannte, einem internationalen Trend folgend, das Potenzial der historischen In-Wert-Setzung und der künstlerischen Bespielung der Industriekultur im Exzellenzformat, um das Erbe des Montanzeitalters in eine neue Erzählung zu verwandeln und imagestarke Bilder zu generieren. Die Ruhrtriennale,

oben: The Head and the Load (2018), Gregory Maqoma, Thsegofatso Moeng, Vincenzo Pasquariello, Ann Masina, N'faly Kouyate, The Knights, Regie: William Kentridge, Musikalische Leitung: Thuthuka Sibisi, Kraftzentrale, Landschaftspark Duisburg-Nord.

unten: Neither (2014), Regie und Bühne: Romeo Castellucci, Musikalische Leitung: Emilio Pomàrico, Jahrhunderthalle, Bochum.

als spartenübergreifendes Festival der Künste konzipiert, bespielt seit 2002 diesen Entwicklungen folgend industriekulturelle Orte mit herausragenden internationalen Produktionen. Der Erfolg der IBA führte zu weiteren strukturpolitischen Ergebnissen: 2006 erhielt Essen – stellvertretend für die Gesamtregion – den Zuschlag für die Kulturhauptstadt Europas im Jahr 2010. RUHR.2010 entwickelte unter dem Leitthema »Wandel durch Kultur – Kultur durch Wandel« ein regionalumfassendes und imagestarkes Programm mit internationaler Ausstrahlung, das zugleich eine identitätsstiftende Wirkung nach innen hatte und städteübergreifende Kooperationen und Netzwerke generierte.

Kulturmetropole Ruhr: Nachhaltigkeit und Netzwerke

Die Impulse von RUHR.2010 sollten bewahrt bleiben, das programmatische Erbe des Großprojekts, auch nach dessen Ende, finanziell und konzeptionell gesichert werden. Der RVR als maßgeblicher Mitinitiator von RUHR.2010 stellt gemeinsam mit dem Land Nordrhein-Westfalen hierfür seit 2012 jährlich 4,8 Millionen Euro im Rahmen der sogenannten Nachhaltigkeitsvereinbarung zur Verfügung. Die Profilierung der Kulturmetropole Ruhr setzt sich unter anderem über Urbane Künste Ruhr, das European Center for Creative Economy (ecce), die Netzwerke der regionalen Theater- und Museumslandschaft – mit fließendem Übergang zur touristischen

links: Das Rheingold (2015), Regie: Johan Simons, Musikalische Leitung: Teodor Currentzis, Jahrhunderthalle, Bochum.

rechts: Carré (2016), CHORWERK RUHR, Bochumer Symphoniker, Musikalische Leitung: Michael Alber, Florian Helgath, Matilda Hofman, Rupert Huber, Jahrhunderthalle, Bochum.

Vermarktung – und identitätsstiftende Veranstaltungsformate fort. Gleichzeitig gilt es der Region, etwa durch die Initiierung und Förderung innovativer Formate und Kooperationen, neue Entwicklungsimpulse zu geben. Anspruchsvolle regionale Kooperationsprojekte bedürfen einer ergebnisorientierten Netzwerkarbeit. Deshalb moderiert und unterstützt der RVR diese, berät und wirkt bei der kooperativen Projektentwicklung mit: so zum Beispiel bei den Kulturnetzwerken der RuhrKunstMuseen, der RuhrBühnen oder des Netzwerks literaturgebiet.ruhr. Zehn Jahre nach der Kulturhauptstadt gilt es zu untersuchen, wie nachhaltig wirkende Netzwerkstrukturen nicht nur als einzelne Modellprojekte, sondern als spartenübergreifende Zukunftsperspektive zu begreifen sind.

Sportmetropole Ruhr: Neuausrichtung und Formatentwicklung

Auch auf der internationalen Sportbühne nimmt die Metropole Ruhr seit Jahrzehnten eine wichtige Rolle ein. Breiten- und Spitzensport sind im Ruhrgebiet gleichermaßen zu Hause. Die Metropole Ruhr ist seit Jahrzehnten Austragungsort (inter-)national bedeutender Sportwettkämpfe und -veranstaltungen. Dies zeigt sich nicht nur in den Erfolgen der großen Vereine und olympischen Athlet*innen, sondern auch in der breiten Sportlandschaft mit ihren vielen Agierenden. Als wichtiger Partner im Netzwerk der handelnden Verbände, Sportbünde, Vereine und Kommunen koordiniert der RVR sportpolitisch relevante Fragestellungen für die Region.

Als Impulsgeber für eine eigenständige Formatentwicklung positioniert sich der RVR auch im Sport. Nach der gescheiterten Olympiabewerbung Rhein-Ruhr 2012 erfolgte die strategische Neuausrichtung der sportpolitischen Aktivitäten. Der Fokus wurde hierbei verstärkt auf die Entwicklung eines Eigenformats mit authentischem Bezug zur Region gelegt. Konzipiert wurden dazu 2012/13 die Ruhr Games, die sich mittlerweile als Europas größtes Sportfestival für Jugendliche etabliert haben.

Politik und Partizipation

Parlamentarisches Leitorgan für die regionalen kultur- und sportpolitischen Entwicklungen ist der Kultur- und Sportausschuss des RVR. Er setzt kulturpolitische Rahmenbedingungen und gibt wichtige Entwicklungsimpulse, zum Beispiel hinsichtlich der Nachhaltigkeitsvereinbarung, der Kultur- und Sportförderung und der strategischen Entscheidungen der künftigen Kultur- und Sportpolitik. Die turnusmäßigen Fachkonferenzen der Kultur- und Sportbeigeordneten implantieren zudem die kommunale Beratungskompetenz auf regionaler Ebene. Die vom RVR und vom Land Nordrhein-Westfalen jährlich veranstaltete Kulturkonferenz Ruhr ist Plattform für den Diskurs und partizipative Ideenschmiede künftiger Kulturpolitik gemeinsam mit der Kulturszene.

Kultur- und Sportförderung

Die Kultur- und Sportförderung des RVR ist darauf angelegt, Vielfalt zu sichern und zu stärken sowie regional und überregional bedeutende Kulturveranstaltungen und Sportwettkämpfe zu unterstützen. Der RVR agiert hierbei als Stifter des Literaturpreises Ruhr, als institutioneller Förderer oder aber auch durch drei regionale Förderprogramme: Der Förderfonds Regionale Kulturprojekte unterstützt ab 2021 mit 125.000 Euro Gemeinschaftsprojekte der Off-Kultur beziehungsweise der freien Szene sowie Kooperationsprojekte freier Kulturträger mit öffentlich-rechtlich getragenen Kultureinrichtungen von regionaler Bedeutung. Der Förderfonds Interkultur Ruhr wiederum ist eine gemeinsame Initiative des RVR und des Landes Nordrhein-Westfalen, um ein Klima der interkulturellen Offenheit in der Metropole Ruhr zu fördern. Mit 200.000 Euro werden jährlich Vorhaben unterstützt, die die Potenziale kultureller Diversität sichtbar und erlebbar machen und das solidarische Miteinander stärken. Mit seiner regionalen Sportförderung unterstützt der RVR mit 100.000 Euro pro Jahr (inter-)national bedeutsame Sportveranstaltungen im Ruhrgebiet. Dazu gehören Welt- und Europameisterschaften sowie deutsche Meister*innenschaften – vorrangig in olympischen Sportarten – oder neuartige beziehungsweise beispielhafte Sportformate mit einem innovativen Konzept im Trend-, Jugend- oder Behindertensportbereich.

Eigenformate und Kooperationsprojekte

Zu den weiteren Aufgaben des RVR gehören die Trägerschaft und Mitwirkung bei regionalen Kulturprojekten sowie regional bedeutsamen Kooperationsprojekten, zum Beispiel beim *Emscherkunstweg* mit den Kooperationspartnerinnen Emschergenossenschaft und Urbane Künste Ruhr als federführende Agierende. Darüber hinaus entwickelt und realisiert der RVR eigene Formate und Projekte wie die WissensNacht Ruhr (vgl. Claudia Horchs Beitrag in diesem Band »Wissensmetropole Ruhr – regional verankert, international vernetzt«, S. 201–205), Interkultur Ruhr und das KunstCamp als neues Format im Bereich Jugendkultur zur Förderung junger Talente.

unten: KunstCamp 2019: Abschlusspräsentation Hip-Hop und Breakdance, Bochum.

rechts: Ruhr Games 2019: Sportliches und kulturelles Zentrum — der Center-Court, Landschaftspark Duisburg-Nord.

FÜR EINE STARKE KULTUR- UND SPORTMETROPOLE RUHR

Interkultur Ruhr

Das Ruhrgebiet ist Heimat für Menschen aus mehr als 200 Herkunftsländern. Seit Jahrzehnten lebt die Region von und mit Zuwanderung, die wiederum eng mit der Industriegeschichte der Region verbunden ist. Interkultur Ruhr knüpft an den Themenbereich »Stadt der Kulturen« von RUHR.2010 an. Das Projekt bespielt kein festes Haus, sondern bewegt sich durch die Region. Interkultur Ruhr initiiert und realisiert seit 2016 – stets in enger Partnerschaft mit vielen verschiedenen kulturell Agierenden – gemeinsame Veranstaltungen, künstlerische Recherchen und Koproduktionen an vielfältigen Orten im Ruhrgebiet. Es entstehen unterschiedliche Formate für vielfältige Zielgruppen: von Street Art, Ausstellungen, Filmen über Konzerte, Workshops bis zu öffentlichen Diskussionsveranstaltungen. So wurden in den ersten drei Jahren Programmarbeit von Interkultur Ruhr 23 Projekte und Koproduktionen sowie sieben Recherchen mit rund 40 Kooperationspartner*innen umgesetzt. Ziel ist es, bestehende, modellbildende interkulturelle Praxen in der Region dauerhaft zu unterstützen, miteinander zu verknüpfen und die jahrzehntelange Erfahrung des Ruhrgebiets in diesem Feld zu nutzen. Darüber hinaus ist die Netzwerkarbeit wichtiger Bestandteil von Interkultur Ruhr. Seit 2016 treffen sich regelmäßig verschiedene Akteur*innen interkultureller Arbeit. Sie tauschen sich über aktuelle Fragestellungen aus der Praxis aus und formulieren kulturpolitische Anliegen.

Ruhr Games

Seit 2015 verschmelzen bei den Ruhr Games olympische Disziplinen mit Actionsport, Kultur- und Jugendevents vor industriekultureller Kulisse – wie 2019 im Landschaftspark Duisburg-Nord mit rund 110.000 Besuchenden. Daneben bieten die Ruhr Games ein attraktives Jugend-, Begegnungs- und Kulturprogramm. Bei den Wettkämpfen treten rund 5600 junge Sporttreibende in 16 Disziplinen gegeneinander an. Die Teilnehmenden kommen aus dem gesamten Ruhrgebiet und über 30 europäischen Ländern. Angelegt als Netzwerkprojekt mit zahlreichen kooperierenden Institutionen sind sie im zweijährigen Rhythmus für vier Tage jeweils in einer anderen Stadt des Ruhrgebiets zu Gast. Die Ruhr Games werden maßgeblich vom Land Nordrhein-Westfalen gefördert und verfügen über ein Gesamtbudget von rund 2,5 Millionen Euro. Sie gelten als eine der prägendsten Sportgroßveranstaltungen in NRW auf dem Weg zu einer möglichen Olympiabewerbung Rhein Ruhr City 2032. Auf Basis der Ruhr Games folgten ganzjährige, weiterführende Formate, die aktuelle Trends im Sport aufgreifen und neue Impulse für die Sportmetropole Ruhr setzen – so etwa das StartUpStudio Ruhr. Es hat das Ziel, junge Sportler*innen für das Thema Unternehmensgründung zu sensibilisieren und alternative Lebenswege nach ihrer Sportkarriere aufzuzeigen.

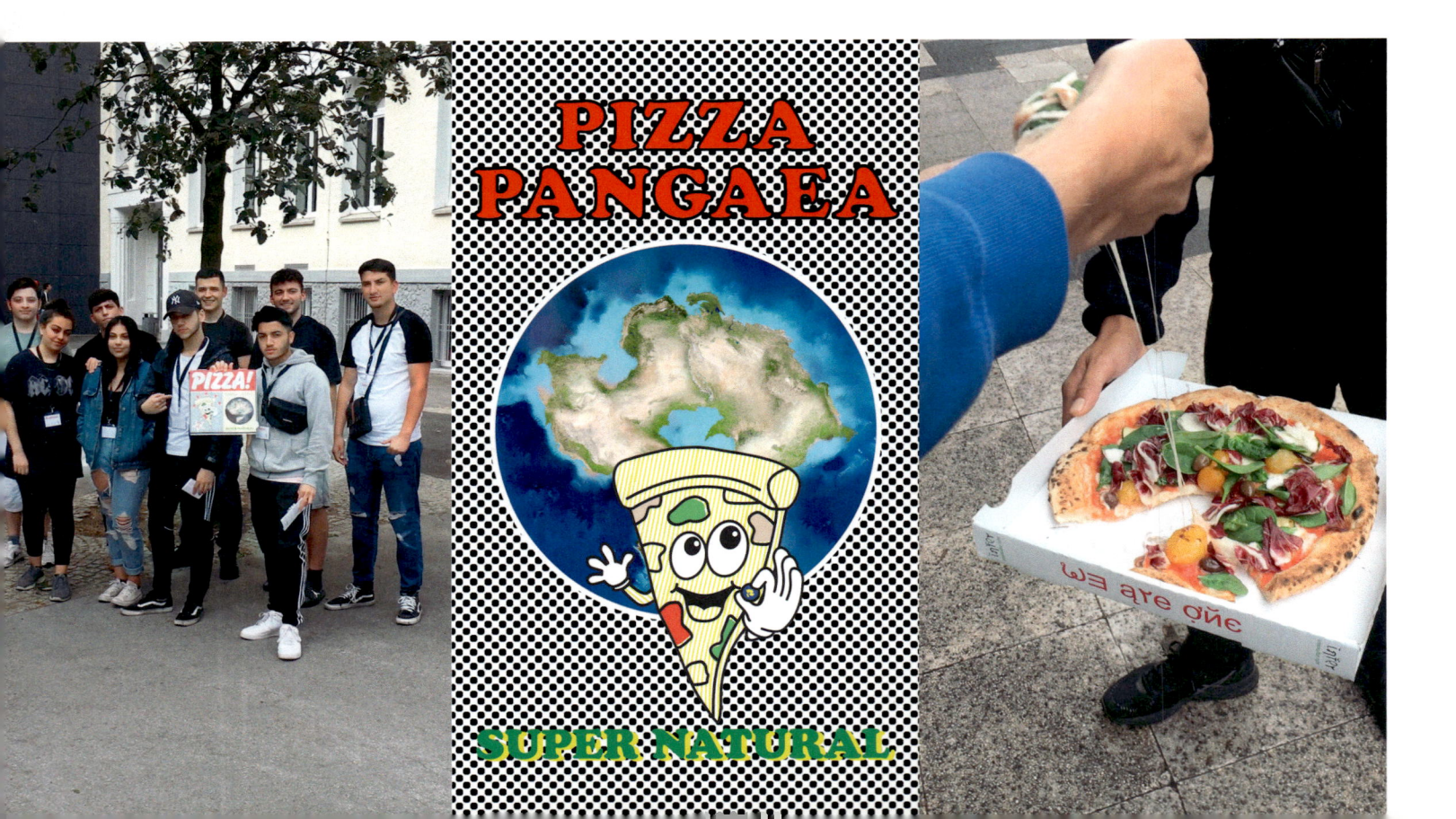

FÜR EINE STARKE KULTUR- UND SPORTMETROPOLE RUHR

links: Interkultur Ruhr: Pizza Pangaea, Aktion und Videoprojekt in Kooperation mit der Anne-Frank-Gesamtschule Dortmund und fünf Pizzerien im Ruhrgebiet, 2018.

rechts: Ruhr Games 2019: Stabhochsprung auf der Gleisanlage des Landschaftsparks Duisburg-Nord.

Im Wissenschaftspark in Gelsenkirchen treffen sich Akteur*innen aus Bildung, Forschung, Projektentwicklung und Verwaltung.

Wissensmetropole Ruhr — regional verankert, international vernetzt

CLAUDIA HORCH

leitet das Referat Bildung und
Soziales im Regionalverband Ruhr.

»Wissen, Wandel, Wir-Gefühl«: Der Bochumer Stadtmarketing-Slogan trifft den Nerv der Wissensmetropole Ruhr. Für eine zukunftsorientierte Regionalentwicklung sind Bildung und Wissenschaft, Forschung und Innovation von zentraler Bedeutung. Der Regionalverband Ruhr (RVR) engagiert sich für die Wissensmetropole Ruhr, um das Innovationssystem Ruhr zu stärken, ein chancengerechtes Bildungssystem zu entwickeln und so das Fachkräftepotenzial von morgen zu sichern.

Der RVR

- bringt Agierende aus Bildung, Wissenschaft, Wirtschaft, Politik und Gesellschaft in den Dialog,
- beteiligt sich an regionalen Initiativen, die die Wissensmetropole Ruhr stärken, profilieren und kommunizieren,
- moderiert und verstetigt regionale Entwicklungsprozesse,
- initiiert und begleitet gemeinsame Projekte,
- legt die Grundlage für den Transfer guter Praxis.

Die Initiative Wissensmetropole Ruhr zielt darauf, das Ruhrgebiet als eine der wichtigsten Wissenschafts- und Innovationsregionen Europas weltweit zu positionieren. In einem Arbeitsprozess mit den Agierenden der Wissensmetropole Ruhr wurden drei strategische Handlungsfelder definiert:

- Bildungssystem verbessern und Bildungsgerechtigkeit erhöhen;
- Stärken der Wissensmetropole Ruhr für eine wissensbasierte Entwicklung nutzen;
- Fachkräftepotenzial von morgen sichern.

Die Besonderheit der Wissensmetropole Ruhr ist, dass Bildung in ihr einen hohen Stellenwert hat, und zwar in allen Phasen der Bildungsbiografie. Die Schaffung eines durchlässigen, chancengerechten Bildungssystems von der frühkindlichen Bildung bis zu lebenslangem Lernen ist die Basis einer wissensorientierten Entwicklungsstrategie Ruhr. Ihre Maßnahmen und Projekte sind datenbasiert, sie fundieren auf regionalen Berichten, Studien und Analysen.

Bildungsregion Ruhr: Bildungssystem verbessern, Bildungsgerechtigkeit erhöhen, datenbasiert handeln

Mit der Veröffentlichung des ersten regionalen Bildungsberichts hat der RVR den politischen Auftrag erhalten, die Bildungs- und Wissensmetropole Ruhr zu stärken und weiterzuentwickeln. Der Bildungsbericht Ruhr bildet die Grundlage für regionales Handeln. Er hat die Herausforderungen und Chancen der Bildungsregion Ruhr transparent gemacht. Der RVR entwickelt gemeinsam mit RuhrFutur und den Kommunen die regionale Bildungsberichterstattung stetig weiter. Dabei arbeiten kommunale Fachleute eng mit Wissenschaftler*innen von Ruhrgebietshochschulen, IT.NRW, Transferagenturen und weiteren Expert*innen zusammen.

Die 2013 gegründete und von der Stiftung Mercator geförderte Bildungsinitiative RuhrFutur ist bei der Entwicklung der Bildungsregion Ruhr die wichtigste regionale Partnerin. RuhrFutur nimmt die gesamte Bildungsbiografie vom frühkindlichen Bereich bis zur Hochschule in den Blick und widmet sich den Querschnittsthemen durchgängige Sprachbildung sowie Daten und Analyse. Land, Kommunen, Hochschulen und Zivilgesellschaft haben sich in RuhrFutur zusammengeschlossen, um das Bildungssystem Ruhr nachhaltig zu verändern. Ziel von RuhrFutur ist es, allen Kindern, Jugendlichen und jungen Erwachsenen in der Region gleiche Chancen auf Bildungszugang, -teilhabe und -erfolg zu eröffnen. Da die nachhaltige Veränderung des Bildungssystems in der Metropole Ruhr nur gelingt, wenn alle relevanten Agierenden daran mitwirken, wurde gemeinsam eine Kooperationsvereinbarung erarbeitet, aus der sukzessive konkrete Vorhaben abgeleitet werden.

Mit seinen Formaten unterstützt der RVR die kommunalen Bildungsinstitutionen, greift Impulse aus den Städten auf und bietet eine Plattform für Austausch, Vernetzung und Kommunikation. Zusammen mit den Bildungsbüros hat der RVR Formate wie das Bildungsforum Ruhr (weiter-)entwickelt, bei dem sich Bildungsfachleute austauschen und ihre Themen unter anderem beim Land platzieren. Die Bildungsforen finden zweimal jährlich statt und greifen aktuelle Themen auf, wie 2015 in Mülheim die Gestaltung des Übergangs von der Schule in den Beruf. 2016 fand ein Bildungsforum zur Integration neu Zugewanderter in das Bildungssystem statt, 2017 zum Übergang von der Kita in die Grundschule, 2018 zur Gestaltung des Ganztags in der Primarstufe und 2019 zu den Chancen der Digitalisierung. In Workshops werden gute Praxisbeispiele vorgestellt, können Aspekte vertieft und Kontakte geknüpft werden. Im Rahmen der Bildungsforen Ruhr begegnen sich die unterschiedlichen Bildungsakteur*innen auf Augenhöhe.

Das Fraunhofer Institut für Materialfluss und Logistik ist Teil des Wissenschafts- und Technologiecampus Dortmund.

2018 haben RuhrFutur, die Stiftung TalentMetropole Ruhr und der RVR mit der Veranstaltung ZukunftsBildung Ruhr die Basis gelegt, mit allen regionalen Agierenden in einem mehrjährigen Prozess an der Zukunft der Bildungsregion Ruhr zu arbeiten. Die Themen des zweitägigen Kongresses wurden schon in der Planungsphase partizipativ erarbeitet und werden in den kommenden Jahren mit allen Interessierten konkretisiert und vertieft. Insbesondere zu den Themen Digitalisierung, Potenzialförderung, integrierte Quartiersentwicklung, Vielfalt, Change Management und Innovationslabore brachten und bringen die rund 600 Beteiligten ihre Erfahrungen, Ideen und Inhalte ein. Mit der im Rahmen von ZukunftsBildung Ruhr geschaffenen Allianz möchten die Agierenden der Bildungsregion Ruhr systemverändernd wirksam werden.

Die Stärken der Wissensmetropole Ruhr für eine wissensbasierte Entwicklung nutzen

Neben der Weiterentwicklung und Verbesserung der Bildungsregion Ruhr ist ein wichtiges Ziel des RVR, die Wissensmetropole Ruhr zu stärken und sichtbar zu machen. An Hochschulen und außeruniversitären Forschungseinrichtungen entstehen Innovationen, die Wirtschaft, Wissenschaft und Gesellschaft zukunftsweisende Impulse geben. Die Studie »Wissenschaftsregion Ruhr« verdeutlicht: Es gelingt hier zunehmend, Innovationen in marktfähige Produkte und Start-ups zu überführen. Die Wissensmetropole Ruhr muss aber strategischer handeln und ihr Profil schärfen durch

- Stärkung der außeruniversitären Forschung;
- Stärkung der regionalen Verzahnung von Wissenschaft, Wirtschaft und Gesellschaft;
- Präsentation der Stärke und Vielfalt der Wissensmetropole Ruhr, unter anderem durch internationale Tagungen.

Dazu initiiert der RVR gezielte und langfristig angelegte Innovationskooperationen. So gelang es, gemeinsam mit der regionalen Wirtschaftsförderung Business Metropole Ruhr seitens des Europäischen Fonds für regionale Entwicklung (EFRE) eine Förderung für den Qualitäts- und Profilentwicklungsprozess der Technologie- und Gründer*innenzentren zu erhalten. Im Rahmen des Vorhabens Innovationszentren Ruhr können wissensintensive Gründungen noch gezielter unterstützt und die Sichtbarkeit des Innovations- und Transfersystems kann erhöht werden.

Aber auch den hier lebenden Menschen wird die Wissensmetropole nahegebracht: Im Rahmen der WissensNacht Ruhr haben interessierte Bürger*innen die Möglichkeit, einen Blick hinter die Kulissen der Forschungslandschaft zu werfen. Mehr als 16.000 Neugierige besuchen die über 250 Veranstaltungen von Hochschulen, Forschungseinrichtungen und Unternehmen aus neun Ruhrgebietsstädten und erleben »Innovation live«.

In weniger als einer Dekade ist es den regionalen Agierenden gelungen, die Stärkung der Bildungs- und Wissensmetropole Ruhr auf die regionalpolitische Agenda zu setzen. Künftig wird es darum gehen, die Wissensmetropole Ruhr stärker als bisher international zu vernetzen und sichtbar zu machen. In Kooperation unter anderem mit dem Kompetenznetz Metropolenforschung der Universitätsallianz Ruhr wird ein nachhaltiger und strukturierter Wissenstransfer mit weltweit führenden Innovationsregionen initiiert. Die Ruhrkonferenz des Landes unterstützt diese Internationalisierungsstrategie, die der Wissensmetropole Ruhr internationale Strahlkraft verleiht.

links: Mit der Initiative ZukunftsBildung Ruhr setzen die Akteur*innen ein Zeichen für eine starke Bildungsregion Ruhr.

rechts: Der RVR unterstützt und vernetzt die regionale Bildungslandschaft.

Stadt der Städte

Kampagnenkompetenz für die Metropole Ruhr

THORSTEN KRÖGER

ist Leiter des Büros der
Regionaldirektorin des Regionalverbands Ruhr
und Mitgeschäftsführer der
RuhrTourismus GmbH.

Die Idee, das Image des Ruhrgebiets mittels groß angelegter Kampagnen zu verbessern, ist nicht neu. Bereits Mitte der 1980er Jahre hat der seinerzeitige Kommunalverband Ruhrgebiet (KVR) mit einer zehnjährigen Kampagne (1985–1995) unter dem Titel »Das Ruhrgebiet. Ein starkes Stück Deutschland« Maßstäbe für regionale Kommunikation in Deutschland gesetzt. Mit originellen und verblüffenden Vergleichen wurde deutlich gemacht, welche positiven Überraschungen das Ruhrgebiet für die Besuchenden von außen bereithält. Allerdings war die damalige, vielfach preisgekrönte Kampagne auch nach innen gerichtet und sollte der gesamten Region, die sich durch die massiven Veränderungen von der monostrukturellen Wirtschaft von Kohle und Stahl hin zu einer vielfältig strukturierten Ökonomie bedroht fühlte, mehr Selbstbewusstsein verleihen.

Dieser ersten Kampagne folgten weitere. Während zum Beispiel die Kampagne »Der Pott kocht« 1998–2002 zum Ende der Internationalen Bauausstellung (IBA) Emscher Park noch mit dem Image von Kohle und Stahl, von ehrlicher Arbeit und der Wandlungsfähigkeit des Reviers spielte, geht die neueste Kampagne des Regionalverbands Ruhr (RVR) von einer komplett veränderten ökonomischen Landschaft in der Metropole Ruhr aus. Die aktuelle Kommunikation vermittelt den Wandel von der Arbeits- zur Wissensgesellschaft, wie er sich im Ruhrgebiet in besonderer Weise vollzogen hat. Wo einst knapp 500.000 Bergleute gearbeitet haben, studieren heute fast 300.000 junge Menschen an 22 Universitäts- und Hochschulstandorten. Inzwischen hat sich die Metropole Ruhr zur dichtesten Hochschullandschaft Europas entwickelt. Die damit zusammenhängenden Effekte und Vorteile im Hinblick auf die Zusammenarbeit von Wissenschaft und Wirtschaft gilt es darzustellen.

Stadt der Städte: attraktiv für Mensch und Wirtschaft

Die aktuelle internationale Standortmarketingkampagne setzt auf zeitgemäße Urbanität im internationalen Kontext. Sie startete Mitte 2017 unter dem Claim »Metropole Ruhr – Stadt der Städte« und ist als 360-Grad-Kampagne angelegt. Der Impuls hierzu kam aus der Politik des RVR sowie von den Wirtschaftsfördernden der Region, um im Wettbewerb um Investitionen in die regionale Wirtschaft sowie hinsichtlich der Anziehungskraft auf hochqualifizierte Fachkräfte mithalten zu können.

Die eingängige Botschaft »5 Mio. Menschen. 53 Städte. 1 Metropole« soll die Bedeutung des nach wie vor größten deutschen Wirtschafts- und Ballungsraums sowie seine stetige Veränderungsbereitschaft vor allem bei Zielgruppen der sogenannten Standortentscheidenden in deutschen und international agierenden Unternehmen hervorheben.

Im Hinblick auf die Zielgruppe der Fachkräfte und der *high potentials* wird vor allem die von Außenstehenden noch immer zu wenig vermutete reichhaltige Kultur- und Freizeitlandschaft dokumentiert. Daten und Einzelbeispiele für die hervorragende Bildungs- und Wissenschaftsregion Ruhrgebiet belegen, dass die Metropole Ruhr auch den Familien umworbener Fachkräfte viel zu bieten hat. Und ein Hinweis, der bei Außenstehenden immer wieder zu größter Verblüffung führt, darf natürlich auch nicht fehlen, auch wenn es geborene und gelernte »Ruhris« nicht mehr hören können: Das Ruhrgebiet ist grün. Für einen Verband wie den RVR, der schließlich als Umwelt- und Planungsverband gegründet wurde, stellt das keine Überraschung dar, in vielen Teilen Deutschlands und der Welt widerspricht das allerdings noch immer gängigen Klischees.

Umfassendes Storytelling

Die Metropole Ruhr als »Stadt der Städte« ist aber nicht nur ein medialer Kampagnencoup. Dem RVR ist mit diesem Claim ein Angebot an die gesamte Region gelungen, die Zusammenarbeit der Städte und Kreise mit der regionalen Wirtschaft und der Wissenschaft, mit dem Ruhr-Tourismus und der regionalen Kultur auf eine gemeinsame und somit nach außen hin eindeutig wahrnehmbare Basis zu stellen. »Stadt der Städte« ist ein Claim, der neugierig macht, der mit »City of Cities« internationale Wirkung entfalten kann, der ein nahezu unbegrenztes Potenzial an Geschichten oder – wie es im Marketing heißt – Storytelling bereithält und ein nicht abnutzbares Versprechen darstellen kann: Die Metropole Ruhr als polyzentrale Region ist der Ort der unbegrenzten Möglichkeiten, des steten Wandels, der Veränderung, des Neuen. Vielleicht ist dies in den vergangenen Jahren und Jahrzehnten nicht immer deutlich geworden, denn viel zu oft wurde die schwer zu definierende Mischung aus westfälischer Gelassenheit und rheinischem Frohsinn im Ruhrgebiet als lethargischer Mangel missverstanden, sich an Neuem zu orientieren. Dabei wurden die Erfolge, die in den vergangenen Jahren und Jahrzehnten erzielt worden sind, in weiten Teilen übersehen und die Klischees viel zu oft bedient.

Sie sind schon mittendrin.
Gewiß, die Niederrheinlandschaft im Kreis Wesel ist eine besonders schöne Postkartenansicht des Ruhrgebiets, nicht überall ist die Natur so unberührt. Aber tatsächlich besteht das Ruhrgebiet keineswegs nur aus Hochöfen, Kohlehalden und Fördertürmen.
Das Revier ist dabei, sein Gesicht zu verändern. Schon heute sind 62 Prozent der Fläche „grün". In diesem größten industriellen Ballungsgebiet weiß man besser als irgendwo sonst, wie wichtig gerade hier die Natur für die Erholung der Menschen ist.
Seit den 70er Jahren sind sieben Revier- und Freizeitparks mit ausgedehnten Wald- und Wasserflächen entstanden.
Zahlreiche Flüsse und Seen wurden vom Schmutz befreit: Die Ruhr zum Beispiel zählt heute zu den saubersten Industrieflüssen Deutschlands.
Große zusammenhängende Areale wie die Haard oder die Kirchheller Heide wurden von den Kommunen langfristig als Erholungsgebiete gesichert.
Auch an diesen Beispielen wird mal wieder deutlich:
Im Ruhrgebiet hat man schon immer etwas entschlossener gehandelt.
DAS RUHRGEBIET.
Wo, bitte, geht's hier zum Ruhrgebiet?
Ein starkes Stuck Deutschland

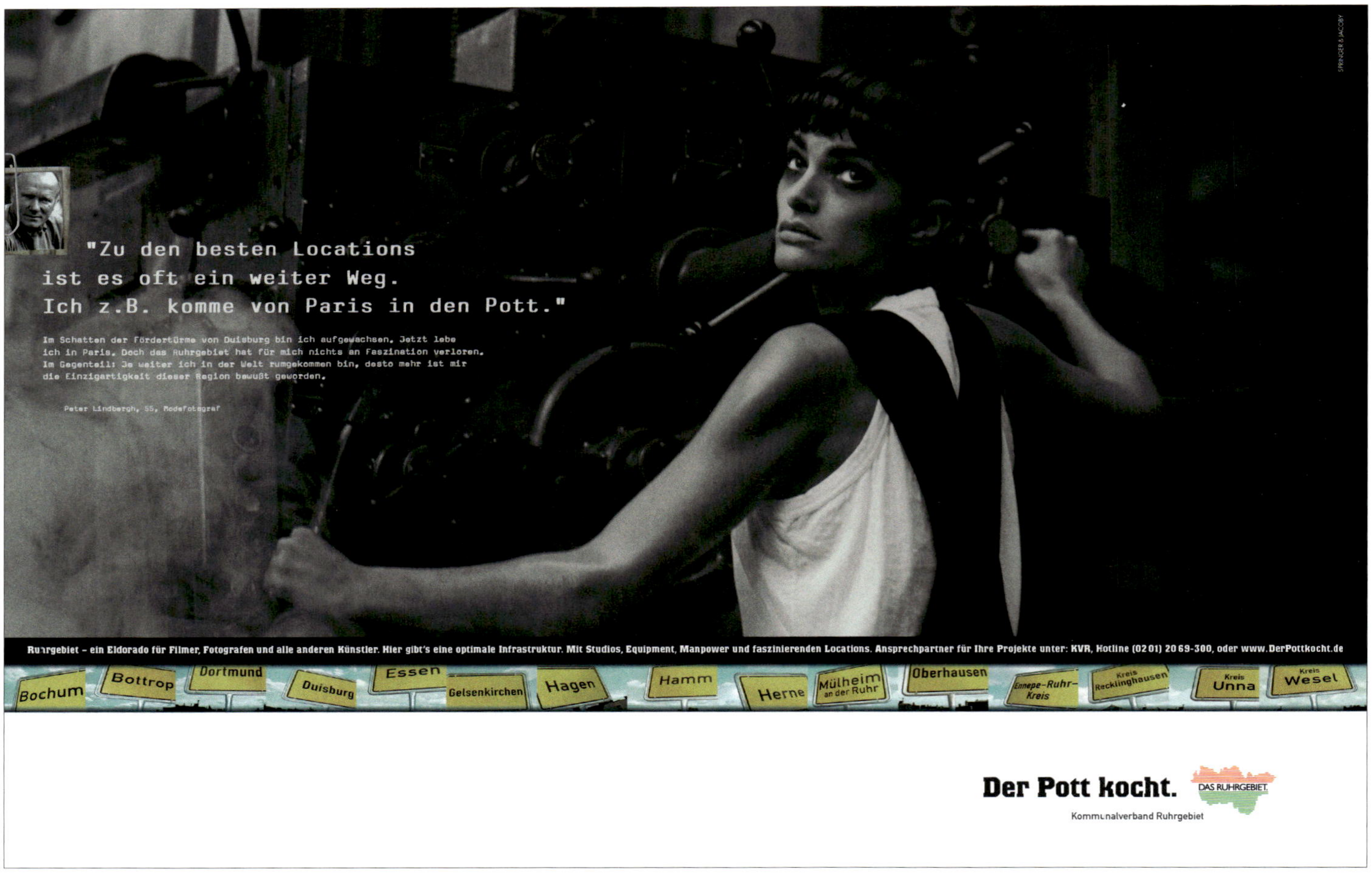
"Zu den besten Locations ist es oft ein weiter Weg. Ich z.B. komme von Paris in den Pott."
Im Schatten der Fördertürme von Duisburg bin ich aufgewachsen. Jetzt lebe ich in Paris. Doch das Ruhrgebiet hat für mich nichts an Faszination verloren. Im Gegenteil: Je weiter ich in der Welt rumgekommen bin, desto mehr ist mir die Einzigartigkeit dieser Region bewußt geworden.
Peter Lindbergh, 55, Modefotograf
Ruhrgebiet – ein Eldorado für Filmer, Fotografen und alle anderen Künstler. Hier gibt's eine optimale Infrastruktur. Mit Studios, Equipment, Manpower und faszinierenden Locations. Ansprechpartner für Ihre Projekte unter: KVR, Hotline (0201) 2069-300, oder www.DerPottkocht.de
Bochum
Bottrop
Dortmund
Duisburg
Essen
Gelsenkirchen
Hagen
Hamm
Herne
Mülheim an der Ruhr
Oberhausen
Ennepe-Ruhr-Kreis
Kreis Recklinghausen
Kreis Unna
Kreis Wesel
Der Pott kocht.
DAS RUHRGEBIET.
Kommunalverband Ruhrgebiet

Es wird also davon zu reden sein, dass die Region mittlerweile eine Reihe erfolgreicher Technologie- und Gründungszentren bereithält, die mittlerweile mehr Arbeitsplätze geschaffen haben, als durch die Schwerindustrie verloren gegangen sind; konkret, dass die Metropole Ruhr aus alten Stahlwerksarealen hochwertige Wohnlagen am neuen Phoenix-See in Dortmund schafft, dass sie mit dem größten Binnenhafen Europas in Duisburg zur Wertschöpfung der nach wie vor vorhandenen Industrie im Ruhrgebiet einen erheblichen Beitrag leistet, und dass sie das ehemalige Opel-Gelände in Bochum – heute Mark 51°7 – in rasanter Geschwindigkeit in einen nachgefragten neuen Ort für Wirtschaft, Wissenschaft und Arbeit verwandelt hat. Diese und viele andere Geschichten gilt es zu erzählen und damit einen neuen Blick auf das Ruhrgebiet zu werfen. Unverändert ist regionale Kommunikation also eine Kernaufgabe des RVR.

Selbstbewusste Region

Dabei muss die Region ihre Menschen mitnehmen, denn 5,1 Millionen Einwohner*innen stellen ein ungemein hohes Potenzial an Botschafter*innen für die Metropole Ruhr dar. Und im 100. Jahr der organisierten Metropole Ruhr zum ersten Mal zur Direktwahl des Ruhrparlaments aufrufen zu können, bietet der Region, den Menschen, die mit ihr und in ihr leben, die beste Gelegenheit, einen erheblichen Schritt in Richtung Selbstbewusstsein und Selbstbestimmung zu tun.

links oben: Aus der regionalen Kampagne »Ein starkes Stück Deutschland«, 1985—1995.
links unten: Peter Lindbergh aus der Kampagne »Der Pott kocht«, 1998—2001.
unten: Erste Phase der Standortmarketingkampagne »Stadt der Städte« (2017—2019). Motiv: 5 Mio. Menschen. 53 Städte. 1 Metropole.

Erste Phase der Standortmarketingkampagne »Stadt der Städte« (2017—2019).
Motiv: Weltmarktführer des Wandels.

Zweite Phase der Standortmarketingkampagne »Stadt der Städte« (2020—2022).
Motiv: Wenn, dann hier.

Regionale Öffentlichkeitsarbeit für die Metropole Ruhr: Marketing und vieles mehr

CHRISTIAN RAILLON

ist Leiter des Referats Strategische
Entwicklung und Kommunikation
im Regionalverband Ruhr.

»Stadt der Städte«, so wirbt seit Sommer 2017 der Regionalverband Ruhr (RVR) für den Wirtschaftsstandort Metropole Ruhr. »Stadt der Städte« – man ist spontan versucht zu fragen: Hat Werbung überhaupt noch nötig, wer das von sich behaupten kann? Und: Wie bitte, das Ruhrgebiet eine Stadt der Städte? Aber stopp! Keine vorschnellen Schlüsse! Die spontane Assoziation im Sinne von »die Stadt schlechthin« führt auf die falsche Fährte! Sie ist dennoch nicht ganz ungewollt; diese augenzwinkernde Koketterie sollte man dem Ruhrgebiet nachsehen. Zu oft und regelmäßig trüben eingeschliffene Vorurteile den Blick von außerhalb auf diese Region, die allen Grund hat, selbstbewusst zu sein.

Aber »Stadt der Städte« meint etwas Anderes: Wie keine andere Region kann das Ruhrgebiet für sich beanspruchen, einen ihrer größten Vorzüge in eben jenem besonderen Umstand zu haben, dass viele eng beieinanderliegende große Städte für die Menschen hier die Lebenswirklichkeit und das Lebensgefühl einer gemeinsamen, pulsierenden Metropole erzeugen. 53 Städte und Gemeinden mit über fünf Millionen Einwohner*innen – und dennoch zusammen die eine und einzigartige Metropole Ruhr.

Der Claim »Stadt der Städte« soll hierfür die Augen öffnen, denn es macht einen großen, sehr relevanten Unterschied, ob ein Ballungsraum mit vielen Millionen Menschen sich schichtenartig um einen prägenden Kern herum aufbaut und sein Charakter, seine urbanen Qualitäten sich somit von innen nach außen, Schicht um Schicht, verändern und tendenziell verblassen und verschlechtern. Oder ob ein polyzentrisches Metropolengebilde die attraktive vielfache Verschränkung von Wohnen, Arbeiten, Forschen und Studieren, von Kulturerlebnis, Sport, Naturgenuss, aber auch von Flanieren und Einkaufen ermöglicht – an ganz vielen Orten und damit überall ganz nah.

Dieses besondere Metropolenerlebnis macht das Ruhrgebiet von heute aus, und damit ist zugleich eingeräumt, dass das beileibe nicht immer so war. Die Konstante jedoch, auf die sich das Ruhrgebiet per se etwas zugutehalten kann und konnte, ist seine große Begabung zum stetigen Wandel; und dessen wohl bemerkenswertester Effekt ist die Entwicklung des einstigen Rheinisch-Westfälischen Industriegebiets binnen weniger Jahrzehnte zur Metropole Ruhr. Diese etwas andere Metropole ist zugleich Realität und bleibt doch auch permanenter Prozess. Vorbildtauglich für Ballungsräume in der ganzen Welt, weil sie bewusst auf polyzentrale Vielgestaltigkeit setzt und dadurch ermöglicht, was in klassischen Metropolen durch die dortige – dem täglichen Leben ihrer allermeisten Bewohner*innen schon räumlich entrückte – Orientierung auf das vielleicht glanzvollere eine Zentrum hin viel schwerer realisierbar ist: Die Metropole Ruhr schafft und sichert großflächig für ihre Bürgerschaft über ein breites Spektrum hinweg hohe Lebensqualität durch die in jeder Hinsicht alltagsbelastbare und -taugliche Maßstäblichkeit ihrer zahlreichen Möglichkeiten und Angebote: »Stadt der Städte« eben, multiple Standortvorteile für die Wirtschaft inklusive.

Durch sein besonderes Narrativ und die Attraktivität der zugrundeliegenden Faktenlage ist das als Metropole noch junge Ruhrgebiet für den Wettbewerb der Regionen, national wie global, also gut gerüstet. Jedoch erst der hiermit erreichte externe Wahrnehmungs- und Aufmerksamkeitsgrad sind Maßstab und zugleich auch selbst wieder Triebfeder für den Erfolg. Weshalb auch für Regionen gilt, dass »Klappern zum Handwerk gehört«. Insoweit nur logisch und konsequent: modernes Kampagnenmarketing für die Metropole Ruhr mit variantenreichen Stadt-der-Städte-Botschaften, verbreitet auf allen heute angesagten Kommunikationskanälen und möglichst zielgruppenscharf fokussiert.

Und genau das macht der RVR mit seiner aktuellen »Stadt der Städte«-Standortkampagne. Ein Produkt guter regionaler Öffentlichkeitsarbeit also und doch ist das nicht deren wichtigste Leistung! Denn die Kampagne vermarktet mit der Metropole Ruhr, was selbst in erheblichem Maße erst als Ergebnis erbrachter und immer wieder zu erbringender regionaler Öffentlichkeitsarbeit des Verbands gelang: das Entstehen eben jener »Stadt der Städte«.

Zur Erläuterung ist hier noch einmal an den eingangs angesprochenen Wandlungsprozess des Ruhrgebiets vom durch Kohle und Stahl dominierten Ballungsgebiet zur Metropole anzuknüpfen. Die Ingredienzien, die notwendig waren, um quantitativ und qualitativ auf allen relevanten Feldern urbanen Lebens die erforderliche gewisse kritische Masse für eine Metropole zu erreichen, sind im Ruhrgebiet im Laufe der letzten Jahrzehnte als Ergebnis des mit großer gemeinsamer Anstrengung vieler Kräfte gezielt vorangetriebenen Strukturwandels entstanden. Auch dabei hat der RVR in vielfältiger Weise, wie es in diesem Jubiläumsband nachzulesen ist, mitgewirkt. Aber aus diesen äußeren Faktoren allein konnte keine Metropole Ruhr erwachsen. Die Metamorphose zur Metropole vollendet sich erst in den Köpfen mit dem

Erwachen eines Metropolenbewusstseins, das als identitätsstiftendes Lebensgefühl die Menschen erfasst. Unverzichtbar hierfür war und ist das Vorhandensein im Idealfall begeisternder, auf jeden Fall jedoch erlebbarer tatsächlicher, ideeller und/oder kommunikativer »Verortungen des Metropolitanen«.

Da ihre ausgeprägte kommunale Polyzentralität das bestimmende Charakteristikum der Metropole Ruhr bildet, können diese Verortungen nur mit Maßnahmen, Projekten und Strukturen gelingen, die diese Besonderheit als Botschaft transportieren oder gar gezielt inszenieren, indem sie die spezifische Qualität, den Mehrwert der Vielfalt im Gemeinsamen zeigen:
Die Metropole Ruhr ist mehr als die Summe ihrer Teile, aber nur in ihrer Vielfalt existent.

Dies zu verdeutlichen, war und ist die wichtigste Aufgabe des RVR im Rahmen seines im vorgenannten Sinn sehr umfassend verstandenen gesetzlichen Auftrags zur regionalen Öffentlichkeitsarbeit, die er auf vielfältige Weise erfüllt, sei es als Impulsgeber, Koordinator, Netzwerker oder Projektträger. Zu ihr gehört, über den klassischen Einsatz aller relevanten Kommunikationsinstrumente und Kanäle (online wie Print) weit hinaus, ein sehr viel breiteres Leistungsspektrum, das von vielen Stellen im Verband unter Einschluss seiner Tochterunternehmen erbracht wird.

Um zu verdeutlichen, was hiermit gemeint ist, seien nur als wenige Beispiele die identitätsstiftenden regionalen Großevents wie die Kulturhauptstadt 2010, die IGA Metropole Ruhr 2027, aber auch Leuchtturmprojekte genannt: etwa die Haldenereignisse oder infrastrukturelle regionale Verbundprojekte wie die Route der Industriekultur; im Mobilitätsbereich der Radschnellweg Ruhr (RS1) oder das radrevier.ruhr; aber auch Messeauftritte wie bei der ITB oder der Expo Real – eine Liste also, die sich mit zahlreichen weiteren Nennungen erweitern ließe und vom RVR mit immer neuen Projekten aktualisiert und fortgeschrieben wird.

All das sind Verortungen des Metropolitanen und somit Katalysatoren für das Entstehen und Lebendighalten eines starken Metropolenbewusstseins der Menschen in der einzigartigen Städtelandschaft der Metropole Ruhr.

Diese mit seiner Standortkampagne bewerben zu können, bedeutet somit für den RVR zugleich, die Früchte der eigenen Öffentlichkeitsarbeit zu ernten. Was für ein doppelter Erfolg!

100 Jahre Ruhrgebiet. Die andere Metropole. Im Mittelpunkt der europäischen Märkte. Mehr als die Summe aller Teile. Mehr als die Einheit in der Vielheit. Ein Plakat von Uwe Loesch.

REGIONALE ÖFFENTLICHKEITS- ARBEIT FÜR DIE METROPOLE RUHR: MARKETING UND VIELES MEHR

Der Glaselefant in Hamm: Die ehemalige Kohlenwäsche der Zeche Maximilian wurde 1984 im Rahmen der Landesgartenschau umfunktioniert.

RVR–Beteiligungsunternehmen sind in der Metropole Ruhr breit aufgestellt

MARKUS SCHLÜTER

ist Beigeordneter des Bereichs
Wirtschaftsführung im Regionalverband Ruhr.

Der Regionalverband Ruhr (RVR) ist derzeit an 16 Unternehmen in unterschiedlichen Organisationsformen beteiligt. Dabei erstreckt sich der jeweilige Gesellschaftsanteil von 25 bis zu 100 Prozent. Bei den Beteiligungen handelt es sich um wirtschaftliche und nicht wirtschaftliche Betätigungen. In den Beteiligungsgesellschaften sind knapp 2000 Mitarbeitende beschäftigt, der Jahresumsatz beträgt derzeit rund 270 Millionen Euro für alle Gesellschaften.

Die eigenbetriebsähnliche Einrichtung RVR Ruhr Grün, die Abfallentsorgungs-Gesellschaft Ruhrgebiet mbH (AGR), die Ruhr Tourismus GmbH (RTG), die Business Metropole Ruhr GmbH (BMR), die Freizeitgesellschaft Metropole Ruhr mbH (FMR) sowie die Internationale Gartenschau Metropole Ruhr 2027 gGmbH (IGA) gehören zu den voll konsolidierenden verbundenen Unternehmen. Als verbundene Unternehmen sind die TER Touristik-Eisenbahn Ruhrgebiet GmbH, die Betreibergesellschaft Silbersee II Haltern am See mbH, die Freizeitschwerpunkt Glörtalsperre GmbH sowie die Ruhrwind Herten GmbH klassifiziert. Bei allen übrigen Gesellschaften handelt es sich um assoziierte Beteiligungsunternehmen.

VERBUNDENE UNTERNEHMEN UND BETEILIGUNGEN DES REGIONALVERBANDS RUHR

FREIZEIT-GESELLSCHAFTEN	ÖKOLOGIE-GESELLSCHAFTEN	KULTUR- UND TOURISMUS-GESELLSCHAFTEN	SONSTIGE GESELLSCHAFTEN	EIGENBETRIEBS-ÄHNLICHE EINRICHTUNGEN
FREIZEITGESELLSCHAFT METROPOLE RUHR MBH* Sitz: Bochum Stammkapital: 440.300 € RVR-Anteil: 64,14 %	**AGR ABFALLENTSORGUNGS-GESELLSCHAFT RUHRGEBIET MBH** Sitz: Herten Stammkapital: 28.500.000 € RVR-Anteil: 100 %	**RUHR TOURISMUS GMBH** Sitz: Oberhausen Stammkapital: 260.000 € RVR-Anteil: 100 %	**BUSINESS METROPOLE RUHR GMBH** Sitz: Essen Stammkapital: 125.000 € RVR-Anteil: 100 %	**RVR RUHR GRÜN** Sitz: Essen Stammkapital: 5.112.918,18 € RVR-Anteil: 100 %
BETREIBERGESELLSCHAFT SILBERSEE II HALTERN AM SEE MBH Sitz: Essen Stammkapital: 25.000 € RVR-Anteil: 60 %	**AMG ABFALLWIRTSCHAFT METROPOLERUHR GMBH** Sitz: Herten Stammkapital: 25.000 € RVR-Anteil: 100 %	**TER TOURISTIKEISENBAHN-RUHRGEBIET GMBH** Sitz: Essen Stammkapital: 25.000 € RVR-Anteil: 100 %	**Internationale Gartenschau Metropole Ruhr 2027 gGmbH** (zum 31.12.2019) Sitz: Essen Stammkapital: 25.000 € RVR-Anteil: 54,6 %	
FREIZEITSCHWERPUNKT GLÖRTALSPERRE GMBH Sitz: Essen Stammkapital: 25.000 € RVR-Anteil: 51 %	**RUHRWIND HERTEN GMBH** Sitz: Herten Stammkapital: 26.000 € RVR-Anteil: 51 %	**KULTUR RUHR GMBH** Sitz: Gelsenkirchen Stammkapital: 30.000 € RVR-Anteil: 49 %		
REVIERPARK GYSENBERG HERNE GMBH Sitz: Herne Stammkapital: 26.000 € RVR-Anteil: 50 %	**UMWELTZENTRUM WESTFALEN GMBH** Sitz: Bergkamen Stammkapital: 25.600 € RVR-Anteil: 50 %			
REVIERPARK WISCHLINGEN GMBH Sitz: Dortmund Stammkapital: 26.000 € RVR-Anteil: 50 %				
FREIZEITZENTRUM XANTEN GMBH Sitz: Xanten Stammkapital: 32.000 € RVR-Anteil: 50 %				
MAXIMILIANPARK HAMM GMBH Sitz: Hamm Stammkapital: 73.400 € RVR-Anteil: 41,7 %				
SEEGESELLSCHAFT HALTERN MBH Sitz: Recklinghausen Stammkapital: 82.000 € RVR-Anteil: 25 %				*mit Betriebsstätten **FREIZEITZENTRUM KEMNADE** **REVIERPARK MATTLERBUSCH** **REVIERPARK NIENHAUSEN** **REVIERPARK VONDERORT**

Freizeitwesen und Revierparks

Die älteste Beteiligungsgesellschaft des RVR ist die Seegesellschaft Haltern mbH, deren Gründung bereits im Jahr 1930 erfolgte. Aufgabe der Gesellschaft ist der Betrieb eines Seebades am Halterner Stausee sowie die Bewirtschaftung und die Verpachtung des der Gesellschaft gehörenden gastronomischen Betriebs. Die Gesellschaft bietet der Bevölkerung des Kreises Recklinghausen und der näheren Umgebung seit 90 Jahren ein umfangreiches Freizeitangebot.

Der RVR hat sich bis zum Ende der 1960er Jahre nur indirekt im Freizeit- und Erholungswesen engagiert. Die Erschließung von Freiflächen und die Ausstattung von Erholungsgebieten waren Aufgaben der Landespflege. Ab 1967 wurden vom RVR gemeinsam mit den Städten Herne (1967), Gelsenkirchen und Essen (1969), Bottrop und Oberhausen (1971), Duisburg und Dortmund (1974) die Revierparks zur Förderung des Sports und der Bereitstellung eines breiten Kulturangebots für die im regionalen Umkreis wohnende Bevölkerung geplant. Das regionale Erholungskonzept für eine gesunde und erholsame Freizeitgestaltung war geboren. Diese Ziele wurden durch den Betrieb von öffentlichen Schwimmbadbereichen für die Allgemeinheit, verschiedene Kursangebote, Programm- und Veranstaltungsangebote in den Einrichtungen der Gesellschaft sowie die Bereitstellung von Spiel- und Sportstätten erreicht.

Im nordwestlichen Teil der Metropole Ruhr befindet sich die Freizeitzentrum Xanten GmbH, auf der Grenze zwischen Bochum, Witten und Hattingen ist das Freizeitzentrum Kemnade angesiedelt. Sie stellen – in ähnlicher Art und Weise wie die Revierparks – der Bevölkerung Orte der Erholung mit Einrichtungen zur Sportausübung zur Verfügung.

Seit 1984 gehört eine 41,7-prozentige Beteiligung an der Maximilianpark Hamm GmbH zum Portfolio. Der Maximilianpark Hamm wird zum Zweck der Förderung des Umwelt- und Landschaftsschutzes, der Heimatpflege, der Kultur und des Sports betrieben. Entstanden ist der Park auf der ehemaligen Fläche der Zeche Maximilian im Rahmen der ersten nordrhein-westfälischen Landesgartenschau im Jahr 1984.

Revierpark Wischlingen, Dortmund.

Am südlichen Rand der Metropole Ruhr betreibt der RVR seit 20 Jahren – zusammen mit sechs weiteren Gesellschaften – die Freizeitschwerpunkt Glörtalsperre GmbH. Neben dem Betrieb einer Talsperre sowie der Verpachtung einer Gaststätte sind die Förderung des Sports und die Erholung der im regionalen Einzugsbereich wohnenden Bevölkerung Hauptaufgaben der Gesellschaft.

Weiterentwicklung zur Freizeitgesellschaft Metropole Ruhr mbH

Zum 1. Januar 2017 sind die Revierpark Gysenberg GmbH, die Revierpark Vonderort GmbH und die Revierpark Mattlerbusch GmbH zur Freizeitzentrum Kemnade GmbH verschmolzen worden. Die Gesellschaft firmiert neu unter Freizeitgesellschaft Metropole Ruhr mbH (FMR) und widmet sich weiterhin der Förderung der öffentlichen Gesundheitspflege, des Sports, der Kultur und des Landschaftsschutzes. Die FMR betreibt zudem an den vier Standorten jeweils einen Bad- und Saunabetrieb sowie einen Park mit hoher Erholungsfunktion für die direkte Nachbarschaft und die umliegende Region.

Umweltschutz und Umweltbildung

Seit 1992 besteht auf dem ehemaligen Hof Schulze Heil in Bergkamen die Umweltzentrum Westfalen GmbH. Die Gesellschaft entwickelt und erprobt umweltpolitisch beispielhafte, ökologisch sinnvolle und ökonomisch tragfähige Produkte und Tätigkeitsfelder. Der ehemalige Hof wird als öffentlichkeitswirksames Demonstrationsobjekt für ökologisch angepasste Bau- und Wirtschaftsweisen, als Raum- und Dienstleistungsangebot für Einrichtung und Betrieb der ökologischen Station des Kreises Unna sowie für die Arbeit der im Kreis Unna tätigen Umweltschutzgruppen genutzt. Hier finden Aus-, Fort- und Weiterbildungsaktivitäten und die Öffentlichkeitsarbeit für die Belange des Umweltschutzes einschließlich der Entwicklung und Betreuung geeigneter Einzelprojekte, insbesondere zur Vermittlung und Unterstützung der Naturschutzaktivitäten, statt. Der RVR ist darüber hinaus an weiteren biologischen Stationen in der Metropole Ruhr beteiligt.

Seit über 20 Jahren steht ein Windrad auf der Halde Hoppenbruch in Herten. Die Ruhrwind Herten GmbH hat die Errichtung und den Betrieb von technologisch innovativen Windkraftanlagen auf Bergehalden zum Ziel. Dadurch sollen die spezifischen Standortvorteile der Halden erprobt und soll auf umweltschonende Weise Strom erzeugt werden.

Ruhr Grün erfüllt innerhalb des RVR die Kernaufgaben im Bereich der Freiraumgestaltung und -bewirtschaftung. Im Vordergrund stehen dabei die Förderung der Naherholung sowie die Sicherung und der Schutz der natürlichen Lebensgrundlagen. Dies umfasst die Erhaltung, Pflege und nachhaltige Bewirtschaftung des Waldes und der Freiflächen; zudem die Konzeption und Planung für die Frei- und Grünflächen des Verbands sowie die Planung zum Erhalt und Ausbau von Erholungs- und Freiräumen und zur Biotopsicherung.

Messestand der BMR auf der ExpoReal 2019.

Kulturförderung

Der RVR ist zusammen mit dem Land Nordrhein-Westfalen (NRW) Gesellschafter der Kultur Ruhr GmbH. In ihrer heutigen Form entstand die Gesellschaft 2001 in der Folge der Internationalen Bauausstellung Emscher Park (1989–1999) und zeichnet sich durch die Produktion und Vermittlung zeitgenössischer und spartenübergreifender Kunst in der Metropole Ruhr aus. Sie ist zuständig für die Planung und Durchführung der Ruhrtriennale. Das spartenübergreifende Festival der Künste präsentiert Kunst auf internationalem Niveau schwerpunktmäßig an industriekulturellen Orten und leistet somit einen kulturellen Beitrag zum Strukturwandel. Die Kultur Ruhr GmbH besteht außerdem aus drei weiteren Programmsäulen: CHORWERK RUHR, Tanzlandschaft Ruhr und Urbane Künste Ruhr. Die jüngste Programmsäule Urbane Künste Ruhr (Ende 2011) ist Teil des Nachhaltigkeitsbestrebens der Kulturhauptstadt Europas RUHR.2010.

Business Metropole Ruhr GmbH

Wandel ist die wohl prägendste Konstante der Metropole Ruhr. Der Strukturwandel mit »langem Atem« verwandelte die ehemals reine Montanregion in eine vielfältige Wissenslandschaft mit 22 Hochschulen und rund 290.000 Studierenden – und trotzdem blieb der industrielle Kern stark. Diese Entwicklung hin zu mehr Diversität wird erst langsam als Stärke des Ruhrgebiets erkannt. Heute ist die Metropole Ruhr wirtschaftlich breiter aufgestellt als je zuvor und bietet in ihren 53 Kommunen schier unendliche Vernetzungsmöglichkeiten.

Regionale »Allianz der Willigen« zur Transformation

Moderne Wirtschaftsförderung muss sich diese polyzentrische Struktur zu eigen machen. Erfolgreiche Transformationsprozesse entstehen, wenn es gelingt, die Agierenden der Region und ihre komplexen Strukturen in einer »Allianzen der Willigen« zusammenzuführen. Die Aufgabe der Business Metropole Ruhr GmbH (BMR) ist es dabei, Projekte zu initiieren und zu realisieren. Die Initiativen sind auf wechselseitigen Mehrwert für die lokalen Wirtschaftsförderungen, für die Kommunen, die Unternehmen und Forschungseinrichtungen, für das Land NRW, den RVR und deren unterschiedliche Ziele und Bedürfnisse angelegt. Mit dieser Art der Kooperation ist die BMR eine Vorreiterin auf dem Gebiet der regionalen Wirtschaftsförderung.

Handlungsfelder als regionale dienstleistende Gesellschaft

Die BMR bearbeitet seit ihrer Gründung 2007 (bis 2017: Wirtschaftsförderung metropoleruhr GmbH) die Tätigkeitsfelder Kompetenzfeldentwicklung, Standortmarketing, Flächen, Investierendenservice und Projektentwicklung; zudem ist sie im Bereich der Standortsuche und Beratung von RVR-Mitgliedskörperschaften in Fragen der europäischen Förderpolitik tätig. Die Metropole Ruhr wird außerdem als Wirtschaftsstandort national und international durch die BMR vermarktet, unter anderem auf verschiedenen Messen (EXPO REAL, MIPIM), aber auch durch Delegationsreisen in Zielmärkte wie die USA, nach China, Japan, Polen, Israel oder die Benelux-Staaten.

Die Entwicklung und Etablierung innovativer Projekte sind dafür Voraussetzung. Globalisierung und Digitalisierung verändern nicht nur die Wirtschaft, sondern auch die Anforderungen an Wirtschaftsförderung. Die BMR hat deshalb ihre eigene Organisation dem New-Work-Ansatz folgend auf flache Hierarchien, Agilität und Projektmanagement ausgerichtet.

Ihre Struktur hat die BMR eng mit den kommunalen Wirtschaftsförderungen der Region abgestimmt, um Kooperationspotenziale und Aufgaben klar positionieren zu können. Der Auftrag für die BMR als regionale Wirtschaftsförderung lautet daher: für die Region eine wirtschaftliche Entwicklung zu ermöglichen – als Impulsgeberin und Dienstleisterin für die Kommunen und Unternehmen.

Ruhr Tourismus GmbH

Die Metropole Ruhr hat sich innerhalb weniger Jahre zu einem beliebten Reiseziel in Deutschland entwickelt. Kernbestandteile des Angebots sind neben der einzigartigen Industriekultur mit fast 3500 Industriedenkmälern die reichhaltige Kulturlandschaft mit ihren rund 250 Festivals, 200 Museen, 120 Theatern, 100 Kulturzentren und ebenso vielen Konzertsälen. Darüber hinaus ist ein umfangreiches und wachsendes Angebot an Radwanderwegen aufgebaut worden, das im Kern auf ein Netz an ehemaliger Werksbahntrassen zurückgreift und viele Orte der Industriekultur miteinander verbindet. Als Meilensteine – auch für die touristische Entwicklung – sind daher die großen Projekte der Region, etwa die Internationale Bauausstellung Emscherpark (IBA) in den 1990er Jahren und die Auszeichnung zur Kulturhauptstadt Europas im Jahr 2010, zu nennen, die eine solch positive Entwicklung erst möglich gemacht beziehungsweise sie wichtig befördert haben. Auch von der bevorstehenden Internationalen Gartenausstellung 2027 (IGA) sind wesentliche Impulse für den Tourismus im Ruhrgebiet zu erwarten. So wird sich bei diesem Projekt für viele Besuchende der Region bestätigen, was die Ansässigen des Ruhrgebiets längst wissen und frühere Gäste bereits vielfach erstaunen ließ: Das Ruhrgebiet ist überraschend grün.

Vermarktungsstrategien mit Regionalprofil

Die Ruhr Tourismus GmbH (RTG) beschäftigt sich seit 1998 aufgrund der wachsenden Attraktivität der Metropole Ruhr als Reiseziel mit der Förderung des Tourismus. Sie folgt dabei ihrer Vermarktungsstrategie, die auf nachfrageorientierten Themen, Zielgruppen und Quellmärkten basiert, und entwickelt auf dieser Basis ein eigenständiges touristisches Regionalprofil. Dabei erfolgt eine regionale Bündelung, Planung, Vernetzung und Vermarktung touristischer Angebote der gesamten Region sowie die Initiierung und Pflege überregional bedeutsamer Veranstaltungen und Marken wie »ExtraSchicht«, »!SING – DAY OF SONG«, »Tag der Trinkhallen« oder dem Ruhrtalradweg und der Römer-Lippe-Route. Attraktionen und Veranstaltungen in der Metropole Ruhr werden zum Beispiel über die RUHR.TOPCARD, die WelcomeCard Ruhr sowie über die RuhrKultur.Card äußerst erfolgreich gebündelt und vermarktet.

Die Metropole Ruhr Tourismus auf der internationalen Tourismusmesse 2019, Berlin.

Mehrwerte

Neben dem positiven Image, das die Region bei den Besuchenden erreicht, hat der Tourismus in der Region auch als Wirtschaftsfaktor eine inzwischen bedeutende Rolle eingenommen. 145 Millionen Tagesreisende und 27,4 Millionen Übernachtungsgäste tragen zu einem Gesamtbruttoumsatz im Bereich Tourismus in Höhe von 5,5 Milliarden Euro bei (Erhebung für 2014).

Attraktionen, die Tourist*innen anziehen, vergrößern aber auch für die hier lebenden Bürger*innen das Angebot an Naherholung und Freizeitmöglichkeiten. Dieser Aspekt gewinnt insofern an Bedeutung, als das Ruhrgebiet mit anderen Regionen in einem starken Wettbewerb um Fachkräfte steht.

Mit Blick auf ihr facettenreiches Aufgabengebiet ist die RTG gut gerüstet. Den gezielten Ausbau der Tourismusinfrastruktur in Zusammenarbeit mit der kommunalen Akteurschaft, dem RVR, der Wirtschaft und der Kultur versteht sie als ihren Auftrag. Bei der Vermarktung der touristischen Angebote ist die Digitalisierung in der Kommunikation mittlerweile die Grundlage allen Handelns.

Die AGR-Gruppe

Bereits Ende der 1950er Jahre wurde vom damaligen Siedlungsverband Ruhrkohlenbezirk (SVR) ein Arbeitskreis Ruhr zur Sammlung und Beseitigung fester Abfallstoffe unter Beteiligung von 24 Gebietskörperschaften einberufen. Neben Grundlagenforschung und Beratungstätigkeit zählte auch die Entwicklung eines Gesamtkonzepts, für die Abfallbeseitigung zu den Gründen für die Befassung mit dem Thema für den Vorläufer des RVR.

Vielfältige Geschäftsfelder bei Entsorgung und Aufbereitung

Ab 1982 wurde die Abteilung »Abfallwirtschaft« des RVR in die AGR Abfallentsorgungs-Gesellschaft Ruhrgebiet mbH in Herten überführt. Die AGR-Gruppe deckt seitdem die wichtigen Bereiche von der Abfallannahme über die Abfallbehandlung bis hin zur Abfallentsorgung ab. Heute besteht die Struktur der AGR-Gruppe aus fünf Geschäftsfeldern: Kreislaufwirtschaft und Logistik, thermische Behandlung von Abfällen, Deponiemanagement, Umweltdienstleistungen und die Gewinnung von Sekundärstoffen. Für rund 30 Kommunen der Metropole Ruhr leistet die AGR-Gruppe einen wichtigen Beitrag zur Daseinsvorsorge, indem sie im Rahmen der thermischen Verwertung von Abfällen Strom und Fernwärme erzeugt sowie Sekundärrohstoffe

Lichtdesign bei Nacht auf der Zeche Zollverein im Rahmen der Extraschicht im Juni 2019.

RVR-BETEILIGUNGSUNTERNEHMEN SIND IN DER METROPOLE RUHR BREIT AUFGESTELLT

etwa für Gewerbe und Industrie zurückgewinnt. Damit leistet sie nicht nur einen erheblichen Beitrag zur Entsorgungssicherheit in der Region, sondern setzt auch Maßstäbe in Sachen Energieeffizienz und Klimaschutz: Aus der thermischen Verwertung von Siedlungs-, Gewerbe- und Industrieabfällen erzeugt die AGR klimafreundlichen Strom für rund 85.000 Haushalte und Wärme für rund 25.000 Haushalte. Zusammen mit der Verwertung von Deponiegasen ersetzt die Verwertung von Abfällen den Einsatz fossiler Energieträger und ist damit auch ein wichtiger Baustein der Energiewende.

Insgesamt vermeidet die AGR so rund 420.000 Tonnen CO_2 pro Jahr, was der CO_2-Bindung eines ca. 33.000 Hektar großen Mischwalds entspricht – also einer Fläche der heutigen Städte Gelsenkirchen, Herne und Bochum zusammen. Getreu ihrem Motto »Für Mensch und Umwelt in der Region« ist die AGR-Gruppe mit ihrem Auftrag Entsorgungssicherheit ein wichtiger Faktor der Industriemetropole Ruhr und entwickelt in den Bereichen Energieeffizienz und Klimaschutz innovative Ideen: So soll aus den Abfällen der Region in naher Zukunft auch »grüner« Wasserstoff produziert werden, der bei der Dekarbonisierung der Logistik eine wichtige Rolle spielt.

Ökologie und Ökonomie

Mit ihren 940 Mitarbeitenden und einem Umsatz von rund 200 Millionen Euro ist die AGR-Gruppe eine wichtige Arbeitgeberin in der Region und trägt zu einer an Ökologie, Nachhaltigkeit und Wirtschaftlichkeit orientierten Entsorgungs- und Kreislaufwirtschaft bei. Mit einer Auszubildendenquote von mehr als 5 Prozent (absolut 2019: 50 Auszubildende) eröffnet die AGR-Gruppe jungen Menschen aus der Region die Chance auf eine langfristige Berufsperspektive.

Ebenso wie die beeindruckenden Zahlen im Bereich des Umwelt- und Klimaschutzes dienen auch die Deponieflächen und das Deponiemanagement dem Allgemeinwohl und dem Strukturwandel der Region. Denn wer Neues will, zum Beispiel neue Straßen, Brücken, Schulen und Kindergärten, der muss auch Wege finden, wohin das Alte soll, das nicht weiterverwertet werden kann. Große Stadt- und Regionalentwicklungskonzepte sind auf entsprechende Deponiekapazitäten angewiesen. So sind große Teile des mineralischen Abfalls zum Beispiel durch die Emscher-Renaturierung und den Abriss des alten Opel-Geländes in Bochum auf den Deponien der AGR gelandet.

Es gilt, das Verständnis für die Schaffung neuer Deponiekapazitäten weiterzuentwickeln und damit auch die Entsorgungssicherheit, für die die AGR steht, als unverzichtbaren Bestandteil der industriellen Verbundwirtschaft wahrzunehmen. Die AGR-Gruppe ist bestens aufgestellt, um die erforderliche Entsorgung mit den gestiegenen Umwelt- und Klimaanforderungen auf hoher Qualitätsstufe auch in Zukunft zu leisten.

Das Abfallkraftwerk RZR Herten.

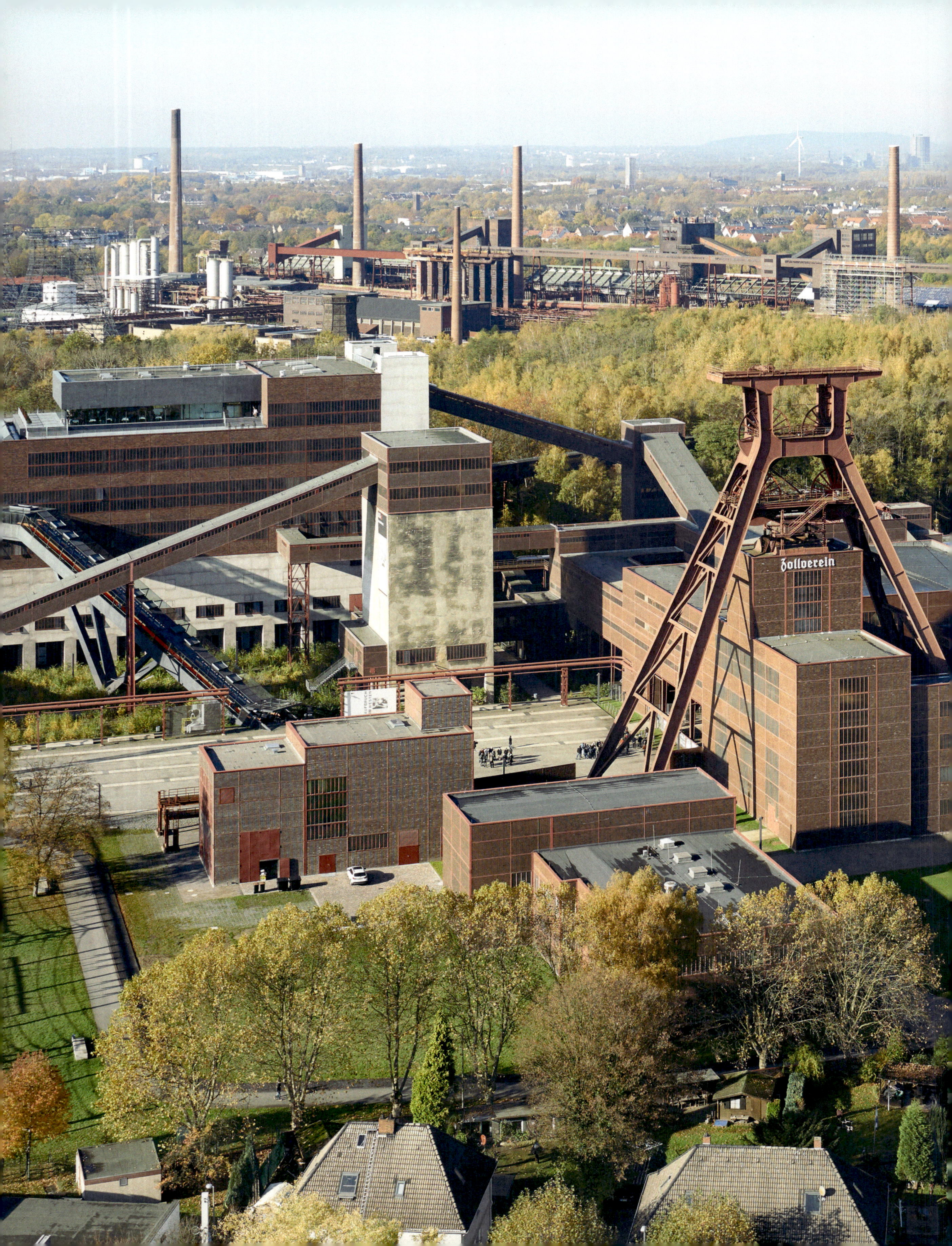
Zollverein

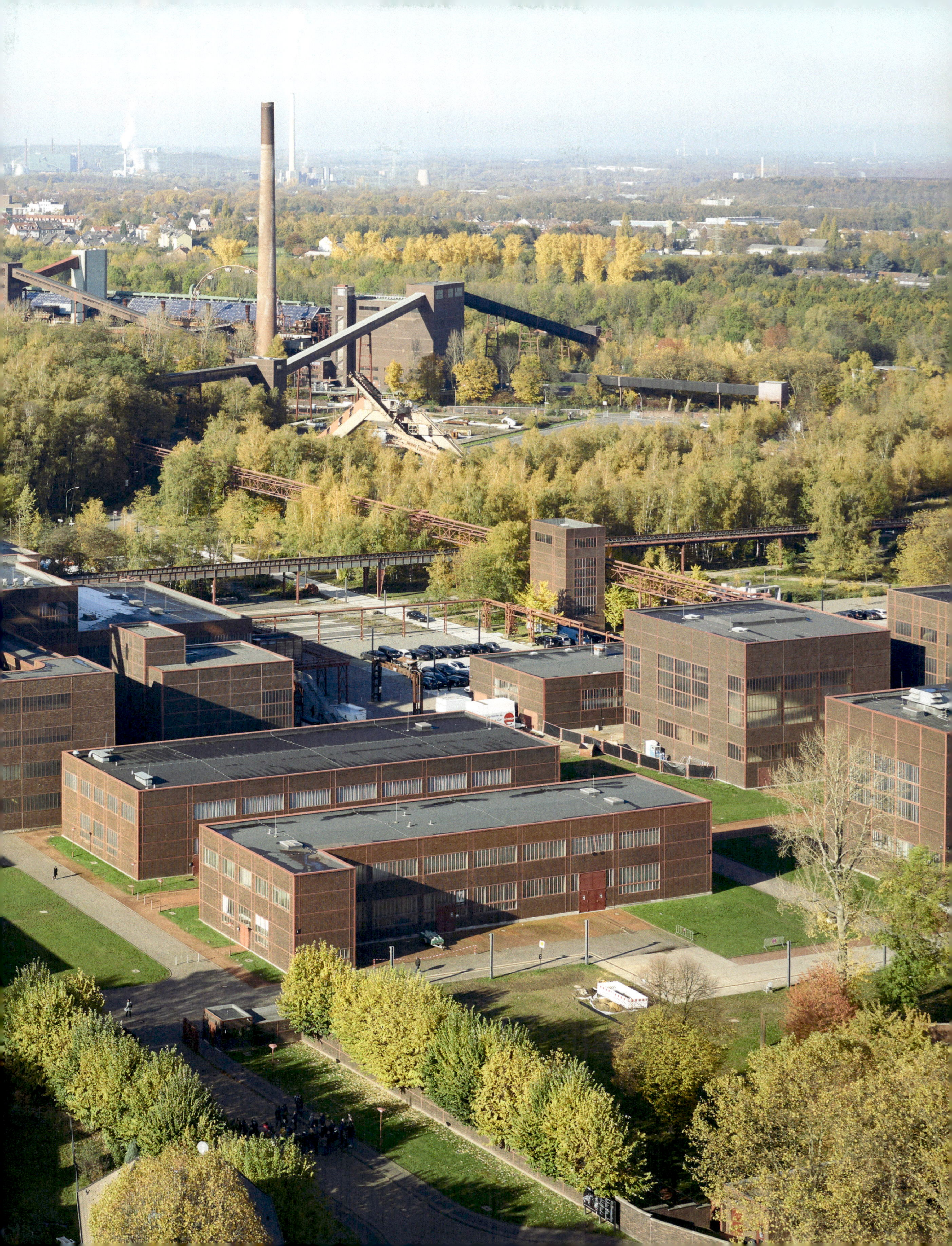

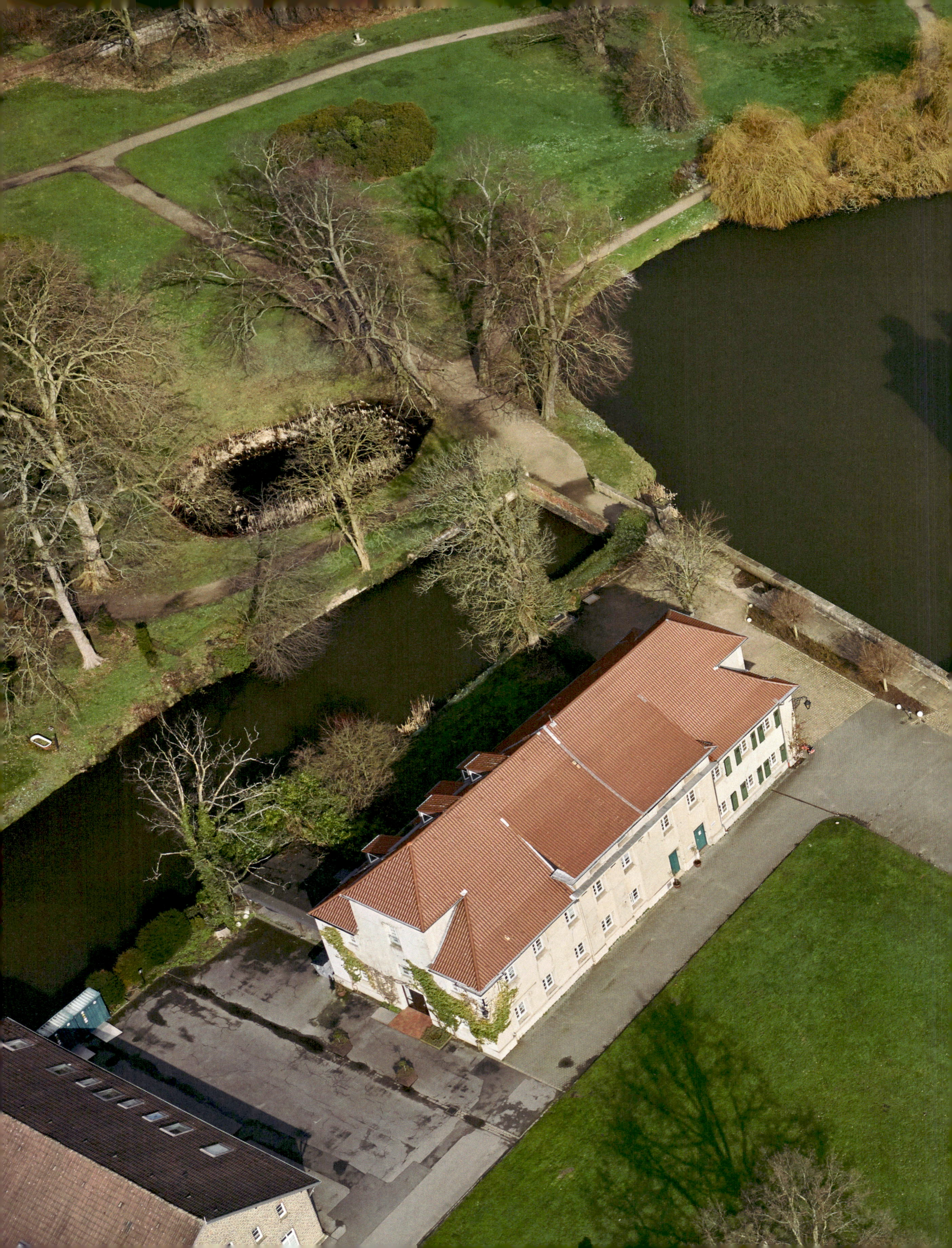

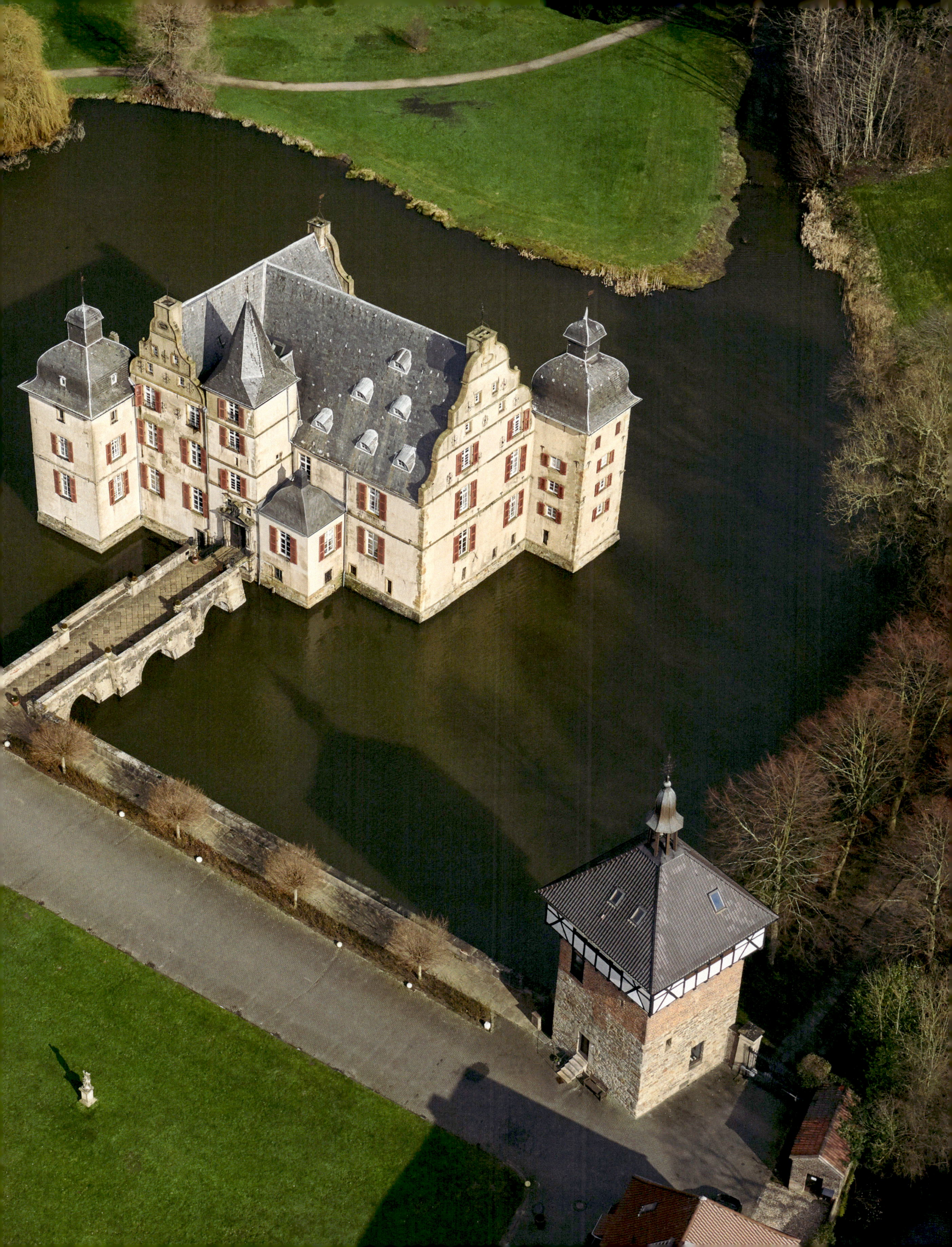

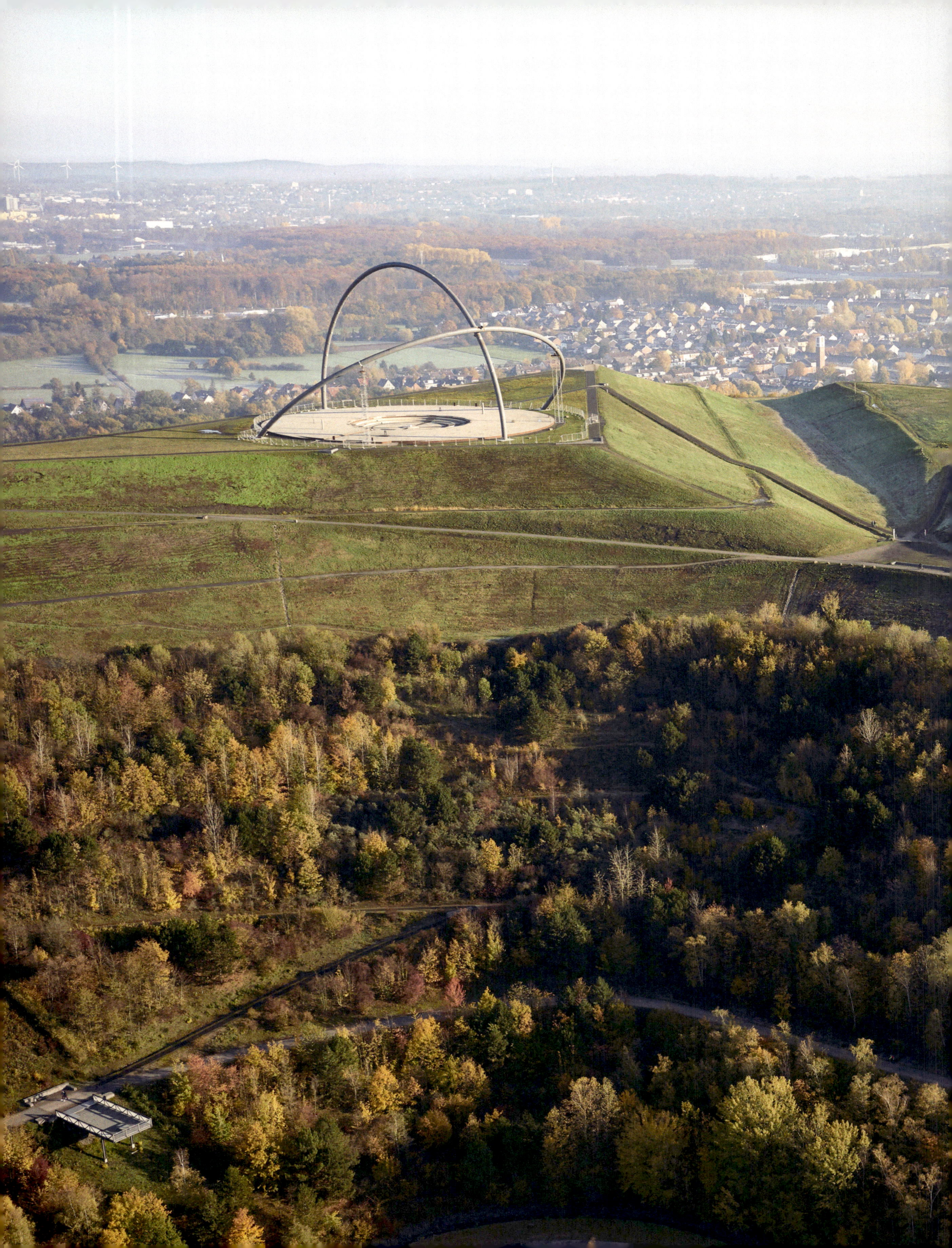

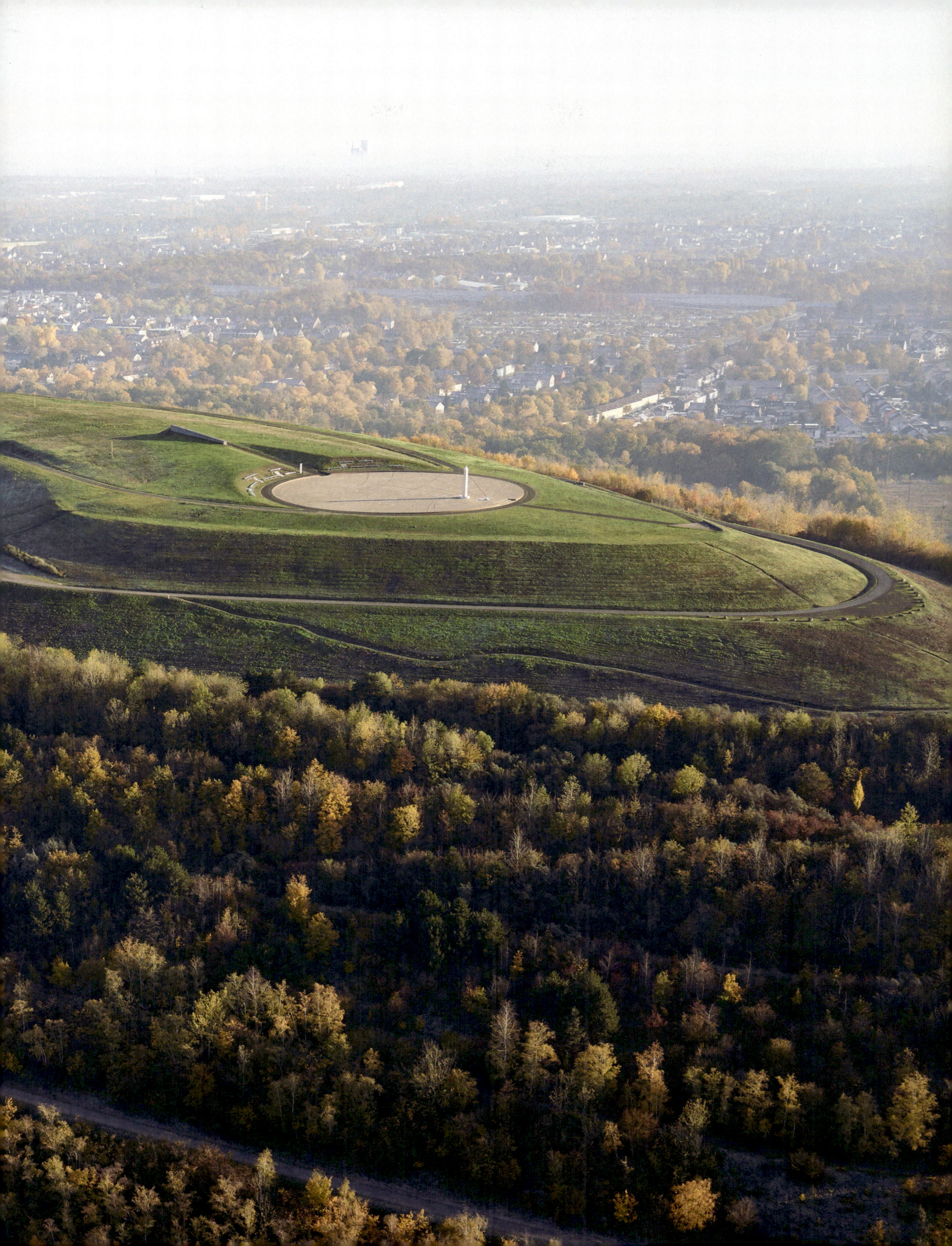

Zur Industriekultur des Ruhrgebiets aus globaler Perspektive
MARION STEINER
236

Finden, was nicht gesucht wurde
Urbane Künste Ruhr als Wahrnehmungsverstärkerin für die Besonderheiten des Ruhrgebiets
BRITTA PETERS
240

Johan Simons zu Fragen von Kultur an der Ruhr: »Wir brauchen Leute, die viel von Kunst wissen«
DIETER NELLEN
247

WANDEL DURCH KULTUR

—

KULTUR DURCH WANDEL

Zur Industriekultur des Ruhrgebiets aus globaler Perspektive

MARION STEINER

ist Profesora Asociada am Institut
für Geografie der Pontificia Universidad
Católica de Valparaíso, Chile.

Voller Bewunderung schauen Menschen aus aller Welt heute auf das Ruhrgebiet – eine Region, die sich in Zeiten großer wirtschaftlicher Krisen selbst neu erfunden und aus der Not eine Tugend gemacht hat. Einen wesentlichen Teil ihres materiellen industriellen Erbes hat sie erhalten können, und auf symbolischer Ebene ist ihr Gründungsmythos zu einem identitätsstiftenden Narrativ avanciert, das sogar in ein regionales Tourismusprogramm übersetzt wurde.

Mit Blick auf den dauerhaften Erhalt des industriellen Erbes im Ruhrgebiet ist es als großer Erfolg zu werten, dass in dieser institutionell extrem zersplitterten Region viele Zuständigkeiten mittlerweile verbindlich geregelt sind. Auf kultureller Ebene sind die Herausforderungen aber vielleicht sogar noch größer. Zu Recht wird seit Jahren kritisiert, die Industriekultur des Ruhrgebiets mutiere immer mehr zu einem Abziehbildchen der Region, was weder der Härte der einst hier geleisteten Arbeit und ausgefochtenen Kämpfe noch dem emanzipatorischen Geist der Anfangszeit der Industriekultur-Bewegung gerecht werde.[1] So wichtig es war, das industrielle Erbe zu ästhetisieren, damit es gesellschaftliche Anerkennung erfuhr, so sehr droht nun der ursprüngliche Impetus einer gesellschaftlich-aufklärerischen Hinterfragung etablierter Kontexte im Industriekultur-Hype unterzugehen. Gleichzeitig stellen viele ehemalige Arbeiterfamilien im Ruhrgebiet – wie auch im Rust Belt der USA oder den englischen Midlands – fest, dass die Lebenswege ihrer Kinder und Kindeskinder in einem krassen Gegensatz zu dem einstigen Leitbild vom sozialen Aufstieg stehen. Diese negativen Erfahrungen einer Bevölkerungsgruppe machen ihre Identitätsbehauptung noch schmerzhafter. Internationale Forschungen beschäftigt mittlerweile die Frage, inwiefern sich dies auf die politischen Präferenzen in diesen Regionen auswirkt, denn ausgerechnet hier haben bei den letzten Wahlen überdurchschnittlich viele Menschen für Trump, den Brexit oder die AfD gestimmt.[2]

Arbeiter im Stahlwerk der Hüttenwerke Oberhausen AG (HOAG), 1961.

Es wäre in jeder Hinsicht ein Horrorszenario für die globale Verständigung über das industrielle Erbe, wenn die Narrative der »frustrierten weißen Männer« in den deindustrialisierten Regionen des Nordens bestimmen würden, wie wir in Zukunft unsere Geschichte(n) erzählen. So gilt es immer wieder deutlich zu machen, dass die Industrialisierung selbst von Beginn an ein grenzüberschreitendes Phänomen war, dessen Wesen auf dem Austausch von Ideen, Menschen und Waren zwischen Regionen und Kontinenten beruhte.[3] Ihren Anfang nahm die Industrialisierung zwar in Europa, doch das System umfasste schnell die ganze Welt. Auch heute ist die industrielle Produktion nicht etwa zum Erliegen gekommen – sie hat sich nur global verlagert und ist so aus dem Blickfeld der Länder des Nordens geraten, die seither mit ihrem eigenen Problem der Deindustrialisierung beschäftigt sind.

Die Arbeitskämpfe aber, die auch das Ruhrgebiet historisch nur allzu gut kennt, gehen weiter – zum Beispiel in China, Bangladesch oder Kolumbien. Es ist die immer gleiche Geschichte von der Ausbeutung menschlicher und natürlicher Ressourcen, vom Kampf um die Sicherung der Bewohnbarkeit rasant wachsender Regionen, von massiven Umweltzerstörungen und dem permanenten Konflikt zwischen öffentlichen und privaten Interessen. Nur dass das, was schon im Ruhrgebiet nie einfach war, in anderen Teilen der Welt heute noch schwieriger ist – die Organisation einer kraftvollen gesellschaftlichen Gegenmacht etwa scheitert häufig schon an der großen räumlichen Entfernung zu den Firmenzentralen in Europa und Nordamerika, und auch die staatliche Verfasstheit lässt in vielen Ländern von halbwegs demokratischen Auseinandersetzungen nur träumen.

All dies gehört aus globaler Sicht zu den drängenden gesellschaftlichen Fragen unserer heutigen Zeit – und das Ruhrgebiet hat dazu einen reichen Schatz an historischen Erfahrungen, der noch lange nicht gehoben ist. Diese Themen aktiv zu setzen, gehört zu den Aufgaben und der Verantwortung öffentlicher Institutionen. Denn als Gesellschaft brauchen wir eine kluge Interpretations- und Vermittlungsarbeit, damit nachdenkliche und selbstreflektierende Töne gelingen können. Dies stünde dann auch wieder in der Tradition der Industriekultur-Bewegung und wäre ein wichtiger Beitrag auf dem Weg, die Menschheit als globale Schicksalsgemeinschaft zu verstehen.[4]

---

1 Siehe Ulrich Borsdorf: Industriekultur und Geschichte. Eine Abwägung. Vortrag zum Stiftungsfest im Haus der Geschichte des Ruhrgebiets. Bochum, 21.11.2018.

2 Siehe dazu u. a. Stefan Berger / Steven High (Hrsg.): (De-)Industrial Heritage, Labor, 16:1, März 2019, https://read.dukeupress.edu/labor/issue/16/1 (letzter Zugriff: 16.01.2020).

3 Siehe dazu auch ERIH e. V. (Hrsg.): European Industrial Heritage: The International Story, Meerbusch 2017. Autor: Barrie Trinder, UK. Deutsche Übersetzung: Europas industrielles Erbe. Eine internationale Erfolgsstory, https://www.erih.de/projekte/broschuere-die-internationale-erfolgsstory/ (letzter Zugriff: 16.01.2020).

4 Siehe dazu auch Hans-Rudolf Meier / Marion Steiner: »Denkmal — Erbe — Heritage. Begriffshorizonte am Beispiel der Industriekultur. Monument — Patrimony — Heritage. Industrial Heritage and the Horizons of Terminology. Einführung in das Tagungsthema. Introduction to the Conference Topic«, in: Simone Bogner / Birgit Franz / Hans-Rudolf Meier / Marion Steiner (Hrsg.): Denkmal — Erbe — Heritage. Begriffshorizonte am Beispiel der Industriekultur. Monument — Patrimony — Heritage. Industrial Heritage and the Horizons of Terminology (= Veröffentlichungen des Arbeitskreises Theorie und Lehre der Denkmalpflege e.V., Vol. 27). Holzminden / Heidelberg 2018, S. 16—35, sowie unter: http://books.ub.uni-heidelberg.de/arthistoricum/catalog/book/374 (letzter Zugriff: 16.01.2020).

Die Hochöfen der Kölsch-Fölzer-Werke AG in Hagen-Haspe, Juli 1951.

Finden, was nicht gesucht wurde

Urbane Künste Ruhr als Wahrnehmungsverstärkerin für die Besonderheiten des Ruhrgebiets

BRITTA PETERS

ist die Künstlerische Leiterin
von Urbane Künste Ruhr.

Salopp könnte man sagen, die Institution Urbane Künste Ruhr schickte ihr Publikum auf eine Schnitzeljagd: 22 Projektstandorte konnten im Rahmen von *Ruhr Ding: Territorien* 2019 über einen Zeitraum von acht Wochen – vom 4. Mai bis zum 30. Juni – in den Städten Bochum, Dortmund, Essen und Oberhausen besucht werden; und zwar von dienstags bis sonntags täglich, regulär sieben und bis zu neun Stunden lang an den verlängerten Wochenendtagen Freitag und Samstag. Die Wahl der Projektstandorte reichte von der Zwischennutzung eines leer stehenden Möbelladens in der Essener Innenstadt über das im Knappenviertel gelegene Vereinshaus des SC 1920 Oberhausen bis hin zur Trauerhalle Havkenscheid auf dem Bochumer Hauptfriedhof. Da gab es nicht nur zwischen den verschiedenen Städten, sondern auch innerhalb der einzelnen Städte einige Wege zurückzulegen.

Der Wahnsinn hat Methode: Das neu erfundene Ausstellungsformat *Ruhr Ding* zelebriert die besonderen Qualitäten der verschiedenen Projektstandorte genauso wie die freie Zeiteinteilung bei der Kunstbetrachtung, die durch die großzügigen Öffnungszeiten gewährleistet wird. Alle Projekte entstehen als Neuproduktionen für und in Auseinandersetzung mit bestimmten Räumen, unabhängig davon, ob unter freiem Himmel oder abschließbar und überdacht. Besucher*innen können die Projekte alleine oder gemeinsam mit Freund*innen, Kolleg*innen und Verwandten besuchen, wann und so oft sie wollen. Sie finden vor Ort kompetente Ansprechpartner*innen. Eintritt wird nicht verlangt und wer einmal auf den Geschmack gekommen ist, folgt im Idealfall den Spuren der Ausstellung kreuz und quer durch die Region.

Performance im Rahmen des Projekts *Betonoper: Die Taube* von Suse Weber zum *Ruhr Ding: Territorien*.

Frühzeitige Vorbereitungen

Kunstprojekte im öffentlichen Raum beginnen lange vor dem Eröffnungstag. Unzählige Gespräche mit der Nachbarschaft, mit Spezialist*innen und Behörden werden im Vorfeld geführt. Über die Recherche entstehen häufig langfristige Beziehungen, es wird rege diskutiert und Beteiligung findet statt. Jede Edition des *Ruhr Ding* wird durch unterschiedlichste Kooperationen auf die Beine gestellt – etwa mit dem Museum Folkwang Essen oder mit freien Projekträumen wie dem atelier automatique in Bochum, Rekorder in Dortmund und kitev in Oberhausen im Jahr 2019. Im Rahmen des *Ruhr Ding: Klima*, das wir aktuell vorbereiten, reicht die Bandbreite von den Ruhrfestspielen Recklinghausen über das Heimatmuseum Unser Fritz in Herne und das Skulpturenmuseum Glaskasten Marl bis hin zu den Windsurfenden vom TuS Haltern am dortigen Silbersee II. Manche Projekte sind ohne die Mitarbeit bestimmter Interessengruppen gar nicht umsetzbar, andere wiederum adressieren vor allem durch ihre Präsenz in hochfrequentierten Räumen wie Wartebereichen, Einkaufszonen oder öffentlichen Plätzen ein zufälliges Publikum während der Ausstellungslaufzeit, wieder andere müssen gezielt aufgesucht werden.

links: Wandgemälde *I love you lots more than you know* von Stefan Marx zum *Ruhr Ding: Territorien* in Bochum.

rechts: Eröffnung der Ausstellung *Ruhr Ding: Territorien* im Mai 2019 im Colosseum am Westpark in Bochum.

Zusammenhänge als Prinzip

Mit dem Wunsch, Zusammenhänge herzustellen, lassen sich Antrieb und Erfahrungsmodus zusammenfassen, die die Gesamtkonzeption des *Ruhr Ding* begründen.
Es geht um Zusammenhänge zwischen Kunst und Leben, zwischen Projekten und ihren Standorten, zwischen Geschichte und Gegenwart, zwischen den beteiligten Städten untereinander und innerhalb der Region Ruhrgebiet allgemein. Um eine Schnitzeljagd handelt es sich definitiv nicht. Denn zuallererst geht es darum, etwas zu finden, das *nicht* gesucht wurde; um die Erfahrung, sich gegenüber Neuem und Fremden zu öffnen.
Wer das jährlich im Mai und Juni in unterschiedlichen Teilen der Region stattfindende Format nicht auf eigene Faust erobern möchte, ist herzlich eingeladen, die Ausstellung und ihre Zusammenhänge im Rahmen gemeinsamer *Irrlichter-Touren* zu erkunden.

Kontinuität zu RUHR.2010

Urbane Künste Ruhr ist 2012 aus der Programmsäule »Stadt der Möglichkeiten« des Kulturhauptstadtjahrs RUHR.2010 hervorgegangen und befindet sich neben Ruhrtriennale, Tanzlandschaft Ruhr und CHORWERK RUHR in Trägerschaft der Kultur Ruhr GmbH, seit 2017 mit Sitz in Bochum. Gesellschafter und öffentliche Förderer sind das Land Nordrhein-Westfalen und der Regionalverband Ruhr (RVR). Die Kunsthistorikerin und Architektin Katja Aßmann konzipierte von 2012 bis 2017 das erste Profil der Institution. Eine ihrer Grundideen sah die Einrichtung von langfristig angelegten Laboren vor, in denen schließlich in Zusammenarbeit mit Kunstschaffenden und -gruppen den spezifischen sozialen und städtebaulichen Fragestellungen der postindustriellen Region nachgegangen wurde.

Von der Emscherkunst zum Emscherkunstweg

In die Anfangszeit fiel aber auch die Wiederaufnahme einiger Fortsetzungsformate, die sich aus bewährten Programmelementen der Kulturhauptstadt ergeben haben.
Dazu gehört die Ausstellungsserie *Urban Lights Ruhr* und nicht zuletzt die *Emscherkunst*, die von 2010 bis 2016 als Triennale umgesetzt wurde. Ende 2018 entschieden sich die beteiligten Kooperationspartner*innen Emschergenossenschaft, RVR und Urbane Künste Ruhr gemeinsam dafür, den aus den temporären Ausstellungen hervorgegangenen Bestand an hochkarätigen permanenten Arbeiten entlang der Emscher sukzessive durch weitere Werke zu ergänzen und unter dem Titel *Emscherkunstweg* einen dauerhaften Skulpturenpfad zu entwickeln.

Die Entscheidung trägt dem fortgeschrittenen Emscherumbau, inklusive Ausbau der Fahrradwege, Rechnung und zielt auf eine Ergänzung der vertikalen Landmarken durch eine horizontale Verbindung von gut 80 Kilometern durch das gesamte Ruhrgebiet. Der *Emscherkunstweg* erzählt die Geschichte des Ruhrgebiets aus der Perspektive der Emscher, eines kleinen Flusses, der die Region in der Mitte durchläuft und – zugunsten von Lippe und Ruhr – schon früh dazu auserkoren wurde, sämtliche industrielle und private Abwässer zu schlucken. Seit 1992 arbeitet die Emschergenossenschaft im Rahmen des Milliardenprojekts Emscherumbau an der Wiederherstellung einer naturnahen Landschaft. Die seit 2010 in diesem Zusammenhang entstandenen Kunstwerke reflektieren in unterschiedlicher Form das Verhältnis von Kultur und Natur. Als rau-romantischer, gänzlich unverkitschter Skulpturenpfad kommt dem Projekt ein Alleinstellungsmerkmal zu, das die in der Bezeichnung Skulpturenpfad mitschwingende biedere Gemütlichkeit auf sehr interessante Weise konterkariert.

Netzwerke und Initiativen

Die Unterstützung und Stärkung der lokalen Netzwerke gehört seit jeher zu den Aufgaben von Urbane Künste Ruhr und ist bis heute zentraler Bestandteil aller Aktivitäten. Mit der Einrichtung des Residenzprogramms »Zu Gast bei Urbane Künste Ruhr«, das in Kooperation mit dem Netzwerk KunstVereineRuhr geführt wird, initiieren und pflegen wir den Austausch zwischen regionalen und internationalen Kunstschaffenden. Dazu gehören auch zwei Jahresresidenzen, die lose mit dem 2015 gemeinsam mit dem Ringlokschuppen Ruhr in Mülheim an der Ruhr ins Leben gerufenen Projekt »Silent University« – eine offene Plattform für geflüchtete Akademiker*innen nach einer Idee des kurdischen Künstlers Ahmet Öğüt – verknüpft sind.

Gemeinsame Gegenwart

Ansonsten bestehen die wesentlichen Änderungen unter meiner Leitung in dem Versuch, die verschiedenen Aktivitäten von Urbane Künste Ruhr in zwei Ausstellungsformaten zu bündeln: im temporären *Ruhr Ding* und dem permanenten *Emscherkunstweg*. Beide sprechen neben den Anwohner*innen der Region auch ein erweitertes Kunstpublikum an, das über den Besuch und die unterschiedlichen Facetten der künstlerischen Auseinandersetzungen in vielfältiger Weise mit den Realitäten der Region konfrontiert wird. Beide Großprojekte werden durch zahlreiche Gesprächsveranstaltungen, aber auch durch Literatur- und Musikabende begleitet. Die Veranstaltungsreihe *Wandersalon* bereitet seit März 2018 das jeweilige *Ruhr Ding* vor, für den *Emscherkunstweg* möchten wir künftig das Programm »Vor Ort« etablieren, das sich punktuell mit einzelnen Werken befassen wird.

Die Fußgängerbrücke *Slinky springs to Fame* von Tobias Rehberger in Oberhausen, entstanden zur Emscherkunst.2010 und inzwischen Teil des *Emscherkunstwegs*.

FINDEN, WAS NICHT GESUCHT WURDE

Langfristig, um das Prinzip des Bündelns und Zusammenhänge-Herstellens noch weiter zu verfeinern, sind Überlappungen von beiden Formaten geplant. Schon jetzt beziehen wir in unsere *Irrlichter-Touren* zum *Ruhr Ding* – wann immer thematisch und infrastrukturell möglich – Werke des *Emscherkunstwegs* mit ein. Je engmaschiger sich das in Zukunft gestalten lässt, umso besser. Die Überschneidung befruchtet beide Projekte und trägt dazu bei, die historische Isolation und strukturelle Benachteiligung der Emschergebiete aufzubrechen. Denn am Ende handelt es sich um eine Region mit einer gemeinsamen Geschichte und Zukunft – und vor allem mit einer gemeinsamen Gegenwart.

Das *Monument for a Forgotten Future* von Douglas Gordon und Olaf Nicolai mit Mogwai in Gelsenkirchen, entstanden zur Emscherkunst.2010 und inzwischen Teil des *Emscherkunstwegs*.

Johan Simons

Johan Simons zu Fragen von Kultur an der Ruhr: »Wir brauchen Leute, die viel von Kunst wissen«

DIETER NELLEN

Mit der Ruhrtriennale begann 2002 die systematische und regionsweite künstlerische Bespielung der großen und kleineren Industriebauten im Ruhrgebiet. Bis dahin hatte sich die thematische Regionalisierung auf Einzelprojekte und das Finale der IBA Emscher Park (1999) beschränkt. Seit zwei Jahrzehnten übernimmt nun der RVR über die Trägeragentur Kultur Ruhr GmbH für Ruhrtriennale, CHORWERK RUHR und (ab 2012) Urbane Künste neben dem Land NRW als Mehrheitsgesellschafter und Budgetgeber regionale Mitverantwortung und ermöglicht so Kunst auf höchstem Niveau.

Gerard Mortier etablierte nach seiner Tätigkeit bei den Salzburger Festspielen und vor der Übernahme der Pariser Oper zwischen 2002 und 2004 das kulturelle Flaggschiff in der europäischen Festivallandschaft. Die Ruhrtriennale war seine Idee — und die einiger kluger Köpfe in der NRW-Landesregierung. Mit dabei war von Anfang an der Niederländer Johan Simons — zunächst als Regisseur einzelner Produktionen und dann von 2015 bis 2017 als Intendant des Festivals. Zuvor hatten die Festivalleiter Jürgen Flimm (2005—2008), Willy Decker (2009—2011) und Heiner Goebbels (2012—2014) Programme auf höchstem künstlerischen Niveau verwirklicht. Von 2018 bis 2020 liegt die künstlerische Leitung bei der Intendantin Stefanie Carp. Jeder und jede von ihnen entwickelte eine eigene künstlerische Handschrift. 2021 wird Barbara Frey vom Zürcher Schauspielhaus die Leitung der Ruhrtriennale für einen Zyklus von drei Jahren übernehmen. Johan Simons gilt als Pionier eines europäischen Theaters jenseits klassischer Aufführungsräume und -formate. Seine künstlerischen Ursprünge liegen in der freien Theaterszene der Niederlande. 2018 übernahm er im Ruhrgebiet eine große historische Adresse, das Bochumer Schauspielhaus, das ihm seit den Intendanzen von Peter Zadek und Claus Peymann persönlich nahe ist. Nicht zuletzt in deren Tradition sieht er seine eigene Arbeit und hat Erfolg. 2020 wird — nach zwei Jahrzehnten erstmalig — eine Produktion zum Theatertreffen nach Berlin eingeladen: »Hamlet« mit Sandra Hüller als Titelfigur. Über »Iwanow«, seine vierstündige Tschechow-Inszenierung Anfang 2020 heißt es im Feuilleton: »Wenn man nur einen Abend hätte, um in diesem Jahr ins Theater zu gehen, dann müsste man nach Bochum fahren. Denn eine solche Aufführung wird man so schnell nicht wieder sehen. So eine großzügige Inszenierung, so ein poetisches Spiel« (Simon Strauß, *Frankfurter Allgemeine Zeitung*, 20.1.2020).

Europa verfügt über eine vielseitige Festivallandschaft. Was ist das Besondere der Ruhrtriennale?

Die Industriehallen vermitteln den Besuchern ihre eigene Realität. In ebendiese bereits vorhandene Realität stellen wir spannungsreich eine zweite, nämlich die des Theaters und der Performance mit einer ganz eigenen Qualität. Zudem wirken die Gebäude nicht hermetisch abgeriegelt wie klassische Theaterräume. Die Geräusche der Außenwelt bleiben präsent, Außen und Innen verschmelzen, und wenn die Aufführungen an spätsommerlichen Abenden beginnen, begleitet sie noch das durch die Fenster hereinströmende Abendlicht. Das ist schon ein besonderes Erlebnis. Denken Sie beispielsweise an die Zeche Lohberg in Dinslaken: Die riesige Kohlenmischhalle mit ihrem staubigen Boden und der 200 Meter tiefen Flucht, an deren Ende das Publikum in einen Industriewald blickt, ist fast das Gegenteil eines Theaterraums – und doch für eine Inszenierung wie »Accattone« von Pier Paolo Pasolini unglaublich passend.

links: Iwanow (2020), Schauspielhaus Bochum.

mittig: Das Rheingold (2015), Regie: Johan Simons, Musikalische Leitung: Teodor Currentzis, Jahrhunderthalle Bochum.

rechts: Accattone (2015), nach Pier Paolo Pasolini, Regie: Johan Simons, Kohlenmischhalle, Zeche Lohberg, Dinslaken.

Mit dieser Inszenierung haben Sie, wie Gerard Mortier gern die Herkunft aus einfachen Verhältnissen betonend, sozialemanzipative Botschaften an den dortigen Stadtteil Lohberg gerichtet, der von Arbeitslosigkeit und politischem Radikalismus geprägt ist. Diese alte Sehnsucht des Theaters nach neuem Publikum, nach gesellschaftlicher Veränderung blieb nicht ohne Widerspruch von der örtlichen Politik.

Einige Erfolge konnten wir ja durchaus verzeichnen. Es sind nicht nur Menschen von dort in unsere Aufführungen gekommen, auch das Publikum von außerhalb lernt bei solchen Gelegenheiten den menschlichen Reichtum der Region kennen. Die Erwartung, mithilfe des Theaters gesellschaftliche Verhältnisse grundlegend zu ändern, bleibt natürlich eine soziale Utopie. Aber man muss – und das hat auch Gerard Mortier bei aller Vornehmheit stets getan – bis in die unteren Gliederungen des Theaterbetriebs mit allen Menschen sprechen, ihnen zuhören und ihre Erfahrungen aufnehmen.

Welche Erfahrungen und Empfehlungen gelten grundsätzlich für die Ruhrtriennale? Sollte man die Spielorte wie andernorts besser räumlich konzentrieren?

Man sollte die Anzahl der Spielorte nicht reduzieren, sondern – soweit noch möglich – noch weitere erschließen! Wo und wie kann das Ruhrgebiet seine Größe und Vielfalt besser präsentieren? Die ehemaligen Zechen Lohberg und Auguste Victoria in Marl (2016 für die Aufführung »Die Fremden« nach Albert Camus) waren ja echte Entdeckungen während meiner Intendanz. Das ist es ja gerade, was das Ruhrgebiet so faszinierend macht: Dass es immer wieder etwas Neues zu entdecken gibt – Landschaften, Orte, Menschen, Sprachen ...

Was bedeutet ein Stadttheater wie das Bochumer Schauspielhaus für das Ruhrgebiet?

Wir laden das Publikum am Schauspielhaus Bochum jeden Tag zu einer Reise ein, zu einer Reise in die Felder der Künste – mit einem Ensemble, das die Stadtgesellschaft und nicht zuletzt deren vielfältige Herkünfte abbildet. Die Menschen sind stolz auf das Haus und lieben das Theater – relativ unabhängig davon, ob ihnen einzelne Stücke gefallen oder nicht. Das merkt man zum Beispiel an »Tagen der offenen Tür«, wenn viele Menschen kommen, die sonst das Schauspielhaus nicht aufsuchen. Theater ist an der Ruhr unverzichtbar, ein echter »Schatz« in einer Region, die inzwischen zu den ärmsten in Deutschland gehört und sich nach meiner Einschätzung manchmal zu viel mit der Vergangenheit beschäftigt.

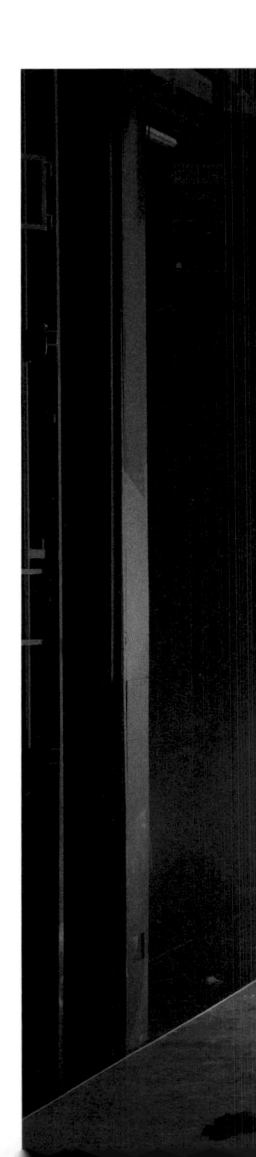

Was halten Sie von regionalen Kooperationen und Vernetzungen zu anderen Institutionen in der eigenen Stadt?

Wir gehen gerne hinaus in die Stadt, entwickeln neue Formate in verschiedenen Sparten. Der Vorplatz des Schauspielhauses wird zukünftig für uns auch zur Bühne. Das Kooperationsprojekt RuhrBühnen kann als Verbund den kulturellen Reichtum der Region wunderbar abbilden. Alle profitieren davon. Über das Marketing hinaus bin ich aber auch ein großer Freund von inhaltlichen Kooperationen, wie es sie vereinzelt auch schon gegeben hat.

Welche neuen Themen braucht die Kunst an der Ruhr?

Vor allem die Umwelt, die Natur und die Elemente sollten mehr Beachtung finden. Wir haben diese Dinge lange künstlerisch ausgeblendet, obwohl schon ein großer Dichter wie Shakespeare die Widrigkeiten der Natur und sein persönliches Naturverständnis immer wieder zum Stoff seiner Stücke gemacht hat. Es war ihm enorm wichtig. Uns ist die Balance mit der Natur völlig verloren gegangen. Wenn sich nichts ändert, geht die Menschheit unter, die Welt jedoch nicht.

Die Jüdin von Toledo (2018),
Schauspielhaus Bochum.

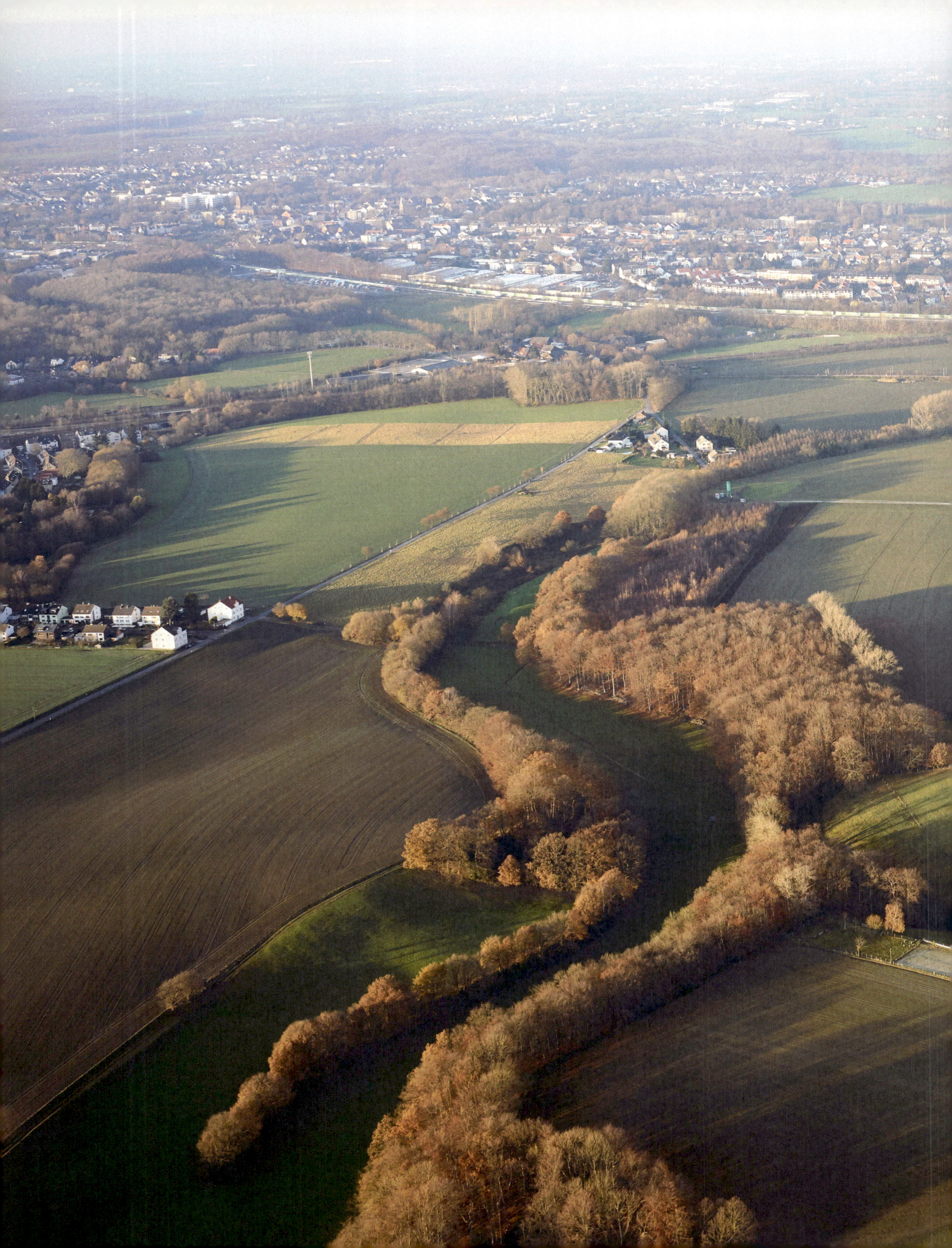

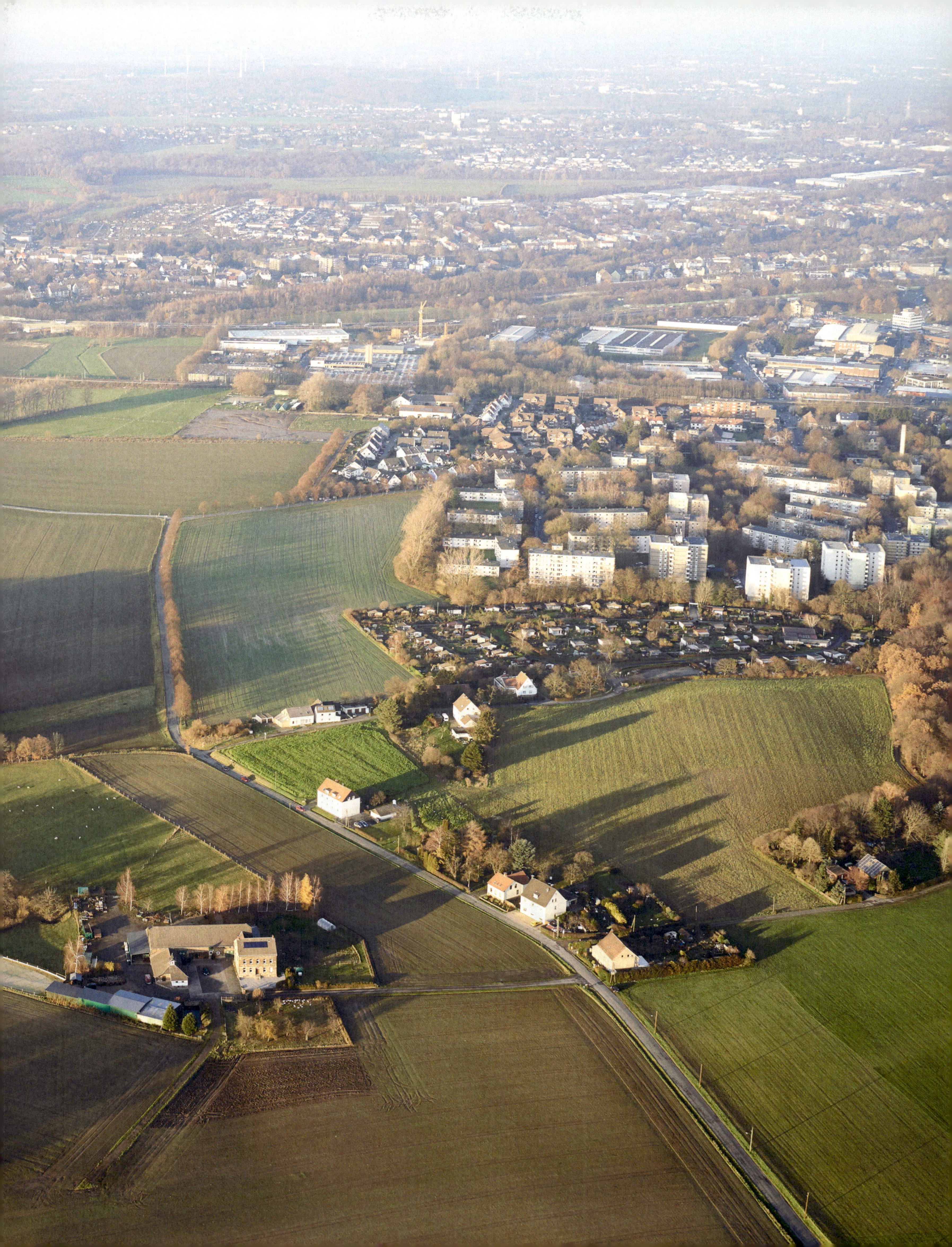

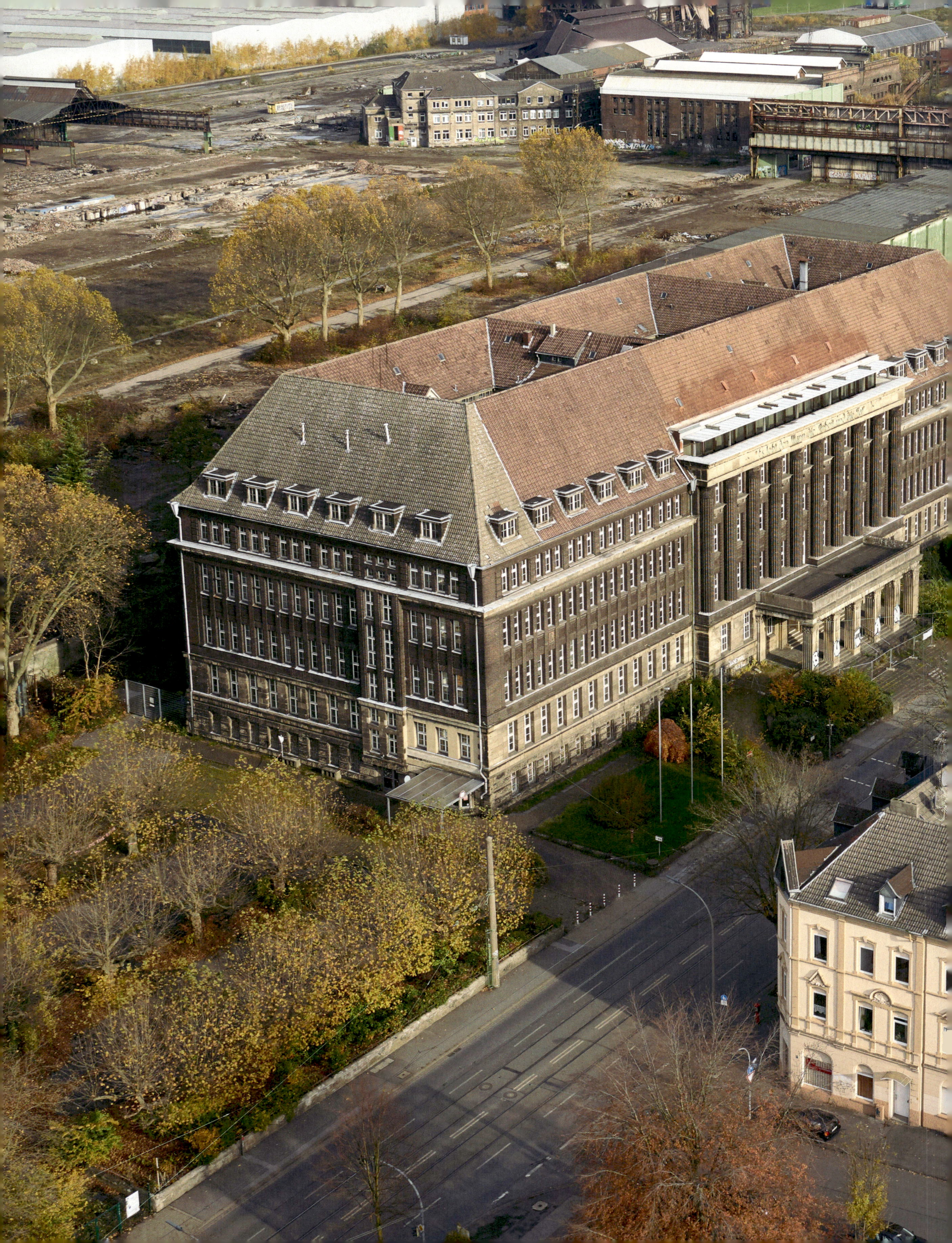

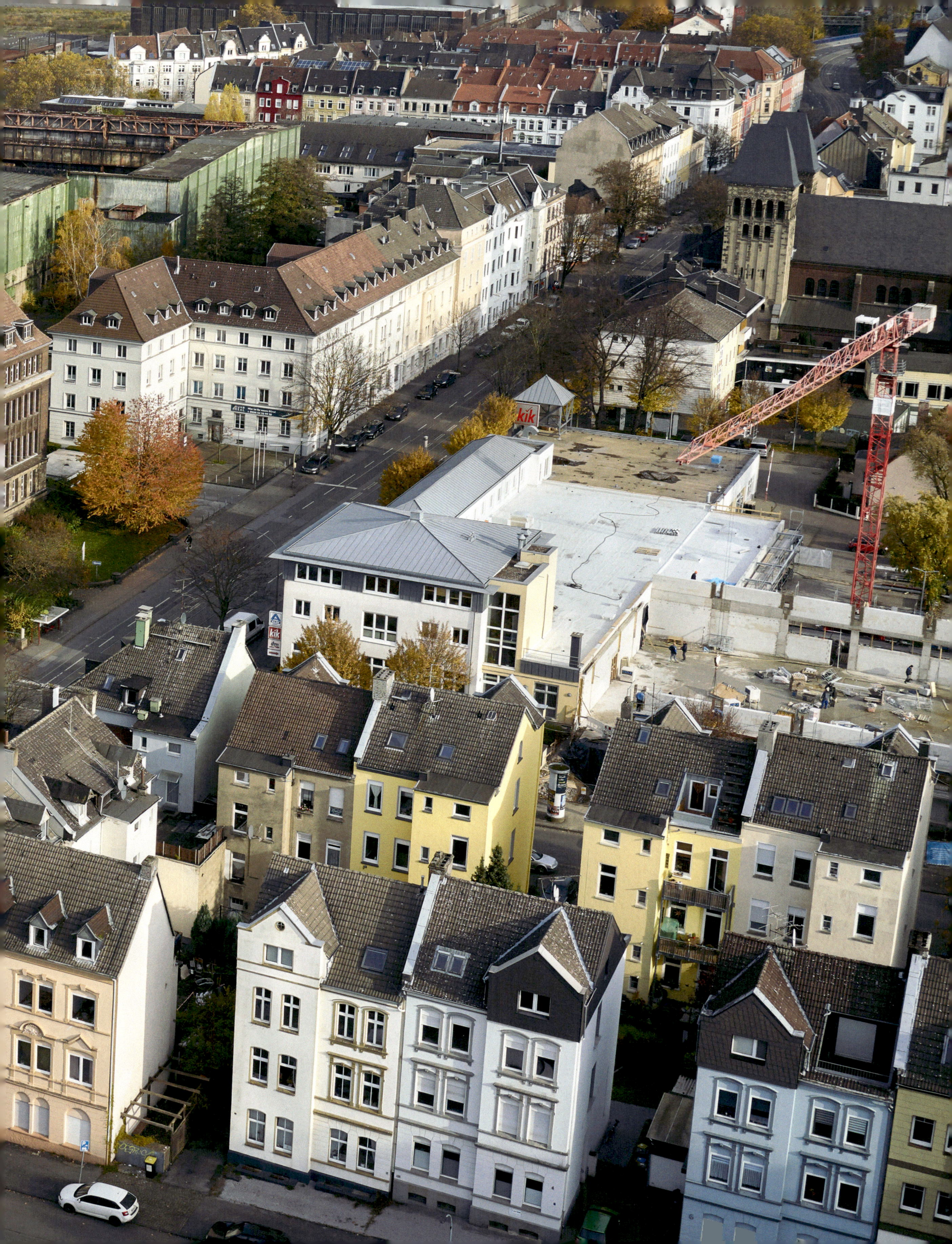
kik

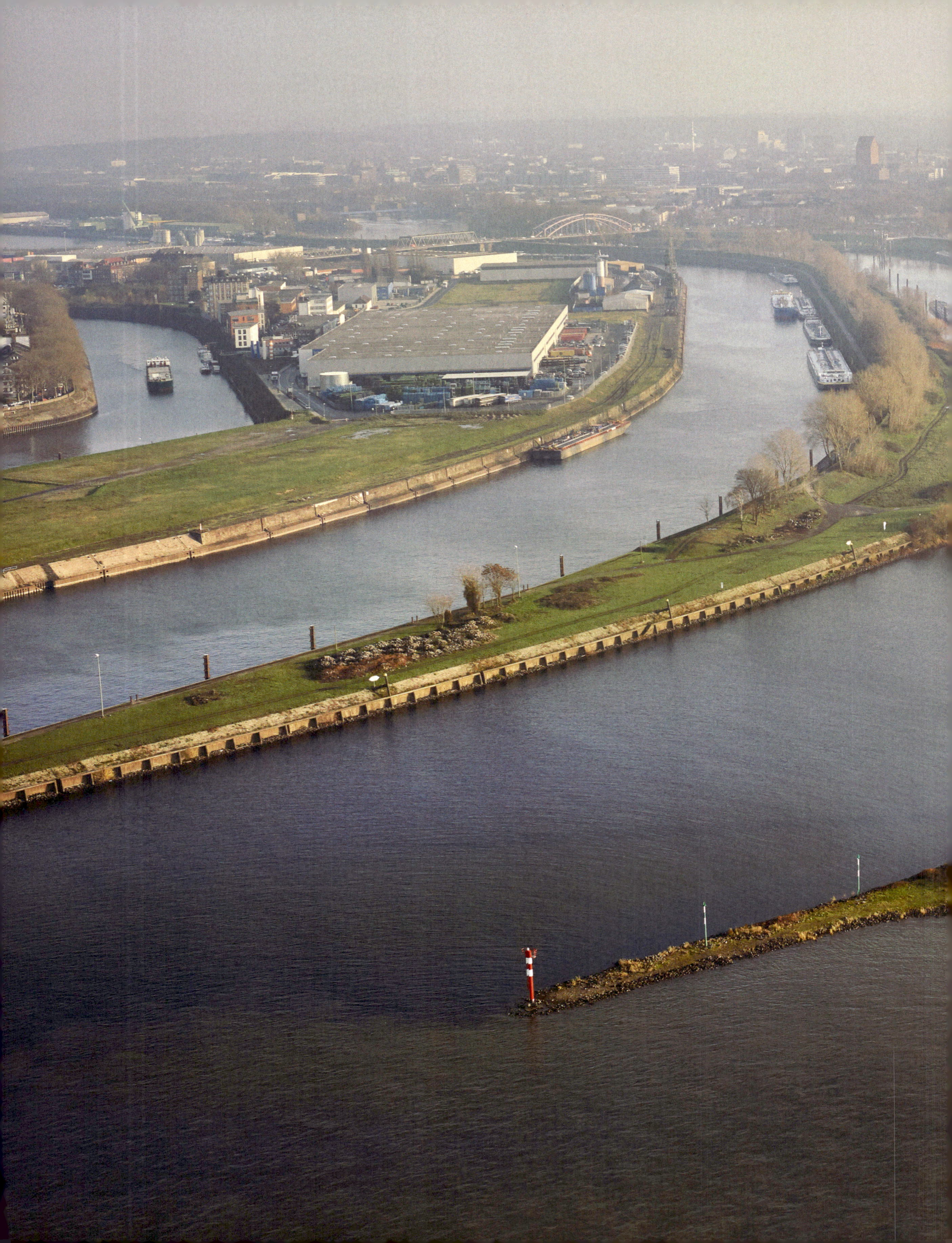

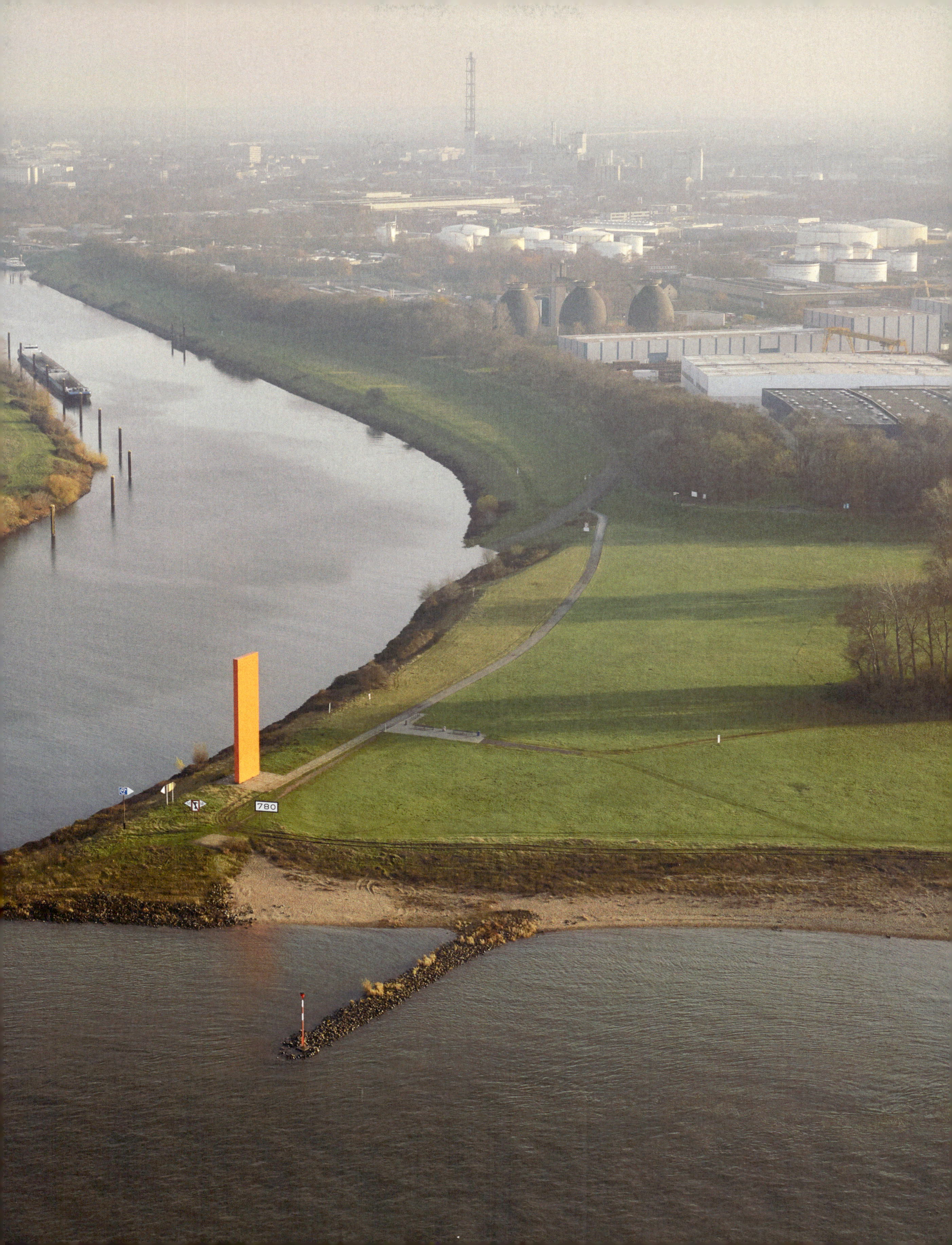
780

**Metropole Ruhr
Doch nur eine
Wunschvorstellung?**
CLAUS LEGGEWIE
260

**Architektur Städtebau
Ruhr 1920 2020+**
WOLFGANG SONNE
266

**Transformation in einer
»verspäteten« Region**
STEFAN SIEDENTOP
277

**Der Einsatz Grüner
Infrastruktur im Ruhrgebiet —
ein wichtiger Beitrag
zur Umsetzung der
EU–Biodiversitätsstrategie**
STEFAN LEINER
282

Die IBA und ihre Folgen
DIETER NELLEN
291

**Postmontanindustrielle
Kulturlandschaft Ruhr**
CHRISTOPH ZÖPEL
300

ESSAYS

ESSAYS

Metropole Ruhr

Doch nur eine Wunschvorstellung?

CLAUS LEGGEWIE

ist Politikwissenschaftler und
Ludwig-Börne-Professor an der
Universität Gießen. Er war von 2007 bis 2017
Direktor des Kulturwissenschaftlichen
Instituts und leitete dort unter
anderem zahlreiche wissenschaftliche
Projekte zur »KlimaKultur«.

METROPOLE RUHR

Symposien und Konferenzen zum Thema Metropole Ruhr enden meist in der gegenseitigen Versicherung der Teilnehmer, man sei zwar noch ein gutes Stück von einem metropolenfähigen Kollektivbewusstsein entfernt, werde das Ziel aber bestimmt in absehbarer Zeit erreichen. Wenn man aus dieser Perspektive auf das Ruhrgebiet oder das Revier oder die Metropole Ruhr blickt (schon wie man das Objekt der Begierde nennt, hat eine Bedeutung!), hilft für das Abstecken des Erwartungshorizonts zunächst die Rückversicherung im historischen Erfahrungsraum: als Naturlandschaft mit Fluss und weiter beachtlicher landwirtschaftlicher Nutzfläche; als industrielles Kraftzentrum; als polyzentrische, aus Dörfern gewachsene Stadt; als Arena eines tief greifenden Strukturwandels, im Abschied befindlich von den prometheischen Technologien der Kohlenschächte, Hochöfen und Walzwerke, die das Bild des Reviers weiter bestimmen. Menschen aus ganz verschiedenen Regionen Europas sind in den Schmelztiegel gezogen, in dem die meiste Zeit eine akzeptable Betriebstemperatur tolerierter Diversität herrschte.

Am Ruhrgebiet wird das 2018 besiegelte Ende des Bergbaus nicht spurlos und unsentimental vorbeigehen, aber es birgt im Hinblick auf seine Menschen und seinen Wissensschatz genügend Potenzial, um nicht als ein kulturell abgefundenes Krisengebiet

Der Landschaftspark Duisburg–Nord aus der Luft.

(oder der »neue Osten«) dazustehen, wenn es sich als Reallabor nachhaltiger Reindustrialisierung beweisen kann. Das war der Sinn des Slogans »Von der Kulturhauptstadt zur Klimametropole«, den wir 2007 am Kulturwissenschaftlichen Institut formuliert haben; damals klang das utopisch, doch in der Polyzentrik (»Ruhrbanität«) dieser recht einzigartigen Metropole liegt der Schlüssel zu einer Urbanität, die dem Schicksal »abgehängter« Regionen entgehen kann. Es ist allerdings fraglich, ob und wann die überwiegend strukturkonservativen politischen und wirtschaftlichen Eliten aus diesen Möglichkeiten Wirklichkeiten machen.

Inzwischen weiß jedes Kind: Fossile Energieträger sind kohlenstoffhaltig, bei ihrer Verbrennung entsteht Kohlendioxid, das großenteils in der Atmosphäre deponiert wird. Um eine gefährliche Erderwärmung, den Anstieg des Meeresspiegels und extreme Wetterlagen zu vermeiden, muss der Einsatz kohlenstoffhaltiger Energieträger bis spätestens 2070 weltweit auf null gefahren werden. Die Kohle im Boden zu lassen, das ist eine Revolution für die immer noch zahlreichen Kohlereviere der Welt. Wer die Dauerausstellung im Ruhrmuseum durchwandert, erfährt hautnah, welchen Respekt die Geschichte von Kohle und Stahl verdient – und welch tief greifenden Mentalitätswandel es erfordert, das Klima zu schützen.

Die vor 150 Jahren gegründete Heinrichshütte in Hattingen steht für den Beginn, die Blüte und den Niedergang der Schwerindustrie im Ruhrgebiet.

Die meisten Diagnosen für das Ruhrgebiet stimmen nicht froh. Die Stahlbranche stellte sich nicht auf Weltmarktdruck und Ressourcenknappheit ein, das Druckereiwesen nicht aufs Internet, der Einzelhandel nicht auf den Online-Versand, die Stromproduzenten nicht auf die Energiewende. In Letzterer aber läge die Alternative für eine so starke Industrieregion. 2007 war noch als Fantast verschrien, wer RWE empfahl, Geld mit *weniger* und *sauberem* Strom zu verdienen und sich Opel-Ingenieure als Protagonisten eines intelligenten Mobilitätskonzepts vorstellte, bei dem der individuelle Autoverkehr nicht mehr im Zentrum stehen würde. Die Fehlkalkulationen in der Villa Hügel und anderen Chefetagen sind Fälle oligarchischer Selbsttäuschung; Vorstände, die auch privat mit ihresgleichen verkehrten und von einer Armada von Ja-Sagern umgeben waren, verloren den Kontakt zur Wirklichkeit.

Mut machten aber Initiativen an Orten, wo die meisten sie wohl am wenigsten erwartet hätten. Zum Beispiel Bottrop: Die Kernstadt der »Innovation City Ruhr« hat sich dem Klimaschutz verschrieben, ein guter Teil der bis Ende des Jahrzehnts anvisierten Verringerung des Ausstoßes an Treibhausgasen soll bereits geschafft sein. Das ist vor allem der energetischen Sanierung des Wohnungsbestands zu verdanken, für die man die Bevölkerung mit einem kompetenten Beratungsangebot gewann. Ich denke zurück an frühe Gespräche mit Bürgern aller Altersgruppen, bei denen noch die Skepsis überwog, aber schon die Lust am Mit- und Selbermachen durchkam. Nachtstromspeicher wurden ersetzt durch Wärmepumpen im Keller und Solaranlagen auf dem Dach.

Der Ausstrahlung auf das gesamte Revier steht das zu Recht beklagte Kirchturmdenken entgegen. Da herrschen mentale Reserven und administrative Partikularismen. So fehlt weiterhin ein übergreifendes Verkehrskonzept, das eine Stadtlandschaft mit fünf Millionen Menschen von der »Autogerechtigkeit« befreit, die nach dem Zweiten Weltkrieg verordnet wurde. Der öffentliche Nahverkehr ist im Grunde gut ausgebaut, nur fehlen wichtige Anschlusspunkte. Und trotz des erfreulich wachsenden kreuzungsfreien Radruhrschnellwegs steckt der multimodale Übergang von der S-Bahn auf Rad- und Fußwege noch in den Anfängen.

Die Ernennung der Stadt Essen zur »Grünen Hauptstadt Europas« honorierte ansonsten erreichte Fortschritte. Das war die kühne Vision: von der Kultur- zur Klimahauptstadt Europas. Viele Akteure haben das Zeug dazu. Dagegen stehen die knappe kommunale Kassenlage und eine ungünstige Demografie: Junge »entführen« die an den Ruhr-Universitäten erworbenen Diplome in einkommensstärkere Regionen, gut bezahlte Jobs sind weggefallen, neue werden oft schlecht honoriert. Und der Rückweg von atypischer in reguläre, sozialversicherungspflichtige Beschäftigung ist steinig; wenn dann noch die (nachvollziehbare!) Armutswanderung aus Südosteuropa hinzukommt, droht die Region in einen Teufelskreis zu geraten. Zum Abstieg trugen der Rückgang gewerkschaftlicher Organisation und generell der Verfall des sozialdemokratischen Integrationsmodells bei, das die Ruhrregion so lange geprägt hat. Die kulturindustrielle Verkleidung, die Simulation eines grünen Naturparks und die Anbindung an die »neue Seidenstraße« reichen nicht, um die Metropole Ruhr zur Entfaltung zu bringen. Der Schlüssel zum Wiederaufstieg liegt in einer nachhaltigen, so umwelt- wie milieufreundlichen Reindustrialisierung.

Der Ewaldsee in Herten wurde früher als
Kühlwasser-Reservoir der Zeche Ewald
genutzt. Seit der Schließung kann sich das
Stillgewässer ungestört entwickeln.

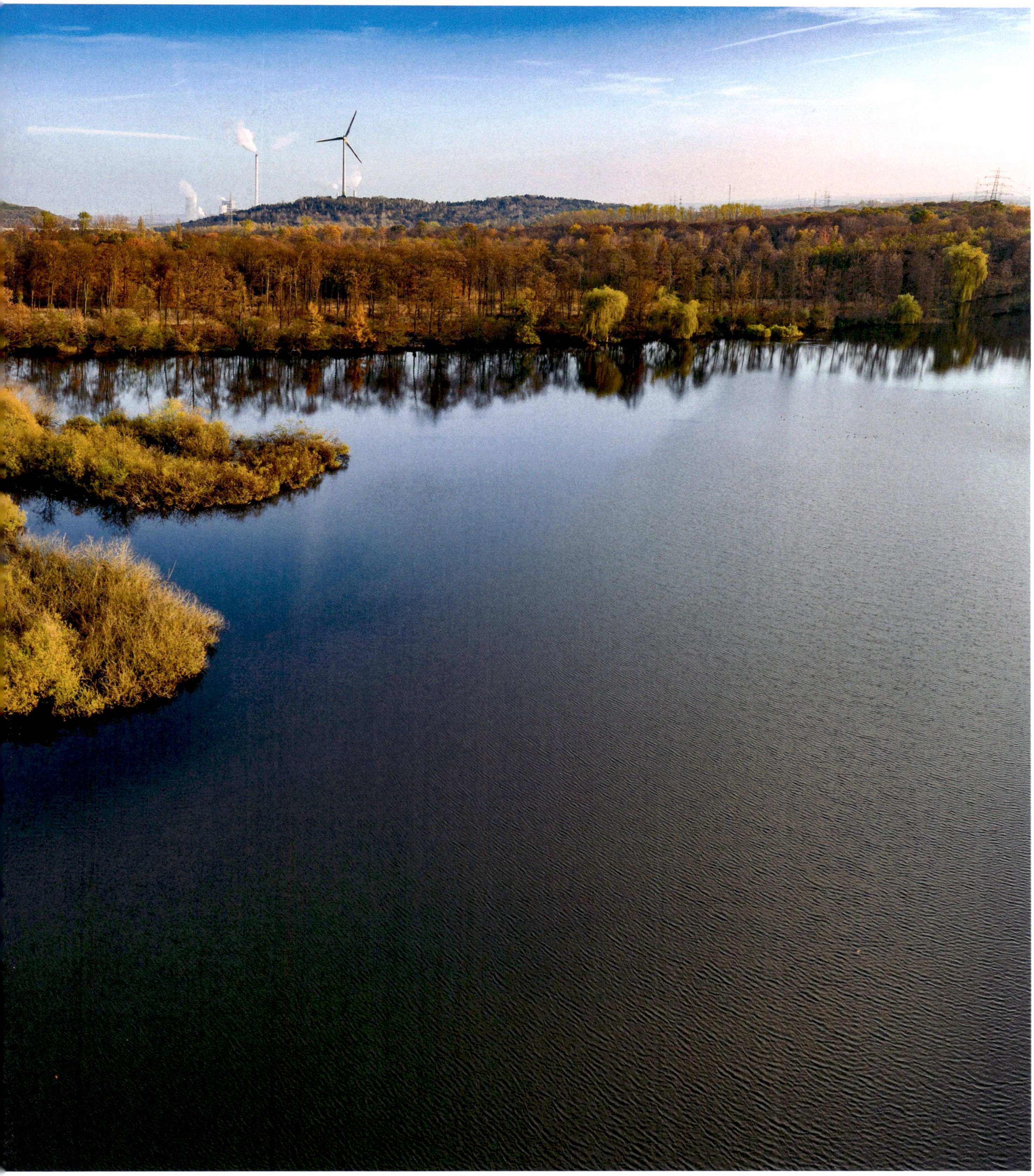

ESSAYS

Architektur Städtebau Ruhr 1920 2020+

WOLFGANG SONNE

Keine andere Region in Deutschland ist so stark von Architektur und Städtebau geprägt wie das Ruhrgebiet: Begriffsbildungen wie »Ruhrstadt«, »Metropole Ruhr« oder »Stadt der Städte« versuchen dies zum Ausdruck zu bringen. Doch keine andere Stadtregion in Deutschland definiert sich so wenig über ihre Architektur und ihren Städtebau wie das Ruhrgebiet: Während Berlin, Hamburg, München, Köln oder das Rhein-Main-Gebiet mit seinen Städten Frankfurt, Wiesbaden, Mainz und Darmstadt über ein architektonisch-städtebauliches Selbstbild verfügen, das durch zahlreiche historische Studien untermauert ist, sieht sich das Ruhrgebiet meist immer noch als eine Agglomeration des ungestalteten Dazwischens. Auch eine Architektur- und Städtebaugeschichte des Ruhrgebiets muss erst noch geschrieben werden.

Woher kommt dieser erstaunliche blinde Fleck in der Selbstwahrnehmung, der nicht selten Selbstverachtung oder Selbstüberschätzung auslöst? Sind tatsächlich kaum nennenswerte architektonische und städtebauliche Leistungen vorhanden? Sind tatsächlich die Städte des Ruhrgebiets so ganz anders als andere Städte Deutschlands und Europas? Mir scheint, dass die geringe Kenntnis und Wertschätzung von Architektur und Städtebau im Ruhrgebiet weniger von der Sachlage als von mentalen Prägungen her bestimmt sind, die heute keine unangefochtene Gültigkeit mehr haben.

Erstens ist da die Vorstellung, dass das Ruhrgebiet die Verfügungsmasse industrieller Großakteure sei, in der weder kommunale noch bürgerschaftliche Interessen und Traditionen von Bedeutung wären. Dass dem nicht so ist, ist unter anderem auch dem Regionalverband Ruhr (RVR) zu verdanken.

Friedensplatz in Oberhausen, 1924—1927, Ludwig Freitag: ein zentraler Stadtplatz mit Amtsgericht, Polizeipräsidium, Reichsbank und Stadtverwaltung.

Zweitens ist da die Ansicht, dass das Ruhrgebiet sich vor allem durch seine Zwischenräume, Infrastrukturen, Industrieanlagen und seinen Netzcharakter auszeichne, der es von anderen Stadtregionen unterscheide. Völlig verloren gehen bei dieser Ansicht die zahlreichen Kernstädte und Ortskerne mit ihren spezifischen architektonischen und städtebaulichen Qualitäten.

Und drittens gibt es eine geradezu groteske Geschichtsblindheit: In fast allen Selbstdarstellungen scheint das Ruhrgebiet überhaupt erst mit der Industrialisierung im 19. Jahrhundert zu entstehen. Vergessen wird dabei die bedeutende mittelalterliche Geschichte der freien Reichs- und Hansestädte am Hellweg, der Klöster und Abteien, der frühneuzeitlichen Herrensitze und Wasserschlösser oder des bürgerlichen Unternehmertums in Zeiten der Aufklärung.

Vor diesem Hintergrund scheint es gar reizvoll, einmal eine Architektur- und Städtebaugeschichte des Ruhrgebiets ohne Montan- und Stahlindustrie zu schreiben: Es kämen nicht wenige Bauten und Stadtteile zusammen! Doch es geht nicht darum, das eine gegen das andere auszuspielen. Was ansteht, ist eine Architektur- und Städtebaugeschichte des Ruhrgebiets, die sich aus den Klauen der Montan- und Stahlindustriegeschichte befreit und die ganze Breite, Vielfalt und historische Tiefe der gebauten Umwelt in dieser Region in den Blick nimmt. Ich glaube, dass diese vielfältige Geschichte gerade für die heutigen Probleme und Anforderungen die weitaus fruchtbareren Anregungen und Bezugspunkte geben kann.

Zwei Dinge gibt es noch zu bedenken, wenn hier Architektur und Städtebau zu Zeiten des Siedlungsverbands Ruhrkohlenbezirk (SVR) – Kommunalverbands Ruhrgebiet (KVR) – RVR behandelt werden. Erstens: Die entscheidenden Entwicklungsschübe im Ruhrgebiet waren 1920 bereits gelaufen. Der größte Bevölkerungsanstieg war bereits geschehen, die prägenden Industriebetriebe waren bereits gegründet, viele

Stadterweiterungen waren bereits angelegt, die Ausbildung von Großstadtzentren mit kommunalen und kulturellen Einrichtungen und Bauten war längst in vollem Gange. Die Zeit nach 1920 war weniger durch Aufbruchsdynamik als vielmehr durch Konsolidierung geprägt; der SVR hatte mit seiner Freiflächenpolitik einen Anteil daran.

Zweitens: Auch wenn der SVR aus städtebaulichen Überlegungen heraus entstand – die Denkschrift Robert Schmidts von 1912 war hier entscheidend – und bis in die 1960er Jahre hinein von Bauingenieuren wie Schmidt, dem ersten Verbandsdirektor, und Architekten wie Philipp Rappaport, dem nach dem Zweiten Weltkrieg wieder eingesetzten Verbandsdirektor, geleitet wurde, so lagen die Aufgaben des SVR eher im regionalplanerischen als im städtebaulichen und architektonischen Bereich. Städtebau wurde primär durch die Kommunen bestimmt, Architektur mehrheitlich privatwirtschaftlich errichtet. Dies gilt es im Hinterkopf zu behalten, wenn über Architektur und Städtebau zu Zeiten des SVR / KVR / RVR gehandelt wird.

Was könnten die Konturen einer Architektur- und Städtebaugeschichte des Ruhrgebiets seit 1920 sein, die sich im Streiflicht heutiger Interessen und Fragestellungen zeigen? In den 1920er Jahren ist es sicherlich erst einmal die Kontinuität der Aufgaben und Projekte.

Viele Kommunen setzten seinerzeit den Prozess der Errichtung repräsentativer Rathäuser und Stadtplätze fort, der im Kaiserreich begonnen hatte. Zu den markantesten Projekten gehörten der Weiterbau der Rathausplätze in Herne und Mülheim an der Ruhr, das Rathaus in Witten, das Rathaus und der Friedensplatz in Oberhausen, das Rathaus in Bochum und das Hans-Sachs-Haus in Gelsenkirchen. Das SVR-Verwaltungsgebäude von Alfred Fischer in Essen als tatsächlich vom Verband errichtetes Gebäude fügte sich in diese Reihe ein.

links: Hans-Sachs-Haus in Gelsenkirchen, 1924—1927, Alfred Fischer: großstädtischer multifunktionaler und repräsentativer Verwaltungssitz der Kommune.

rechts: Lichtburg in Essen, 1928, Ernst Bode: ein innenstädtischer Kulturbau für die moderne Großstadt.

Auch die Ausstattung der Städte mit Kulturbauten fand ihre Fortsetzung. Nach den prägenden kaiserzeitlichen Theaterbauten in Essen, Dortmund, Duisburg und Bochum entstanden markante Kinobauten wie die Lichtburg von Ernst Bode in Essen, das größte Kino Deutschlands, oder das dortige Folkwang-Museum von Edmund Körner. Großstädtische Verwaltungsgebäude der Unternehmen wie das Union-Verwaltungsgebäude in Dortmund von Dietrich und Karl Schulze, das Haus Ruhrort (»Tausendfensterhaus«) in Duisburg von Heinrich Blecken oder das Baedekerhaus von Ernst Bode in Essen wurden weiterhin in den Städten gebaut. Die Stadtquartiere wurden wie gewohnt mit ortsprägenden Kirchenbauten ausgestattet: An die Stelle der vor dem Zweiten Weltkrieg beliebten Neugotik traten avantgardistische oder archaisierende Bauten wie die Stahlkirche und die Auferstehungskirche von Otto Bartning in Essen, die Heilig-Kreuz-Kirche von Josef Franke in Gelsenkirchen, die Nikolaikirche in Sichtbeton in Dortmund von Pinno und Grund, St. Mariae Geburt von Emil Fahrenkamp in Mülheim an der Ruhr oder St. Engelbert von Dominikus Böhm in Essen.

Stadtquartiere wie das Saarlandstraßenviertel in Dortmund, das Eltingviertel in Essen oder das Dichterviertel in Mülheim an der Ruhr wurden als kompakte Stadterweiterungen fortgesetzt. Neben privat errichteten Stadthäusern entstanden dort auch meist genossenschaftlich errichtete Reformblöcke wie der weitergebaute Althofblock, der Kaiserblock oder die Lenteninsel in Dortmund, die seinerzeit ein gesundes großstädtisches Wohnen auch für Arbeiter und Angestellte ermöglichten. Arbeiter- und Angestelltensiedlungen der großen Industriebetriebe wurden weitergebaut wie die Margarethenhöhe von Heinrich Metzendorf in Essen oder neu angelegt wie die Cuno-Siedlung in Hagen. Markante Industrieanlagen wie die Gutehoffnungshütte von Peter Behrens in Oberhausen oder die Zeche Zollverein von Schupp und Kremmer in Essen wurden errichtet.

links: Haus Ruhrort (»Tausendfensterhaus«) in Duisburg, 1922—1936, Heinrich Blecken: der Firmensitz der Rheinischen Stahlwerke AG mit mächtiger Straßenfassade.

rechts: Kaiserblock in Dortmund, 1929—1931, Ludwig Feldmann: innenstädtisches Wohnen im Reformblock für Arbeiter und Angestellte.

Quer zu diesen Bauaufgaben stand die Verwendung unterschiedlicher Bauformen oder Architekturstile. Stark verbreitet ist im Ruhrgebiet der Backsteinexpressionismus, der eine langfristige Haltbarkeit in einer Gegend mit starker Luftverschmutzung versprach. Selbst Bauten der Neuen Sachlichkeit wurden oftmals in Backstein ausgeführt – reine weiße Putzkuben sind eher etwas für die Provinz in Dessau. Wohnbauten wurden zumeist in traditionalistischen Formen entworfen, wie sie sich aus der Debatte einer Architektur »um 1800« entwickelt hatten. Daneben kam auch eine formal reduzierte Monumentalität, die sich aus dem Reformklassizismus des Deutschen Werkbunds entwickelte, den Repräsentationsbedürfnissen der Städte, Kirchen und Unternehmer entgegen.

Während die kommunale Repräsentation durch monumentale Rathausbauten mit dem Nationalsozialismus 1933 ihr abruptes Ende fand, setzten sich repräsentative Verwaltungsbauten und Industrieanlagen bruchlos fort wie etwa in den Bauten von Emil Rudolf Mewes für den Bochumer Verein oder seinem Dortberghaus in Dortmund. Von einer Realisierung der großen nationalsozialistischen Pläne blieben die Städte des Ruhrgebiets weitgehend verschont.

Heilig-Kreuz-Kirche in Bottrop, 1955—1957, Rudolf Schwarz: architektonischer Neuanfang mit alter Bauaufgabe.

Der Wiederaufbau nach dem Zweiten Weltkrieg wird gewöhnlich als Neuanfang interpretiert. Übersehen wurde dabei bislang, dass mit der Wiedereinsetzung von Philipp Rappaport bewusst die Kontinuität zur Zeit vor dem Nationalsozialismus gesucht wurde. Rappaport, von der Stadtbaukunst vor dem Ersten Weltkrieg herkommend, vertrat explizit einen konventionellen Städtebau, der kompakte Stadtstrukturen mit Blockrandbebauung und Mischnutzung vorsah. Tatsächlich wurden viele Quartiere in den Ruhrgebietsstädten nach diesem Leitbild wiederaufgebaut. Wiederaufnahme der Städtebaukonvention bedeutete hier auch eine Absage an den Traditionsbruch des Nationalsozialismus.

Die Architektur der 1950er Jahre weist eine große stilistische Bandbreite auf. Sinnbildlich stehen dafür zwei Bauten in Dortmund, die sich in unmittelbarer Nachbarschaft »beäugen«. Steinern-streng gibt sich die Bundesbank von Wilhelm Kreis, während das Gesundheitsamt von Will Schwarz durch geschwungene Formen und farbige Glasmosaiken spielerisch daherkommt. Nicht zu vergessen ist auch der moralisch-politische Neuanfang durch das Anknüpfen an ältere Traditionen, wie er sich beispielsweise im Wiederaufbau der Dortmunder Hauptkirche St. Reinoldi durch Herwarth Schulte zeigt. Im Kontrast dazu stehen kirchliche Neubauten in experimentellen Formen wie die Heilig-Kreuz-Kirche von Rudolf Schwarz in Bottrop, die Liebfrauenkirche von Toni Herrmanns in Duisburg, St. Suitbert in Essen von Josef Lehmbrock und Stefan Polónyi.

links: Nikolaikirche in Dortmund, 1927—1930, Karl Pinno und Peter Grund: die erste Kirche Deutschlands in Sichtbeton.

rechts: Heilig-Kreuz-Kirche in Gelsenkirchen, 1927—1929, Josef Franke: Backsteinexpressionismus für einen stadtbildprägenden Kirchenneubau mit Vorplatz.

Neben diesen Stärkungen der Kernstädte durch urbanen Städtebau und architektonische Stadtbausteine kam es in den 1960er und 1970er Jahren vermehrt auch zu neuen großen Würfen. Als neue Städte wurden Marl mit seinem Rathaus von Jakob Berend Bakema und Wulfen nach dem Plan von Fritz Eggeling »gegliedert und aufgelockert« sowie »autogerecht« angelegt. Die neuen Universitäten in Duisburg, Essen, Bochum und Dortmund wurden nicht in das bestehende Stadtgefüge eingegliedert, sondern entstanden als autonome monofunktionale Sonderzonen, an Schnellstraßen und Autobahnen angelagert. Dies gilt auch für die Shoppingmalls wie den Ruhrpark bei Bochum oder das Rhein-Ruhr-Zentrum bei Mülheim. Letzter Höhepunkt dieser stadtzerstörenden Planungsphilosophie war das Centro in Oberhausen, das sich schon aufgrund seiner monofunktionalen Konzeption nie zu der »Neuen Mitte« entwickeln kann, als die es sich seit einem Vierteljahrhundert apostrophiert.

Die große Leistung der IBA Emscher Park 1989–1999 war weniger die Errichtung neuer Bauten als vielmehr die Erhaltung und Umnutzung von Industriebauten und ganzen Industrierealen. Der Landschaftspark Duisburg-Nord, der Gasometer in Oberhausen, die Zeche Zollverein als Weltkulturerbe mit ihren Umbauten durch prominente Architekten wie Rem Koolhaas, Norman Foster, Christoph Mäckler und SANAA, die Jahrhunderthalle in Bochum oder die Kokerei Hansa in Dortmund gehören heute zu den Ikonen der Revierarchitektur, bei der Nutzflächen der Industrie zu Repräsentationsorten der Industriekultur transformiert wurden.

links: Schauspielhaus Bochum, 1952/53, Gerhard Graubner: repräsentativer Kulturbau in der Innenstadt.

rechts: Rathaus Marl, 1960—1966, Johannes Hendrik van den Broek und Jakob Berend Bakema: gewagte Konstruktion im Dienste der Kommune.

Die Aufwertung der Peripherie korrespondiert seit 2000 mit einer Renaissance der Innenstädte. Vor allem neue Kulturbauten wie das Konzerthaus Dortmund, die Erweiterung des Museum Folkwang Essen von David Chipperfield und das Anneliese Brost Musikforum in Bochum setzen architektonische Zeichen eines vollzogenen Strukturwandels hin zur wirtschaftlich vielfältig getragenen Großstadt, zu der auch ein entsprechendes kulturelles Angebot gehört. Bauten wie das Schauspielhaus Bochum und das Heinz-Hilpert-Theater in Lünen, beide von Gerhard Graubner, das Musiktheater im Revier von Werner Ruhnau, die Dortmunder Oper, das Ruhrfestspielhaus in Recklinghausen, das Grillo-Theater und das Aalto-Theater in Essen, das Museum am Ostwall in Dortmund, das Lehmbruck-Museum in Duisburg oder das Museum Quadrat in Bottrop hatten diesen kulturellen Strukturwandel bereits in den 1950er Jahren eingeleitet beziehungsweise ihrerseits fortgesetzt.

Zur Renaissance des Städtischen zählen auch neue Stadtquartiere, die vornehmlich auf ehemaligen innenstadtnahen Industriegebieten entstehen und eine urbanere Konzeption durch dichtere Bebauung und gemischtere Nutzung aufweisen als die Siedlungen der Wiederaufbauzeit. Der Duisburger Innenhafen oder der Dortmunder Phoenix-See zählen dazu.

Und heute? Gerade die bislang »unterbelichteten« Stadtzentren und kompakten Stadtquartiere, an denen die Ruhrgebietsstädte ebenso reich sind wie viele andere Städte Deutschlands und Europas, bieten die besten Anknüpfungspunkte, um die heutigen Problemstellungen in Architektur und Städtebau zu lösen: gesellschaftlicher Zusammenhalt, Klimawandel, Ressourceneffizienz, Wohnraum für alle – so lauten die offensichtlichsten Stichworte, für die eine kompakte Stadt der kurzen Wege mit gemischt genutzten und sozial vielfältigen Quartieren mit schönen öffentlichen Räumen die besten Lösungsansätze bietet. Aus dem bürgerschaftlichen Geist seiner Kernstädte wird das Ruhrgebiet architektonisch und städtebaulich *fit for future*.

Bürohäuser mit Gastronomie im Duisburger Innenhafen.

Transformation in einer »verspäteten« Region

STEFAN SIEDENTOP
ist Professor für Stadtentwicklung
an der TU Dortmund, Fakultät Raumplanung,
und Wissenschaftlicher
Direktor des Instituts für Landes- und
Stadtentwicklungsforschung.

Institutionalisierung und aufholende Urbanisierung

Wohl kaum eine andere deutsche Region erzählt so viele Transformationsgeschichten wie das Ruhrgebiet. Eine davon ist das gewollte »Werden« einer polyzentrischen Stadt, einer Funktionalregion, die zu einem integrierten politischen Handlungs- und Gestaltungsraum heranreift. Es ist ein langer und schwieriger Weg, der aber – begleitet von zahlreichen Rückschlägen – in eine erfolgreiche Zukunft weist.

Die Regionalforschung hat immer wieder hervorgehoben, dass kollektive Handlungsfähigkeit in der Gemeindegrenzen übergreifenden Zusammenarbeit eine entscheidende Zukunftsressource darstellt. Und in besonderem Maße gilt dies für polyzentrische, funktional eng verflochtene Räume wie das Ruhrgebiet. Wenn es mehr als die Summe seiner Städte sein will, gibt es keine Alternative zu einer aufgabenadäquaten Regionalisierung. Mit der Internationalen Bauausstellung (IBA) Emscher Park und RUHR.2010 – um nur zwei Beispiele zu nennen – hat die Region diesbezügliche Kompetenzen unter Beweis gestellt. Die institutionelle Aufwertung des Regionalverbands Ruhr (RVR) als regionaler Aufgabenträger und die Erarbeitung eines ersten einheitlichen Regionalplans für das Ruhrgebiet sind weitere Meilensteine in der Geschichte des Reviers. Ein regional abgestimmter Plan wird die Vertrauensbasis unter den regionalen Agierenden stärken, und Vertrauen ist die entscheidende Währung einer zukunftskompetenten regionalen Politik. Auf diese Weise wird eine territorial fragmentierte Planungskultur überwunden, welche den Strukturwandel in der Vergangenheit eher behindert denn befördert hat.

Das Ruhrgebiet ist immer wieder als »verspätete Region« bezeichnet worden, was sich nicht allein auf Fragen der Institutionalisierung regionaler Planung und Koordination bezieht. Die Metapher der Verspätung adressiert auch:

Der Dortmunder Phoenix-See mit Wohnbebauung und dem Florianturm im Abendrot der Dämmerung.

- die späte Herausbildung einer regionalen Identität,
- den nur zögerlichen Wandel hin zu einer stärker arbeitsteilig organisierten Wirtschafts- und Standortstruktur,
- die graduelle Entstehung einer stärker urbanen Raumgestalt und
- den mühsamen Weg zur Schaffung einer regionalen Infrastruktur, welche der Regionalisierung der alltäglichen Aktionsräume und funktionalen Verflechtungen gerecht wird.

Der Raum zwischen Duisburg und Hamm zeichnet sich heute durch wachsendes Selbstvertrauen und eine regionalen Identität aus, die sich nicht mehr ausschließlich in einem historischen Bewusstsein erschöpft. Dies offenbart sich in neuen Narrativen als »Tourismusregion«, als »grüne Region« oder »Wissenschaftsregion«. In funktionaler Hinsicht wird sich das Ruhrgebiet am Anspruch messen lassen müssen, mit selbstständigen Städten und Gemeinden, die in produktivem Wettbewerb zueinander stehen, einen komplementären, arbeitsteilig organisierten und gut vernetzten regionalen Wirtschafts- und Lebensraum zu entwickeln. Grundlage dafür ist die Anerkennung von Diversität, von unterschiedlichen Entwicklungschancen und Begabungen der einzelnen Städte und Gemeinden. Zu überwinden ist eine lange verfolgte Politik ökonomischer Egalisierung der Region, die unter anderem zu einer schwach ausgeprägten raumstrukturellen Arbeitsteilung geführt hat. Eine interkommunale Spezialisierung und Clusterbildung wäre aber notwendig, um die Entwicklungspotenziale des Ruhrgebiets besser zur Entfaltung zu bringen. Stärken würden gerade durch eine Strategie der Differenzierung ausgespielt. Eine solche Strategie bedarf aber einer Moderation durch eine regional-strategisch denkende und handelnde Instanz.

Blick über den Phoenix-See auf die Einfamilienhausbebauung der Uferpromenade.

Das Ruhrgebiet befindet sich aber auch in einem tief greifenden morphologischen Wandel – vom vielzitierten »Revier der industriellen Dörfer« zu einer »Stadt der Städte«. In den vergangenen Jahren zeigte sich eine spürbare Reurbanisierung, von der vor allem die Städteachse von Dortmund bis Duisburg profitiert hat. In den betreffenden Städten entstanden neue Quartiere in häufig zentraler Stadtlage und mit höherer Baudichte. Diese »aufholende« Urbanisierung in Gestalt einer Verdichtung an strategisch bedeutsamen Standorten braucht die Region, wenn sie als Metropole im Wettbewerb um Kapital und Talent mithalten will. Bisher mangelt es dem Ruhrgebiet an Orten, die ein urbanes Raumgefühl vermitteln, die sich durch exzellente Infrastruktur, zeitgemäße Wohnangebote und gute Erreichbarkeit auszeichnen. Über die Verdichtung und demografische Internationalisierung hat die Reurbanisierung in Teilen des Reviers eine bessere Tragfähigkeit für ein dichteres Dienstleistungsangebot, innovative Gastronomie und neue Mobilitätsoptionen geschaffen. Zugleich ist diese Entwicklung herausfordernd, weil sie intraregionale Disparitäten verstärkt und neue Verteilungskonflikte entstehen lassen kann. Aber auch in anderen europäischen Regionen mit schwerindustrieller Vergangenheit lässt sich zeigen, dass von der Reurbanisierung der Kernstädte letztlich die gesamte Region profitieren kann.

Eine weitere Chance bietet die Weiterentwicklung der Campus-Areale im Ruhrgebiet. Das Ruhrgebiet zählt zu den bedeutendsten Hochschul- und Forschungsstandorten Deutschlands, aber ihr Handicap ist, dass die zahlreichen Standorte der Wissensproduktion und -diffusion häufig räumlich isoliert und wenig vernetzt mit angrenzenden Stadträumen sind. Mit gezielten Strategien der Verdichtung und Nutzungsanreicherung könnten neue städtebauliche Akzente für eine wissensbasierte Stadtentwicklung gesetzt werden: für neues Wohnen, für attraktive Büro- und Dienstleistungsstandorte oder auch Nahversorgung am Campus. In einer Wissenschaftsregion Ruhr verdienen es diese spezifischen Räume des Wissens, besser in Szene gesetzt und in die Region integriert zu werden. Es entstünden multifunktionale Stadträume mit hoher Attraktivität für zahlreiche Nutzer*innengruppen.

Eine der größten Herausforderungen auf dem Weg zu einer »Stadt der Städte« ist die Überwindung der defizitären Verkehrsinfrastruktur. Das Ruhrgebiet ist seit Jahrzehnten ein funktional integrierter Raum, er kann als solcher aber allenfalls mit individueller Mobilität erschlossen und gelebt werden. Die Vorteile einer Region mit gut fünf Millionen Einwohner*innen und fast 1,8 Millionen Arbeitsplätzen entfalten sich durch die schlechte Erreichbarkeit mit öffentlichen Verkehrsmitteln zu wenig. Die Summe vieler mittelgroßer Städte macht keine Metropole, wenn ein Verkehrssystem regionale Integration nicht zulässt. Dem Ruhrgebiet ist daher eine Investitionsoffensive zu wünschen, die – eingebettet in eine territoriale Gesamtstrategie – ein leistungsfähiges multimodales Mobilitätssystem für das 21. Jahrhundert entstehen lässt.

Zum 100. Jahrestag der Gründung des Siedlungsverbands Ruhrkohlenbezirk (SVR), aus dem der heutige RVR hervorgegangen ist, können das Ruhrgebiet und seine Agierenden dennoch durchaus stolz auf das Erreichte sein. Im Vergleich mit europäischen und außereuropäischen Regionen, die eine ähnliche montan- und schwerindustrielle Vergangenheit haben, steht das Ruhrgebiet gut da. Der langjährige Schrumpfungstrend ist gestoppt – in demografischer wie auch ökonomischer Hinsicht. In nicht wenigen Branchen präsentiert sich das Ruhrgebiet als wettbewerbsfähig. Auch die in jüngster Vergangenheit anziehenden Bodenpreise in den urbanen Kernen der Hellwegachse zeugen von einem Vertrauen ökonomischer Akteur*innen in die Zukunft der Region. Gleichzeitig könnten die nach wie vor moderaten Mieten und Immobilienpreise ein komparativer

Wettbewerbsvorteil gegenüber der Rheinschiene und ihren überhitzten Märkten darstellen. Für die Zukunft entscheidend ist aber, dass die Institutionalisierung regionaler Planungsaufgaben die Chance bietet, strategische Langfristziele der Siedlungs-, Infrastruktur- und Freiraumentwicklung zu verfolgen, die in einer institutionell fragmentierten politischen Landschaft kaum Umsetzungsperspektiven hätten. Wenn das polyzentrale Ruhrgebiet lernt, diesen Vorteil noch konsequenter auszuspielen, kann es sich als Modell- und Innovationsraum mit globaler Vorbildwirkung profilieren.

Die Skulptur *Rheinorange* wurde 1992 in Duisburg–Neuenkamp an der Mündung der Ruhr in den Rhein bei Rheinkilometer 780 errichtet. Die Skulptur bildet eine Landmarke und ist ein Bestandteil der Route der Industriekultur.

Der Einsatz Grüner Infrastruktur im Ruhrgebiet — ein wichtiger Beitrag zur Umsetzung der EU-Biodiversitätsstrategie

STEFAN LEINER
ist Leiter der Abteilung
Biodiversität in der Generaldirektion
Umwelt der EU-Kommission.

DER EINSATZ GRÜNER INFRASTRUKTUR IM RUHRGEBIET — EIN WICHTIGER BEITRAG ZUR UMSETZUNG DER EU-BIODIVERSITÄTSSTRATEGIE

Die Grüne Infrastruktur (GI) ist ein Netzwerk natürlicher und naturnaher Flächen mit verschiedenen Umweltmerkmalen. Dieses Netzwerk soll strategisch geplant und ausgelegt werden, um ein breites Spektrum an Nutzen und Vorteilen für Menschen und Natur (die sogenannten Ökosystemdienstleistungen) bereitzustellen. GI umfasst Grünflächen – oder blaue Flächen im Falle von aquatischen Ökosystemen – und andere physische Elemente in Land- (einschließlich Küsten-) und Meeresgebieten. Auf dem Land findet sich GI sowohl im urbanen als auch im ländlichen Raum.

Die EU ist Vertragspartnerin des »Übereinkommens über die biologische Vielfalt« der Vereinten Nationen. Die derzeitigen EU-Aktivitäten zur Umsetzung dieses Übereinkommens orientieren sich an der EU-Biodiversitätsstrategie für 2020. Diese Strategie wurde 2011 von der EU verabschiedet. Sie hat zum Ziel, den Verlust der biologischen Vielfalt und der von den Ökosystemen erbrachten Dienstleistungen bis 2020 zu stoppen und diese nach Möglichkeit wiederherzustellen. Gleichzeitig sollen die Anstrengungen zur Eindämmung des globalen Verlustes der biologischen Vielfalt intensiviert werden.

In der grünen Städte-Landschaft der Metropole Ruhr sind die Halden multifunktionale Bausteine der Grünen Infrastruktur.

Die Strategie besteht aus sechs Zielen, zu denen jeweils eine Reihe von Aktivitäten gehört:

1. die vollständige Umsetzung des EU-Naturschutzrechts (EU-Habitat- und Vogelschutzrichtlinie);
2. ein besserer Schutz und die Wiederherstellung von Ökosystemen und deren Dienstleistungen sowie ein verstärkter Einsatz von GI;
3. nachhaltigere Land- und Forstwirtschaft;
4. eine bessere Bewirtschaftung der EU-Fischbestände und eine nachhaltigere Fischerei;
5. eine strengere Kontrolle invasiver gebietsfremder Arten und
6. ein intensiverer Beitrag der EU zur Vermeidung des globalen Biodiversitätsverlustes.

Eine Schlüsselmaßnahme unter Ziel 2 der Biodiversitätsstrategie ist der Einsatz von GI. Dieses Netzwerk artenreicher grüner (Land-) und blauer (Wasser-)Flächen ist nicht nur ein wichtiges Werkzeug zur Eindämmung des Biodiversitätsverlusts und zur Wiederherstellung der biologischen Vielfalt. Es bringt gleichzeitig auf kostenwirksame Weise eine Reihe von Vorteilen mit sich. Mithilfe einer klaren strategischen Planung können diese Vorteile maximiert werden. Dank ihrer Multifunktionalität trägt GI zum Schutz der Natur, der Luftqualität und der Wasser- und Meeresumwelt sowie zu Klimaschutz und -anpassung bei. Damit unterstützt sie die Umsetzung der EU-Umweltpolitik und deren Vorschriften. Durch grüne und blaue Infrastruktur wird außerdem ökologische Konnektivität geschaffen: Verschiedenen Arten werden Ökokorridore zur Verfügung gestellt, die ihnen die Wanderung und die Erweiterung ihres Lebensraums und somit die Anpassung an den Klimawandel erleichtern. Des Weiteren verbessert GI die Kohlenstoffspeicherung, sowohl in ländlichen als auch in städtischen Gebieten, und wirkt so dem Klimawandel entgegen. Biodiversitätsreiche Parks, Grünflächen und Wasserwege können die negativen Folgen sommerlicher Hitzewellen sowie der Luftverschmutzung in Städten eindämmen und mindern das Risiko von Umweltkatastrophen. Zudem leistet GI einen Beitrag zur Vernetzung städtischer und ländlicher Ökosysteme und kann sich positiv auf die nachhaltige Umsetzung umfassender EU-Richtlinien auswirken, etwa in den Bereichen Regionalentwicklung, sozialer Zusammenhalt, Landwirtschaft, Verkehr, Energieerzeugung und -übertragung, Katastrophenrisikomanagement, Fischerei und Meerespolitik.

Neben ihren positiven Auswirkungen auf die menschliche Gesundheit und die Umwelt bringt GI auch zahlreiche andere soziale wie ökonomische Vorteile mit sich: Sie schafft Erholungsgebiete, stärkt den sozialen Zusammenhalt, generiert Arbeitsplätze und macht Städte sowie ländliche und küstennahe Gebiete zu attraktiveren Wohn- und Arbeitsorten. Gesunde, widerstandsfähige und produktive Ökosysteme sind eine notwendige Voraussetzung für eine intelligente, nachhaltige und inklusive Wirtschaft.

Konversionsflächen wie hier das Kreativquartier Zeche Lohberg in Dinslaken zeigen den Wandel vom Kohlenrevier zur Städte-Landschaft der Zukunft besonders eindrucksvoll. Sonne und Wind haben die Kohle als Energiequelle abgelöst.

oben: Energielandschaft im Umbruch in der Metropole Ruhr.

unten links: Integrierte Stadtentwicklung umfasst modernes Bauen, grüne Infrastruktur und klimaschonende Mobilität, wie hier am Niederfeldsee in Essen-Altendorf. Der Radschnellweg Ruhr (RS1) verbindet zukünftig Duisburg mit Hamm für Berufspendelnde und Freizeitverkehr.

unten rechts: Großräumige Grünzüge, besonders entlang der Gewässer sind das Grundgerüst der Grünen Infrastruktur Ruhr. Blick in das Ruhrtal über Villa Hügel und Baldeneysee.

Eine grüne und blaue Infrastruktur sollte auch als Brückenkonzept angesehen werden, das die Kommunikation und das gegenseitige Verständnis über Disziplinen hinweg erleichtert, eine Koordination verschiedener Interessengruppen ermöglicht und dabei hilft, einen Konsens über bestimmte politische Fragen zu erwirken – immer mit Blick auf die Umsetzung einer Vielzahl gesellschaftlicher Ziele. Daher sollte sie unter aktiver Beteiligung aller Interessengruppen weiterentwickelt werden.

Die Metropole Ruhr gilt inzwischen als Modellregion in Europa für die Wiederherstellung gesunder Ökosysteme durch den Einsatz von GI. So werden etwa der Emscher Landschaftspark und die Renaturierung der Emscher in EU-Publikationen als Best-Practice-Beispiele genannt. Die umfangreichen Investitionen in den Emscher-Umbau haben dazu beigetragen, die Region vom Verfall hin zu intelligentem Wachstum zu führen.

Das Ruhrgebiet ist wieder da – mit einer innovativen und diversifizierten Wirtschaftsstruktur und mit einer neuen, nachhaltigen Stadtqualität, aufbauend auf GI. In der gesamten Region hat sich die Lebensqualität stark verbessert, zum Großteil dank der Optimierung verschiedener Ökosystemdienstleistungen, darunter Hochwasserschutz und Mikroklimaregulierung, aber auch kultureller Dienstleistungen wie Erholungsmöglichkeiten oder der ästhetischen Qualität der Landschaft. Außerdem helfen die Projekte bei der Umsetzung des EU-Naturschutzrechts (EU-Habitat- und Vogelschutzrichtlinie), indem sie die Artenvielfalt erhöhen, Biotope miteinander vernetzen, seltenen Tierarten zugutekommen, aquatische Biotope bereichern und die Wiederbelebung der Flussufer renaturierter Flüsse ermöglichen. Die Initiativen wecken zudem ein neues Verständnis für »Industrienatur« und städtische Wildnis sowie für deren Ökosystemleistungen und haben den Zugang zu städtischer Natur, einschließlich Naturschutzgebieten, stark verbessert. Alle Projekte sind groß angelegte strategische GI-Initiativen, die über Verwaltungsgrenzen hinwegreichen. Sie zeigen, wie die Entwicklung grüner und blauer Infrastruktur als strategischer Faktor in der Transformation einer gesamten Region erfolgreich eingesetzt werden kann.

Dass GI in einer polyzentrischen, postindustriellen Region wie dem Ruhrgebiet derart effektiv zum Einsatz gebracht werden konnte, ist ein schlagender Beweis und ein Vorzeigebeispiel für die Vorteile der GI sowie von naturbasierten Ansätzen – selbst in jenen Gebieten, die zunächst nicht als Europas Hotspots für Biodiversität gesehen werden.

Wir brauchen mehr Beispiele wie diese, damit wir weiterhin effektiv daran arbeiten können, im Einklang mit der Natur zu leben – zum Wohle der Natur und der Menschen!

Industrienatur, die Natur auf ehemaligen Flächen der Montanindustrie und Bahnanlagen, ist bundesweit ein Alleinstellungsmerkmal der Metropole Ruhr und besitzt aufgrund ihrer hohen Arten- und Strukturvielfalt eine sehr hohe Bedeutung für die urbane Biodiversität. Hier die ehemalige Schachtanlage 4/8 im Landschaftspark Duisburg-Nord.

DER EINSATZ GRÜNER INFRASTRUKTUR IM RUHRGEBIET — EIN WICHTIGER BEITRAG ZUR UMSETZUNG DER EU-BIODIVERSITÄTSSTRATEGIE

oben: Das Leitbild im Projekt »Freiheit Emscher« der Städte Bottrop und Essen nimmt den Ost-West-Grünzug des Emscher Landschaftsparks und die Wasserachse des Rhein-Herne-Kanals als Ausgangspunkte für die zukünftige Stadtentwicklung. Ganz im Sinne der grünen Infrastruktur bündeln sich hier Freiraum- und Stadtentwicklung, Ökologie und Wasserwirtschaft.

unten: Das Projekt »Freiheit Emscher« vernetzt Halden, Wälder, Parks und Stadtquartiere zu einer städteübergreifenden Landschaft. An der Wasserachse von Rhein-Herne-Kanal und umgebauter Emscher werden ehemalige große Kohlenreserveflächen zu attraktiven Stadtquartieren mit Wasserlage. Gelebter Wandel in der Metropole Ruhr.

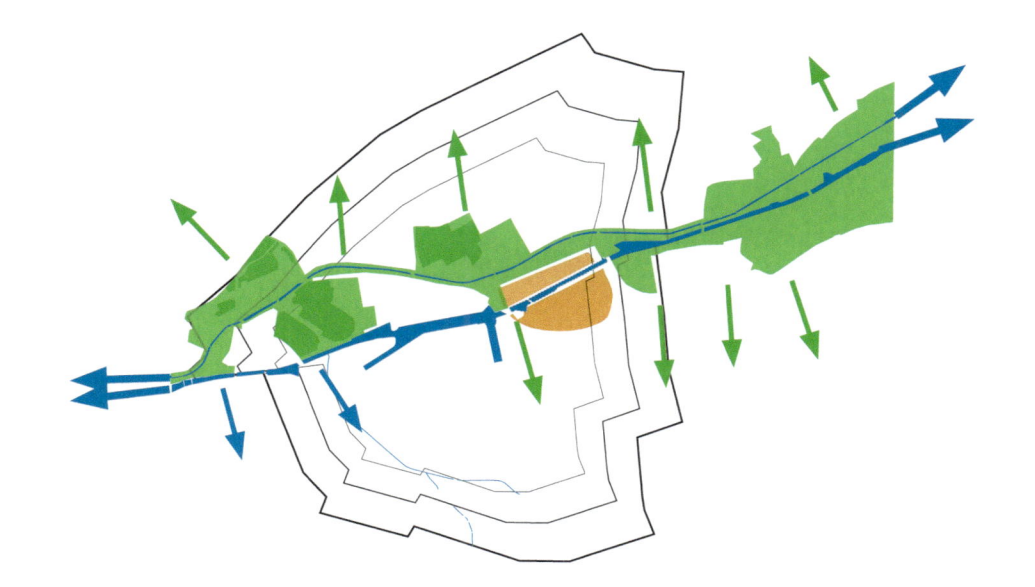

Der Landschaftspark Erin mit dem 68 Meter hohen Förderturm in Castrop-Rauxel.

Die IBA und ihre Folgen

DIETER NELLEN

Die Internationale Bauausstellung (IBA) Emscher Park entwickelte sich in ihrer Projektdekade 1989–1999 zur Impulsgeberin und kritischen Partnerin des seinerzeitigen Kommunalverbands Ruhrgebiet (KVR). Dieser sollte schließlich auf ihre Initiative hin einer neu gegründeten Agentur Ruhr weichen. Doch die Verbandsversammlung des KVR widersetzte sich mehrheitlich der Selbstauflösung. Und die qualifizierte Regionalentwicklung ging weiter.

IBA als Format und Strategie

IBAs waren im 20. Jahrhundert eher deutsche und räumlich zentrierte Ereignisse. Die baulichen Innovationen bezogen sich auf Einzelareale, klassische Stadträume oder – wie bei der IBA Berlin 1987 – die »kritische Rekonstruktion« historischer Bau- und Quartierssubstanz in der durch Krieg und Verkehrsmoderne perforierten deutschen Hauptstadt.

Das Berliner Städtebauprojekt führte an einem völlig anderen Ort zu einem konzeptionell weitergehenden Format. 1988 beschloss die Landesregierung Nordrhein-Westfalens eine »Werkstatt für die Zukunft von Industrieregionen« als Dekaden-Format für die Jahre 1989 bis 1999: »Die geplante Bauausstellung Emscher Park […] betont noch stärker als die Berliner IBA 87 städtebauliche und gesellschaftspolitische Anliegen, wählt mit dem Emscher-Raum ein rund vierzig Kilometer langes und mehrere Kilometer breites Gebiet und stellt die ökologische Frage in den Mittelpunkt als Voraussetzung für neue Formen von Arbeiten, Wohnen und Kultur«.

Der Anstoß kam nicht aus der Region selbst, sondern von einer landesplanerisch ambitionierten NRW-Landesregierung, die Intervention mit struktureller Nachhaltigkeit verbinden wollte. Den innovationsbedürftigen Einrichtungen der Region wurden Projektverantwortungen wie die für die *Route der Industriekultur*, für Kultur und Tourismus sowie schließlich für den Emscher Landschaftspark als Daueraufgabe angetragen. Für den seinerzeitigen KVR ergaben sich daraus neue Legitimationen durch Aufgaben.

links: Industrietourismus auf dem Welterbe Zollverein, Essen.

rechts: Blühende Bäume vor dem ehemaligen Stahlwerk Meidericher Hütte, Landschaftspark Duisburg–Nord.

Erinnerung und Identität

Der IBA ging es zunächst um die Wiederherstellung von Landschaft, Erhalt beziehungsweise den behutsamen Wandel devastierter Montanstätten, eine neue Planungskultur und eine Identität als Teil europäischer Industriekultur. Geschichte sollte baulich sichtbar und mental präsent bleiben. Räumliches Leitprojekt wurde der Emscher Landschaftspark als horizontale Raumfigur – und historische Ergänzung der vertikalen Regionalen Grünzüge des Siedlungsverbands Ruhkohlenbezirk (SVR). Wie diese ist er schon aufgrund seines Flächenumfangs kommunikativ schwer vermittelbar, da nicht kompatibel zu den authentisch erfahrbaren Arealen klassischer Parks. Er umfasste Zukunftsstandorte wie den weiten Bevölkerungsschichten inzwischen bestens vertrauten Landschaftspark Duisburg-Nord, den hochfrequentierten Gasometer Oberhausen, das Weltkulturerbe Zeche Zollverein und die Jahrhunderthalle im innerstadtnahen Westpark Bochum.

Die IBA Emscher Park ist durch sie selbst und andere gut dokumentiert und professionell erzählt. Sie beendete zudem ihre Arbeit mit einem festivalartigen Veranstaltungsprogramm. Die Kommunikation auf unterschiedlichen Kanälen war von Anfang an wichtig, um dem Dekaden-Projekt angemessene Deutung sowie Rezeption in der künftigen Stadt- und Regionalentwicklung zu sichern. Die führenden Köpfe des Projekts verfügten bei Strategie und Marketing über große Begabungen. Die neubürgerlichen beziehungsweise akademischen Leistungsträger der Region, zumeist die Absolventen der zu dieser Zeit noch recht jungen Ruhr-Universitäten, fühlten sich von der IBA intellektuell angesprochen und identifizierten sich gerne mit deren eingängiger Formel von »Mythos und Moderne«.

Die IBA befriedigte auch bei weiteren Schichten das schlummernde Bedürfnis nach Verortung und die inzwischen zunehmend virulente Sehnsucht nach Heimat. Ihre »Meistererzählung« beförderte die Zukunftsrelevanz von Vergangenheit ins regionale Gedächtnis und erzeugte dank dieser Dialektik eine plausible Modernität. So entstand eine postindustrielle Identität im Einklang mit der im Grunde jungen Vergangenheit der Region. Wandel und Transformationen wurden nicht mehr als Bedrohung, sondern Chance wahrgenommen. Auch die Außenwahrnehmung der Region erhielt dadurch Authentizität und kommunikatives Charisma.

Die Industriegeschichte an Rhein und Ruhr geriet also insgesamt zu einer großen Erzählung, verzichtete dabei aber auf larmoyante Nostalgie und folkloristische Kostümierung. Das von der IBA ebenfalls architektonisch und teilweise konzeptionell initiierte Ruhr Museum mit seinem räumlichen Transfer in die ehemalige Kohlenwäsche des Zollvereins wurde gut eine Dekade später die Adresse einer noch weiterreichenden Historiografie. Die IBA-Idee eines »Nationalparks der Industriekultur« blieb demgegenüber reine Gedankenkonstruktion.

links: Folkwangbrücke, Essen.

rechts: Eröffnungsfeier zum Kulturhauptstadtjahr 2010 mit Blick auf das Gelände des Welterbes Zollverein. Lichtkunstprojektion auf das Sanaa-Gebäude, Essen.

Dekonstruierende Zwischenspiele

Zweifellos hatten manche nach der IBA-Dekade auf den transitorischen Charakter und die Vergänglichkeit dieser großen Landesinitiative gesetzt. Auch dem KVR war nur noch eine schwindende Rolle zugedacht, nachdem neben dem Defizit an regionaler Planungskompetenz die Spielräume für neue Leitprojekte zunehmend auf die IBA als Steuerungsinstrument der Landesregierung übergegangen waren. Diese war allerdings 1998/99 – noch von der IBA stimuliert – mit dem Versuch gescheitert, die korporative Struktur des KVR durch eine rein aufgabenbezogene Agentur Ruhr zu ersetzen. Der KVR hatte sich seiner Selbstauflösung verweigert.

Wenig später verfolgte dann eine als Nachfolgeorganisation konstituierte Landes-GmbH technokratische Modernisierungsziele. Regionale Wirtschaftsförderung wurde als bestimmendes Handlungscluster entdeckt, die inzwischen unverzichtbare Präsenz der Metropole Ruhr auf der internationalen Immobilienbühne forciert. Die Agentur wirkte weiterhin da nachhaltig, wo sie – wie beim Emscher Landschaftspark, Kultur und Tourismus – personell inhaltliche Kontinuität wahrte oder gar die qualifizierte Erweiterung des Emscher Landschaftsparks im Dortmunder Süden ermöglichte.

IBA Emscher Park als Bezugspunkt für die Ruhrtriennale

Das Erbe der IBA blieb gegen alle dekonstruierenden Tendenzen resistent. Denn bereits in ihrer zweiten Hälfte hatte die IBA ab 1995 nicht nur die Aufwertung des baulichen Erbes betrieben, sondern nach geeigneten Bildern und Bespielungen (z. B. mit *Musik im Industrieraum*, Ausstellungen wie *Sonne, Mond und Sterne* oder *The Wall* von CHRISTO im Gasometer Oberhausen) gesucht. Dabei war für die IBA Kultur kein selbstreferenzielles Ereignis. Der Themenbereich diente eher als Vehikel des politisch gewollten Strukturwandels, und damit letztlich als Instrument, um regionale Transformation und objektbezogene Konversion mit sichtbarer Originalität und Authentizität zu versehen.

Dennoch oder gerade deshalb wurde die IBA der konzeptionelle Ausgangs- und Bezugspunkt für die Gründung der sogenannten Ruhrtriennale, mit der seit 2002 unter der Leitung einer jeweils für drei Jahre gewählten Intendanz im jährlichen Rhythmus eines Festivals die großen und kleinen Hallen der Industriegeschichte kulturell inszeniert werden.

Der seinerzeit zuständige Minister Michael Vesper hat das 2004 nach dem Ende der ersten Triennale unter Gerard Mortier so definiert: »Die Ehrfurcht vor erhaltener Bausubstanz reicht nicht aus, diese einst durch Arbeit und Leben gefüllten Räume zu revitalisieren. Eine rein museale Nutzung von Industriearchitektur fördert keinen Erneuerungsprozess, schafft keine neuen Strukturen und erst recht keine Identität, sie unterstützt nicht die notwendige Dynamik, die zum Strukturwandel notwendig ist. Die entstandenen Lücken müssen gefüllt, die Orte belebt, die Räume entdeckt und angenommen werden«.

Die regionale Raumfigur der IBA wurde – übrigens wie bei der EXTRASCHICHT der Ruhrtourismus GmbH – mit Varianten und Erweiterungen das Spielfeld für das jährliche Festivalprogramm und ihre konsekutiven Programmsäulen und -varianten. Die erstklassige Riege der bisher tätigen Intendanzen sorgte mit Beginn des Festivals in 2002 dafür, dass es nicht bei strukturpolitischer Flankierung blieb. Vielmehr entstand ein europäisches Programm im künstlerischen Exzellenzformat. Das Ruhrgebiet wurde so auf Anhieb Ausrichtungsort eines renommierten Kunstereignisses im internationalen Festival-Kalender.

Kulturhauptstadt Europas: RUHR.2010

Auch deshalb nur konnte die Bewerbung um die »Kulturhauptstadt Europas – RUHR.2010« gelingen. Deren Programmatik (»Kultur durch Wandel – Wandel durch Kultur«) ist trotz der schmückenden und rhetorisch simulierten Anleihe bei dem Folkwang-Begründer und Modernisierungspionier Karl Ernst Osthaus aus Hagen vor allem die konsequente Fortsetzung der bewährten IBA-Strategie. Denn ohne dieses geistige und bauliche Erbe wäre jeder Anspruch auf Alleinstellung aussichtslos gewesen.

Die Jurymitglieder durchschritten 2004/05 – ähnlich wie schon bei der Nobilitierung der Zeche Zollverein zum UNESCO-Weltkulturerbe – bei den entscheidenden lokalen Besichtigungen sowohl physisch wie gedanklich den IBA-Erinnerungsparcours von Industriearchitektur und -landschaft in der Mitte der Region.

DIE IBA UND IHRE FOLGEN

Formatrezeptionen und Kontinuitäten

Die IBA und ihre kulturpolitische Adaption, RUHR.2010, haben den Erfahrungshaushalt der Region für die Zukunft verbindlich geprägt. Die qualifizierte Regional- und Stadtentwicklung erfolgt mittlerweile immer mehr über Strategieformate, für die IBA und RUHR.2010 das Modell geliefert haben. Der Wirkungskorridor der IBA reicht vermutlich strukturell tiefer, RUHR.2010 dafür gefühlsmäßig und demografisch weiter. Beide Strategieformate haben das Denken und Handeln im größeren Maßstab befördert. Nachhaltigkeit muss kein Schlagwort sein.

links: Krickesteg Erinpark, Castrop-Rauxel.

rechts: Brückenensemble im Nordsternpark, Gelsenkirchen.

Für das vom Regionalverband Ruhr (RVR) initiierte Nachfolgeprojekt einer Internationalen Gartenausstellung (IGA) in 2027 heißt es gleichermaßen bilanzierend wie perspektivisch: »Die IGA Metropole Ruhr 2027 soll als Dekaden-Projekt eine vergleichbar positive Wirkung erreichen wie die IBA Emscher Park oder die Kulturhauptstadt Ruhr 2010«. Die Gesamtidee qualifiziere und profiliere auch die weiteren auf dem Weg bis 2027 vorhergehenden Projekte bei Umwelt (European Green Capital 2017), Landschaft (Landesgartenschau Kamp-Lintfort 2020), Wasser (Abschluss Emscher-Umbau 2021/22) und Klima (Klimametropole 2022).

Der letztlich einem politischen Glücksfall geschuldete Erfolg der IBA-Emscher Park hat mit dazu geführt, dass die inzwischen grenzüberschreitenden IBAs in immer kürzerer oder – wie manche sagen – fast inflationärer Taktfolge stattfinden. Erinnerung und Vertrauen in die zunehmend regionale und transnationale Formatidee sind in Zukunft gleichermaßen wirksam.

Grüne Infrastruktur

Aus der von der EU veranlassten Biodiversitätsstrategie Grüne Infrastruktur ist zudem ein ganzheitlich-integrativer Planungsansatz sozialer, ökonomischer und ökologischer Qualifizierung erwachsen, der über die thematische Zuordnung zur Ruhr-Konferenz der Landesregierung Nordrhein-Westfalen auch für die weitere blau-grüne Entwicklung der Emscher relevant ist. Areale (blau-)grüner Infrastruktur haben demnach »mehrere Eignungen, sie können ›Systemdienstleistungen‹ erbringen für Freiraum-, Öko-, Erholungs- oder stoffliche Produktionssystem«. Eine Strategie unter dem Arbeitstitel »Wasser in der Stadt von morgen« ist angedacht.

links: Der BernePark ist heute eine Parklandschaft mit Veranstaltungs- und Restaurantgebäude. Entstanden ist das Gelände aus der nach fast 40 Jahren 1997 eingestellten Kläranlage Bernemündung. Geplant wurde der Park im Rahmen des Projekts Emscherkunst.2010. Die erfolgreiche Bewerbung des Ruhrgebiets zur Kulturhauptstadt 2010 wäre ohne die entstandenen Orte der Industriekultur im Rahmen der IBA kaum denkbar gewesen.

rechts: Güterbahnbrücke über die Emscher, Dortmund-Huckarde.

ESSAYS

Postmontan-industrielle Kulturlandschaft Ruhr

CHRISTOPH ZÖPEL

war von 1978 bis 1990 Minister in Nordrhein-Westfalen,
unter anderem für Stadtentwicklung,
von 1999 bis 2002 Staatsminister im Auswärtigen Amt
und ist Honorarprofessor an der
Fakultät Raumplanung der TU Dortmund.

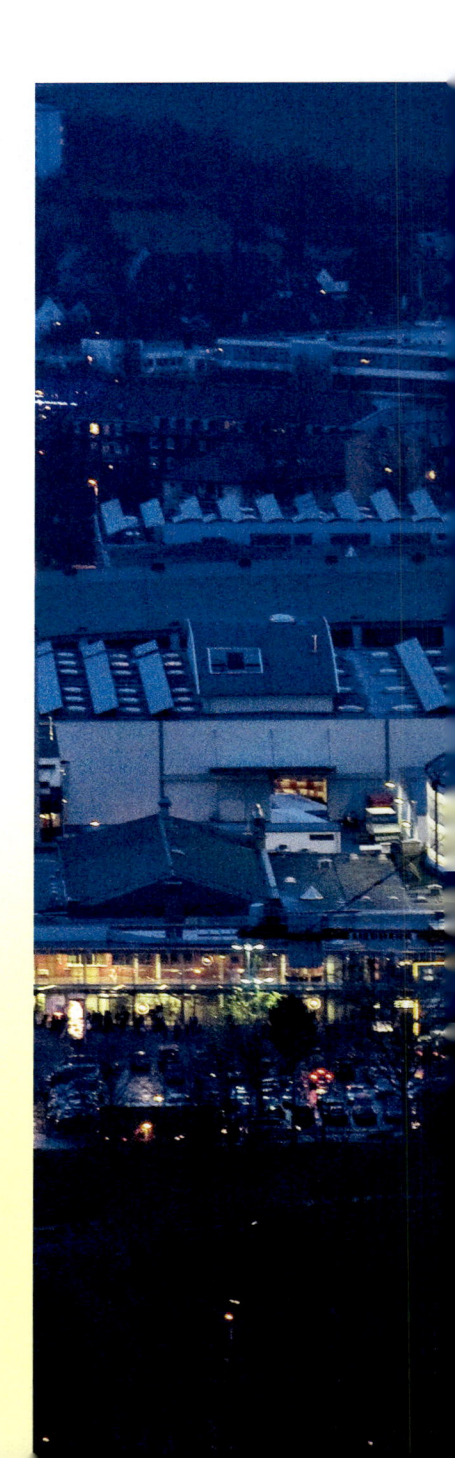

POSTMONTANINDUSTRIELLE KULTURLANDSCHAFT RUHR

Ruhr-Revier, Pott, Agglomeration, Metropole, -gebiet – ist nicht allein auf der Welt. Was immer hier wahrgenommen oder über Ruhr geschrieben wird, gibt es global vielerorts, fast immer anders, manchmal besser, meistens schlechter. Die räumliche Entwicklung von Ruhr ist ein regionaler Ausschnitt der weltweiten kontinuierlichen Inanspruchnahme von Land durch Menschen, von Besiedelung und Bebauung. Damit lassen Menschen – in Ruhr und allerorts – Land zu ihrem Raum werden, in dem sie sozialkulturell leben, wirtschaften und kommunizieren. Ihr Lebensraum wird so zu ihrem Kulturraum. Unterschiede dieser Besiedelungsverläufe führen zu unterschiedlichen kulturräumlichen Strukturen. Sie sind geprägt vor allem durch ihre Bebauung, durch die gebaute Kultur. Diese stiftet die kulturelle Identität, die Ruhr – wie Städte und Regionen weltweit – je einzigartig macht.

Die Westfalenhalle in Dortmund von oben in der Dämmerung.

Die räumlichen Strukturen von Ruhr sind – trotz der vorindustriellen bedeutenden Geschichte einiger seiner Städte im Mittelalter – durch zwei Jahrhunderte montanindustrieller Landnutzung geprägt, gerade auch in ihrer Selbst- und Fremdwahrnehmung. Seit den 1960er Jahren haben sich diese Strukturen kontinuierlich, manchmal auch in Schüben und Sprüngen, durch den Bedeutungsverlust der Montanindustrie verändert. Hinzu kamen weitreichende technologisch-ökonomische Entwicklungen hin zur Dienstleistungs- und Wissensgesellschaft und ihrer Globalisierung, mit der Individualisierung von Lebensstilen und mit demografischem Wandel, mit höherer Lebenserwartung und Migration. Dabei ist eine postmontanindustrielle Kulturlandschaft entstanden.

Mit dem Ende des Kohlenabbaus 2018 ist eher zeremoniell die prägende montanindustrielle Ära zu Ende gegangen, denn schon längst hatte die postmontane Zukunft begonnen. Auch diese wird weiterhin mit der Kohlenförderung verknüpft sein, nicht zuletzt durch die sogenannten Ewigkeitsaufgaben des Nachbergbaus. Der Umgang mit diesen Lasten ist zu einem global ausstrahlenden Alleinstellungsmerkmal von Ruhr geworden. Das gilt auch für die politische Steuerung der technologisch-ökonomischen Veränderungen infolge der ersten Kohle und Stahlkrisen seit 1957 – bis zur IBA Emscher Park 1989–1999 und späteren Konzepten.

Entwicklungspfade an der Ruhr im weltweiten, europäischen und innerdeutschen Vergleich

Die Veränderungen seit Ende der 1950er Jahre und ihre kontinuierliche Fortsetzung lassen sich räumlich wie sozialökonomisch als Transformationsprozess verstehen. Transformationsprozesse in gesellschaftlich geprägten Räumen sind anhand von Indikatoren, von statistischen Zeitreihen messbar und vergleichbar, für und zwischen Staaten, Ländern, Regionen und Städten. Vieles, was Ruhr als Problem zugerechnet wird, beruht auf Entwicklungspfaden Deutschlands, verbunden mit globalen Entwicklungen: geringe Raten des Wirtschaftswachstums, Alterung der Bevölkerung, Zuwanderung. Das Bruttoinlandprodukt (BIP) von Ruhr liegt im weltweiten Kontext weiterhin im Spitzenbereich. Es ist pro Kopf deutlich höher als im Durchschnitt der Welt. Schwächen zeigen sich nur, also global dezentralisiert, im Vergleich mit der EU und Deutschland, regionalisiert mit Nordrhein-Westfalen. Das BIP pro Kopf ist niedriger als im Durchschnitt der EU, eines der niedrigsten in Westdeutschland und auch noch niedriger als das von Nordrhein-Westfalen.

Die für Ruhr ausschlaggebenden schwachen Vergleichsindikatoren sind die lange rückläufigen, aber seit 2014 wieder steigenden Bevölkerungs- und Beschäftigtenzahlen; und die lange steigende, aber inzwischen fallende Arbeitslosenquote; sowie das obwohl vergleichsweise niedrige, aber dennoch kontinuierlich gestiegene Sozialprodukt pro Kopf. Intertemporale Indikatoren kennzeichnen für Ruhr eine bessere Wirklichkeit, als sie viele Bilder verbal-feuilletonistischer Urteile beschreiben – unterschiedlich beeinflusst durch provinzielle Enge, nationale Vorurteile, interregionale Rivalität, historische und zeitgeschichtliche Unkenntnis, sozial insensible Darstellungen.

»Ruhrbanität«

Dementgegen steht der Begriff »Ruhrbanität« – geprägt von der Raumplanerin Christa Reicher – für eine spezifische Urbanität; sie verbindet mit Ruhr Polyzentralität und urbane Kulturlandschaft sowie die räumliche und funktionale Verwobenheit von Metropolität und Peripherität. Dabei ermöglicht der Begriff »Ruhrbanität« den Verzicht auf Begriffe, die zu nicht weiterführenden raumkulturellen Vorstellungen von Ruhr führen, also Ruhrgebiet, Revier, Pott. Das gilt auch für fragwürdige Anwürfe wie die gegen das sogenannte Kirchturmdenken, wenn über die angeblich fehlende Bereitschaft der Kommunen in Ruhr zur Zusammenarbeit geklagt wird.

Die kommunalpolitische Wirklichkeit lässt kaum einen allgemeinen Unwillen der Kommunen zur Kooperation erkennen. Eher mag es einen Selbsterhaltungstrieb kommunaler Bürokratien geben. Er rührt auch daher, dass die territorialen Zuschnitte der Kommunen kaum geschichtlich begründet sind. So gibt es Oberhausen selbst als Namen einer kommunalen Einheit erst seit 1862. Schon bösartig wird der Vorwurf der kommunalen Integrationsverweigerung, wenn die Zersplitterung übergeordneter Verwaltungsinstanzen, auf drei Regierungsbezirke und zwei Landschaftsverbände, vorsätzlich übersehen wird.

Als der Raum des rheinisch-westfälischen Industriegebiets – das Territorium süd-nördlich zwischen Ruhr, Emscher und Lippe, ost-westlich zwischen Soester Börde und linkem Niederrhein – zu einer montanindustriellen Region wurde, war er territoral- und kommunalgeschichtlich zersplittert. Die mittelalterlichen zentralen Städte – Dortmund, Essen und Duisburg – hatten ihre Bedeutung verloren. Ab dem 19. Jahrhundert wuchs diese Region dann zu einer Bevölkerungsgröße von über fünf Millionen Menschen, zu Städten mit mehreren 100.000 Einwohnern.

Landschaftliche Vielfalt der Teilräume

Es entsprach der montanindustriellen Wirklichkeit, dieses rheinisch-westfälische Industriegebiet als Ruhrgebiet zu bezeichnen. Aber diese Bezeichnung muss überwunden werden. Sie verfestigt die Eigenarten der montanindustriellen Prägung und damit überlagert sie die sehr unterschiedlichen landschaftsräumlichen Prägungen: im Westen die Tiefebene längs des Niederrheins, im Süden und Südosten die Ausläufer der Höhenzüge des Bergischen Lands, des Märkischen Lands und des Sauerlands, im Norden und Nordosten das Münsterland als Südausläufer der norddeutschen Tiefebene. Die postmontanindustrielle Kulturlandschaft Ruhr hat Anteile an diesen drei landschaftlichen Großräumen, sie prägen die landschaftliche Vielfalt ihrer Teilräume.

ESSAYS

Ruhr

An die Stelle des Begriffs Ruhrgebiet kann der Begriff Agglomeration Ruhr treten. Agglomeration ist eine Bezeichnung für verdichtete Räume mit deutlich mehr als einer Million Einwohnern und einer Bevölkerungsdichte von über 1000 Einwohnern pro Quadratkilometer. Rankings von Agglomerationen beziehungsweise Ballungsräumen werden häufig auch als Rankings von Metropolen bezeichnet. Ob eine Agglomeration eine Metropole ist, wird davon bestimmt, inwieweit sie metropolitane Funktionen erfüllt. Metropolitane Cluster umfassen nach Hans Heinrich Blotevogels Definitionen die Ebenen: Entscheidung und Kontrolle, Innovation und Wettbewerb, Gatewayfunktion, Symbolbedeutung. Ob oder inwiefern die postmontane Agglomeration Ruhr diese metropolitane Funktionen erfüllt, wird ihre Entwicklung zeigen. Der Begriff Metropole Ruhr steht heute eher für eine siedlungsräumliche Zielsetzung denn für einen erreichten Zustand.

Beim Gebrauch des eher raumwissenschaftlich-fachlichen Begriffs Agglomeration Ruhr ist die Frage berechtigt, warum nicht Ruhr ein zutreffender Name für diese Agglomeration ist. Er war nach dem Ersten Weltkrieg für das durch Frankreich und Belgien besetzte Gebiet gebräuchlich – als La Ruhr. Seit Ende der 1940er Jahre wird er verwandt, wenn über Ruhr affirmativ gesprochen wird – wohl erstmals mit den Ruhrfestspielen, dann 1965 mit der Ruhr-Universität, beim Entwicklungsprogramm Ruhr 1968, beim Ruhrbischof, mit der Ruhrtriennale bis zum Regionalverband Ruhr.

Die »Stadt der Städte«:
Ruhr als dezentralisierte Kommune

Ruhr wäre der Name für eine Stadt. Siedlungsgeografisch sind verdichtete Räume Städte. Als politische Einheit ist eine Stadt eine Kommune. Beides gilt im 21. Jahrhundert auch für Ruhr. Siedlungsgeografisch ist der Ballungsraum Ruhr eine große Stadt, polyzentral mit einer Hierarchie unterscheidbarer Stadtteile und Quartiere. Jeder dieser Siedlungsräume kann ein Zentrum bilden, mit je eigenen unterschiedlichen Funktionen und Profilen. Was das verwaltungsterritorial und damit kommunal-rechtlich bedeutet, erfordert noch der Klärung. Letztlich sollte aus dem rheinisch-westfälischen Industriegebiet, das zur postmontanen Agglomeration Ruhr wurde – beide vom SVR hin zum RVR kommunalverbandlich gerahmt –, eine dezentralisierte Kommune werden. Die siedlungs- und identitätsgeschichtliche Polyzentralität muss hierbei berücksichtigt werden. Urbane Polyzentralität und landschaftliche Vielfalt gehen dabei ineinander über. Aktuell wird das mit »Stadt der Städte« des RVR – Glückwunsch zu seinem 100-jährigen Bestehen in 2020 – zutreffend auf den Punkt gebracht.

Über dem Ruhrgebiet.
Nachtbild aus der Vogelperspektive.

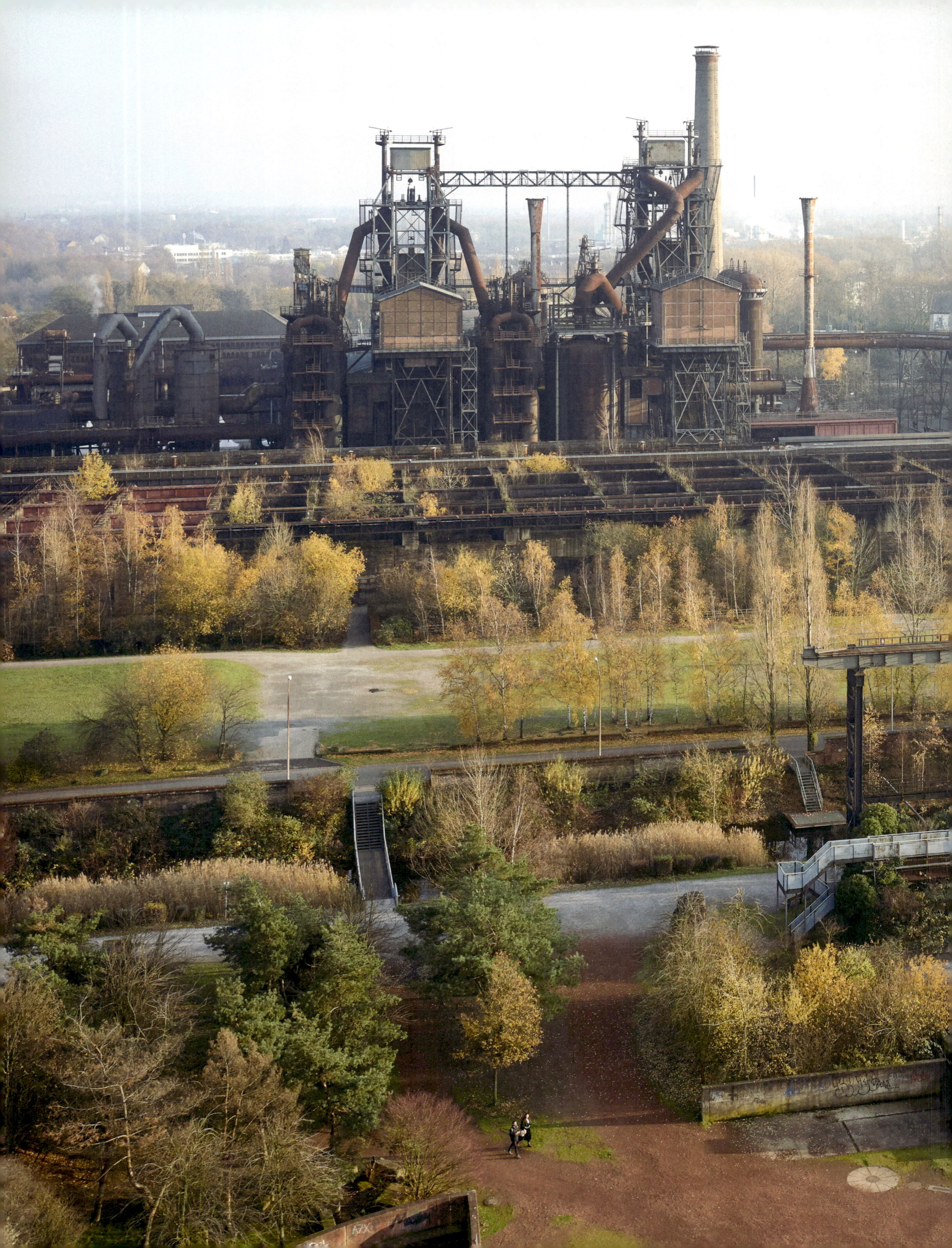

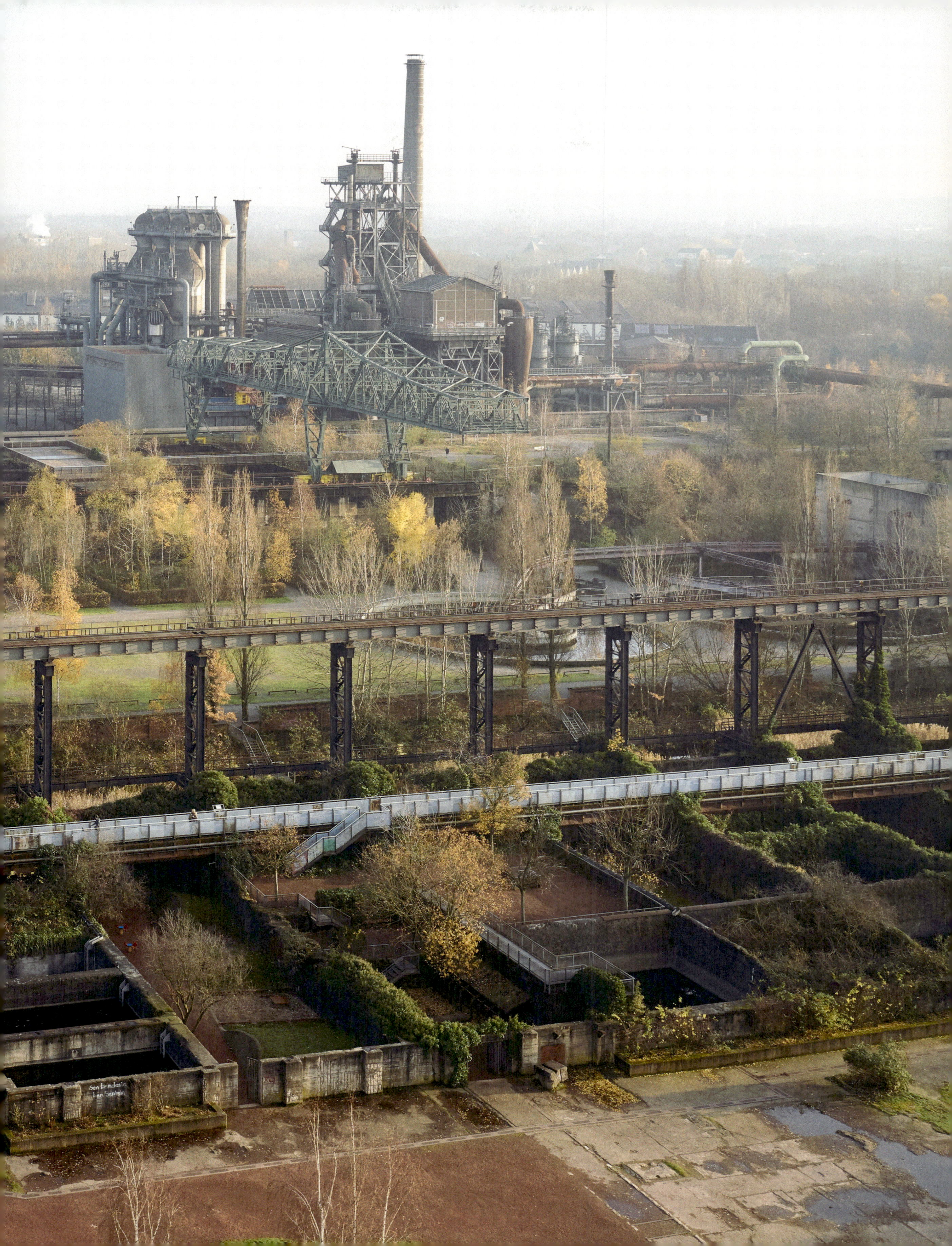

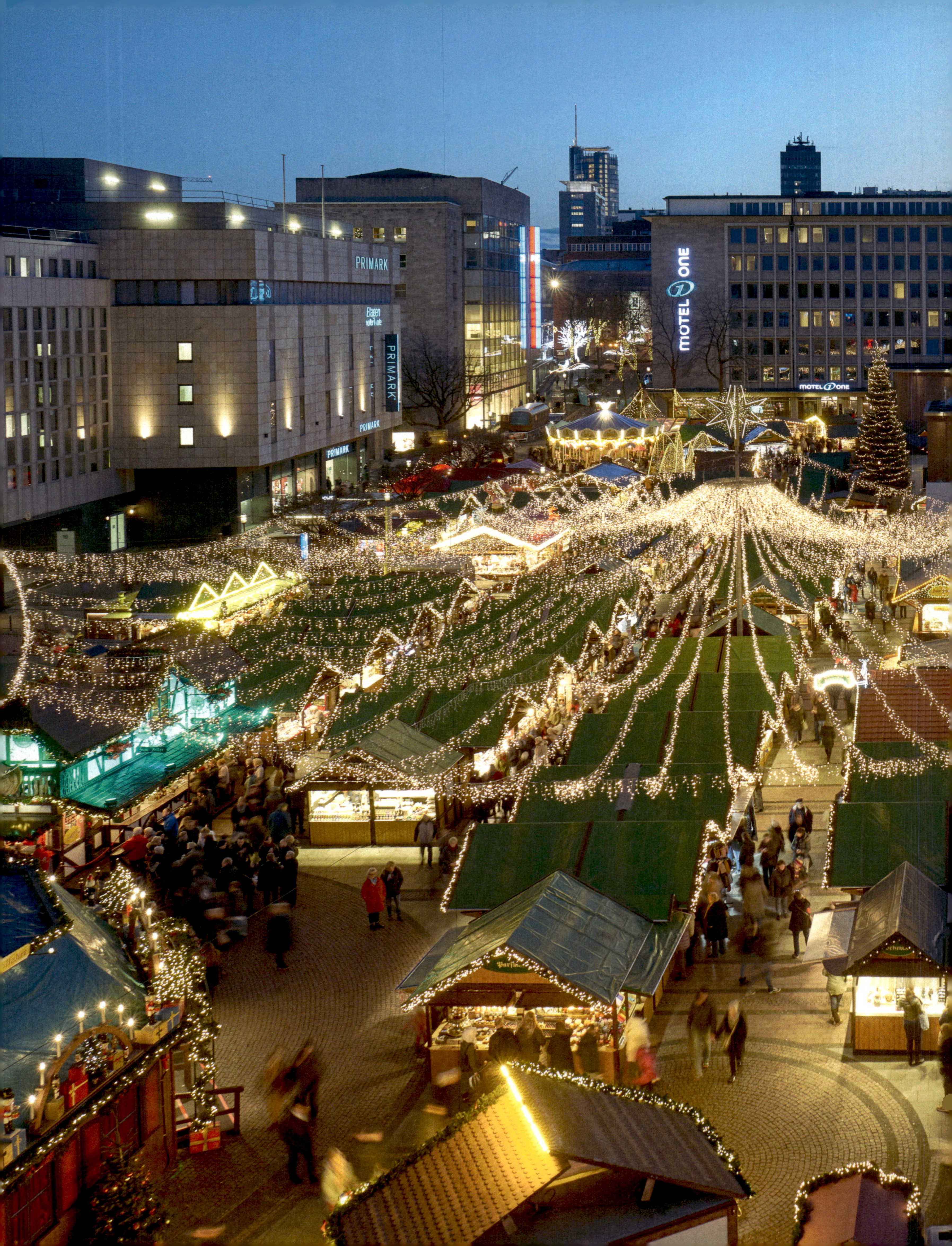
PRIMARK
PRIMARK
PRIMARK
motel one

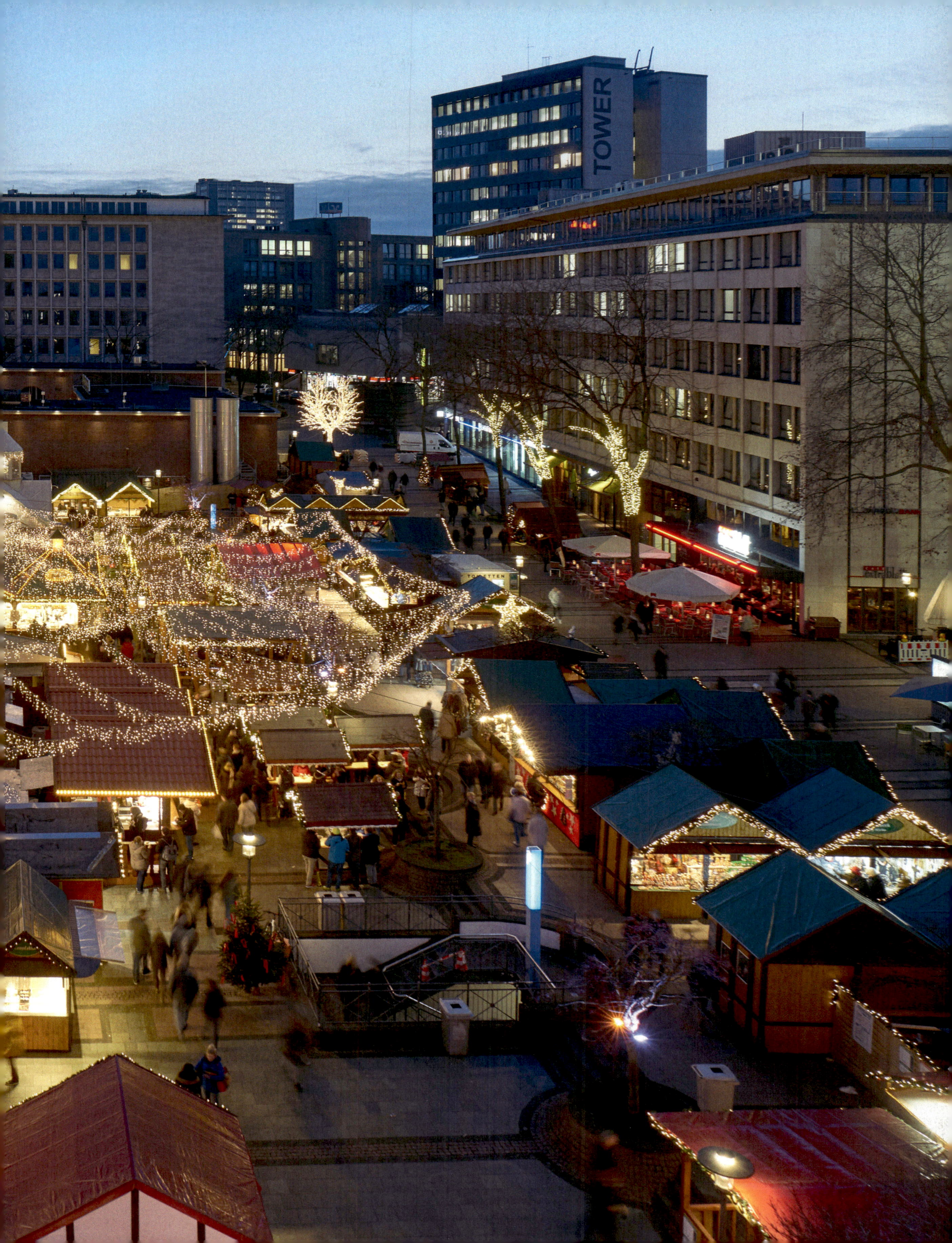
TOWER

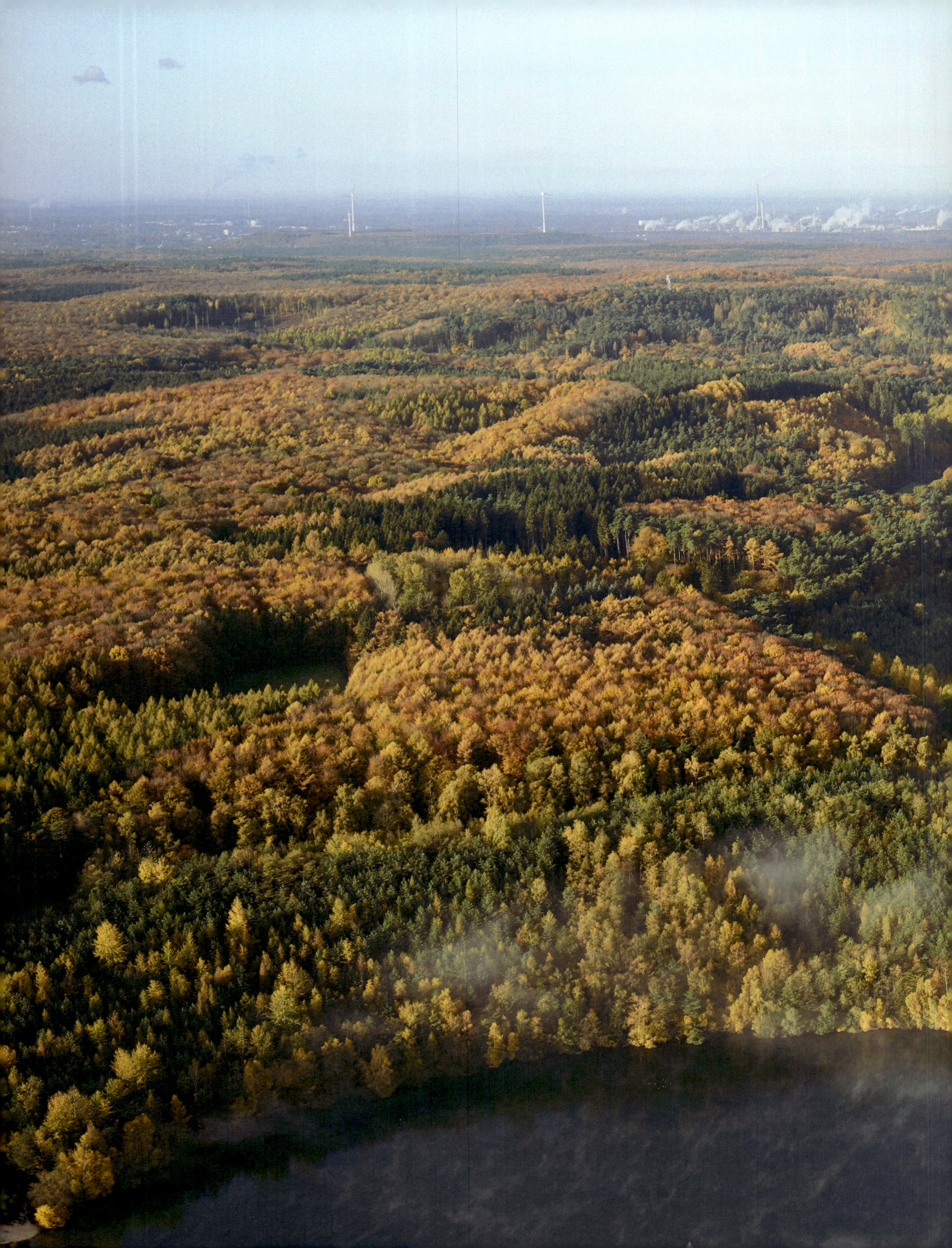

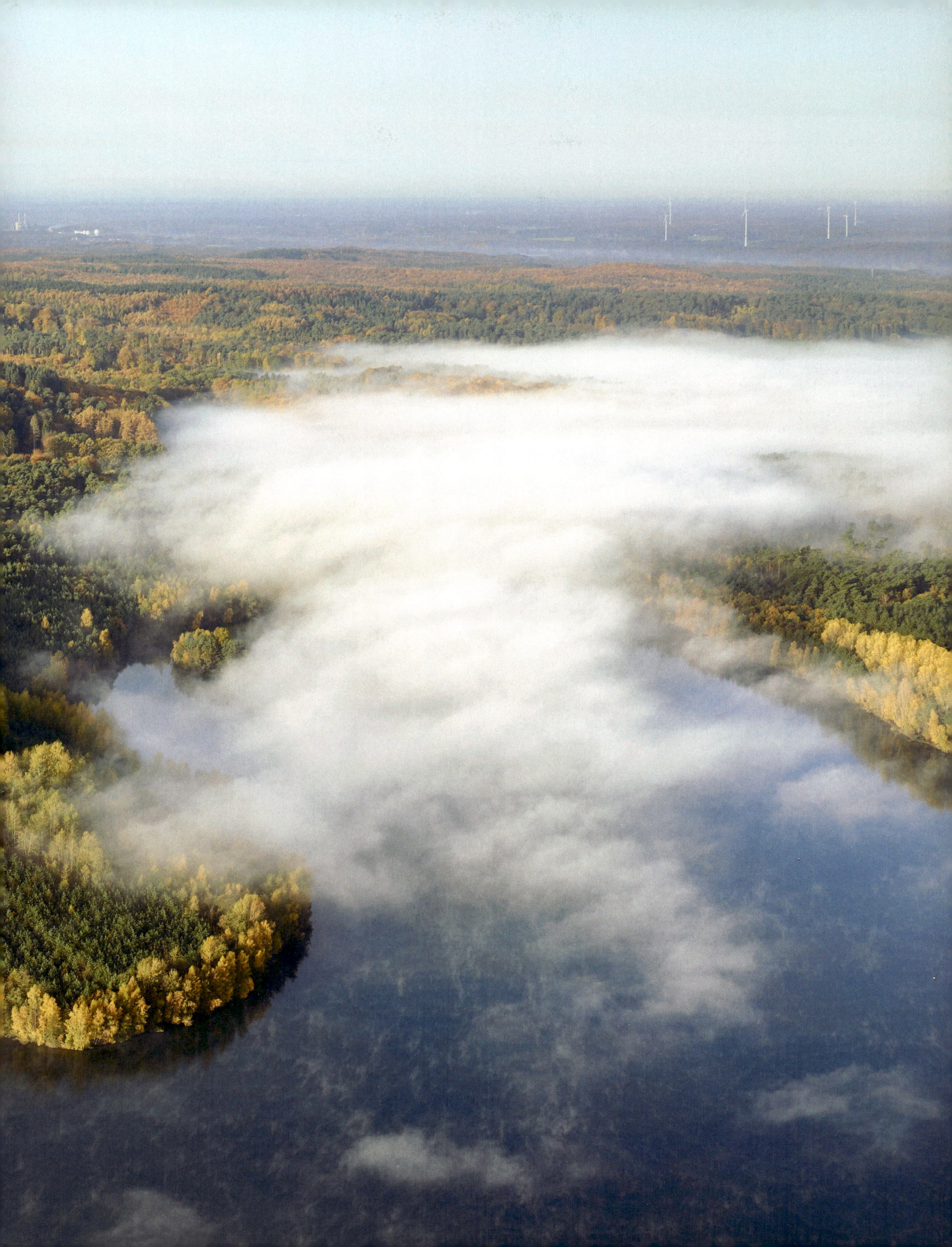

Herausgeber
314

Ausgewählte Literatur
316

Bildverzeichnis
320

Ruhrorte
Verzeichnis der Fotografien
von Matthias Koch
323

Impressum
324

ANHANG

Herausgeber

Karola Geiß-Netthöfel

ist Regionaldirektorin des Regionalverbands Ruhr (RVR) und Bereichsleiterin für Strategische Entwicklung und Kommunikation, Verbandsgremien, Soziales, Bildung, Kultur und Sport sowie Europäische Netzwerke. Sie hat ihr Amt als Direktorin des RVR am 1. August 2011 angetreten und wurde 2017 einstimmig in ihrem Amt bis 2025 bestätigt.

1986 begann die Juristin ihre berufliche Laufbahn in der Landesverwaltung Nordrhein-Westfalen. Von Juli 2008 bis Juli 2011 war Karola Geiß-Netthöfel Regierungsvizepräsidentin in Arnsberg. Zuvor war sie dort als Abteilungsleiterin unter anderem zuständig für die Themen Regionalentwicklung, Wirtschaftsförderung sowie Kommunal- und Bauaufsicht.

Dieter Nellen

studierte Geschichte, Latein und Germanistik (Staatsexamen 1974) und promovierte 1977 in der Abteilung Geschichtswissenschaft der Ruhr-Universität Bochum. Nach Landesdienst in Nordrhein-Westfalen (ab 1974) und politischen Funktionen wurde er 1989 Direktor der Volkshochschule Bottrop und war von 1996 bis 2014 Fachbereichsleiter und Geschäftsführer (Ruhrtourismus GmbH) mit dem Schwerpunkt Kommunikation, Kultur, Destinationsmanagement beim Regionalverband Ruhr (RVR). Mittlerweile ist er freier Berater und Publizist mit zahlreichen Veröffentlichungen zur Stadt- und Regionalentwicklung. Er erhielt Lehraufträge an der Westfälischen Wilhelms-Universität Münster (Fachbereich Geschichte / Philosophie), der Ruhr-Universität Bochum (Institut für Theaterwissenschaft) und ist Dozent an der Fakultät Raumplanung der Technischen Universität Dortmund.

Wolfgang Sonne

studierte Kunstgeschichte und Archäologie an der Ludwig-Maximilians-Universität, der Sorbonne in Paris und der Freien Universität Berlin (dort M.A. 1994). 1994 bis 2003 war er Assistent und Oberassistent am Institut für Geschichte und Theorie der Architektur (gta) an der ETH Zürich mit Promotion 2001. 2003–2007 wirkte er als (Senior) Lecturer am Departement of Architecture an der University of Strathclyde in Glasgow. Seit 2007 ist er Professor für Geschichte und Theorie der Architektur an der Technischen Universität Dortmund, weiterhin Wissenschaftlicher Leiter des Baukunstarchivs NRW und stellvertretender Direktor des Deutschen Instituts für Stadtbaukunst. Seit 2012 ist er zugleich Dekan der Fakultät Architektur und Bauingenieurwesen.

Ausgewählte Literatur

Katja Aßmann (et al.) (Hrsg.):
Urbane Künste Ruhr 2012–2017; Interventionen und Aktionen im öffentlichen Raum des Ruhrgebiets.
Bielefeld 2017.

Andreas Benedict:
80 Jahre im Dienst des Ruhrgebiets.
Essen 2000.

Stefan Berger (et al.) (Hrsg.):
Zeit-Räume Ruhr: Erinnerungsorte des Ruhrgebiets.
Essen 2019.

Ulrich Borsdorf / Heinrich Theodor Grütter / Dieter Nellen (Hrsg.):
Zukunft war immer. Zur Geschichte der Metropole Ruhr.
Essen 2007.

Detlev Bruckhoff / Marnie Schäfer / Thomas M. Krüger:
BaukulturPlan Ruhr.
Essen 2010.

Jörg Dettmer (Hrsg.):
Trägerschaft und Pflege des Emscher Landschaftsparks in der Metropole Ruhr.
Essen 2010.

Birgit Ehses / Brigitte Brosch / Reinhold Budde / Helmut Grothe:
Industrienatur.
Essen 2009.

Alfred Fischer:
Verwaltungsgebäude Ruhrsiedlungsverband Essen.
Berlin 1930.

Wolfgang Gaida / Helmut Grothe:
Barocke Pracht, Bürgerstolz und Orte des Wandels.
Essen 2010.

Andrea Höber / Karl Ganser (Hrsg.):
Industriekultur: Mythos und Moderne im Ruhrgebiet.
Essen 1999.

Heinz Wilhelm Hoffacker:
Entstehung der Raumplanung, konservative Gesellschaftsform und das Ruhrgebiet 1918–1933.
Essen 1989.

Renate Kastorff-Viehmann (Hrsg.):
Die grüne Stadt. Siedlungen, Parks, Wälder, Grünflächen 1860–1960 im Ruhrgebiet.
Essen 1998.

Renate Kastorff-Viehmann / Yasemin Utku / Regionalverband Ruhr:
Regionale Planung im Ruhrgebiet: Von Robert Schmidt lernen?
Essen 2014.

Sturm Kegel:
Sonderheiten des Rheinisch-Westfälischen Wirtschaftsgebiets. Vortrag.
Essen 1953. Als Manuskript gedruckt.

Andreas Keil / Burkhard Wetterau:
Landeskundliche Betrachtung des neuen Ruhrgebiets.
Essen 2013.

Wilhelm Knabe:
Haldenbegrünung im Ruhrgebiet.
Essen 1968.

Kommunalverband Ruhrgebiet:
Regionales Freiraumsystem Ruhrgebiet; Entwurf.
Essen 1986.

Ein starkes Stück Deutschland.
Essen 1985.

Ein starkes Stück Selbstbewußtsein: Der Pott kocht.
Bottrop 2000.

Leitbild der Freiraumentwicklung – RFR 2000.
Essen 1996.

Naturschutzprogramm Ruhrgebiet.
Essen 1987.

Parkbericht Emscher Landschaftspark.
Essen 1996.

Matthias Kruse:
Die Grünflächenpolitik des Siedlungsverbandes Ruhrkohlenbezirk (SVR/KVR). Geschichte, Entwicklung u. Bedeutung für d. Grünflächen- u. Walderhaltung.
München 1987.

Albert Lange:
Das Wohnhaus im Ruhrkohlenbezirk vor dem Aufstieg der Großindustrie. Mainz 2005 (Reprint).

Der Siedlungsaufbau im Ruhrkohlenbezirk. I. Teil; das Wohnhaus als Zelle der Siedlung.
Ohne Ort, ohne Jahr [ca. 1946].

Claus Leggewie / Christa Reicher / Lea Schmitt (Hrsg.):
Geschichten einer Region. AgentInnen des Wandels für ein nachhaltiges Ruhrgebiet.
Dortmund 2016.

Heinz Arno Mittelbach:
Über die Revierparkplanung.
Essen 1972.

Nordrhein-Westfalen:
Entwicklungsprogramm Ruhr 1968–1973.
Düsseldorf 1968.

Masterplan für Reisen ins Revier.
Düsseldorf 1997

Naturschutzprogramm Ruhrgebiet.
Düsseldorf 1989.

Ursula von Petz: Robert Schmidt 1869–1934. Stadtbaumeister in Essen und Landesplaner im Ruhrgebiet.
Tübingen 2016.

Philipp August Rappaport:
Der Wiederaufbau der deutschen Städte. Leitgedanken.
Essen 1946.

Regionalverband Ruhr:
Bericht über die Beteiligungen des Regionalverbandes Ruhr.
Essen ab 2004 ff.

Bericht zur Lage der Umwelt in der Metropole Ruhr 2017.
Essen 2017.

Bildungsbericht Ruhr.
Münster 2012.

Der Produktive Park.
Essen 2010.

Grüne Infrastruktur Ruhr.
Essen: RVR, 2016.

Handlungsprogramm zur räumlichen Entwicklung der Metropole Ruhr.
Essen 2018.

IGA Metropole Ruhr 2027. Internationale Gartenausstellung Metropole Ruhr 2027. Bewerbung.
Essen 2016.

Regionales Mobilitätsentwicklungskonzept für die Metropole Ruhr, Leitbilder und Zielaussagen zur regionalen Mobilität.
Essen 2015.

Regionales Mobilitätsentwicklungskonzept für die Metropole Ruhr: Entwurf des Endberichtes zur 2. Stufe des Regionalen Mobilitätsentwicklungskonzeptes für die Metropole Ruhr.
Essen 2019.

Ruhr Games: Planungs- und Durchführungskonzept.
Essen 2013.

ruhrFIS – Flächeninformationssystem Ruhr: Erhebung der Siedlungsflächenreserven und Inanspruchnahmen 2017.
Essen 2018.

Monitoring Daseinsvorsorge 2017.
Essen 2017.

Unter freiem Himmel: Emscher Landschaftspark.
Basel 2010.

WALDband. Projektstudie.
Essen 2014.

Christa Reicher (Hrsg.):
Internationale Bauausstellung Emscher Park –
Impulse: lokal, regional, national, international.
Essen 2011.

Christa Reicher / Klaus R. Kunzmann et al. (Hrsg.):
Schichten einer Region. Kartenstücke zur
räumlichen Struktur des Ruhrgebiets.
Berlin 2011.

Christa Reicher / Thorsten Schauz:
IBA Emscher Park: Die Wohnprojekte 10 Jahre danach.
Essen 2010.

Patrick Ritter / Alexis Rodriguez Suarez:
Förderfonds Interkultur Ruhr 2016.
Essen 2017.

Hannah Ruff:
Der SVR in der Gebiets- und Funktionalreform 1968–1978/79.
Universität Bochum 2017. Masterarbeit.

Robert Schmidt:
Denkschrift betreffend Grundsätze zur Aufstellung
eines General-Siedelungsplanes für den
Regierungsbezirk Düsseldorf (rechtsrheinisch).
Essen 2009 [Reprint].

Siedlungsverband Ruhrkohlenbezirk:
Bisherige Tätigkeit des Ausschusses für Rauchbekämpfung
beim Siedlungsverband Ruhrkohlenbezirk: Bericht.
Essen 1928.

Denkschrift über die Walderhaltung im Ruhrkohlenbezirk.
Essen 1927.

Einheitliche Richtungsbezeichnung für
Hauptverkehrsstraßen.
Essen 1926.

Gebietsentwicklungsplan 1966. Zeichnerische
Darstellung, Textliche Darstellung, Erläuterungsbericht.
Köln 1967.

Gebietsentwicklungsplan Regionale Infrastruktur, GEP-RI.
Essen 1974.

Grüne Arbeit im Ruhrgebiet. Essen 1966.
Regionale Selbstverwaltung im Ruhrgebiet.
Essen 1973, Bd. 1 und 2.

Regionale Selbstverwaltung im Ruhrgebiet.
Essen 1973. Bd. 1 und 2.

Ruhrgebiet – heute schon Zukunft.
Dokumentation zur Ausstellung des Siedlungs-
verbandes Ruhrkohlenbezirk Essen, in Rostow,
Donezk und Vilnius.
Essen 1976.

Verkehrszählung an Plankreuzungen. Essen 1930.
Verkehrszählung auf den Hauptstraßen des
Ruhrkohlenbezirks in dem Zeitabschnitt Januar
bis Juni 1926. Essen 1928.

Verkehrszählung auf den Hauptstraßen des
Ruhrkohlenbezirks in dem Zeitabschnitt März bis
August 1930.
Essen 1931.

Waldschutz und Landespflege im Ruhrgebiet.
Essen 1959.

Wolfgang Sonne / Regina Wittmann (Hrsg.):
Städtebau der Normalität. Der Wiederaufbau urbaner Stadtquartiere im Ruhrgebiet.
Berlin 2018.

Dietrich Springorum:
Auf der Suche nach der zweiten Zukunft: Öffentlichkeitsarbeit für das Ruhrgebiet 1968–1978.
Karlsruhe 1978.

Stadt Essen et al.:
Wandel durch Kultur – Kultur durch Wandel: Bewerbung »Essen für das Ruhrgebiet – Kulturhauptstadt Europas 2010«.
Essen 2004.

Stiftung Industriedenkmalpflege und Geschichtskultur (Hrsg.):
Industrielle Kulturlandschaft Ruhrgebiet. Entwurf einer Darstellung des außergewöhnlichen universellen Wertes; Vorschlag zur Fortschreibung der deutschen Tentativliste für das UNESCO-Welterbe.
Essen 2017.

Weltweit einzigartig. Zollverein und die industrielle Kulturlandschaft Ruhrgebiet; ein Vorschlag für das Welterbe der UNESCO.
Essen 2012.

O. A.:
Verbandsordnung für den Siedlungsverband Ruhrkohlenbezirk vom 5. Mai 1920 nebst Ausführungs-Anweisung, Wahlordnung für die Verbandsversammlung und die wichtigsten angezogenen Gesetzesbestimmungen.
Duisburg 1920.

Gerd Willamowski / Dieter Nellen / Manfred Bourree:
Ruhrstadt. Die andere Metropole.
Essen 2000.

Ruhrstadt. Kultur kontrovers.
Essen 2003.

Aus dem Bestand der RVR-Bibliothek zusammengestellt von Marlies Gärtner-Schmidt und Elke Kronemeyer

Bildverzeichnis

Repräsentanz und Edition

Fragen an Karola Geiß-Netthöfel
Regionalverband Ruhr / Volker Wiciok S. 23

Im Dienste der Region
Matthias Koch S. 34 / 35, 38 / 39, 40 / 41
Anton Meinholz / Fotoarchiv Ruhr Museum S. 29
Regionalverband Ruhr S. 30, 31, 32 / 33, 36 / 37

Geschichte und Gegenwart

Der Siedlungsverband Ruhrkohlenbezirk in den Jahren 1920—1945
Regionalverband Ruhr S. 57, 63, 66 / 67
Stadtbildstelle Essen S. 50

Der Siedlungsverband Ruhrkohlenbezirk in den Jahren 1945—2020
Fotoarchiv Ruhr Museum S. 70 unten, 71, 72, 73, 75 oben, 79, 88 oben
Herribert Konopka / Fotoarchiv Ruhr Museum S. 93
Regionalverband Ruhr S. 74, 75 unten, 88 unten, 89
Anton Tripp / Fotoarchiv Ruhr Museum S. 76, 77, 84
Willy van Heekern / Fotoarchiv Ruhr Museum S. 69, 70 oben

Von Robert Schmidt zur IGA Metropole Ruhr 2027
Regionalverband Ruhr (Hg.): Denkschrift betreffend Grundsätze zur Aufstellung eines General-Siedelungsplans für den Regierungsbezirk Düsseldorf (rechtsrheinisch) von R. Schmidt (Robert Schmidt) Beigeordneter der Stadt Essen, 1912, Reprint 2009, Essen. Bildnachweis: RVR S. 101
Atlas zur Regionalplanung des RVR bzw. damals KVR (Hg.) von 1960. Siedlungsverband Ruhrkohlenbezirk, Essen 1959 Bearbeiter: K.H. Tietzsch | Topographie: Nordrhein-Westfalen-Atlas | Herausgeber: Der Ministerpräsident–Landesplanungsbehörde S. 102
Regionalverband Ruhr S. 103

Direkte Wahl
Bildarchiv des Landtags Nordrhein-Westfalen / Melanie Zanin S. 111

RVR 20 I 21+ Leitstrategie und Programmagenda

Grüne Städte-Landschaft der Zukunft
Johannes Kassenberg S. 121
Regionalverband Ruhr S. 123, 125
Regionalverband Ruhr / Guido Frebel S. 126
Regionalverband Ruhr / Dirk A. Friedrich S. 128
Regionalverband Ruhr / Sascha Kreklau S. 124
Regionalverband Ruhr / Henning Maier-Jantzen S. 122
Angelina Soria S. 127, 129

Landschaftsentwicklung und strategische Großprojekte
Johannes Kassenberg S. 152 unten
Michael Kneffel / Ruhrtriennale 2012 S. 136 unten
LAND Germany GmbH S. 137
pumptrack.de / Oliver Roggenbuck S. 135 unten
Regionalverband Ruhr S. 133 oben, 134, 148 unten
Regionalverband Ruhr / Claudia Dreyße S. 135 oben links, 135 oben rechts, 136 oben
Regionalverband Ruhr / Sascha Kreklau S. 148 oben
Regionalverband Ruhr / Lutz Leitmann S. 132
Regionalverband Ruhr / Henning Maier-Jantzen S. 130, 136 mittig
Regionalverband Ruhr / sinai / minigram S. 147 oben
Regionalverband Ruhr / TAS Emotional Marketing und tremoniamedia Filmproduktion S. 146, 147 unten
Jutta Sankowski / Stadt Dortmund S. 152 oben
Architekt: Werner Sobek mit Dirk Hebel und Felix Heisel, Fotograf: Zooey Braun S. 151
Dennis Stratmann / Ruhrtal Radweg c/o Ruhr Tourismus GmbH S. 133 unten

Klappkarte Haldenlandschaft Metropole Ruhr
Andreas Fels S. 138 unten
Regionalverband Ruhr S. 139 / 140
Ludger Staudinger / www.pixelpilot.tv S. 138 oben links, 138 oben rechts, 138 mittig links, 138 mittig rechts, 141

Klappkarte IGA Metropole Ruhr 2027
Alamy S. 145 mittig rechts
ARGE Greenbox Landschaftsarchitekten/wbp
Landschaftsarchitekten GmbH und scape
Landschaftsarchitekten im Auftrag von
Gelsendienste S. 143 oben links, 143 oben rechts
ARGE Landschaft planen + bauen GmbH –
MSP ImpulsProjekt S. 142 oben links
Hans Blossey/www.luftbild-blossey.de S. 142 mittig
Emschergenossenschaft/LA-BÜRO
Dipl.-Ing. Rolf Teschner S. 143 unten
Fotolia S. 144 oben, 144 mittig
Landschaftsverband Westfalen Lippe S. 145 mittig
Phlippphlapp Festival natur S. 144 unten
Regionalverband Ruhr/Günter Fuchs
S. 145 oben links
Regionalverband Ruhr/Holger Klaes S. 145 oben
rechts
Regionalverband Ruhr/TAS Emotional
Marketing und tremoniamedia Filmproduktion
S. 142 oben rechts
RuhrtalRadweg S. 145 unten links
Sinai S. 143 / 144
Ludger Staudinger/www.pixelpilot.tv
S. 145 unten rechts
Umweltamt Stadt Duisburg/RVR/ARGE RMP,
Visualisierung: werk3 architekturvisualisierung
S. 142 unten links, 142 unten rechts

Herausforderungen Klimaresilienz
Regionalverband Ruhr S. 157, 158, 159, 161
Rupert Oberhauser S. 160

Neue Wege zur Zukunftsgestaltung der Metropole Ruhr
Regionalverband Ruhr/Lutz Leitmann S. 165
Regionalverband Ruhr/Volker Wiciok S. 163

**Der neue Regionalplan Ruhr —
Blaupause für die Zukunft der Metropole Ruhr**
Regionalverband Ruhr S. 167, 168 / 169
Regionalverband Ruhr/1990/Datenlizenz Deutschland –
Namensnennung – Version 2.0 S. 170 oben
Regionalverband Ruhr/2004/Hubert Harst,
Datenlizenz Deutschland – Namensnennung – Version
2.0 S. 170 unten
Regionalverband Ruhr/1994/Datenlizenz
Deutschland – Namensnennung – Version 2.0 S. 173

Mobilität der Zukunft
AGFS/Peter Obenaus S. 180
Kompetenzcenter Marketing NRW (KCM NRW) S. 174
P3 Agentur/Total Real/Peter Obenaus S. 182 / 183
P3 Agentur/Total Real/wbp Landschaftsarchitekten
GmbH/Stadt Mülheim an der Ruhr/
Peter Obenaus S. 181
Regionalverband Ruhr S. 177
Regionalverband Ruhr/Ralph Lueger S. 179
Regionalverband Ruhr/Torsten Krüger S. 178
Regionalverband Ruhr/Volker Wiciok S. 176

Route der Industrienatur
Regionalverband Ruhr S. 190
Regionalverband Ruhr/Horst W. Bühne S. 188 unten
Regionalverband Ruhr/Joachim Schumacher S. 185
Regionalverband Ruhr/Manfred Vollmer
S. 188 oben, 189
Regionalverband Ruhr/Stefan Ziese S. 186, 186 / 187
Stiftung Industriedenkmalpflege und Geschichts-
kultur/Hans Blossey/www.luftbild-blossey.de
S. 187 rechts
Regionalverband Ruhr/Volker Wiciok S. 191

Für eine starke Kultur- und Sportmetropole Ruhr
Volker Beushausen/Ruhrtriennale 2016 S. 194 / 195
Thomas Berns S. 197
Interkultur Ruhr S. 198
JU/Ruhrtriennale 2015 S. 194 links
Ursula Kaufmann/Ruhrtriennale 2018 S. 193 oben
Michael Kneffel/Ruhrtriennale 2014 S. 193 unten
Regionalverband Ruhr/Ilkay Karakurt S. 199
Regionalverband Ruhr /Pottporus e. V./Oliver Look.
S. 196 rechts

Wissensmetropole Ruhr
Wissenschaftspark / Friederike Jabs S. 200
Fraunhofer IML S. 202
Regionalverband Ruhr / Simon Bierwald S. 204
Regionalverband Ruhr / Sascha Kreklau S. 205

Die Stadt der Städte
Regionalverband Ruhr S. 208, 209, 210, 211

Regionale Öffentlichkeitsarbeit für die Metropole Ruhr
Ruhr Museum / Gestaltung Uwe Loesch S. 215

Regionales Beteiligungssystem
Abfallentsorgungs-Gesellschaft Ruhrgebiet S. 226
BusinessMetropoleRuhr S. 220
Regionalverband Ruhr / Claudia Dreyße S. 219
Regionalverband Ruhr / Stefan Ziese S. 216
RuhrTourismus S. 222, 223
Ravi Sejk S. 225

Wandel durch Kultur — Kultur durch Wandel

Zur Industriekultur des Ruhrgebiets aus globaler Perspektive
Fotoarchiv Ruhr Museum S. 237, 239

Finden, was nicht gesucht wurde. Urbane Künste Ruhr als Wahrnehmungsverstärkerin für die Besonderheiten des Ruhrgebiets
Urbane Künste Ruhr / Leonie Böhmer S. 242 links
Urbane Künste Ruhr / Henning Rogge S. 244, 245
Urbane Künste Ruhr / Daniel Sadrowski S. 241, 242 rechts

Johann Simons zu Fragen von Kultur an der Ruhr: »Wir brauchen Leute, die viel von der Kunst wissen«
Jörg Brüggemann / Ostkreuz S. 251
Michael Kneffel / Ruhrtriennale S. 248 / 249
Monika Rittershaus S. 248
Julian Röder / Ruhrtriennale S. 249
Edi Szekely / Ruhrtriennale S. 246

Essays

Metropole Ruhr. Doch nur eine Wunschvorstellung?
Regionalverband Ruhr / Helmut Adler S. 264 / 265
Regionalverband Ruhr / Klaus-Peter Kappest S. 261
Regionalverband Ruhr / Stefan Ziese S. 262

Architektur Städtebau Ruhr 1920—2020+
Paul Girkon / Das Werk des Architekten Peter Grund / Darmstadt 1962 S. 273 links
Sebastian Hopp S. 271
Georg Knoll S. 275
Florian Monheim S. 270
Postkarte S. 269
Thomas Robbin S. 268, 273 rechts, 274
Stadtarchiv Oberhausen S. 267
Jürgen Wiener S. 272

Transformation in einer »verspäteten« Region
Regionalverband Ruhr / Klaus-Peter Kappest S. 279
Regionalverband Ruhr / Stefan Ziese S. 276, 278, 281

Der Einsatz grüner Infrastruktur im Ruhrgebiet — ein wichtiger Beitrag zur Umsetzung der EU-Biodiversitätsstrategie
ArGe Freiheit Emscher Stahm Architekten, SHP Ingenieure, LAND Germany S. 289 oben
Hans Blossey / www.luftbild-blossey.de S. 283, 289 unten
Johannes Kassenberg S. 286, 287
Peter Keil S. 288
Thomas Stachelhaus S. 284 / 285

Die IBA und ihre Folgen
Regionalverband Ruhr / Klaus-Peter Kappest S. 293
Regionalverband Ruhr / Brigitte Krämer S. 292
Regionalverband Ruhr / Ralph Lueger S. 294 rechts
Regionalverband Ruhr / Thomas Wolf S. 294 links, 296, 297, 299
Regionalverband Ruhr / Stefan Ziese S. 290, 298

Postmontanindustrielle Kulturlandschaft Ruhr
Regionalverband Ruhr / Stefan Ziese S. 301
Jacob Wagner S. 304

Ruhrorte
Fotografien von Matthias Koch

Industrielandschaft:
Gasometer Oberhausen mit Rhein-Herne-Kanal, Emscher, A42, Bahngleisen und Stromleitungen. S. 4 / 5

Mittelalterlicher Stadtkern:
Hattingen mit Stadtmauer, Kirche, Rathaus und Fachwerkhäusern. S. 6 / 7

Musealisierte Montanindustrie:
Bergbaumuseum Bochum. S. 42 / 43

Karolingische Ursprünge:
Benediktinerabtei Werden mit romanischer Kirche und barocken Klostergebäuden, heute Folkwang Universität der Künste. S. 44 / 45

Wasserader und Schiffsweg:
Ruhr mit Bahnbrücken in den Ruhrauen zwischen Mülheim an der Ruhr und Duisburg. S. 112 / 113

Hauptschlagader des Autoverkehrs:
A40 – Ruhrschnellweg in Essen. S. 114 / 115

Rückgrat der emissionsfreien Mobilität:
RS1 – Radschnellweg Ruhr am Niederfeldsee in Essen-Altendorf. S. 116 / 117

Von der größten Zeche der Welt zum Weltkulturerbe:
Zollverein in Essen. S. 228 / 229

Lebendige Adelskultur seit dem Mittelalter:
Schloss Bodelschwingh in Dortmund. S. 230 / 231

Vom Abfallprodukt des Bergbaus zum Gipfel der Erholung:
Halde Hoheward in Herten mit Horizontobservatorium und Sonnenuhr. S. 232 / 233

Freigehaltener Grünraum als zentrale Planungsaufgabe des RVR:
Landschaft zwischen Bochum und Dortmund. S. 252 / 253

Großstädtisches Monument der Stahlindustrie:
Union-Verwaltungsgebäude in Dortmund. S. 254 / 255

Das Ende von etwas:
Mündung der Ruhr in den Rhein mit der Skulptur *Rheinorange*. S. 256 / 257

Industrieanlage als Freizeit- und Erholungspark:
Landschaftspark Duisburg-Nord. S. 306 / 307

Im Zentrum der Großstadt:
Kennedyplatz in Essen. S. 308 / 309

Geschützter Naturraum:
Waldgebiet Haard an der Lippe. S. 310 / 312

Impressum

© 2020 by jovis Verlag GmbH

Das Copyright für die Texte liegt bei den Autoren.

Das Copyright für die Abbildungen liegt bei den Fotografen / Inhabern der Bildrechte.

Alle Rechte vorbehalten.

Vom Ruhrgebiet zur Metropole Ruhr
SVR KVR RVR 1920—2020

herausgegeben von Karola Geiß-Netthöfel, Dieter Nellen und Wolfgang Sonne
zum 100-jährigen Bestehen des SVR / KVR / RVR

Koordination im Rahmen des Gesamtprojektes RVR 2020: Thorsten Kröger, Patric Daas

Konzeption: Dieter Nellen, Wolfgang Sonne

Bildredaktion und allgemeine Projektassistenz: Sarah Müller

Redaktionsteam: Sabine Auer, Sarah Müller, Dieter Nellen, Tana Petzinger, Wolfgang Sonne

Bildstrecken: Matthias-Koch-Fotografie, Düsseldorf

Lektorat: Miriam Seifert-Waibel

Gestaltung, Satz und Lithografie: labor b designbüro

Druck und Bindung: Grafisches Centrum Cuno, Calbe

Bibliografische Information der Deutschen Nationalbibliothek

Die Deutsche Nationalbibliothek verzeichnet diese Publikation in der Deutschen Nationalbibliografie; detaillierte bibliografische Daten sind im Internet über http://dnb.d-nb.de abrufbar.

jovis Verlag GmbH
Kurfürstenstraße 15/16
10785 Berlin

www.jovis.de

jovis-Bücher sind weltweit im ausgewählten Buchhandel erhältlich. Informationen zu unserem internationalen Vertrieb erhalten Sie von Ihrem Buchhändler oder unter www.jovis.de.

ISBN 978-3-86859-584-0